Jüdisches Leben im Rheinland

Eine Publikation des
Landschaftsverbandes Rheinland

Jüdisches Leben im Rheinland

Vom Mittelalter bis zur Gegenwart

Herausgegeben von

Monika Grübel und Georg Mölich

2005

BÖHLAU VERLAG KÖLN WEIMAR WIEN

Eine Publikation des Landschaftsverbandes Rheinland

Mit Unterstützung von: Sozial- und Kulturstiftung
des Landschaftsverbandes Rheinland

Bibliografische Information der Deutschen Bibliothek:
Die Deutsche Bibliothek verzeichnet diese Publikation in der
Deutschen Nationalbibliografie; detaillierte bibliografische Daten
sind im Internet über http://dnb.ddb.de abrufbar.

Umschlagabbildungen:

Titelseite: Synagoge in Aachen,
Umschlagrückseite: Synagoge in Köln (Roonstraße),
Buchrücken: Synagoge in Düsseldorf (Detailaufnahme)
Fotos: © Sabine Simon

© 2005 by Böhlau Verlag GmbH & Cie, Köln
Ursulaplatz 1, D-50668 Köln
Tel. (0221) 913 90-0, Fax (0221) 913 90-11
info@boehlau.de
Druck und Bindung: Druckhaus „Thomas Müntzer" GmbH, Bad Langensalza
Gedruckt auf chlor- und säurefreiem Papier.
Printed in Germany

ISBN 3-412-11205-4

Inhalt

Vorwort

Zeitlich übergreifend behandelt dieser Band Rahmenbedingungen und Alltagswelt jüdischen Lebens im Rheinland vom Mittelalter bis zur unmittelbaren Gegenwart des frühen 21. Jahrhunderts. Das Rheinland gehörte seit dem Mittelalter zu den bedeutendsten Siedlungsräumen von Juden in Europa. Die Beiträge der ausgewiesenen Expertinnen und Experten beruhen ausnahmslos auf aktuellen Forschungsergebnissen, die zeigen, dass dieses Thema gerade in regionalhistorischer Perspektive derzeit auf großes wissenschaftliches Interesse stößt. Der Band bietet einen chronologisch-systematisch angelegten Querschnitt durch ein spannendes und innovatives regionales Forschungsfeld, das so auch für allgemein historisch Interessierte zugänglich gemacht wird. Damit gehört dieser Band in das weite kulturelle Arbeitsfeld des Landschaftsverbandes Rheinland, der in den letzten Jahren und Jahrzehnten immer wieder Themen der Regionalgeschichte aufgearbeitet und für Geschichtsinteressierte zur Verfügung gestellt hat.

Ausgangspunkt für die Entstehung dieses Sammelbandes war eine Fachtagung vom 17./18.10.2003 in Aachen, die vom Landschaftsverband Rheinland in Verbindung mit der Bischöflichen Akademie des Bistums Aachen unter dem Titel „Rahmenbedingungen und Alltagswelt jüdischen Lebens im Rheinland seit dem Mittelalter" durchgeführt wurde. Es war hierbei gelungen, Referentinnen und Referenten zu gewinnen, die aus gerade abgeschlossenen oder kurz vor dem Abschluss stehenden Projekten zur regionalen Geschichte des Judentums im Rheinland berichten konnten. Für die sich aus dieser erfolgreichen Tagung ergebende Publikation gelang es dann noch, weitere kompetente Autorinnen und Autoren einzubeziehen, um so ein inhaltlich wie chronologisch umfassendes Bild jüdischen Lebens im Rheinland in Form eines Sammelbandes zusammenzustellen, der gleichwohl natürlich nicht den Anspruch eines auf Vollständigkeit angelegten Handbuches erhebt.

Danken möchten die Herausgeberin und der Herausgeber zunächst vor allem den Autorinnen und Autoren, die termingerecht ihre Aachener Vorträge zu Aufsätzen erweitert und überarbeitet haben. Besonders zu danken ist zudem denjenigen Autoren, die erst zu einem späteren Zeitpunkt in das Publikationsprojekt „eingestiegen" sind und trotzdem ihre Beiträge fristgerecht abgeliefert haben: Tobias Arand, Britta Bopf, Christoph Cluse, Christoph Nonn und Jürgen Zieher.

Ein herzlicher Dank gilt Ulrike Sommer von der Landeszentrale für politische Bildung Nordrhein-Westfalen, die das Buchprojekt von Anfang an nachhaltig unterstützte und förderte und die zudem auch noch den gesamten Textteil kritisch gegenlas.

Wir danken dem Böhlau Verlag (Köln) – und hier besonders Dorothee Rheker-Wunsch und Sandra Hartmann – für die gute Zusammenarbeit bei der Realisierung dieses Buchprojektes.

Monika Grübel – Georg Mölich   Köln, im Dezember 2004

Jüdisches Leben im Rheinland

Einleitende Bemerkungen und praktische Hinweise

Monika Grübel – Georg Mölich

Aus dem Rheinland – dem spätantiken Köln - stammt der früheste schriftliche Beleg für eine jüdische Niederlassung nördlich der Alpen.[1] Seitdem ist gerade diese Region durch das Zusammenleben von Juden und Nichtjuden nachhaltig geprägt worden. Auf Zeiten der geistigen und wirtschaftliche Blüte der jüdischen Gemeinden und des friedlichen Zusammenlebens mit der christlichen Bevölkerung folgten Phasen des Niedergangs und der Verfolgung, die für die jüdische Minderheit auch immer wieder mit Vertreibung und Ermordung endeten.[2]

Heute leben etwa 30.000 Jüdinnen und Juden, die 19 Gemeinden angehören, in Nordrhein-Westfalen. Das ist fast ein Drittel der jüdischen Bevölkerung in Deutschland.[3]

Nicht nur zahlenmäßig bildet Nordrhein-Westfalen einen Schwerpunkt jüdischen Lebens in Deutschland. Kurz nach dem Ende des Zweiten Weltkrieges entstanden hier wichtige Institutionen der sich neu konstituierenden jüdischen Gemeinschaft. So erschien am 15. April 1946 in Düsseldorf die erste Ausgabe des *Jüdischen Gemeindeblatts für die Nordrhein-Provinz und Westfalen*, aus der die überregionale *Allgemeine Jüdische Wochenzeitung* hervorgegangen ist. Am 19. Juli 1950 wurde in Frankfurt am Main mit dem „Zentralrat der Juden in Deutschland" eine Dachorganisation für die in Deutschland lebenden Jüdinnen und Juden gegründet. Sowohl die Redaktion der Zeitung als auch der Zentralrat hatten einige Jahrzehnte ihren Hauptsitz in Nordrhein-Westfalen.[4] Zur Zeit ist der gebürtige Westfale und in Düsseldorf lebende Paul Spiegel Präsident des Zentralrates.

Aktivitäten des Landschaftsverbandes Rheinland zum jüdischen Leben

Zu den traditionellen Aufgaben der regionalen Selbstverwaltung in Nordrhein-Westfalen gehört die Förderung und Pflege der regionalen Geschichte dieses Raumes. Diese Aufgabe wird für das Rheinland vom

Landschaftsverband Rheinland (LVR) wahrgenommen. In diesem Rahmen hat sich der LVR auch mit der Geschichte, Kultur und Religion der Jüdinnen und Juden im Rheinland beschäftigt.[5]

Die Fachstelle für Regional- und Heimatgeschichte des LVR unterstützt seit langem Veranstaltungen und Publikationen zum Thema jüdisches Leben im Rheinland. Drei Beispiele seien hier aufgeführt, um die große Themenbreite vorzustellen. Im Jahre 1987 veranstaltete der LVR das erste *Deutzer Gespräch* mit dem Titel *Juden im Rheinland in der Zeit des Nationalsozialismus*. Im Jahr 2002 erschien in der von der *Gesellschaft für rheinische Geschichtskunde* in Verbindung mit dem LVR herausgegebenen Reihe *Geschichtlicher Atlas der Rheinlande* eine Karte mit erläuterndem Beiheft zum Thema *Jüdische Niederlassungen im Mittelalter*.[6] Eine Karte inkl. Beiheft *Jüdische Gemeinden 1800 bis 2000* befindet sich in Arbeit. Anfang 2005 erschien der von Jan Erik Schulte für den Arbeitskreis der NS-Gedenkstätten in NRW e. V. herausgegebene Band *Konzentrationslager im Rheinland und in Westfalen 1933–1945. Zentrale Steuerung und regionale Initiative*, dessen Drucklegung u. a. vom Landschaftsverband Rheinland und vom Landschaftsverband Westfalen-Lippe unterstützt wurde.[7]

Das Rheinische Amt für Denkmalpflege des LVR unterstützt und begleitet die Restaurierung ehemaliger Synagogen sowie Dokumentationen jüdischer Friedhöfe. Hier sei als Beispiel die umfassende Dokumentation des alten jüdischen Friedhofes in Bonn-Schwarzrheindorf aufgeführt, die 1998 erschien. Das Amt für rheinische Landeskunde des LVR gibt seit 1972 den *Rheinischen Städteatlas* in Lieferungen heraus. Die Mappen zu den einzelnen Städten enthalten in ihrem Textteil umfassende Informationen zur lokalen Geschichte der Juden.[8]

Jüdisches Kulturerbe in Nordrhein-Westfalen

Gemeinsam mit dem damaligen Ministerium für Stadtentwicklung, Kultur und Sport des Landes gaben der Landschaftsverband Rheinland und der Landschaftsverband Westfalen-Lippe den Anstoß zur Realisierung des Projektes *Jüdisches Kulturerbe in Nordrhein-Westfalen*. Ziel dieser in Deutschland einmaligen, umfassenden Dokumentation ist es, die materiellen Zeugnisse jüdischen Lebens in den fünf nordrhein-westfälischen Regierungsbezirken zu erfassen: Synagogen, Beträume, Friedhöfe, Ritualgegenstände, Schulen, Sozial- und Kultureinrichtungen sowie ausgewählte Beispiele an Wohn- und Geschäftshäusern. Die ersten vier Bände für die Regierungsbezirke Köln, Düsseldorf, Detmold und Münster liegen

Monika Grübel und Georg Mölich

mittlerweile vor. Der letzte Band über den Regierungsbezirk Arnsberg wird im Herbst 2005 erscheinen.

Mit Blick auf Westfalen sei als wichtige Ergänzung auf das sich in Vorbereitung befindende *Historische Handbuch der jüdischen Gemeinden und Gemeinschaften in Westfalen und Lippe* hingewiesen. Es ist eines der wichtigsten derzeitigen Projekte der *Historischen Kommission für Westfalen.* In Kooperation mit dem *Institut für vergleichende Städtegeschichte* in Münster sind je ein Teilband für die Regierungsbezirke Arnsberg, Detmold und Münster geplant.[9] Die Bände sind alphabetisch geordnet und sollen alle jüdischen Gemeinden und Gemeinschaften vom ersten Nachweis jüdischen Lebens bis zur Nachkriegszeit umfassen. Historische Entwicklungen und Prozesse, die die jüdische Bevölkerung Westfalens generell betreffen, Methodendiskussionen und eine Zwischenbilanz des Forschungsstandes sollen Themen eines vierten Begleitbandes sein. Der erste Teilband (Regierungsbezirk Detmold) wird 2005 erscheinen.

Erwerb der ehemaligen Synagoge und des Hauses des Synagogenvorstehers in Titz-Rödingen durch den Landschaftsverband Rheinland

Bei den Recherchen zum oben vorgestellten Projekt *Jüdisches Kulturerbe in Nordrhein-Westfalen* gelangte in den 1990er Jahren die ehemalige Synagoge in dem Dorf Rödingen (Gemeinde Titz, Kreis Düren) mit dem dazugehörigen Wohnhaus der Familie Ullmann wieder ins Bewusstsein der Öffentlichkeit.[10] Die kleine, seit 1934 als Werkstatt genutzte Landsynagoge ist das einzige jüdische Gotteshaus in den Kreisen Düren und Aachen, das die NS-Zeit, die Zerstörungen des Zweiten Weltkrieges sowie die Abrisswelle nach 1945 weitgehend im Originalzustand überstanden hat. Das Rheinische Amt für Denkmalpflege des LVR war maßgeblich daran beteiligt, dass das um 1840 erbaute Gebäudeensemble 1996 unter Denkmalschutz gestellt wurde (vgl. Abb. 17, S. 126).

Vor gut fünf Jahren hat der Landschaftsverband Rheinland die beiden denkmalgeschützten Gebäude erworben, um sie vor weiterem Verfall zu retten und für die nachfolgenden Generationen zu sichern und neu zu beleben. Die ehemalige Synagoge sowie der Synagogenhof sollen künftig als öffentliche Veranstaltungsstätte für die Menschen und Vereine der Region genutzt werden können. Das ehemalige Wohnhaus des Synagogenvorstehers Isaak Ullmann soll als Informations- und Dokumentationszentrum zur jüdischen Orts- und Regionalgeschichte eingerichtet werden.[11]

Mit dem Erwerb dieses Gebäudeensembles haben sich die Aktivitäten des Landschaftsverbandes Rheinland zur jüdischen Geschichte noch einmal intensiviert. Erstmals rückte hierbei auch das lange von der Forschung vernachlässigte Thema *Jüdisches Leben auf dem Land* in den Mittelpunkt des Interesses.[12]

Seit dem Jahr 2000 macht der Landschaftsverband Rheinland die Rödinger Gebäude – obwohl eine abschließende Sanierung noch aussteht – zu verschiedenen Anlässen der Öffentlichkeit zugänglich: In jedem Jahr werden anlässlich des bundesweiten *Tages des offenen Denkmals* Besucherinnen und Besucher über verschiedene Aspekte jüdischen Lebens im Rheinland informiert (Führungen, Lesungen, Ausstellungen, Filmvorführungen, Diavorträge, Fundpräsentationen, Konzerte und Tanzveranstaltungen). Gerade Pädagoginnen und Pädagogen zeigen großes Interesse, hier an einem Beispiel aus ihrer Umgebung Kindern und Jugendlichen Wissen über die jahrhundertelange Geschichte des rheinischen Judentums zu vermitteln. Auch Kooperationsprojekte mit anderen Institutionen wurden bereits durchgeführt. Auf Initiative des Landschaftsverbandes Rheinland und in Zusammenarbeit mit den ehemaligen Synagogen in Stommeln (Rhein-Erft-Kreis) und Hülchrath (Rhein-Kreis-Neuss) wurden im Rahmen der Jüdischen Kulturtage 2002 drei ganztägige Busfahrten unter dem Titel *Begegnung mit dem Landjudentum. Eine literarische, musikalische und kulinarische (Zeit-)Reise zu rheinischen Landsynagogen* angeboten. Durch Schauen (Architektur), Hören (autobiografische Texte rheinischer Jüdinnen und Juden, Musik) und Schmecken (koscheres Buffet) wurden an den drei Standorten für ein breites Publikum Aspekte jüdischen Alltagslebens im Rheinland erlebbar gemacht.[13]

Überblicksdarstellungen und Forschungsprojekte zur jüdischen Geschichte – eine Auswahl

Zur Geschichte der Juden in Deutschland vom 17. bis 20. Jahrhundert sind in den letzten Jahren zwei wichtige Publikationen erschienen. Mit der vierbändigen *Deutsch-jüdischen Geschichte in der Neuzeit* liegt eine umfassende Publikation vor, die den gegenwärtigen Forschungsstand wiedergibt und diesen in einer gut lesbaren Darstellung präsentiert.[14]

Die von Marion Kaplan herausgegebene *Geschichte des jüdischen Alltags in Deutschland. Vom 17. Jahrhundert bis 1945* bietet Einblicke in Lebenswelt und Alltag der deutschen Jüdinnen und Juden: Wohnbedingungen und Nachbarschaft, religiöse Praxis, Bildungschancen und Arbeitswelt.

Monika Grübel und Georg Mölich

Von zentraler Bedeutung sind dabei die komplexen sozialen Beziehungen der Juden untereinander sowie die Interaktion von jüdischen und nicht-jüdischen Lebenswelten.[15]

Den Schwerpunkt der oben genannten Darstellungen bilden die Verhältnisse nach 1600. Die Geschichte und Lebensbedingungen im Mittelalter und in der Frühen Neuzeit werden vergleichsweise kurz oder gar nicht dargestellt.

Diesen älteren Epochen widmen sich zwei große Forschungsprojekte, die gerade abgeschlossen bzw. in Arbeit sind. Beide Projekte liefern auch zahlreiche Informationen zum jüdischen Leben im Rheinland und Westfalen.

Über den Forschungsschwerpunkt zur Geschichte der Juden im Mittelalter an der Universität Trier und das von Alfred Haferkamp herausgegebene dreibändige *Kommentierte Kartenwerk* zur *Geschichte der Juden im Mittelalter von der Nordsee bis zu den Südalpen* und dessen Fragestellungen informiert Christoph Cluse in diesem Sammelband. Dieses bislang einzigartige Werk umfasst insgesamt 104 Karten sowie einen Kommentarband und einen Ortskatalog, der die Ansiedlungs-, Verfolgungs- und Vertreibungsdaten, die Gemeinde- und Kulteinrichtungen sowie die hauptsächlichen herrschaftlichen Zuordnungen von annähernd 2000 Orten dokumentiert.

Ebenfalls vor kurzem abgeschlossen wurde die Arbeitsphase III (betr. den Zeitraum von 1350 bis 1519) des deutsch-israelischen Forschungsprojektes *Germania Judaica* – zuletzt unter der Leitung von Mordechai Breuer (Jerusalem) und Alfred Haverkamp (Trier).[16] Das Nachfolgeprojekt *Germania Judaica IV: Historisch-topographisches Handbuch zur Geschichte der Juden im Alten Reich 1520–1650* unter Leitung von Michael Toch und Israel J. Yuval (Jerusalem) sowie Stefan Rohrbacher (Düsseldorf) widmet sich der Frühen Neuzeit.[17] Diese für die Geschichte der Juden wichtige Übergangs- und Umbruchszeit ist besonders reich an Quellenmaterial. Dennoch wurde sie von der Forschung bislang eher vernachlässigt. *Germania Judaica IV* wird sich von den Vorgängerbänden auch methodisch unterscheiden. Die Materialien werden nicht mehr in Ortsartikeln zusammengefasst, sondern gebietsbezogen erschlossen und in Form eigenständiger Faszikel publiziert. Die Artikel von Birgit E. Klein über das Kurfürstentum Köln und von Nathanja Hüttenmeister über das Herzogtum Westfalen, deren Drucklegung sich in Vorbereitung befinden, werden wichtige neue Erkenntnisse über die Lebensverhältnisse der Jüdinnen und Juden für unseren Raum liefern.[18]

Von der Tagung *Rahmenbedingungen und Alltagswelt jüdischen Lebens im Rheinland seit dem Mittelalter* zum Buch

Die aktuelle Forschungssituation und die zahlreichen neuen Einzelpublikationen, die in den letzten Jahren gerade auch zur Geschichte und Kultur der Jüdinnen und Juden im Rheinland erschienen sind, veranlassten die Herausgeber, in Verbindung mit der Bischöflichen Akademie des Bistums Aachen im Oktober 2003 eine Tagung unter dem Titel *Rahmenbedingungen und Alltagswelt jüdischen Lebens im Rheinland seit dem Mittelalter* durchzuführen.[19] Da in nahezu allen Vorträgen der Tagung neue Forschungsergebnisse in konzentrierter Form vorgestellt wurden, die zumeist im Rahmen von Dissertations- und Habilitationsprojekten gewonnen wurden, lag es nahe, diese neuen Erkenntnisse einem größeren Publikum in Form eines Sammelbandes zugänglich zu machen. Das Ziel des Bandes ist es, interessierten Lesern einen Einblick in ein spannendes und innovatives Forschungsfeld zu geben. Zugleich soll der Band jedoch auch einen systematisch-chronologischen Überblick zu den Rahmenbedingungen und der Alltagswelt jüdischen Lebens im Rheinland vermitteln.

Die Autorinnen und Autoren des Bandes kommen aus den Bereichen der Geschichte, der Judaistik und der Publizistik. Dies führt dazu, dass sie unterschiedliche Herangehensweisen und Fragestellungen gewählt haben. In einigen Texten sind es innerjüdische Fragen, die im Mittelpunkt stehen, in anderen Beiträgen werden die obrigkeitlichen Anordnungen und deren tatsächliche Auswirkungen auf die Lebensrealität der jüdischen Minderheit untersucht, und einige Autoren nehmen besonders die konkreten Formen des alltäglichen Zusammenlebens von christlicher Mehrheit und jüdischer Minderheit unter die Lupe.

Christoph Cluse bietet, neben einem Forschungsbericht, einen Überblick über die Entwicklung und Organisation der jüdischen Niederlassungen am Niederrhein vom 11. Jahrhundert bis ins Jahr 1520. In einem weiteren Unterkapitel beschäftigt er sich mit den wiederholt auftretenden mittelalterlichen Verfolgungswellen und ihren Auswirkungen für die jüdische Bevölkerung am Niederrhein.

Manfred Groten zeigt aufgrund der einzigartig dichten Überlieferung die enge Verzahnung der mittelalterlichen jüdischen Gemeinde Kölns mit den städtischen Institutionen der Rheinmetropole. Dabei geht es ihm besonders um die Qualität der Beziehungen zwischen den Kölner Jüdinnen und Juden und ihren christlichen Nachbarn.

Birgit E. Klein beleuchtet in ihrem Aufsatz die Rolle von Juden im Dienste rheinischer Territorialherren. In ihren Ausführungen beschäftigt sie sich mit dem Kölner Kurfürsten Ernst von Bayern (Reg. 1583 – 1612) und dessen „Judenpolitik" sowie mit der Rolle, die der in Diensten des Kurfürsten stehende „Levi von Bonn", seine Amtsnachfolger und seine persönlichen Nachfahren spielten.

Stephan Laux widmet sich in seinem Beitrag den herrschaftlichen Rahmenbedingungen jüdischen Lebens in rheinischen Territorien vom 16. bis zum Ende des 18. Jahrhunderts und untersucht die verschiedenen Instanzen, die an ihrem Zustandekommen mitwirken. Er vergleicht die Geleitspolitik – die Entscheidung darüber, ob, wie viele, wo und unter welchen Bedingungen Juden im Lande zugelassen wurden – in Jülich-Berg und Kurköln mit der im preußischen Herzogtum Kleve. An Beispielen schildert er die Konsequenzen dieser Geleitspolitik für alle daran Beteiligten.

Suzanne Zittartz-Weber beschreibt die neuen rechtlichen Bedingungen für die jüdischen Gemeinden in der preußischen Rheinprovinz, wobei sie vor allem die sich daraus ergebende Entwicklung der jüdischen Gemeinden von 1815 bis zum „Gesetz über die bürgerlichen Verhältnisse der Juden" vom Juli 1847 analysiert.

Am Beispiel Gelderns skizziert Christoph Nonn das Alltagsleben der Jüdinnen und Juden am Niederrhein im Kaiserreich in einem breit angelegten Überblick, der sowohl die gelungene „Integration" als auch die Ausgrenzung der Minderheit zeigt.

Nicola Wenge beschreibt die Alltagsbeziehungen von Juden und Nichtjuden im Köln der Weimarer Republik. Ihr besonderes Augenmerk gilt dabei drei Formen der Alltagsbeziehungen: Der Nachbarschaft, dem Ehe- und Familienleben und dem Vereinsleben.

Tobias Arand widmet sich der jüdischen Abteilung im Rahmen der *„Jahrtausend-Ausstellung" der Rheinlande*, die 1925 in den Kölner Messehallen präsentiert wurde. Er beschreibt die Phasen der Planung und Umsetzung dieser Ausstellung, stellt die wichtigsten Akteure des Projektes vor und beschäftigt sich mit der zeitgenössischen Rezeption der Ausstellung.

Das komplexe Thema der stufenweisen „Arisierung" während der NS-Herrschaft analysiert Britta Bopf am Beispiel der Stadt Köln, wobei die Dimensionen dieser Maßnahmen in der Großstadt plastisch vor Augen geführt werden.

Donate Strathmann konzentriert sich in ihrem Artikel auf die ersten Nachkriegsjahre und stellt die Frage, ob die Politik der Militär- und Landesregierung Hilfe oder Hindernis beim Wiederaufbau der jüdischen Gemeinden war.

Jürgen Zieher beleuchtet die Entwicklung des jüdischen Lebens in den rheinisch-westfälischen Großstädten Dortmund und Düsseldorf in den 1950er Jahren.

In einem abschließenden Essay beschreibt Micha Guttmann die Entwicklungslinien jüdischen Lebens in Deutschland und Nordrhein-Westfalen von 1945 bis heute.

Eine Zeittafel im Anhang des Buches bietet den Leserinnen und Lesern einen schnellen Überblick wichtiger Daten zur jüdischen Geschichte im Rheinland von der Spätantike bis heute.

Tipps und Hinweise

Wer nach weiterführender Literatur zur jüdischen Geschichte in Nordrhein-Westfalen recherchieren möchte, dem seien empfohlen:

Das jährlich herausgegebene *Leo Baeck Institute Year Book*: Es enthält eine umfangreiche, kommentierte Bibliografie zu Büchern und Artikeln über deutschsprachiges Judentum. Die Bibliografie ist thematisch geordnet. Für die lokalgeschichtlich interessierten Leser führen die Einträge unter dem Titel *Communal and Regional History* die neuesten Publikation sowohl für einzelne Städte als auch Regionen wie *Rhineland* und *Westphalia* auf.

Die *Literaturdatenbank Jüdische Geschichte Nordrhein-Westfalen* des Salomon Ludwig Steinheim-Instituts für deutsch-jüdische Geschichte in Duisburg: Sie verzeichnet mittlerweile knapp 5.000 Bücher und Aufsätze zum Thema und wird fortlaufend ausgebaut.[20]

Allen, die die bei der Recherche entdeckten Titel dann auch lesen oder ausleihen wollen, sei die 1959 auf Initiative namhafter Kölner Bürger gegründete *Germania Judaica, Kölner Bibliothek zur Geschichte des deutschen Judentums* empfohlen. Hier findet man schnell Literatur zum jüdischen Leben an einem Ort oder für eine Region. Die wichtigsten Sammelgebiete sind: Geschichte des deutschsprachigen Judentums ab dem 18. Jahrhundert, allgemeine jüdische Geschichte und Kultur, Zionismus und Israel, Antisemitismus, Juden im Nationalsozialismus, Neonazismus und Rechtsradikalismus, Darstellung von Jüdinnen und Juden in Literatur und Film. Für Pädagoginnen und Pädagogen ist der Bestand zur „Didaktik des Judentums" hilfreich, der Literatur zu Unterrichtsmodellen, zur Schulbuchforschung sowie Lehrbücher umfasst. Mit ca. 85.000 Bänden (Stand: Frühjahr 2005) sowie ca. 500 deutsch-jüdischen Zeitungen und Zeitschriften[21] ist die Kölner Bibliothek *Germania Judaica* eine der bedeutendsten jüdischen Fachbibliotheken in Europa.

Monika Grübel und Georg Mölich

Als aktuelles Beispiel für Unterrichtsmaterialien zur jüdischen Geschichte und Kultur seien die drei Schülerhefte *Die Juden im Rheinland* empfohlen, die aus Anlass der Ausstellung *Europas Juden im Mittelalter* im Historischen Museum der Pfalz in Speyer vom Pädagogischen Zentrum Rheinland-Pfalz in Zusammenarbeit mit Fachwissenschaftlern und Fachdidaktikern erarbeit wurden.[22] Diese drei Hefte mit Arbeitsblättern und Lehrerkommentar (Grundschule/Orientierungsstufe, Sekundarstufe I und II) lassen auf vielfältige Weise das historische Geschehen der gemeinsamen Geschichte von Christen und Juden im Mittelalter in regionalen Bezügen – dem Rheinland – lebendig werden.

Anmerkungen

1   Peri Terbuyken, *Juden im Rat der Stadt? Ein Gesetzestext von 321*, in: Wolfgang Rosen/Lars Wirtler (Hg.), *Quellen zur Geschichte der Stadt Köln, Band 1, Antike und Mittelalter. Von den Anfängen bis 1396/97*, Köln 1999, S. 49–52. Werner Eck, *Köln in römischer Zeit. Geschichte einer Stadt im Rahmen des Imperium Romanum*, Köln 2004, S. 324–327. Vgl. auch: Marianne Gechter/Sven Schütte, *Ursprung und Voraussetzungen des mittelalterlichen Rathauses und seiner Umgebung*, in: Walter Geis/Ulrich Krings (Hg.), *Köln: Das gotische Rathaus und seine historische Umgebung*, Köln 2000, S. 69–196, bes. S. 108 ff.

2   Einige Hinweise auf Überblicksdarstellungen zum jüdischen Leben im Rheinland und in Westfalen: Elfi Pracht-Jörns, *Zur Geschichte der Juden im Rheinland. Eine Skizze*, in: dies., *Jüdisches Kulturerbe in Nordrhein-Westfalen. Teil 2: Regierungsbezirk Düsseldorf*, Köln 2000, S. 1–25; Barbara Becker-Jákli, *Zur Geschichte der Juden im rheinisch-westfälischen Raum*, in: Sekretariat für gemeinsame Kulturarbeit in Nordrhein-Westfalen (Hg.), *Jüdische Geschichte und Kultur in NRW. Ein Handbuch* - zusammengestellt von Benno Reicher, Essen 1993, S. 13–20; Ministerium für Arbeit, Soziales und Stadtentwicklung, Kultur und Sport (Hg.), *Zeitzeugen. Begegnungen mit jüdischem Leben in Nordrhein-Westfalen*, Düsseldorf 1998. Ausführlich das in vier Kapitel (Die Juden in Antike und Mittelalter, von der Frühen Neuzeit bis zur Judenemanzipation, von der rechtlichen Gleichstellung bis zum Genozid, Jüdische Geschichte in Nordrhein-Westfalen) gegliederte Buch: Michael Zimmermann (Hg.), *Geschichte der Juden im Rheinland und in Westfalen*, Köln/Stuttgart/Berlin 1998.
Eine Dokumentation der zerstörten Synagogen in Nordrhein-Westfalen bietet: Michael Brocke/Meier Schwarz (Hg.), *Feuer an Dein Heiligtum gelegt. Zerstörte Synagogen 1938 Nordrhein-Westfalen*. Erarbeitet vom Salomon-Ludwig-Steinheim-Institut für deutsch-jüdische Geschichte und vom Synagogue Memorial Jerusalem, Bochum 1999. Siehe auch: Stefan Fischbach und Ingrid Westerhoff (Bearb.), „*...und dies ist die Pforte des Himmels“. Synagogen in Rheinland-Pfalz – Saarland*, Mainz 2005. Darin der Artikel von Franz-Josef Heyen, *Juden im Gebiet der heutigen Bundesländer Rheinland-Pfalz und Saarland. Versuch eines Rückblicks auf 2000 Jahre Geschichte*, ebenda S. 19–45. Siehe auch den Forschungsbericht von Christoph Cluse in diesem Band, S. 1–3.

3 Die 19 Gemeinden in Nordrhein-Westfalen sind in drei Landesverbänden organisiert: Landesverband der Jüdischen Gemeinden von Nordrhein, Landesverband der Jüdischen Gemeinden von Westfalen-Lippe und Synagogen-Gemeinde Köln.

4 Sitz der Zeitungsredaktion und Hauptsitz des Zentralrates waren lange Düsseldorf, später Bonn und seit Frühjahr 1999 Berlin.

5 Vgl. zu den Aktivitäten des LVR bis 1998: Jürgen Wilhelm, *Das jüdische Kulturerbe im Rheinland. Eine Bestandsaufnahme der Arbeit des Landschaftsverbandes*, in: Günther Bernd Ginzel/Sonja Güntner (Hg.), *„Zuhause in Köln…" Jüdisches Leben 1945 bis heute*, Köln/Weimar/Wien 1998, S. 167–170.

6 Franz-Josef Ziwes, *Jüdische Niederlassungen im Mittelalter, Geschichtlicher Atlas der Rheinlande, Karte/Beiheft VIII/7*, Köln 2002.

7 Jan Erik Schulte (Hg.) für den Arbeitskreis der NS-Gedenkstätten in NRW e. V., *Konzentrationslager im Rheinland und in Westfalen 1933–1945. Zentrale Steuerung und regionale Initiative*, Paderborn u. a. 2005.

8 Michael Brocke/Dan Bondy, *Der alte jüdische Friedhof Bonn-Schwarzrheindorf 1623–1956. Bildlich-textliche Dokumentation*, Köln 1998, Landschaftsverband Rheinland/Amt für rheinische Landeskunde (Hg.), *Rheinischer Städteatlas*, Lfg. I-XV, Nr. 1–84, Köln 1972–2003.

9 Vgl. zum Handbuch und den zwei dazugehörigen Teilprojekten Susanne Freund/Wilfried Reininghaus, *Das „Handbuch der jüdischen Gemeinden und Gemeinschaften in Westfalen und Lippe" – ein neues Projekt der Historischen Kommission für Westfalen*, in: WF 53, 2003, S. 411–417 sowie die beiden Homepages: www.uni-uenster.de/Staedtegeschichte/Forschung/HBjuedGem/Projektvorstellung.shtml und www.lwl.org/LWL/Kultur/HistorischeKommission (Publikationen – In Vorbereitung)

10 Erstmals hatten sich Schülerinnen und Schüler in Titz schon 1986 mit den Rödinger Jüdinnen und Juden und der Synagoge beschäftigt. Vgl. Hermann-Josef Paulissen (Bearb.), *Geschichte der Juden in Rödingen, Müntz, Boslar und ihre Friedhöfe. Dokumentation der Arbeitsgemeinschaft der Gemeinschaftshauptschule Titz*, Titz 1986; vgl. Elfi Pracht, *Jüdisches Kulturerbe in Nordrhein-Westfalen*. Teil 1: Regierungsbezirk Köln, Köln 1997, S. 120–124 und S. 156f; Monika Grübel, *Synagoge und Vorsteherhaus Titz-Rödingen. Vergangenheit – Gegenwart – Zukunft*, Köln 2001. Videofilm (26 Minuten), *Die Tante mit der Synagoge im Hof. Aus dem Leben rheinischer Landjuden*. Eine Produktion des Medienzentrums Rheinland, Düsseldorf. Siehe: www.medienzentrum-rheinland.lvr.de (Medien/Medienproduktion – Verkauf)

11 Vgl. zu den Zukunftsplänen für die Gebäude: Grübel, Synagoge [Anm. 10], S. 32–36; dies., *Ehemalige Synagoge und Vorsteherhaus Titz-Rödingen. Ein Gebäudeensemble von exemplarischer Bedeutung*, in: Jahrbuch des Kreises Düren 2005, Düren 2004, S. 38–44, hier S. 41f.

12 Vgl. dazu den Überblick von Monika Grübel, *Landjuden – ein Leben zwischen Land und Stadt*, in: Claudia Maria Arndt (Hg.): *„Unwiederbringlich vorbei" – Geschichte und Kultur der Juden an Sieg und Rhein. 10 Jahre Gedenkstätte Landjuden an der Sieg in Windeck-Rosbach*, Siegburg 2005, S. 50–69.

13 Zu den bisherigen Aktivitäten im Zusammenhang mit den Rödinger Gebäuden vgl. Grübel, Gebäudeensemble [Anm. 11], S. 40f.

Monika Grübel und Georg Mölich

14 Michael A. Meyer (Hg.) unter Mitwirkung von Michael Brenner, *Deutsch-jüdische Geschichte in der Neuzeit*: Band 1: Mordechai Breuer/Michael Graetz, *Tradition und Aufklärung 1600–1780*, München 1996; Band 2: Michael Brenner/Stefi Jersch-Wenzel/Michael A. Meyer, *Emanzipation und Akkulturation 1780–1871*, München 1996; Band 3: Steven M. Lowenstein/Paul Mendes-Flohr/Peter Pulzer/Monika Richarz, *Umstrittene Integration 1871–1918*, München 1997; Band 4: Avraham Barkai/Paul Mendes Flohr mit einem Epilog von Steven M. Lowenstein, *Aufbruch und Zerstörung 1918–1945*, München 1997. Dieses Standardwerk liegt auch als preiswerte broschierte Sonderausgabe vor.

15 Marion Kaplan (Hg.), *Geschichte des jüdischen Alltags in Deutschland. Vom 17. Jahrhundert bis 1945*, München 2003.

16 Vgl. Cluse in diesem Band S. 2 und die bibliographischen Angaben für *Germania Judaica* 1–3 in seinen Anmerkungen 3 und 4.

17 Unter www.germania-judaica.de findet man weitere Informationen zu dem deutsch-israelischen Forschungsprojekt: z. B. Auszüge aus Gebietsartikeln, eine mittlerweile ca. 5.000 Titel umfassende Literaturdatenbank zur Geschichte der Jüdinnen und Juden in der Frühen Neuzeit, die kontinuierlich überarbeitet und ergänzt wird.

18 Zur besonderen Rolle Kölns in dieser Epoche vgl. auch Stefan Rohrbacher, *Köln – Eine Stadt ohne Juden als zentraler Ort des rheinischen Judentums*, in: Dieter Geuenich (Hg.), *Köln und die Niederrheinlande in ihren historischen Raumbeziehungen (15. – 20. Jahrhundert)*, Pulheim 2000, S. 99–115.

19 Ein Tagungsbericht ist unter www.rheinische-geschichte.de in der Rubrik: Aktivitäten, zurückliegende Tagungen nachzulesen.

20 Siehe auf der Homepage des Steinheim-Instituts www.steinheim-institut.de unter dem Stichwort „Web-Datenbanken".

21 Jedem Leser, der in der deutsch-jüdischen Presse lesen und recherchieren will, sei außerdem das Wissenschaftsportal: www.compactmemory.de empfohlen, das die wichtigsten jüdischen Periodika des 19. und 20. Jahrhunderts im Internet zur Verfügung stellt.

22 Die Ausstellung ist vom 19. November bis 20. März 2005 im Historischen Museum der Pfalz in Speyer (www.museum.speyer.de) und vom 23. April bis 28. August 2005 im Deutschen Historischen Museum Berlin zu sehen. Zur Ausstellung erschienen außerdem: Katalog (in deutscher und englischer Sprache) und eine Lese-, Spiel- und Bastelmappe *Juden im Mittelalter*. Vgl. auch die begleitende wissenschaftliche Publikation: Christoph Cluse (Hg.), *Europas Juden im Mittelalter. Beiträge des internationalen Symposions in Speyer vom 20.–25. Oktober 2002*, Trier 2004.
Zum 20. Jahrhundert seien Pädagogen auf das Projekt *Jüdisches Leben in Deutschland von 1914 bis 2004* hingewiesen, das in Kooperation von der Bundeszentrale für politische Bildung mit der Multimediaabteilung des Deutschen Historischen Museums entstand. Unter www.chotzen.de wird seit dem 27. Januar 2005 die gut dokumentierte Familiengeschichte (zahlreiche Bilder, Filme und Tondokumente) der Chotzens für den bundesweiten Schulunterricht in deutscher und englischer Sprache ins Internet gestellt und als DVD angeboten. Texte, Aufgabenstellungen und Themenführungen werden für Grundschule, Sekundarstufe I und II angeboten.

Juden am Niederrhein während des Mittelalters

Eine Bilanz

Christoph Cluse

Zur Forschungsgeschichte

Die Forschung zur Geschichte der Juden in den Rheinlanden und speziell am Niederrhein und in Köln während des Mittelalters kann heute auf eine mehr als 100-jährige Tradition zurückblicken. Angefangen mit den Darstellungen von Ernst Weyden (1867) und Carl Brisch (1879) bis hin zu den Arbeiten Adolf Kobers und zu den ersten beiden Bänden von „Germania Judaica" konnten schon vor 1933 bzw. 1938 wesentliche Grundlinien der Entwicklung der Kölner Gemeinde und ihres weiten Einflussbereiches nachgezogen werden. Nachdem bereits Brisch auf die Bedeutung der Kölner Schreinsüberlieferung hingewiesen hatte, aus der er auch Auszüge publizierte, wurde das „Judenschreinsbuch" der Laurenzpfarre 1888 durch Robert Hoeniger und Moritz Stern ediert; damit lag der Forschung ein Druck der wohl wichtigsten Einzelüberlieferung zur Geschichte der Juden nicht allein in Köln, sondern darüber hinaus im gesamten Niederrhein-Gebiet vor.[1]

Nach 1945 waren es zuerst die Ausgrabungen in den Trümmern der zerstörten Altstadt von Köln, im Bereich des mittelalterlichen Judenviertels, die der Forschung bedeutende neue Impulse gaben. Nur wenige Jahre nach der Publikation der Befunde durch Doppelfeld (1959) erschien Kurt Bauers juristische Dissertation über das Judenrecht in Köln (1963), und noch ein Jahr später fand in der Domstadt die bedeutende Ausstellung zur Geschichte des rheinischen Judentums unter dem Titel „Monumenta Judaica" statt, deren Katalog und Handbuch zugleich einem breiten Publikum einen fundierten, noch heute lesenswerten Überblick zur Thematik boten (1964). Schon 1959 war in Köln außerdem die „Kölner Bibliothek zur Geschichte des deutschen Judentums Germania Judaica" gegründet worden – eine Privatinitiative, die anlässlich ihres 25-jährigen Bestehens mit einer Festschrift wesentlich zum Fortschritt der einschlägigen Forschung beitragen sollte („Köln und das rheinische Judentum", 1984).[2]

Im Jahre 1968 erschien in zwei Teilen der zweite Band des ebenfalls „Germania Judaica" betitelten Standardwerks, das 1903 durch die „Gesellschaft zur Förderung der Wissenschaft des Judentums" ins Leben gerufen worden war. Dieses Handbuch war um 1938 bereits weitgehend abgeschlossen gewesen, kam damals aber nicht mehr zum Druck; es wurde nach dem Krieg von israelischen Historikern deutscher Herkunft mit Unterstützung des Leo-Baeck-Instituts abgeschlossen und von Hans Lichtenstein alias Zvi Avneri herausgegeben. Damit war die Siedlungsgeschichte der Juden in den Grenzen des ehemaligen Reichs bis um die Zeit der großen Verfolgungen anlässlich des „Schwarzen Todes" (1349/50) weitgehend rekonstruiert.[3]

Die wichtigsten Impulse für eine erneute Zuwendung zur mittelalterlichen Geschichte der Juden ergaben sich in der Bundesrepublik aus der Initiative wiederum israelischer Historiker, „Germania Judaica" für die Zeit von 1350 bis 1520 fortzuführen. Die Orts- und Regionalartikel der zwischen 1987 und 2003 publizierten drei Teilbände beruhen auf einer breit angelegten Archiv-Enquête und auf der fruchtbaren Zusammenarbeit von, grob gesprochen, Archivaren und Landeshistorikern in Deutschland mit judaistisch geschulten Fachvertretern in Israel.[4] Mehr als eine Generation nach der Zerschlagung der deutschsprachigen „Wissenschaft des Judentums" war damit wieder ein Verfahren für die Erarbeitung von Forschungsergebnissen gefunden worden, die sowohl im Rahmen der regionalen, deutschen und europäischen Geschichte als auch für die etwas anders gelagerten Fragestellungen der jüdischen Geistes- und Religionsgeschichte Bestand haben können. Trotz der mittlerweile etablierten und international anerkannten Judaistik in Deutschland wird diese Form der Kooperation auch in absehbarer Zukunft nötig sein.

Zunächst in Zusammenhang mit „Germania Judaica 3" hat Alfred Haverkamp in Trier seit den achtziger Jahren einen Forschungsschwerpunkt zur Geschichte der Juden auf- und ausgebaut, aus dem mittlerweile eine Anzahl wichtiger Untersuchungen zur mittelalterlichen Geschichte der Juden in den Rheinlanden und angrenzenden Gebieten vorliegen. Bei aller Verschiedenheit ist diesen in methodischer Hinsicht gemeinsam, dass sie in der – kartografisch gestützten – Siedlungsgeschichte der Juden eine heuristische Basis besitzen.[5] So darf dieser Aspekt der jüdischen Geschichte während des Mittelalters für die lange Zeitspanne vom 10./11. Jahrhundert bis ca. 1520 und insbesondere für den geografischen Großraum, der von der Champagne bis Thüringen und von der Nordsee bis zu den Alpen reicht, heute als gut rekonstruiert bezeichnet werden; der Forschungsstand ist in dem jüngst von Haverkamp herausgegebenen „Kommentierten Kartenwerk" zusammengefasst.[6]

Christoph Cluse

Ausgehend von der Siedlungsgeschichte folgen die Autoren und Autorinnen darin jeweils mehr oder weniger eigenständigen Fragestellungen. Diese betreffen insbesondere:

(1) den Zusammenhang zwischen der jüdischen Siedlungsgeschichte und der Entwicklung städtischer Siedlungen vornehmlich im hohen Mittelalter (Stichwort „Urbanisierung");

(2) die Rolle von Juden in den langfristigen Prozessen herrschaftlicher Raumgestaltung (Stichworte „Landesausbau" und „Territorialisierung") und die Rückwirkungen dieser nicht selten konfliktreichen Vorgänge auf die Geschichte und Geschicke der Juden; in diesem Zusammenhang auch

(3) die Bedeutung und Funktion der wirtschaftlichen Tätigkeiten von Juden als Händler, als Münz- und Finanzexperten, später zunehmend als Bankiers und Geldleiher im Rahmen dessen, was als „Monetarisierung" von Herrschaft sowie als Entwicklung einer auf Geld basierenden „Marktwirtschaft" bezeichnet werden kann;

(4) die herrschaftlich-politischen, sozio-ökonomischen und religiösen Motivlagen für Judenverfolgungen und -vertreibungen.[7]

Ein zweiter Komplex von Fragen widmet sich der inneren Struktur des jüdischen Siedlungsnetzes. Er betrifft:

(5) die relative Bedeutung der unterschiedlichen Ansiedlungsformen von Juden in mehr oder weniger großen Gemeinden, in weiteren, locker verfassten Judenschaften und in Kleinstniederlassungen, gemessen zunächst an der Existenz von „Zentralitätsfaktoren" wie Friedhof, Synagoge und weiteren baulichen Verfestigungen der Niederlassung;

(6) die Formen gemeinschaftlichen Handelns und kollektiver Verfassung auf lokaler, regionaler und überregionaler Ebene;

(7) die Beziehungen zwischen christlichen und jüdischen Gemeinden[8];

(8) die Wege und möglichen Motive individueller Mobilität und kollektiver Migration (Heiratsverbindungen, Geschäftsbeziehungen, wirtschaftliche und politisch-rechtliche Rahmenbedingungen usw.).

Der Niederrhein wird unter vielen der genannten Aspekte in den neueren Arbeiten über die mittelalterlichen Niederlande, den Raum zwischen Rhein und Weser sowie in einer stadtgeschichtlich ausgerichteten Studie über die Juden von Köln berücksichtigt[9]; darüber hinaus können wir auf eine Reihe von Regionalartikeln im dritten Band von „Germania Judaica 3" zurückgreifen.[10]

Jüdische Niederlassungen am Niederrhein bis 1349/50

Eine Mehrheit in der aktuellen Forschung vertritt die Ansicht, dass „die mittelalterliche deutsch-jüdische Gemeinschaft entstand, als Kaufmannsfamilien aus Italien, Nord- und Südfrankreich nach und nach ins Rheinland einwanderten." Die Anfänge dieser Immigration liegen nach dieser Auffassung um das Jahr 900 herum.[11] Zwar werden in früheren Königsurkunden bereits gelegentlich Juden genannt, in der Regel als Kaufleute, doch es ist unklar, wo diese ansässig waren. Letzteres gilt auch für den berühmten Juden Isaak, der im Jahre 797 von Aachen aus im Auftrag des Kaisers an einer Gesandtschaft zum Kalifen Harun al-Raschid in Bagdad teilnahm und als Einziger im Sommer 802 ins Rheinland zurückkehrte.[12]

Ob es in der spätantiken Colonia Agrippinensis wirklich schon eine jüdische Gemeinde gegeben hat, ist umstritten. Von den beiden üblicherweise hierfür herangezogenen Schreiben Kaiser Konstantins ist zumindest das zweite (*Cod. Theod.* 16.8.4 vom 1. Dezember 330) nach neueren Erkenntnissen *nicht* auf Köln zu beziehen; auch das erste (*Cod. Theod.* 16.8.3 vom 11. Dezember 321) enthält eine Verfügung als „allgemeines Reichsgesetz", aus dem nicht zwingend auch die Anwesenheit von Juden in Köln folgt.[13] Die jüngst vorgestellten Überlegungen zur Archäologie und Baugeschichte der mittelalterlichen Kölner Synagoge sowie der benachbarten Mikwe sollten deshalb zunächst unabhängig von diesen Zeugnissen beurteilt werden.

Marianne Gechter und Sven Schütte weisen im Rahmen ihrer Neubewertung der archäologischen Befunde schlüssig nach, dass der von Doppelfeld ergrabene Synagogenbau „S I" aus den letzten beiden Jahrzehnten des 8. Jahrhunderts stammt; die Nutzung als Synagoge ist durch Einbauten belegt. Vermutlich im Zuge der normannischen Eroberung (881/2) schwer zerstört, wurde die Synagoge am Ende des 9. Jahrhunderts erneuert; dieser Bau „S II" ist der 1075 erstmals schriftlich erwähnte, der dann im Zuge der Verfolgung von 1096 beschädigt und geplündert wurde.

Aus karolingischer Zeit stammt wohl auch die Mikwe, die offenbar bereits Erdbebenschäden aufweist, die nach Gechter/Schütte auf eine Zeit erhöhter seismischer Aktivität zwischen ca. 770 und 790 datierbar sind. Während für die Mikwe keine noch ältere Baustufe nachgewiesen werden kann, glauben Gechter und Schütte dies für die Synagoge zeigen zu können: Die Mauern des karolingischen Baus setzen „unmittelbar auf den antiken Estrich … auf, ohne erkennbare Schutt- oder Schmutzschicht dazwischen"; auch eine antike, halbrunde Vorhofmauer wird in den Bau einbezogen. Für den Bau „R V" des 4. Jahrhunderts, der auf diese Weise

Christoph Cluse

zu „S 0" wird, rekonstruieren sie eine Anlage, die sonst nur für die aus dem selben Zeitraum datierende Synagoge von Khirbet El-Samara (in der heutigen West Bank) bekannt ist.[14] Diese These soll hier nicht in Bausch und Bogen verworfen werden, wirft allerdings einige Schwierigkeiten auf:

(1) Die Quellen von 321 und 330 belegen keineswegs „eindeutig", dass es im 4. Jahrhundert eine jüdische Gemeinde in Köln gab.

(2) Die Weiternutzung „wesentliche[r] Teile des Vorgängerbaus" muss nicht bedeuten, dass ein Vorgängerbau gleichen Zwecken gedient hat, zumal erst für den karolingischen Bau Elemente einer Synagogenausstattung nachweisbar sind; auch ein Vorgänger für die Mikwe des 8. Jahrhunderts ist nicht zu finden.

(3) Die Ähnlichkeit mit Khirbet El-Samara ist singulär; sie würde es nicht erlauben, von einem Typus zu sprechen, dem der Kölner Bau dann gefolgt wäre, zumal spätantike Synagogen eine enorme Vielfalt der Bauformen aufweisen.[15]

(4) Wie Gechter und Schütte selbst ausführen, war dieser Bereich der Stadt Köln im späten 8. Jahrhundert großen Umwandlungen unterworfen. Das vermutete Erdbeben zog auch die nördlich benachbarte Königspfalz in Mitleidenschaft; in der Folge wurde sie zugunsten der Aachener Pfalz aufgegeben. Zu bedenken ist, dass diese Veränderungen auch neue Freiräume schufen und möglicherweise nach neuen „Investoren" verlangten.

(5) Eine kontinuierlich von der Spätantike bis zum Mittelalter in Köln ansässige Judengemeinde widerspräche den Erkenntnissen über die Entstehung der jüdischen Diaspora in den deutschen Landen, soweit sie aus den überlieferten Schriftquellen des Mittelalters gewonnen wurden.[16] Insgesamt älter als die Judenschaft des Rheinlandes sind demzufolge die Gemeinden in Südfrankreich und Italien; im nordöstlichen Frankreich, vor allem in der Champagne, erscheinen Juden um etwa die selbe Zeit wie am Rhein.[17]

(6) Das postulierte hohe Alter der Kölner Judengemeinde wird in späterer Zeit offenbar nicht thematisiert. Liegt dies nur daran, dass so viele Traditionen durch die Verfolgungen des Jahres 1096 verloren gingen? Stefan Rohrbacher gibt zu bedenken, dass das Brauchtum der Kölner Gemeinde, „der mittelalterliche Kölner *Minhag* sehr alte Elemente" aufweist und „insgesamt palästinischen Traditionen nahezustehen" scheint, was für sein hohes Alter spricht: „Mit der Hypothese einer in die römische Spätantike zurückreichenden Kontinuitätslinie ließen sich solche Eigenheiten womöglich recht gut vereinbaren."[18] Sie ließen sich freilich ebenso gut mit der besser abgesicherten Vermutung einer karolingischen Begründung der Kölner

Gemeinde vereinbaren; palästinische Traditionen spielten beispielsweise auch in der Lyoner Judengemeinde noch im 9. Jahrhundert eine bedeutende Rolle[19], die Autorität der babylonischen Talmud-Kodifikation wurde erst im Verlauf der folgenden beiden Jahrhunderte in den europäischen Judengemeinden allgemein anerkannt.

Über die Anfänge jüdischen Lebens in den Rheinlanden ist auch sonst nicht viel bekannt. Einer Überlieferung der Familie Kalonymos von Mainz zufolge soll deren Ahnherr Rabbi Mosche bar Kalonymos aus Lucca mit weiteren wichtigen Vertretern seiner Gemeinde als Erster von dort emigriert und von einem „König Karl" in Mainz angesiedelt worden sein.[20] Dietmar von Merseburg (um 1000) berichtet, ein Jude namens Kalonymos habe Kaiser Otto II. in der Schlacht von Cotrone 982 dadurch gerettet, dass er ihm als „seinem Herrn" sein Pferd überlassen habe. In der Tat ist es wahrscheinlich, dass Mitglieder dieser Familie nicht unter den Karolingern, sondern erst etwa 100 Jahre später unter den Ottonen ins Rheinland kamen – und dass erst im 12. Jahrhundert, als auch unter den Christen der Kult um Karl den Großen aufblühte, der große Karolinger zu ihrer Legitimationsfigur wurde. Auf jeden Fall können wir mit einiger Sicherheit davon ausgehen, dass es in Mainz zu Anfang des 10. Jahrhunderts eine jüdische Niederlassung gab. Um das Jahr 1000 herum treten auch die Gemeinden Worms und Regensburg aus dem Dunkel der Geschichte. In der Generation vor 1096 kommen Metz, Trier, Speyer und Prag hinzu, vielleicht auch noch Bonn und Halle an der Saale, jedenfalls aber die Bistümer Bamberg und Magdeburg.

Die wichtigsten Judengemeinden – kultisch-kulturelle Zentren mit Synagoge, Lehrhaus, Judenfriedhof und Gemeindevorstehern – entstanden im römisch-deutschen Reich interessanterweise, aber nicht zufällig, zuerst in den Bischofs- oder, besser, Kathedralstädten. Die Civitates links des Rheins mit ihren antiken Wurzeln bildeten geradezu das Rückgrat des Urbanisierungsprozesses im frühen und hohen Mittelalter. Verwaltet von Bischöfen, die zugleich mächtige Reichsfürsten waren, blieben sie über lange Zeit hinweg die zentralen Orte der Stadtentwicklung Mitteleuropas. Zudem waren sie mit der Bischofskirche und ihren vielen geistlichen Gemeinschaften, alten Gräberfeldern und Pilger anziehenden Reliquien natürlich auch zentrale Kultorte. Im 12. Jahrhundert, als die Bischofsstädte sich als „Civitates sanctae", als heilige Städte nach dem Vorbild Jerusalems zu stilisieren begannen (z. B. durch ihre Stadtsiegel oder die Architektur), beschrieb ein jüdischer Chronist des Ersten Kreuzzugs die „heilige Gemeinde Mainz" als ein neues Jerusalem. Für Juden waren die großen Mutterstädte des Rheinlandes also genauso heilige Städte wie für ihre

Christoph Cluse

christlichen Zeitgenossen. Man hat den Eindruck, dass die beiden Interpretationen sozusagen miteinander konkurrierten.[21]

Bis um 1200 erfuhr das Netz jüdischer Ansiedlungen in ganz Mitteleuropa eine erhebliche Ausweitung, die offenbar durch die Verfolgungen von 1096 nicht nachhaltig gebremst wurde: Im Rheinland begegnen nun neben den zuvor schon genannten Orten auch Gemeinden oder kleinere Niederlassungen in Andernach, Bacharach, Bingen, Bonn, Boppard, Brühl, Duisburg, Frankfurt, Kaub, Koblenz, Königswinter, vielleicht Lahnstein, Münstermaifeld, Neuss, Sayn und Straßburg. Zu dieser Zeit treten neben den Bischofsstädten die Königs- und Reichsstädte als wichtige Zentren jüdischen Lebens auf. Für den in Karte 1 abgesteckten Raum zwischen Antwerpen und Brüssel im Westen, Soest und Siegen im Osten, Koblenz im Süden und Arnheim am Niederrhein lassen sich damit im 11. und 12. Jahrhundert vier jüdische Niederlassungen recht sicher ermitteln, für weitere vier sind die Quellen nicht ganz eindeutig.[22] Der prozentual stärkste Anstieg jüdischer Siedlungsorte war dann bis zum Ende des 13. Jahrhunderts zu verzeichnen, wobei nun auch viele landesherrliche Städte und Burgorte hinzukamen. Im Verlauf des 13. Jahrhunderts versiebenfacht sich die Gesamtzahl der Ortspunkte auf unserer Karte; noch immer ist aufgrund der Quellenüberlieferung der Unsicherheitsfaktor recht groß, sodass ein Drittel der kartierten Niederlassungen (22 von 57) als unsicher gelten muss.[23] Die starke Zunahme jüdischer Präsenz in dieser Zeit steht im Einklang mit den Befunden aus anderen Regionen. In der ersten Hälfte des 14. Jahrhunderts, vor den Verfolgungen zur Zeit des „Schwarzen Todes" (1349–50), erreichte das jüdische Siedlungsnetz in den Rheinlanden und weit darüber hinaus dann seine bis in die Neuzeit hinein größte Dichte. Der Bestand an jüdischen Niederlassungen am Niederrhein konnte sich gegenüber dem 13. Jahrhundert noch einmal mehr als verdoppeln[24]; insgesamt lassen sich nun 122 Ortspunkte kartieren, von denen nunmehr noch 19 (15,6%) als unsicher einzustufen sind.[25]

Wie auf Karte 1 deutlich zu erkennen ist, bildete der Herrschaftsbereich der Kölner Erzbischöfe das Rückgrat für die Entwicklung des jüdischen Siedlungsgefüges am Niederrhein. Die Kölner Gemeinde verfügte bis um die Mitte des 13. Jahrhunderts über den einzigen Judenfriedhof im gesamten Nordwesten des Reiches; sie behielt ihre überragende Stellung auch dann noch bei, als eine kleinere Zahl von Judenschaften sich von ihr „abnabeln" konnten. Dieser Differenzierungsprozess erscheint als logische Folge der hauptsächlich von Köln ausgehenden Erschließung neuer Siedlungsorte und Märkte durch die jüdischen Händler am Niederrhein, in den Niederen Landen und in Westfalen, zumeist entlang der großen Handelsrouten. Diese Vorgänge beruhten ihrerseits zum einen auf der

Zunahme der jüdischen Bevölkerung, andererseits auf dem Aufstieg der weltlichen Herrschaften im Bereich der „terra Coloniensis" und des alten Herzogtums Niederlothringen: der Herren von Geldern und Kleve, Jülich und Brabant, Berg und Mark. Schon im Jahre 1227 ließ sich Wilhelm von Jülich als Erster unter diesen Landesherren ein königliches Judenansiedlungs-Privileg ausstellen; die Jülicher brachten auf diese Weise zum Ausdruck, dass sie der Anwesenheit von Juden eine bedeutende Rolle beim Ausbau ihres Territoriums beimaßen. Sie gerieten damit freilich in Konflikt mit den Erzbischöfen, die den Judenschutz in ihrer ganzen Diözese beanspruchten und nicht allein im Bereich ihrer weltlichen Herrschaft, der 1248 erstmals als „Stift" bezeichnet wurde. Dieser Anspruch wurde 1255 noch einmal durch ein Schiedsgericht bestätigt und findet auch seinen Niederschlag im 1266 erteilten Privileg für die „Juden der Kölner Diözese" (*iudeos dyocesis coloniensis*), das den ungehinderten Zugang zum Kölner Judenfriedhof betraf; endgültig gebrochen wurde er wohl durch die Niederlage des Kölner Erzbischofs in der Schlacht bei Worringen (1288) gegen eine Koalition unter Führung des Herzogs von Brabant, an der neben der Kölner Stadtgemeinde auch die Grafen von Jülich, Berg und Mark beteiligt waren. In den südlichen Niederlanden konnten die Herzöge von Brabant ihren Anspruch auf Ansiedlung, Schutz und Besteuerung von Juden seit dem frühen 13. Jahrhundert auch in solchen Städten, die herrschaftlich geteilt oder umstritten waren, gegen ihre Nachbarn durchsetzen.[26]

Die Zeit der Verfolgungen

In engem zeitlichem Kontext der Schlacht von Worringen wurden mehrere Judensiedlungen vornehmlich am südlichen Niederrhein (Koblenz, Andernach, Sinzig, Altenahr, Bonn, Siegburg, Lechenich, Rödingen, Kempen) und vielleicht auch die in Werden an der Ruhr von einer Verfolgungswelle getroffen, die 1287 vom mittelrheinischen Oberwesel ihren Ausgang genommen hatte. Am Karfreitag dieses Jahres sollen die dortigen Juden an dem Christenjungen Werner von Womrath einen Ritualmord verübt haben, woran heute noch die Ruine einer Kapelle bei Bacharach erinnert. Die Pogrome, denen nach Auskunft der hebräischen Martyrologien mindestens 428 Juden in 19 Orten zum Opfer fielen, bildeten die ersten in einer Reihe von überlokalen und schließlich auch überregionalen Verfolgungen, die sich über zwei Generationen, bis zu dem grausamen Höhepunkt zur Zeit des „Schwarzen Todes" (1348–50), erstreckten.[27] Nach den Verfolgungen im Zuge des Ersten Kreuzzugs

(1096) war damit erstmals wieder der Fortbestand jüdischen Lebens im Rheinland insgesamt grundlegend in Frage gestellt (vgl. Karte 2[28]).

Bekanntlich hatten die Kreuzfahrer, unterstützt von Teilen der örtlichen Bevölkerung, im Mai und Juni des Jahres 1096 unter den rheinischen Juden, die sie vor die Alternative „Tod oder Taufe" stellten, schlimme Massaker angerichtet: Die großen Gemeinden von Mainz, Worms und Köln wurden weitgehend vernichtet, auch die kleinere Gemeinschaft in Metz verschwand geradezu von der Landkarte. Die Juden von Speyer, Trier, Regensburg und Prag hatten ebenfalls Opfer zu beklagen. Nach den ersten Unruhen in seiner Metropole Anfang Juni hatte Erzbischof Hermann III. versucht, die Kölner Judenschaft vor dem Untergang zu bewahren, indem er sie auf mehrere Dörfer seines Herrschaftsgebietes verteilte; doch zwischen dem 24. und 30. Juni wurden die Evakuierten in Neuss, Wevelinghoven, Eller (oder Altenahr?), Xanten und Moers ermordet.[29]

Der „rasche Wiederaufschwung", den die Kölner Judengemeinde im 12. Jahrhundert erlebte, äußerte sich auch im Abschluss des erneuerten Synagogenbaus um 1115. Schon um die Mitte des 12. Jahrhunderts lebten in der Kathedralstadt wieder „sicher 300 Juden"; 1174 musste sogar der Friedhof erweitert werden.[30] Aus dem „Gedenkbuch" des Bonner Gelehrten Ephraim b. Jacob wissen wir allerdings von Übergriffen in Zusammenhang mit dem zweiten Kreuzzug (1147), denen in Köln ein Trierer Jude zum Opfer fiel, und von schweren Pogromen in Boppard (1179) und Neuss (1187).[31] Die Wirkung dieser Ausschreitungen blieb lokal begrenzt, was auch für die Verfolgungen in Koblenz und Sinzig (1265), in Remagen (vor 1298) und in Jülich (zu einem unbekannten Zeitpunkt im 13. Jahrhundert) gesagt werden kann. Als langfristig bedrohlich erwies sich aber die Verbreitung der antijüdischen Ritualmordlegende seit der Mitte des 12. Jahrhunderts, die sich am Niederrhein besonders hartnäckig halten sollte.[32] Im Fall der Affäre um den „Guten Werner" gehört zu den tieferen Ursachen der Pogrome vermutlich noch ein weiterer Umstand: Immer deutlicher wird in neueren Forschungen die Rolle, die Juden für den kapitalintensiven und daher auch kreditbedürftigen Weinbau der mittelalterlichen Rheinlande gespielt haben. Franz-Josef Ziwes hat als Erster die Vermutung geäußert, dass die Verfolgungen nach dem Tod des „Guten Werner", der ja später zu einem volkstümlichen Patron der Winzer wurde, ihre Ursache in einer regionalen Weinbaukrise gehabt haben könnten. Vor diesem Hintergrund erscheint es auch erklärlich, warum die „Judenschläger" bis an die Ahr vordrangen.[33]

Die Reihe der überregionalen Judenverfolgungen wird 1298 fortgesetzt von einer Pogromwelle in Franken – ebenfalls einer ausgeprägten

Weinbauregion, in der, wie wir aus den hebräischen Gedenkbüchern wissen, Juden um diese Zeit bereits in erstaunlicher Dichte auch an kleinen und kleinsten Orten siedelten. Den Vorwand für die „Judenschläger" unter Führung eines gewissen „König Rintfleisch" lieferte die Behauptung, Juden hätten geweihte Hostien gemartert, die sich sodann durch Wunderzeichen als „wahrer Leib Christi" offenbart hätten. Diese neue Legende verbreitete sich seit ca. 1290 wie ein Lauffeuer in den deutschen Landen. Schon 1293 waren offenbar die Juden in Büren (Westf.) unter diesem Vorwurf verfolgt worden. Die weitreichendsten Folgen hatte die Hostienfrevel-Beschuldigung dann in den Jahren 1336 bis 1338, als in einer erneuten Pogromwelle unter Führung eines oder mehrerer „Rex Armleder" die Juden in einem Großteil Frankens, des weiteren Maingebiets und schließlich auch im Elsass und am Mittelrhein erschlagen wurden. Weitere regionale Verfolgungen suchten in denselben Jahren die Juden um Deggendorf (Bayern) und um Pulkau (Niederösterreich) heim.[34] Am Niederrhein spielten die „Armleder"-Verfolgungen eine geringere Rolle; sie erreichten in Koblenz und Andernach ihre nördlichste Ausdehnung. Allerdings zeigen die Rechnungen eines geldrischen Amtmanns in Overijssel aus den Jahren 1336/37, dass um jene Zeit auch die Juden in Goor, Diepenheim und Oldenzaal offenbar ausgeplündert und vertrieben wurden.

Schwerer wogen in unserem Untersuchungsraum die Verfolgungen, die 1309 über die Brabanter Juden hereinbrachen. In den Niederlanden hatte sich nach einem Kreuzzugsaufruf Papst Clemens VI. eine breite Volksbewegung in Richtung Avignon in Bewegung gesetzt, obwohl die Kreuzzugsprediger nur Unterstützungsgelder zur Ausrüstung eines schlagkräftigen Ritterheers hatten aufbringen sollen. Allein in den südlichen Niederlanden kam es im Verlauf dieses „Kreuzzugs" zu Pogromen gegen die Juden. Hier wurde ein Verhaltensmuster übernommen, das seit 1096 ein Bestandteil vieler Kreuzzugsbewegungen gewesen war.[35] Eine wesentliche Ursache hatten die Ausschreitungen in den schweren sozialen Spannungen und Konflikten in Brabanter Städten zwischen 1303 und 1306; der Herzog von Brabant hatte sich dabei ganz auf die Seite der städtischen Obrigkeiten gestellt und war mit großer Härte gegen die Aufständischen vorgegangen. Als die „Volkskreuzzügler" von 1309 gegen die brabantischen Juden vorgingen, meinten sie also auch deren Schutzherrn; dieser bemühte sich, seine Juden vor den Verfolgern auf seinen Burgen in Sicherheit zu bringen – nicht immer mit Erfolg, wie die Quellen zeigen.[36]

Die eigentliche Katastrophe für die Juden im Nordwesten des Reiches kam allerdings vier Jahrzehnte nach diesen Ereignissen. Sie stand im Kontext der großen, von der Provence bis zur Ostsee reichenden Verfol-

Christoph Cluse

gungswelle anlässlich des „Schwarzen Todes". Angesichts des ersten großen Pestausbruchs im spätmittelalterlichen Europa wurden die Juden vielerorts beschuldigt, die Brunnen vergiftet zu haben, um so den massenhaften Tod von Christen herbeizuführen. Diese Verschwörungstheorie, die ihren Ursprung in Südfrankreich hatte, verbreitete sich schneller als die Pest selbst. Schon im Dezember des Jahres 1348 erkundigten sich die Kölner Ratsherren bei ihren Straßburger Amtskollegen bezüglich dieser Gerüchte. Wie ein weiteres Schreiben an Straßburg vom 12. Januar 1349 unmissverständlich klar macht, war man in Köln entschlossen, an der Tradition des städtischen Judenschutzes festzuhalten: Der Kölner Rat warnte ausdrücklich davor, aufgrund unbewiesener Gerüchte gegen die Juden vorzugehen. Nicht nur würden die kleineren Städte dem Vorbild der größeren folgen, sondern das „gemeine Volk" könnte an den Erhebungen Gefallen finden und damit, wie man es zur Genüge gesehen habe, die ganze Stadt ruinieren: Die gesamte städtische Rechtsordnung stand also auf dem Spiel.

Diese deutliche Position bezog der Kölner Rat zu einem Zeitpunkt, als am Oberrhein viele Städte bereits selbst gegen ihre Juden vorgingen; nach „Geständnissen", unter der Folter erpresst, wurden ganze Judengemeinden durch Verbrennung hingerichtet. Teilweise wurden die Juden dabei das Opfer widerstreitender Interessen unter den städtischen Führungsgruppen und regionaler Mächtekonflikte, wie dies am Beispiel von Straßburg besonders eindrücklich nachgewiesen werden konnte.[37]

Nach allem, was wir bis heute wissen, begann die Verfolgung in Köln in der Nacht vom 23. zum 24. August 1349 als tumultuarischer Pogrom. Auslöser war vermutlich die Nachricht vom Tod des Kölner Erzbischofs Walram von Jülich, des Hauptschutzherrn der Juden. Doch auch andere Faktoren sind zu berücksichtigen: Nachdem die Verfolgungen um Ostern 1349 schon deutlich abgeklungen waren, ohne die großen, traditionsreichen Judengemeinden in den Städten Rothenburg, Nürnberg, Frankfurt, Oppenheim, Koblenz, Mainz, Köln und Trier erfasst zu haben, hat der seit dem 24. April 1349 allein regierende König Karl IV. offenbar mit seiner verantwortungslosen Politik einer zweiten Pogromwelle Vorschub geleistet, die mit dem Fanal von Frankfurt (24. Juli 1349) seinen Ausgang nahm. Hinzu kam, dass die Pest, der die Judenverfolgungen in der Regel lange vorausgingen, nun näher kam: Im August erreichte sie Frankfurt am Main, freilich erst im Dezember Köln. Eine Kölner Chronik macht darüber hinaus die Flagellanten-Bewegung des Jahres 1349 für den Pogrom in der Domstadt verantwortlich. Tatsächlich dürften die Geißler in Köln und am Niederrhein eine gewisse Rolle bei den Judenverfolgungen gespielt haben, was andernorts (anders, als dies oft behauptet wurde) schon wegen der zeitlichen Abfolge der Ereignisse nicht der Fall gewesen sein kann.[38]

Die Verfolgung von 1349 wütete im ganzen Niederrheingebiet und darüber hinaus in den Niederlanden, im rechtsrheinischen Raum kam es dagegen vielerorts erst 1350 zu einem Vorgehen gegen die Juden, teilweise in Form von Vertreibungen (Essen, Dortmund). In Brabant lassen sich einmal mehr die politischen Zusammenhänge erkennen: Die Analyse der Verfolgungen in Brüssel und Löwen hat gezeigt, dass die treibenden Kräfte hinter den Pogromen und Hinrichtungen die lokalen und städtischen Autoritäten waren, während der Herzog von Brabant politisch zu schwach war, um das Leben seiner jüdischen Schutzbefohlenen zu verteidigen.[39]

Mit den furchtbaren Ereignissen von 1348–1350 endete im Westen des *regnum Teutonicum* die Zeit der großen, überregionalen Verfolgungswellen.[40] Im Jahre 1370 nahm der Versuch rheinischer und burgundischer Juden, in Brüssel und Löwen neue Gemeinden zu gründen, in einer Verfolgung wegen Hostienfrevels ein grausames Ende[41]; seitdem sind am Niederrhein auf lange Zeit – faktisch bis 1938 – keine Pogrome mehr zu verzeichnen. Seit dem ausgehenden 14. Jahrhundert wurden die Juden stattdessen aus vielen Städten und Territorien vertrieben.

Das Spätmittelalter

Der „Schwarze Tod" bedeutete einen tiefen demografischen Einbruch für die jüdische Bevölkerung in Mitteleuropa. Die Juden waren ja nicht allein von den schweren Verfolgungen betroffen, sondern konnten, wenn sie diesen entkamen, natürlich auch selbst der Pest zum Opfer fallen.[42] Der Einbruch zeigt sich deutlich bereits an der Zahl der feststellbaren Siedlungsorte, die in den fünfzig Jahren bis 1400 trotz der weiter verbesserten Überlieferungslage auf 40–60% des Stands von vor 1348 zurückfiel. Für den niederrheinischen Raum heißt dies, bezogen auf den Ausschnitt von Karte 1, einen Rückgang von 122 kartierten Niederlassungen (davon 19 „unsicher") auf 54, von denen wiederum 18 als „unsicher" gelten müssen. Bezogen auf den reduzierten Ausschnitt von Karte 3 war der Rückgang zwar weniger merklich, von insgesamt 92 auf 49 Orte; dies beruht jedoch darauf, dass die südlichen Niederlande nach 1350 und spätestens mit der Verfolgung in Brüssel und Löwen 1370 ganz aus dem jüdischen Siedlungsbereich entfielen und auch sonst Gebiete, in denen Juden erst in der letzten Generation vor 1350 hatten Fuß fassen können, nicht wieder von ihnen besiedelt wurden.

Christoph Cluse

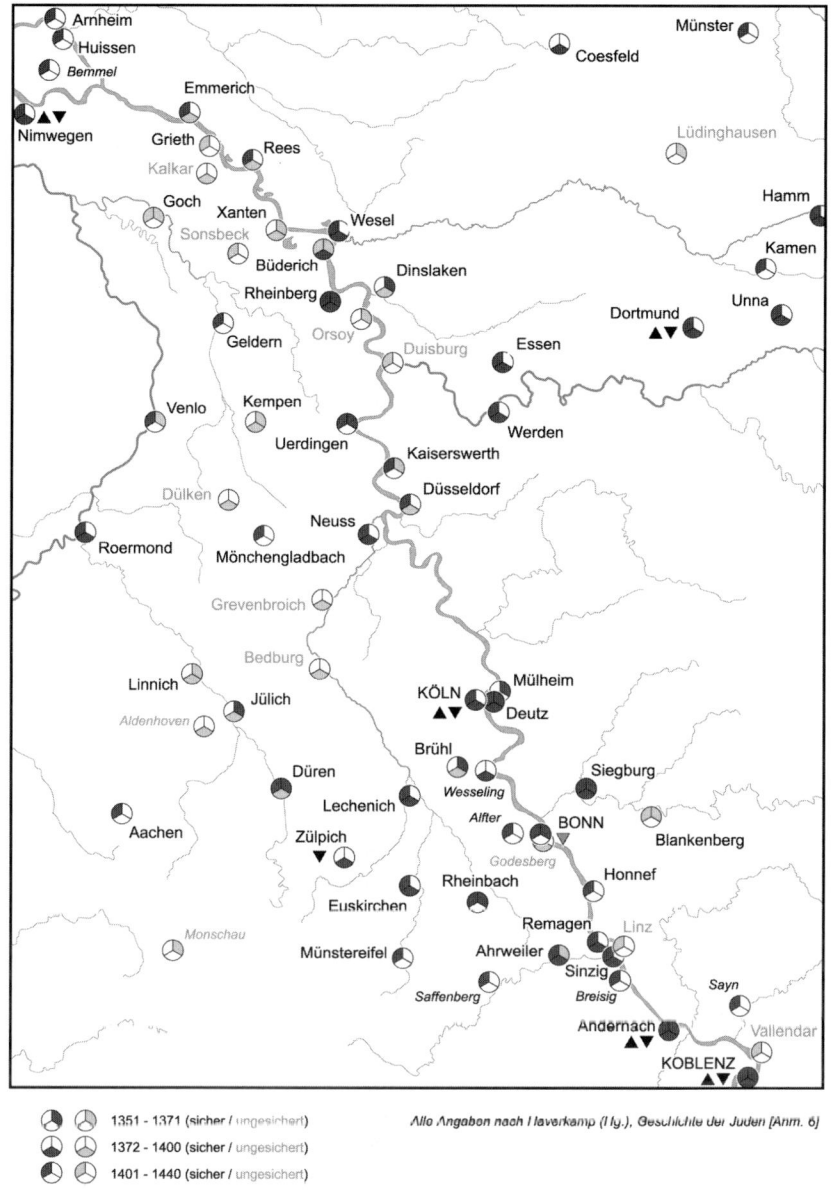

Arnheim
Huissen
Bemmel
Nimwegen
Emmerich
Grieth
Kalkar
Rees
Goch
Xanten
Sonsbeck
Büderich
Rheinberg
Geldern
Orsoy
Venlo
Kempen
Uerdingen
Dülken
Neuss
Roermond
Mönchengladbach
Grevenbroich
Bedburg
Linnich
Jülich
Aldenhoven
Düren
Lechenich
Aachen
Zülpich
Monschau
Münstereifel
Euskirchen
Wesel
Dinslaken
Duisburg
Essen
Kaiserswerth
Düsseldorf
Werden
Münster
Coesfeld
Lüdinghausen
Hamm
Kamen
Dortmund
Unna
KÖLN
Deutz
Mülheim
Brühl
Wesseling
Alfter
Godesberg
BONN
Siegburg
Blankenberg
Honnef
Rheinbach
Remagen
Linz
Ahrweiler
Sinzig
Saffenberg
Breisig
Sayn
Andernach
Vallendar
KOBLENZ

1351 - 1371 (sicher / ungesichert)
1372 - 1400 (sicher / ungesichert)
1401 - 1440 (sicher / ungesichert)

Alle Angaben nach Haverkamp (Hg.), Geschichte der Juden [Anm. 6]

Karte 3   Jüdische Niederlassungen im Niederrheingebiet von 1351 bis 1440

Es waren vornehmlich Amtsorte des Kölner Erzbischofs, an denen sich vor 1372, als auch in Köln wieder Juden aufgenommen wurden, Überlebende der großen Verfolgung nachweisen lassen. Daneben gab es Fälle wie den bedeutenden Geldhändler Isaak von Monschau, der den Sturm offenbar unter dem Schutz eines lokalen Herren überstanden hatte.[43] Doch ist das Kartenbild für die Zeit bis um 1400 noch von großen Unsicherheiten geprägt, die nicht zuletzt ein Ausdruck der Fluktuation der insgesamt wenigen Juden zwischen verschiedenen Siedlungsorten sind. So vergab die klevische Kanzlei seit den achtziger Jahren des 14. Jahrhunderts verschiedentlich Schutzbriefe, die den privilegierten Juden die Niederlassung in einem von mehreren Orten des Herzogtums anheim stellten; ob und wo sie letztlich sesshaft wurden, kann nicht mit Bestimmtheit gesagt werden.

Eine zweite Judengemeinde in Köln wurde erst 1372 wieder seitens der Stadt zugelassen. Sie wurde langfristig von einer „Gründergeneration" aus zunächst 16 Haushaltsvorständen dominiert, zumeist bedeutenden Bankiers, viele von ihnen Überlebende aus der ersten Kölner Gemeinde. Obwohl diese Gemeinschaft bis zu ihrer Ausweisung 1424 wieder die bedeutendste im Niederrhein-Gebiet war, blieb auch sie relativ instabil: In den fünfzig Jahren bis zur Vertreibung lebten „nie mehr als 200 Juden in der Kathedralstadt", und die Verweildauer ihrer einzelnen Mitglieder betrug „in den meisten Fällen nicht mehr als fünf Jahre".[44] Unmittelbar nach der Neugründung der Kölner Gemeinde wurden die Juden auch in Dortmund wieder zugelassen (1373). Die Gemeinde in dieser Reichsstadt blieb auch durch persönliche Verbindungen ihrer wichtigsten Vertreter deutlich auf die Kölner Metropole bezogen, konnte aber nun als *kahal* auch selbst ein größeres Gewicht in diesen Beziehungen einnehmen. Daneben konnten sich weitere regionale Zentren bis zu einem gewissen Grad etablieren: In Nimwegen am unteren Niederrhein wurde in den 1380er Jahren ein Friedhof wieder in Gebrauch genommen. Es ist allerdings bezeichnend, dass der Ankauf eines Gebäudes „zum Gebrauch aller Juden in Nimwegen", also offenbar für ein Gemeindehaus oder eine neue Synagoge, erst für das Jahr 1426 belegt ist, nach dem Ende der Kölner Gemeinde.[45]

Gegenüber der bisher geübten Vorgehensweise empfiehlt es sich, die weiteren Jahrzehnte bis zum Ausgang des Mittelalters kartografisch in Schnitte von jeweils vierzig Jahren einzuteilen.[46] Damit tragen wir nicht zuletzt der Tatsache Rechnung, dass nach der Ausweisung und dem Ende der zweiten Kölner Judengemeinde im Jahre 1424 das Judentum am Niederrhein seine wichtigste Basis und größte Stütze verlor. Nicht wenige Juden waren nach 1350 zwar an anderen Orten sesshaft geworden, ori-

Christoph Cluse

entierten sich aber am Zentrum in der Metropole; jetzt zogen auch sie ab, ohne dass es zu förmlichen Vertreibungen gekommen wäre. Um die Mitte des 15. Jahrhunderts wird diese Tendenz bereits im Kartenbild deutlich. Während bis 1440 noch eine leichte Konsolidierung der jüdischen Präsenz in 42, vielleicht 50 Niederlassungen festgestellt werden konnte, betrug deren Zahl in den vier Jahrzehnten um die Jahrhundertmitte nur noch 31 oder höchstens 43. Auch die Schwerpunkte hatten sich verschoben: Linksrheinisch finden wir noch eine gewisse Konzentration zwischen Erft und Roer im Einflussbereich der Jülicher Herzöge, die allerdings „ihre" Juden um 1461 vertrieben, sowie an Maas und Niederrhein unter den Herzögen von Geldern. Rechtsrheinisch können eigentlich nur noch die Gemeinde Dortmund und die kleinere Niederlassung in Essen als einigermaßen dauerhafte Judensiedlungen angesprochen werden. Im Kernbereich des Kölner Erzstifts waren Juden noch in Rheinberg, Neuss, Mülheim, Deutz und Bonn anzutreffen. Die Bedeutung der Deutzer Judenschaft ist wohl in der früheren Forschung überschätzt worden: Für die häufige Behauptung, die Kölner Juden seien nach 1424 auf die andere Rheinseite gezogen und die Deutzer „Gemeinde" hätte damals die Führungsrolle Kölns übernommen, lassen sich keine Anhaltspunkte in den Quellen finden. Die wichtigsten Kölner Juden wanderten vielmehr nach Frankfurt am Main aus, das damals auch die traditionelle Führungsrolle der drei Gemeinden Mainz, Worms und Speyer zu übernehmen begann.[47]

Für die Zeit zwischen 1481 und 1520 verfügen wir nur noch über sporadische Quellenbelege, die sich zu keinem deutlichen Bild zusammenfügen lassen. Sie betreffen 23 oder höchstens 31 Orte. Auffällig ist eine deutlichere Siedlungstätigkeit an der Ruhr (Reichsstift Essen, Reichsabtei Werden) und im Herzogtum Kleve mit dem interessanten Fall des Grenzortes Huissen, wo den Juden der Geldhandel verboten war, dem sie folglich im unmittelbar benachbarten Herzogtum Geldern nachgingen. Eine vorsichtige, teils vorübergehende Konsolidierung zeigt sich aber am südlichen Niederrhein, wo der Trierer Erzbischof Richard von Greifenklau seit 1511 erstmals seit der Vertreibung aus dem Erzstift (1418) wieder Judengeleite verlieh (Limburg, Lützel, Mühlheim im Tal, Koblenz). Aus dem kurkölnischen Andernach wurden die wenigen verbliebenen Juden noch 1515 vertrieben.

Die Übergangszeit zwischen „Mittelalter" und „früher Neuzeit" dauerte in der jüdischen Geschichte am Niederrhein etwa einhundert Jahre, vom letzten Drittel des 15. bis zum letzten Drittel des 16. Jahrhunderts. Diese Zeit ist bislang noch kaum beschrieben (das Faszikel „Kurköln" von „Germania Judaica 4" ist noch ungedruckt). In Anlehnung an die Verhältnisse in anderen deutschen Regionen spricht die Forschung von der „Atomisierung" des jüdischen Lebens.[48] Gegen Ende des 16. Jahrhunderts werden die Konturen wieder deutlicher erkennbar; die Rabbiner Ruben Fulda und Chajjim Trewes amtierten nacheinander als kurkölnische Landesrabbiner in Bonn bzw. Königswinter, und 1598 setzte der Kölner Kurfürst Ernst von Bayern Levi von Poppelsdorf zum „Aufseher" über die Judenschaft seines Landes ein.[49]

Jüdische Gemeinden und regionale Organisation der Juden

Wie wir sahen, bestimmte das Schicksal der Judengemeinde in der Kathedralstadt Köln in vielerlei Hinsicht die Entwicklung der jüdischen Niederlassungen am Niederrhein während des Mittelalters. Dies galt auch für den kultisch-kulturellen Bereich und für die Vertretung der Judenschaft nach außen. Schon im Bericht über die Judenverfolgungen von 1096, der um die Mitte des 12. Jahrhunderts von einem Mainzer Juden aus unterschiedlichen Quellen zusammengestellt wurde, findet diese überragende Position deutlichen Ausdruck: Köln wird dort als „die schöne Stadt" bezeichnet, „von wo Lebensunterhalt und bestimmter Rechtsspruch ausging für alle unsere in allen Enden zerstreuten Brüder". Über den Kölner Gelehrten Juda b. Abraham heißt es in derselben Quelle: „Wenn die Gemeinden nach Köln zu den Märkten kamen dreimal im Jahr, da war er der Redner an der Spitze von allen in der Synagoge, alle schwiegen vor ihm und merkten auf seine Reden. Selbst den Vorstehern der Gemeinden, wenn sie ihre Worte vortragen wollten, wehrte man und hieß sie schweigen".[50] Aus der Perspektive des Mainzer Chronisten galt Köln demnach als Gerichtsort, d. h. als gemeindliches Zentrum, für einen nicht näher definierten Sprengel von großer Ausdehnung; die Gemeinde war überdies autonom gegenüber dem Wort der Häupter „der Gemeinden" – womit vermutlich die mittelrheinischen Zentren von Mainz, Worms und Speyer, die so genannten „Schum-Gemeinden", gemeint sein dürften. Noch im ausgehenden 13. Jahrhundert, so belegen es eine Reihe von rabbinischen Gutachten (Responsen), konnte die Kölner Gemeinde diese Unabhängigkeit gegenüber den mittelrheinischen Zentren behaupten.[51]

In Köln treten uns also die Juden spätestens seit dem 12. Jahrhundert als genossenschaftlich organisierter Verband entgegen, der in der lokalen Kultgemeinde sein Fundament hatte. Ihre Gemeinde, die innerhalb des Gebiets der Pfarrei bzw. „Sondergemeinde" St. Laurenz und in unmittelbarer Nähe der „domus civium" (des späteren Rathauses) siedelte, erlangte in dieser Zeit gegenüber den christlichen Gemeinde-Institutionen eine

Christoph Cluse

gefestigte Sonderstellung, die sich u. a. darin äußerte, dass Immobilientransfers unter den Juden von der jüdischen Gemeinde in hebräischen Urkunden bestätigt wurden, bevor die Amtleute von St. Laurenz sie in ihre Schreinskarten bzw. -bücher eintrugen.[52] Vertreten wurde die Gemeinde durch einen „Judenbischof" oder „Parnass" sowie durch einen im 13. Jahrhundert klarer fassbaren „Judenrat" von 12, manchmal 13 Mitgliedern. Die Juden gewannen im 12. und 13. Jahrhundert angesichts des zunehmenden Gewichts der lokalen Bürgergemeinde in den politischen Verhältnissen vor Ort ein immer größeres Interesse an vertraglich abgesicherten Beziehungen zu den Kommunen, die sich in Schutzzusagen oder in der rechtlichen Einbindung der Judengemeinde als Ganze in den Bürgerverband niederschlagen konnten. So tritt das Bürgerrecht der Juden in den bedeutenderen deutschen Städten zumeist im Verlauf des 13. und zu Beginn des 14. Jahrhunderts in Erscheinung; in Köln ist dies erstmals zum Jahre 1321 bezeugt.[53]

Bis mindestens um die Mitte des 13. Jahrhunderts beherbergte Köln die einzige vollgültige Gemeinde (*Kehilla*, auch *Kahal*) im Sinne des jüdischen Rechts, mit einem Friedhof und allen anderen wichtigen Institutionen, im Nordwesten des Reiches. Nach jüdischem Recht konnte der Kölner *Kahal* alle diejenigen Juden vor sein Gericht zwingen, die hier ihre Toten begruben. Erst ab Mitte des 13. Jahrhunderts finden wir auch im weiteren Niederrhein-Raum Belege für jüdische Begräbnisstätten – in Abständen von mindestens 100 km zur Metropole (Tienen um 1250, Sint-Truiden um 1300, Dortmund 1336, Nimwegen vor 1349[54]). Aus späteren Quellen lässt sich erschließen, dass es eine Kongruenz zwischen dem Einzugsbereich jüdischer Friedhöfe, der Autorität jüdischer Gerichte und dem System der Erhebung obrigkeitlicher Judensteuern gab.[55] Auch in Ephraim b. Jacobs „Gedenkbuch" für die Verfolgungen des 12. Jahrhunderts finden wir schon Hinweise auf die territoriale Zusammenfassung von Juden in ihren diversen Niederlassungen, und zwar in kausalem Zusammenhang mit Abgaben an die christliche Obrigkeit.[56] Kollektive Besteuerung schuf jüdischerseits Regelungsbedarf: Die Steuern mussten auf die Gemeinden entsprechend ihrer Kapitalkraft umgelegt werden.

Wie erwähnt, beanspruchten die Kölner Erzbischöfe bis 1288 und vielleicht noch länger die Herrschaft über alle Juden in ihrer Diözese – eine altertümliche Form der Grenzziehung, die aber auch anderswo zu beobachten ist. Sie zeugt davon, dass das System der jüdischen „Mutterstädte", auf die die kleineren Judensiedlungen in kultischer und rechtlicher Hinsicht bezogen blieben, im Rheinland bereits im Hochmittelalter feste Konturen erhalten hatte. Durch die Verfolgung von 1349 und besonders durch die Vertreibungen seit der Wende zum 15. Jahrhundert wurde die-

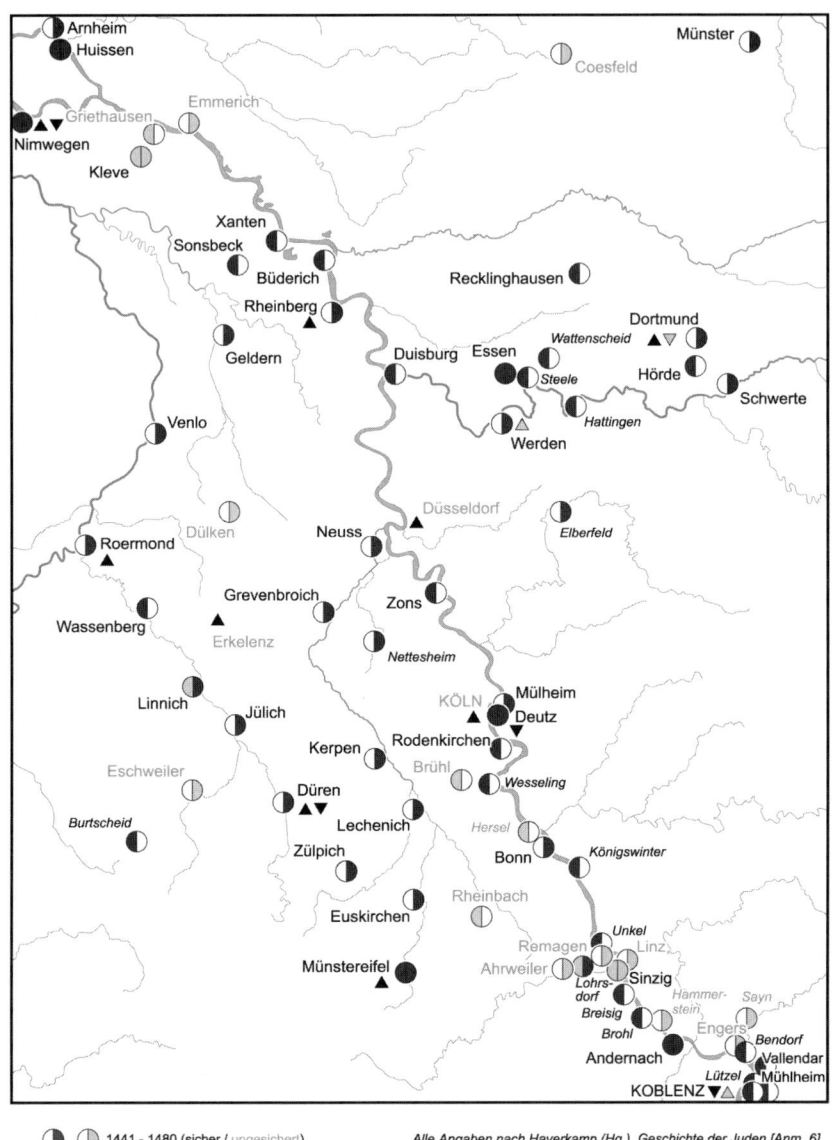

Arnheim
Huissen
Münster
Coesfeld
Emmerich
Griethausen
Nimwegen
Kleve
Xanten
Sonsbeck
Büderich
Recklinghausen
Rheinberg
Geldern
Duisburg Essen
Wattenscheid
Dortmund
Steele
Hörde
Schwerte
Venlo
Hattingen
Werden
Dülken
Düsseldorf
Roermond
Neuss
Elberfeld
Grevenbroich
Zons
Wassenberg
Erkelenz
Nettesheim
Linnich
KÖLN
Mülheim
Jülich
Deutz
Kerpen
Rodenkirchen
Eschweiler
Brühl
Wesseling
Düren
Burtscheid
Lechenich
Hersel
Zülpich
Bonn
Königswinter
Euskirchen
Rheinbach
Unkel
Remagen
Linz
Münstereifel
Ahrweiler
Sinzig
Lohrs-
dorf
Hammer-
stein
Sayn
Breisig
Engers
Brohl
Bendorf
Andernach
Vallendar
Lützel
Mühlheim
KOBLENZ

1441 - 1480 (sicher / ungesichert)   Alle Angaben nach Haverkamp (Hg.), Geschichte der Juden [Anm. 6]
1481 - 1520 (sicher / ungesichert)

Karte 4   Jüdische Niederlassungen im Niederrheingebiet von 1441 bis 1520

18   Christoph Cluse

ses Gefüge zusehends obsolet. Im Verlauf des 15. Jahrhunderts lässt sich beobachten, wie die Judenschaften am Niederrhein sich neu gruppierten, und zwar auf der Grundlage der einzelnen Landesherrschaften. Sinnfälligen Ausdruck findet diese Tendenz in der Anlage diverser „Territorialfriedhöfe" (vgl. Karte 4).

Im Spätmittelalter lässt sich aufgrund der besseren Überlieferung auch deutlicher dokumentieren, was sicherlich schon lange vor 1349 der Fall war: Die Organisation der jüdischen Gemeinden beruhte weitgehend auf Netzwerken persönlicher Verbindungen innerhalb und zwischen den führenden Familien. Derartige Netzwerke reichten weit über die Stadtmauern hinaus; am Niederrhein blieb es bis 1424 auf die Kölner Metropole bezogen; dabei machten viele der führenden Juden von der – sicher kostspieligen – Möglichkeit Gebrauch, neben dem Wohnrecht an ihrem Heimatort auch ein Niederlassungsrecht in Köln zu erwerben, um so ihr Stimmrecht im Kölner *Kahal*, möglicherweise sogar ein Amt im Judenrat ausüben zu können.[57] Um die Mitte des 15. Jahrhunderts tritt uns in Person des R. Vives (Feibesch), Sohn des R. Salman Bonn, eine Art „Landesrabbiner" entgegen, der sich 1454 zusammen mit den beiden „Gelehrten und Vorstehern" Lipman und Kosman im Namen der Juden des Kölner Erzstifts sowie der Herzogtümer Geldern und Jülich den Beschlüssen der von R. Seligman Bing einberufenen „Binger Synode" widersetzte.[58]

Einige offene Fragen

Das zuletzt angesprochene Phänomen der persönlichen Netzwerke, mit denen die jüdische Gesellschaft im Mittelalter sich beschreiben lässt, sind erst in jüngster Zeit ausführlicher thematisiert worden. Viele der zum Teil weit reichenden Verbindungen und Migrationswege konnten nämlich erst auf der Grundlage der breit angelegten Recherchen zu „Germania Judaica 3" und im Zuge der regionalen Studien der „Trierer Schule" nachgezeichnet werden. So liegt heute für die zweite Kölner Gemeinde ein umfassender „prosopografischer Katalog" vor, der nicht allein die bekannten Rabbiner oder führenden Bankiers berücksichtigt, sondern darüber hinaus ein breites soziales Spektrum.[59] Und erst die Zusammenschau der verschiedenen Daten zur Geschichte der Juden zwischen Romania und Germania hat es möglich gemacht, die weiten Migrationswege einer einzelnen bedeutenden jüdischen Familie wie der „von Vesoul" in der zweiten Hälfte des 14. Jahrhunderts nachzuzeichnen.[60] Kölner Juden tauchen seit dem Ende des selben Jahrhunderts auch in Städten der venezianischen Terraferma auf, unter denen Treviso aufgrund ihrer jüdischen

Gemeinde eine besondere Bedeutung erlangte.[61] Über die immer wieder genannte Abwanderung rheinischer Juden nach Böhmen und Polen-Litauen wissen wir, was die persönlichen Migrationswege angeht, dagegen noch so gut wie nichts.

Auch für die Zeit vor 1349 ist auf diesem Feld noch sehr viel zu tun. Insbesondere die gute Kölner Überlieferung, die es ermöglicht, die hebräischen „Synagogen"-Namen der (männlichen) Juden mit ihren zumeist volkssprachlichen „Rufnamen" zu verbinden[62], bietet dafür eine wichtige Brücke, die durch eine Neuedition der einschlägigen Schreinsurkunden stabilisiert werden müsste.[63] Die Auswertung der rabbinischen Literatur des hohen Mittelalters hat mit Ephraim Urbachs Standardwerk über die „Tossafisten" eine neue Stufe erreicht; die Ergebnisse sind freilich noch kaum für eine breiter angelegte Geschichte der Juden in Mitteleuropa fruchtbar gemacht worden.[64] Der oben skizzierte siedlungsgeschichtliche Ansatz der neueren deutschsprachigen Arbeiten wird nicht immer den besonderen Gravitationskräften gerecht, die innerhalb der jüdischen Gesellschaft am Werk waren. So konnten einzelne Gelehrte einer eher unbedeutenden Judenschaft für einige Jahrzehnte ein besonderes Gewicht verleihen, das sich zuweilen institutionell verfestigte, dies aber durchaus nicht musste. Als Beispiel sei nur die immer wieder zu beobachtende Sonderstellung der Bonner Judenschaft genannt, die im 12. Jahrhundert eine große Zahl bedeutender Rabbiner beherbergte bzw. hervorbrachte und nach dem Ende des mittelalterlichen Judentums am Niederrhein erneut zu einem Zentrum jüdischer Geistesgeschichte geworden ist. Zu den Gelehrten des 12. Jahrhunderts gehörten beispielsweise der Chronist und religiöse Dichter R. Ephraim, dessen „Gedenkbuch" noch immer nicht in einer modernen Maßstäben gerechten Edition vorliegt[65], und der große R. Elieser b. Joel ha-Levi (gest. nach 1225). Ihre Schriften wurden zwar schon für „Germania Judaica 1" ausgewertet, aber keineswegs erschöpfend. Seitdem ist die Arbeit aus Gründen, die nur zu gut bekannt sind, liegen geblieben.[66] Ähnliches gilt für die Werke der Kölner Rabbiner des 13. und 14. Jahrhunderts, die wir in „Germania Judaica 2" erwähnt finden.[67]

Bislang noch gar nicht angesprochen haben wir die wirtschaftlichen Tätigkeitsfelder von Juden im niederrheinischen Raum und deren Wandel vom hohen zum späten Mittelalter. Auch für die jüdischen Händler und (später) Geldleiher spielten die angesprochenen Netzwerke eine zentrale Rolle, wie sich seit dem 14. Jahrhundert immer wieder an der Bildung von Konsortien zur Vergabe größerer Kredite ablesen lässt. Details aus der Geschäftspraxis vor allem der regional bedeutenderen Bankiers sind an einigen Beispielen des 14. und frühen 15. Jahrhunderts schon recht

Christoph Cluse

gut untersucht; zuweilen lassen sich auch die Verwicklungen dieser Finanzoperationen in die städtische und territoriale Politik nachvollziehen. Dies gilt etwa für Gottschalk von Recklinghausen und seine „Gesellschaft", deren Kundenkreis recht deutlich eine Partei im geldrischen Erbfolgestreit (1343–1361) abbildet[68], oder für Simon von Siegburg, der im Zuge des so genannten „Schöffenkriegs" unter fadenscheinigem Vorwand verhaftet wurde und 1378 einem Justizmord zum Opfer fiel.[69]

Die Quellenüberlieferung trägt dazu bei, dass uns die Geldleihe als geradezu dominanter Erwerbszweig der Juden während des Spätmittelalters vor Augen steht. Andere berufliche Tätigkeiten von Juden sind immer nur in vereinzelten Spuren fassbar, am deutlichsten erkennbar sind dabei noch die jüdischen Ärzte, von denen es allein in der zweiten Kölner Gemeinde mehrere gab; einer von ihnen ist für die jiddische Aderlass-Handschrift aus dem Jahr 1396/97 verantwortlich, die Klaus Cuno untersucht hat.[70] Aus den vielen Konflikten über den Verkauf von Fleisch an Nichtjuden wissen wir, dass das Amt des rituellen Schächters fließende Übergänge zu den Tätigkeiten als Vieh- und Fleischhändler aufwies, die also nicht erst im Verlauf der Neuzeit zu „typisch jüdischen" Berufen wurden. Vereinzelte Spuren deuten überdies auf spezialisierte Handwerker wie etwa Gold- und Silberschmiede, Glas- und Fenstermacher sowie auf Spezialisten in Bergbau und Metallgewerbe hin, aber auch dies ist sicher nur ein kleiner Ausschnitt.[71] Über die mit der Geld- und Pfandleihe sowie insgesamt mit dem Wirtschaftsleben verbundenen Aspekte der Alltagsgeschichte, der alltäglichen Begegnungen zwischen Christen und Juden in Stadt und Land, wüssten wir gern mehr. Dasselbe gilt insgesamt für den weiten Bereich der „christlich-jüdischen Beziehungen", die von „gut nachbarschaftlichen" Verhältnissen bis zu grausamen Verfolgungen reichen konnten.

Anmerkungen

1   Ernst Weyden, *Geschichte der Juden in Köln am Rhein von den Römerzeiten bis auf die Gegenwart*, Köln 1867; Carl Brisch, *Geschichte der Juden in Cöln und Umgebung aus ältester Zeit bis auf die Gegenwart*, 2 Bde., Mulheim 1879/Cöln 1882; Adolf Kober, *Studien zur mittelalterlichen Geschichte der Juden in Köln am Rhein, insbesondere ihres Grundbesitzes*, Teil 1, Breslau 1903; ders., *Die rechtliche Lage der Juden im Rheinland während des 14. Jahrhunderts im Hinblick auf das kirchliche Zinsverbot*, in: *Westdeutsche Zeitschrift für Geschichte und Kunst* 28 (1909), S. 243–269; ders., *Das Grundbuch des Kölner Judenviertels 1135-1425. Ein Beitrag zur mittelalterlichen Topographie, Rechtsgeschichte und Statistik der Stadt Köln*, Bonn 1920; ders., *Vier Generationen einer jüdischen Familie am Rhein um 1400*, in: *Festschrift für Jacob Freimann zum 70. Geburtstag*, Berlin 1937,

S. 106–118; Robert Hoeniger/Moritz Stern (Hg.), *Das Judenschreinsbuch der Laurenzpfarre zu Köln*, Berlin 1888.

2   Otto Doppelfeld, *Die Ausgrabungen im Kölner Judenviertel*, in: Zvi Asaria (Hg.), *Die Juden in Köln von den ältesten Zeiten bis zur Gegenwart*, Köln 1959, S. 71–145; Kurt Bauer, *Judenrecht in Köln bis zum Jahre 1424*, Köln 1964; Konrad Schilling (Hg.), *Monumenta Judaica. 2000 Jahre Geschichte und Kultur der Juden am Rhein. Eine Ausstellung im Kölnischen Stadtmuseum, 15. Okt. 1963–15. März 1964*, 3 Bde., Köln 1963–64; Jutta Bohnke-Kollwitz u.a. (Hg.), *Köln und das rheinische Judentum. Festschrift Germania Judaica 1959–1984*, Köln 1984.

3   Ismar Elbogen u. a. (Hg.), *Germania Judaica 1: Von den ältesten Zeiten bis 1238*, Breslau 1934, Ndr. Tübingen 1963; Zvi Avneri (Hg.), *Germania Judaica 2: Von 1238 bis zur Mitte des 14. Jahrhunderts*, 2 Teilbände, Tübingen 1968.

4   Arye Maimon (Hg.), *Germania Judaica 3: 1350–1519*, 1. Teilband: *Ortschaftsartikel Aach – Lychen*, Tübingen 1987; 2. Teilband: *Ortschaftsartikel Mährisch Budwitz – Zwolle*, Tübingen 1995; Arye Maimon s. A./Mordechai Breuer/Yacov Guggenheim (Hg.), *Germania Judaica 3: 1350–1519*, 3. Teilband: *Gebietsartikel, Einleitungsartikel und Indices*, Tübingen 2003.

5   Franz-Josef Ziwes, *Studien zur Geschichte der Juden im mittleren Rheingebiet während des hohen und späten Mittelalters*, Hannover 1994.

6   Alfred Haverkamp (Hg.), *Geschichte der Juden im Mittelalter von der Nordsee bis zu den Südalpen. Kommentiertes Kartenwerk*, 3 Bde., Hannover 2002 (im Folgenden zitiert als „Kartenwerk") vgl. auch Franz-Josef Ziwes, *Jüdische Niederlassungen im Mittelalter, Geschichtlicher Atlas der Rheinlande, Karte/Beiheft VIII/7*, Köln 2002.

7   Hierzu besonders Alfred Haverkamp, *Die Judenverfolgungen zur Zeit des Schwarzen Todes im Gesellschaftsgefüge deutscher Städte*, in: Alfred Haverkamp (Hg.), *Zur Geschichte der Juden im Deutschland des späten Mittelalters und der frühen Neuzeit*, Stuttgart 1981, S. 27–93; Friedhelm Burgard/Alfred Haverkamp/Gerd Mentgen (Hg.), *Judenvertreibungen in Mittelalter und früher Neuzeit*, Hannover 1999.

8   Alfred Haverkamp, *„Concivilitas" von Christen und Juden in Aschkenas während des Mittelalters*, in: Robert Jütte/Abraham P. Kustermann (Hg.), *Jüdische Gemeinden und Organisationsformen von der Antike bis zur Gegenwart*, Köln/Wien/Weimar 1996, S. 103–136; Christoph Cluse/Alfred Haverkamp/Israel J. Yuval (Hg.), *Jüdische Gemeinden und ihr christlicher Kontext in kulturräumlich vergleichender Betrachtung von der Spätantike bis zum 18. Jahrhundert*, Hannover 2003.

9   Christoph Cluse, *Studien zur Geschichte der Juden in den mittelalterlichen Niederlanden*, Hannover 2000; Rosemarie Kosche, *Studien zur Geschichte der Juden zwischen Rhein und Weser im Mittelalter*, Hannover 2002; Matthias Schmandt, *Judei, cives et incole: Studien zur jüdischen Geschichte Kölns im Mittelalter*, Hannover 2002. Wichtige Grundlagen bot die unveröffentlichte Examensarbeit von Roland Kottenhoff, *Studien zur Geschichte der Juden am Niederrhein im späten Mittelalter*, Trier 1988.

10 Siehe die Artikel *Belgien und die Niederlande* (G. Venner), *Berg, Grafschaft, seit 1380 Herzogtum* (W. Janssen), *Essen, Reichsstift* (W. Janssen), *Geldern, Herzogtum* (G. Venner), *Jülich, Grafschaft, seit 1356 Herzogtum* (W. Janssen), *Kleve, Grafschaft, seit 1417 Herzogtum* (D. Aschoff), *Köln, Erzstift und Erzbistum* (W.

Janssen), *Mark, Grafschaft* (D. Aschoff), *Werden, Reichsabtei* (W. Janssen), *Westfalen* (D. Aschoff), in: *Germania Judaica* 3 [Anm. 4], Teil 3.

11 Ivan G. Marcus, *Die politischen Entwicklungen im mittelalterlichen deutschen Judentum, ihre Ursachen und Wirkungen,* in: Karl E. Grözinger (Hg.), *Judentum im deutschen Sprachraum,* Frankfurt a. M. 1991, S. 60–88, hier S. 60; vgl. auch Michael Toch, *The Formation of a Diaspora. The Settlement of Jews in the Medieval German Reich,* in: *Aschkenas* 7 (1997), S. 55–78; Erika Timm, *Die Frühgeschichte der jiddischen Sprache,* in: Christoph Cluse (Hg.), *Europas Juden im Mittelalter. Beiträge des internationalen Symposiums in Speyer vom 20.–25. Oktober 2002,* Trier 2004, S. 377–388.

12 Wolfgang Dreßen (Hg.), *Ex Oriente: Isaak und der weiße Elefant. Bagdad – Jerusalem – Aachen; eine Reise durch drei Kulturen um 800 und heute,* 3 Bde., Aachen 2003.

13 Amnon Linder, *The Jews in Roman Imperial Legislation,* Detroit/Jerusalem 1987, S. 132–138, bes. S. 137, Anm. 12 (wonach sich „eodem loco" nicht auf die Colonia Agrippinensis sondern auf die Synagoge bezieht), und S. 120–124. Dazu u. a. Michael Toch, *„Dunkle Jahrhunderte". Gab es ein jüdisches Frühmittelalter?,* Trier 2001, S. 12 f.; Stefan Rohrbacher, *Köln – Eine Stadt ohne Juden als zentraler Ort des rheinischen Judentums,* in: Dieter Geuenich (Hg.), *Köln und die Niederrheinlande in ihren historischen Raumbeziehungen (15.–20. Jahrhundert),* Pulheim 2000, S. 99–115, hier S. 101, Anm. 6: „Allerdings bleibt fraglich, inwieweit diese nach Köln übermittelten allgemeinen Dekrete im Einzelnen als Belege für die örtlichen Verhältnisse gelten können".

14 Marianne Gechter/Sven Schütte, *Ursprung und Voraussetzungen des mittelalterlichen Rathauses und seiner Umgebung,* in: Walter Geis/Ulrich Krings (Hg.), *Köln: Das gotische Rathaus und seine historische Umgebung,* Köln 2000, S. 69–196, bes. S. 113f.

15 Vgl. Lee I. Levine, *The Ancient Synagogue. The First Thousand Years,* New Haven/London 2000, S. 297: „In short, no two synagogues were identical in either shape, size or design, no matter how close they were to one another geographically or chronologically".

16 Avraham Grossmann, *The Early Sages of Ashkenaz. Their Lives, Leadership and Works (900–1096),* Jerusalem ²1988 [hebr.]; vgl. oben, Anm. 11.

17 Sonja Benner/Alexander Reverchon, *Juden und Herrschaft: Die Champagne vom 11. bis frühen 14. Jahrhundert,* in: Cluse/Haverkamp/Yuval (Hg.), *Gemeinden* [Anm. 8], S. 151–213; Avraham Grossman, *The Early Sages of France: Their Lives, Leadership and Works,* Jerusalem ²1996 [hebr.].

18 Rohrbacher, *Köln* [Anm. 13], S. 102; vgl. auch Mordechai Breuer/Yacov Guggenheim, *Die Jüdische Gemeinde, Gesellschaft und Kultur,* in: *Germania Judaica* 3 [Anm. 4], Teil 3, S. 2079–2138.

19 Robert Bonfil, *Cultural and Religious Traditions in Ninth-Century French Jewry,* in: Joseph Dan (Hg.), *Binah 3: Jewish Intellectual History in the Middle Ages,* Westport/London 1994, S. 1–18.

20 Zur König-Karl-Tradition in der hebräischen Literatur vgl. Elisabeth Hollender, *„Und den Rabbenu Moses brachte der König Karl mit sich": Zum Bild Karls des Großen in der hebräischen Literatur des Mittelalters,* in: Bernd Bastert (Hg.), *Karl der Große in den europäischen Literaturen des Mittelalters. Konstruktion eines Mythos,* Tübingen 2004, S. 183–200.

21 Israel J. Yuval, *Heilige Städte – Heilige Gemeinden. Mainz als das Jerusalem Deutschlands*, in: Jütte/Kustermann (Hg.), *Jüdische Gemeinden* [Anm. 8], S. 91–101.

22 In Anlehnung an das genannte *Kartenwerk* [Anm. 6] sind Koblenz und Duisburg als „unsicher" eingestuft; ich tendiere zu einer optimistischeren Lesung der in Teil 2, S. 182 und S. 98, genannten Belege.

23 Vgl. *Kartenwerk* [Anm. 6], Karten A I.3–4, A II.3–4. Der Zuwachs im 13. Jahrhundert ist recht stetig; in der ersten Jahrhunderthälfte lag der Faktor knapp unter 3 (von 8 auf 23), in der zweiten knapp darüber (von 23 auf 48).

24 Gegenüber der zweiten Hälfte des 13. Jahrhunderts (1251–1300) betrug der Faktor der Zunahme sogar 2,5 (121 : 48).

25 Roermond und Geldern fehlen irrtümlicherweise auf Karte A I.5 im *Kartenwerk* [Anm. 6] und sind dort zu ergänzen; vgl. Cluse, *Studien* [Anm. 9], S. 55.

26 Christoph Cluse/Rosemarie Kosche/Matthias Schmandt, *Zur Siedlungsgeschichte der Juden im Nordwesten des Reichs während des Mittelalters*, in: *Kartenwerk* [Anm. 6], Teil 1, S. 33–54.

27 Jörg R. Müller, *Eretz geserah – „Land der Verfolgung".* Judenpogrome im regnum Teutonicum in der Zeit von etwa 1280 bis 1350, in: Cluse (Hg.), *Europas Juden* [Anm. 11], S. 259–273.

28 Siehe die Kartenserie C im *Kartenwerk* [Anm. 6] sowie Ziwes, *Jüdische Niederlassungen* [Anm. 6], S. 36, Karte 5; dazu Jörg R. Müller, *Judenverfolgungen und -vertreibungen zwischen Nordsee und Südalpen im hohen und späten Mittelalter*, in: *Kartenwerk* [Anm. 6], Teil 1, S. 189–222.

29 Daraus ist zuweilen gefolgert worden, an diesen Orten wären damals Juden oder gar „Judengemeinden" ansässig gewesen; doch erscheint dieser Schluss nicht zulässig. Ein weiterer jüdischer Flüchtling wurde in Dortmund umgebracht. Zu 1096 vgl. Robert Chazan, *The Deeds of the Jewish Community of Cologne*, in: *Journal of Jewish Studies* 35 (1984), S. 185–195; Alfred Haverkamp (Hg.), *Juden und Christen zur Zeit der Kreuzzüge*, Sigmaringen 1999.

30 Schmandt, *Judei* [Anm. 9], S. 13 f.

31 Robert Chazan, *Ephraim Ben Jacob's Compilation of 12th Century Persecutions*, in: *Jewish Quarterly Review* 84 (1994), S. 397–416.

32 Stefan Rohrbacher, *Volksfrömmigkeit und Judenfeindschaft*, in: *AHVN* 192/193 (1990), S. 125–144.

33 Ziwes, *Studien* [Anm. 5], S. 230–238; ausführlich Gerd Mentgen, *Die Ritualmordaffäre um den „Guten Werner" von Oberwesel und die Folgen*, in: *Jahrbuch für westdeutsche Landesgeschichte* 21 (1995), S. 159–198; zum Zusammenhang „Juden und Wein" vgl. jetzt die Beiträge von Haym Soloveitchik und Annegret Holtmann in: Cluse (Hg.), *Europas Juden* [Anm. 11].

34 Friedrich Lotter, *Hostienfrevelvorwurf und Blutwunderfälschung bei den Judenverfolgungen von 1298 („Rintfleisch") und 1336–1338 („Armleder")*, in: *Fälschungen im Mittelalter*, Bd. 5: *Fingierte Briefe, Frömmigkeit und Fälschung, Realienfälschungen*, Hannover 1988, S. 533–583.

35 Gerd Mentgen, *Kreuzzugsmentalität bei antijüdischen Aktionen nach 1190*, in: Haverkamp (Hg.), *Christen und Juden* [Anm. 8], S. 287–326.

36 Cluse, *Studien* [Anm. 9] S. 192–210.

37 Gerd Mentgen, *Studien zur Geschichte der Juden im mittelalterlichen Elsaß*, Hannover 1995, S. 363–385; Haverkamp, *Judenverfolgungen* [Anm. 7], S. 62–64.

38 Schmandt, *Judei* [Anm. 9], S. 88; Christoph Cluse, *Zur Chronologie der Verfolgungen zur Zeit des „Schwarzen Todes"*, in: *Kartenwerk* [Anm. 6], Teil 1, S. 223–242, hier S. 240f.

39 Cluse, *Studien* [Anm. 9], S. 191–208.

40 So das Fazit von Müller, *Eretz geserah* [Anm. 26], S. 270 f. Im Südosten war zwei Generationen später die Vertreibung aus Wien und dem Herzogtum Österreich von schweren Verfolgungen begleitet; vgl. allgemein Michael Toch, *Die Verfolgungen des Spätmittelalters (1350–1550)*, in: *Germania Judaica* 3 [Anm. 4], Teil 3, S. 2298–2327.

41 Cluse, *Studien* [Anm. 9], S. 283–294.

42 Die immer wieder anzutreffende Behauptung, die Juden hätten aufgrund ihrer religiösen Reinigungsvorschriften eine bessere Hygiene gepflegt als ihre christlichen Nachbarn und seien deshalb in geringerer Zahl an der Pest gestorben, ist Unsinn. Schon gar nicht ist der Verdacht der Brunnenvergiftung auf dieses vermeintliche Phänomen zurückzuführen (denn in aller Regel gingen die Pogrome dem Eintreffen der Pest voraus). Vielmehr schreibt schon der Zeitgenosse Konrad von Megenberg, der Zweifel an der Brunnenvergiftungs-Fabel hegte, dass auch die Juden von Wien (die der Verfolgung entgingen) wegen der vielen Pestopfer ihren Friedhof ausweiten mussten: Konrad von Megenberg, *Das Buch der Natur. Die erste Naturgeschichte in deutscher Sprache*, hg. von Franz Pfeiffer, Stuttgart 1861, S. 112.

43 Schmandt, *Judei* [Anm. 9], S. 96–110.

44 Ebenda, S. 265f.

45 Kosche, *Studien* [Anm. 9], S. 129–193 (Dortmund); Cluse, *Studien* [Anm. 9], S. 68 (Nimwegen).

46 Anders im Anm. 6 genannten *Kartenwerk*, vgl. dort die Karten A 1.6–9 und A. 1.6–9.

47 Schmandt, *Judei* [Anm. 9], S. 116–123.

48 Rohrbacher, *Köln* [Anm. 13] S. 107f.

49 Birgit Klein, *Auszug aus dem Gebietsartikel Kurfürstentum Köln* für *Germania Judaica 4 (1520–1650)*, online unter www.germania-judaica.de (konsultiert am 27.08.2004); ausführlich dies., *Wohltat und Hochverrat. Kurfürst Ernst von Köln, Juda bar Chajjim und die Juden im Alten Reich*, Hildesheim 2003.

50 Adolphe Neubauer/Moritz Stern (Hg.), *Hebräische Berichte über die Judenverfolgungen während der Kreuzzüge*. Übers. von S. Baer, Berlin 1892, S. 116 und 121 (hier in leicht modernisierter Orthografie); vgl. demnächst die Neuedition dieser wichtigen Quelle in Eva Haverkamp (Hg.), *Hebräische Berichte über die Judenverfolgungen wahrend des Ersten Kreuzzugs*, Hannover 2004 (auch mit neuer deutscher Übersetzung).

51 Rainer Barzen, *„Kehillot Schum": Zur Eigenart der Verbindungen zwischen den jüdischen Gemeinden Mainz, Worms und Speyer bis zur Mitte des 13. Jahrhunderts*, in: Cluse/Haverkamp/Yuval (Hg.): *Gemeinden* [Anm. 8], S. 389–404, hier S. 392–394.

52 Matthias Schmandt, *Jüdische und christliche Gemeinde im Kölner Kirchspiel St. Laurenz*, in: ebenda, S. 295–307.

53 Haverkamp, *„Concivilitas"* [Anm. 8], S. 123–135; Christoph Cluse, *Die mittelalterliche jüdische Gemeinde als „Sondergemeinde" – eine Skizze*, in: Peter Johanek

(Hg.), *Sondergemeinden und Sonderbezirke in der Stadt der Vormoderne*, Köln/Weimar/Wien 2004, S. 29–51; Schmandt, *Judei* [Anm. 9], S. 64–74.

54 Zu den Hinweisen auf Begräbnisse jüdischer Verfolgungsopfer in Xanten 1096 und 1187 vgl. *Kartenwerk* [Anm. 6], Teil 2, S. 395; zu den anderen genannten Orten die Verweise ebd., S. 346 (Tienen), 328 f. (Sint-Truiden), 97 (Dortmund), 256f. (Nimwegen).

55 Rainer Barzen/Friedhelm Burgard/Rosemarie Kosche, *The Hierarchy of Medieval Jewish Settlements Seen Through Jewish and Non-Jewish Sources*, in: *Jewish Studies* 40 (2000), S. 57*–67*.

56 *Hebräische Berichte* [Anm. 48], S. 69 und S. 73 (Sondersteuern, die von allen Juden einer *hegmonija* erhoben werden). Den Hinweis auf diese Belege verdanke ich Rainer Barzen, Trier.

57 Rosemarie Kosche, *Mittelalterliche regionale Netzwerke von Juden im Nordwesten des Reiches*, in: Holger Th. Gräf/Katrin Keller (Hg.), *Städtelandschaft – réseau urbain – urban network. Städte im regionalen Kontext in Spätmittelalter und Früher Neuzeit*, Köln/Weimar/Wien 2004, S. 185–198.

58 Janssen, *Art. „Köln“* [Anm. 10], S. 1904; Cluse, *Studien* [Anm. 9], S. 105.

59 Schmandt, *Judei* [Anm. 9], S. 208–264.

60 Annegret Holtmann, *Migrationswege von Angehörigen der jüdischen Familie „von Vesoul“ in der zweiten Hälfte des 14. Jahrhunderts*, in: *Kartenwerk* [Anm. 6], Teil 1, S. 367–378 sowie Karte F 5.

61 Schmandt, *Judei* [Anm. 9], S. 234 Nr. 43 (Mannus von Speyer), S. 244f. Nr. 53 (Moses von Windecken), S. 255 Nr. 69 (Simon von Nürnberg); Angela Möschter, *Juden im venezianischen Treviso, 1389–1509*, Diss. (masch.) Trier 2004, bes. S. 380–383, Nr. 163 („Sanson theotonicus q. Vivelini de Colonia“).

62 Klaus Cuno, *Namen Kölner Juden*, in: *Rheinische Heimatpflege*, N.F. 4 (1974), S. 278–291.

63 Die Edition von Hoeniger/Stern (Hg.), *Judenschreinsbuch* [Anm. 1] genügte schon zeitgenössischen wissenschaftlichen Ansprüchen nicht; in Einzelfällen sollten die Auszüge bei Brisch, *Geschichte* [Anm. 1], korrigierend verglichen werden; siehe die scharfe Kritik von Marcus Brann, in: *Monatsschrift für Geschichte und Wissenschaft des Judentums* 37 (1892–93), S. 49–56, 146–148. Eine Neuausgabe der Edition durch die Gesellschaft für Rheinische Geschichtskunde ist geplant, vgl. dazu den Beitrag von Manfred Groten in diesem Band, Anm. 36.

64 Ephraim E. Urbach, *The Tosafists. Their History, Writings and Methods*, Jerusalem ⁵1986 [hebr., zuerst 1956].

65 Vgl. Anm. 31 und wiederum den Verriss durch Marcus Brann, in: *Monatsschrift für Geschichte und Wissenschaft des Judentums* 37 (1893), S. 197–200.

66 J. Freimann, *Art. „Bonn“*, in: *Germania Judaica* 1 [Anm. 3], S. 46–60. Einen nützlichen Überblick bietet Hans-Georg von Mutius, *Mittelalterliche jüdische Gelehrsamkeit in Köln*, in: Eckert/ Bohnke-Kollwitz (Hg.), *Köln und das rheinische Judentum* [Anm. 3], S. 47–51.

67 Alfred Freimann, *Ascher b. Jechiel. Sein Leben und Wirken*, in: *Jahrbuch der Jüdisch-Literarischen Gesellschaft* 12 (1918), S. 237–317; ders., *Die Ascheriden (1267–1391)*, in: *Jahrbuch der Jüdisch-Literarischen Gesellschaft* 13 (1920), S. 142–255.

68 Cluse, *Studien* [Anm. 9], S. 124–132.

69 Schmandt, *Judei* [Anm. 9], S. 116–118; Israel J. Yuval, *A German-Jewish Auto-biography of the Fourteenth Century*, in: Dan (Hg.), *Binah 3* [Anm. 19], S. 79–99. Das Register der konfiszierten Außenstände Simons von Siegburg untersucht Franz Irsigler, *Juden und Lombarden am Niederrhein im 14. Jahrhundert*, in: Haverkamp (Hg.), *Zur Geschichte* [Anm. 7], S. 122–162.

70 Klaus Cuno, *Aspekte der Kölner Aderlaßhandschrift von 1396/97 im Licht neuer Erkenntnisse*, in: *Jiddistik-Mitteilungen* 9 (1993), S. 1–17; vgl. Schmandt, *Judei* [Anm. 9], S. 219f. Nr. 13 (David von Mömpelgard, medicus), 238 Nr. 47 (Meyer, Sohn Anselms von Lahnstein); Cluse, *Studien* [Anm. 9], S. 113f. („Meister Simon von Köln").

71 Cluse, *Studien* [Anm. 9], S. 110; Kosche, *Studien* [Anm. 9], S. 294–297; ein breites Spektrum von Tätigkeiten hat Michael Toch, *Die wirtschaftliche Tätigkeit*, in: *Germania Judaica* 3 [Anm. 4], Teil 3, S. 2139–2146 ermittelt; vgl. auch den Sachindex ebd., S. 2556–2558.

Die mittelalterliche jüdische Gemeinde von Köln und das Schreinswesen des Kirchspiels St. Laurenz

Manfred Groten

Keine mittelalterliche Judengemeinde Deutschlands ist annähernd so gut dokumentiert wie die Kölner.[1] Diese erfreuliche Quellenlage ist bedingt durch das außerordentlich frühe Einsetzen pragmatischer Schriftlichkeit in der Stadt Köln. Die frühesten erhaltenen Schriftstücke, die zugleich die ältesten Dokumente bürgerlicher Provenienz in Deutschland überhaupt sind, stammen aus der Zeit um 1130.[2] Zunächst müssen Genese und Zweckbestimmung dieser Aufzeichnungen erläutert werden, denn ihr richtiges Verständnis ist unabdingbare Voraussetzung für ihre Auswertung als Quellen für die Geschichte der Kölner Judengemeinde. Die ältesten Zeugen bürgerlicher Schriftlichkeit in Köln stammen aus den so genannten Kirchspielen, den in der Literatur oft auch als Sondergemeinden bezeichneten Vierteln der Stadt, von denen es am Ende des 12. Jahrhunderts in Köln zwölf gab.[3]

Für die Entstehung der Kirchspiele waren mit größter Wahrscheinlichkeit die für Köln traumatischen Ereignisse des Jahres 1106 von entscheidender Bedeutung.[4] Im Frühjahr dieses Jahres kam es zu militärischen Auseinandersetzungen zwischen dem alten Kaiser Heinrich IV. und seinem Sohn König Heinrich V. Die Kölner Bürger stellten sich nach Ostern auf die Seite Heinrichs IV. Durch diese Parteinahme machten sie ihre Stadt zum Angriffsziel für die Truppen Heinrichs V. Ein solcher Angriff hätte Köln in höchste Gefahr gebracht. Das durch die noch aus der Römerzeit stammenden Mauern geschützte Stadtgebiet hätte zwar mit einer gewissen Aussicht auf Erfolg verteidigt werden können, aber über diesen urbanen Kern war die Besiedlung längst hinausgewachsen. Außerhalb der Mauern erhoben sich die prachtvollen Stiftskirchen von St. Georg, St. Severin, St. Aposteln, St. Gereon, St. Andreas, St. Ursula und St. Kunibert, das Kloster St. Pantaleon sowie weitere Kirchen und Kapellen, alle umgeben von mehr oder weniger ausgedehnten Wohngebieten. Dieser offene Stadtraum wäre einem militärischen Angriff hilflos ausgeliefert gewesen. In höchster Eile versuchten die Kölner Bürger deshalb mit Unterstützung der von Herzog Heinrich von Lothringen befehligten Truppen, möglichst große Areale des vorstädtischen Siedlungsraums durch das Ausheben von Gräben und die Anlage von Wällen und

Palisaden notdürftig zu sichern. Das aus der Not geborene Provisorium hat zumindest in seinen rechtlichen und verwaltungstechnischen Konsequenzen bis zum Einmarsch der Franzosen in Köln Bestand gehabt. Zum Teil noch heute im Stadtbild erkennbar zeichnen sich drei Bezirke ab, die 1106 im Anschluss an die Römerstadt umwallt wurden, ein Bezirk im Norden, der so genannte Niederich, der u. a. die Immunitäten von St. Ursula und St. Kunibert einschloss, ein Areal im Westen um die Stiftskirche St. Aposteln und ein Gebiet im Süden, die „obere Stadt" (Oversburg oder Airsbach), in der das Stift St. Georg lag.[5]

Mehrere Indizien weisen darauf hin, dass der Einsatz der Kölner Bürger bei den Schanzarbeiten auf der Basis der innerstädtischen Pfarreien organisiert wurde. Die Pfarrsprengel von Groß St. Martin (St. Brigiden), Klein St. Martin, St. Laurenz, St. Alban, St. Kolumba, St. Peter und St. Aposteln gliederten das ummauerte Stadtgebiet in überschaubare Einheiten. Die Einwohner der Pfarreien kannten sich von Kirchbesuchen und Festen her, sie übten Nachbarschaftshilfe, etwa bei Bränden, und sprachen sich über die Verrichtung von Gemeinschaftsaufgaben, etwa Wachdienste, ab. Nichts lag näher, als auch die Organisation der Verteidigungsmaßnahmen den Pfarrgenossen zu überlassen. Der Einsatz der Kölner Bürger lohnte sich. Die Stadt überstand im Juli 1106 eine drei bis vier Wochen andauernde Belagerung durch Heinrich V. einigermaßen glimpflich.

Die positiven Erfahrungen des Jahres 1106 haben offenbar den Verbünden der Pfarrgenossen der städtischen Pfarreien oder Kirchspiele, wie man sie im 12. Jahrhundert nannte[6], erheblichen Auftrieb gegeben. Die Zusammenarbeit der führenden Männer der Pfarrsprengel verdichtete sich im Laufe der Zeit. Nach und nach übernahmen sie Verantwortung für alle Angelegenheiten, die ihr Kirchspiel betrafen. Im frühen 12. Jahrhundert gab es noch keine Gemeinde als Rechtspersönlichkeit, die Organe hätte bevollmächtigen können, für die Gesamtheit zu handeln.[7] Die Stadtbewohner gehörten verschiedenen Rechtskreisen an. Neben freien Bürgern gab es an den Hof des Erzbischofs gebundene Dienstleute (Ministerialen) und der Obhut der großen Kirchen als Zinspflichtige anvertraute frühere Unfreie (Zensualen). Außerhalb der herrschaftlichen Sphäre, in der Herkommen und Autorität das Funktionieren des politischen Lebens gewährleisteten, behalf man sich mit zeitlich befristeten Schwureinungen, die zur Erreichung bestimmter Ziele geschlossen wurden.[8] In Köln nutzte man auch die zunächst im kirchlichen Bereich entwickelte Organisationsform der Bruderschaft zur Festigung des Zusammenhalts bürgerlicher Verbünde. So bildeten die im öffentlichen Leben der Kirchspiele aktiven Männer Bruderschaften von Nachbarn (von den Zeitgenossen Geburen, lateinisch *parrochiani* oder *vicini* genannt) mit auf Zeit gewählten Meistern an der Spitze. Die gedienten Meister (sog. verdiente Amtleute) bildeten nach und nach eine privilegierte Gruppe. Wichtig für den dauernden Bestand der Bruderschaft war die Einrichtung eines Versammlungshauses (Geburhaus). Das Geburhaus wurde zum Zentrum des Kirchspiels, in dem die Geburen zu Beratungen zusammen kommen konnten. Kirche und Geburhaus verweisen auf den Doppelcharakter der innerstädtischen Pfarrsprengel als zugleich kirchliche und bürgerliche Einheiten. Diese Identität ist übrigens in den 1106 neu umwallten Gebieten aus einleuchtenden praktischen Gründen nicht durchgehalten worden. Niederich und Airsbach bildeten jeweils nur ein bürgerliches Kirchspiel, obwohl die nach militärischen Gesichtspunkten angelegten Verteidigungswerke in beiden Fällen mehrere Pfarrsprengel umschlossen oder durchschnitten.

Den Organisationsprozess in den Stadtvierteln wird der Herr der Stadt, Erzbischof Friedrich I. von Köln, mit Interesse, vielleicht auch mit einem gewissen Unbehagen beobachtet haben. Die Aktivitäten der Bürger beeinträchtigten seine Stadtherrschaft nicht, im Gegenteil, sie entlasteten sein Regiment in einer rasch wachsenden, wirtschaftlich florierenden Stadt. Dennoch erschien eine obrigkeitliche Kontrolle angebracht. Ursprünglich führten Richter des Hochgerichts, meistens die Vertreter von Burggraf und Stadtvogt, der Greve und der (Unter-)Vogt, die selbst Bürger waren, den Vorsitz in den Versammlungen auf den Geburhäusern.

Die Erzbischöfe nutzten die Amtleutebruderschaften der Kirchspiele auch für Zwecke ihres Stadtregiments. Wenn etwa Steuern gefordert wurden, wurden die Amtleute mit der Eintreibung vor Ort beauftragt. Sie kannten die Steuerpflichtigen und ihre Leistungskraft am besten. Auch Wache und Verteidigung wurden auf Kirchspielsebene organisiert. Jedes Kirchspiel war für einen bestimmten Mauerabschnitt verantwortlich. Seit wann die Amtleute auch gerichtliche Funktionen (Niedergericht) übernahmen, ist nicht mehr festzustellen.

Angesichts der Fülle ihrer Aufgaben haben sich die Amtleute in einzelnen Kirchspielen früh entschlossen, schreibkundige Kleriker in ihre Dienste zu nehmen, um wichtige Grunddaten schriftlich niederlegen zu lassen. Als älteste Aufzeichnungen haben sich Geburenlisten auf großen Pergamentblättern erhalten. Mit Hilfe solcher Listen wurde die Ableistung von Gemeinschaftsaufgaben überwacht. Da die Listen auf dem Geburhaus ausgehängt wurden, beschrieb man die Pergamentblätter zunächst nur einseitig.

Um 1130 ist eine Ausweitung der Schriftlichkeit zu beobachten. Um diese Entwicklung, die auch wieder zur Geschichte der Judengemeinde zurücklenkt, verstehen zu können, muss noch ein Blick auf die rechtlichen Prozeduren des Immobilienverkehrs in der Stadt geworfen werden. Der Kauf eines Grundstücks musste in einem gerichtlichen Verfahren rechtskräftig gemacht werden.[9] Dazu benötigten die Geschäftspartner Zeugen, die bereit waren, für die Rechtmäßigkeit des Geschäfts einzutreten. Für diese Aufgabe boten sich Freunde und Nachbarn an. Ein Schwachpunkt des Verfahrens lag in der Vergänglichkeit des Zeugenbeweises. Auch für dieses Problem der Bewahrung der Rechtssicherheit wussten die Amtleute der Kirchspiele eine Lösung anzubieten. Sie erklärten sich bereit, Mitglieder ihrer Bruderschaft als Zeugen zur Verfügung zu stellen und verpflichteten sich gleichzeitig, die Zeugnisleistung in ihrer Bruderschaft zu tradieren und jederzeit, auch in späteren Generationen, Zeugnis für die Gültigkeit des Rechtsgeschäfts abzulegen. Zur Verpflichtung aller Bruderschaftsmitglieder in Gegenwart und Zukunft wurde der Sachverhalt auf einem dauernd aufzubewahrenden Pergamentblatt niedergeschrieben. Der verpflichtende Charakter der Aufzeichnungen wurde in den zwanziger Jahren des 13. Jahrhunderts im Namen eines Kölner Bürgers so formuliert: „er sah dies festgehalten in der Niederschrift der Bürger, für die er einstehen muss wie die anderen, aber er war nicht anwesend" (*vidit hoc contineri in scripto civium, pro quo debet stare sicut et alii, sed non interfuit*).[10] Da die Pergamentblätter zur sicheren Verwahrung in einer Truhe im Geburhaus eingeschlossen wurden, nannte man sie Schreinskarten. Die älteste erhaltene Schreinskarte stammt aus dem Kirchspiel St. Laurenz.[11] Sie wurde zunächst als Geburenliste verwendet, in einer zweiten Phase zur Aufzeichnung von Rechtsgeschäften, für die die Amtleute von St. Laurenz die Garantie übernahmen. Das Amtleutezeugnis war nicht billig, es kostete ein Ohm Wein (ca. 150 Liter) und einen Scheffel Nüsse.[12] Angesichts dieser exorbitanten Gebühr kann es nicht verwundern, dass sich nur die wohlhabendsten Kölner der neuen Möglichkeit des Erwerbs dauernder Rechtssicherheit für ihre Immobiliengeschäfte bedienten.

Das Kirchspiel St. Laurenz ist im vorliegenden Zusammenhang von besonderem Interesse, weil in diesem Bezirk nicht nur das Versammlungshaus einer gesamtstädtischen Bruderschaft der mächtigsten Familien Kölns, der so genannten Richerzeche[13], lag, sondern auch das Kölner Judenviertel mit dem Synagogenkomplex in seiner Mitte.[14]

Sieht man sich die Eintragungen auf der ersten Schreinskarte von St. Laurenz näher an, fällt sofort der hohe Anteil der notierten Rechtsgeschäfte auf, an denen Juden beteiligt waren. Vor allem das Ehepaar Salman und Rachel begegnet mehrfach.[15]

Die älteste Notiz auf der Karte überhaupt beschäftigt sich mit einem Hauskauf Salmans.[16] Er erwirbt aus der Hand eines Herrn Konrad und seiner Ehefrau Liukardis ein Haus gegenüber dem Bürgerhaus (d. h. dem späteren Rathaus) für 36 Mark Silber. Welche Größenordnung die Kaufsumme hatte, wird vielleicht klar, wenn man weiß, dass ihr ein Silbergewicht von mehr als acht Kilo entsprach, vollends aber, wenn man erfährt, dass Erzbischof Philipp von Heinsberg (1167–91) für 60 Mark die Burg von Rheydt mit allem zugehörigen Land erwerben konnte.[17] Salman

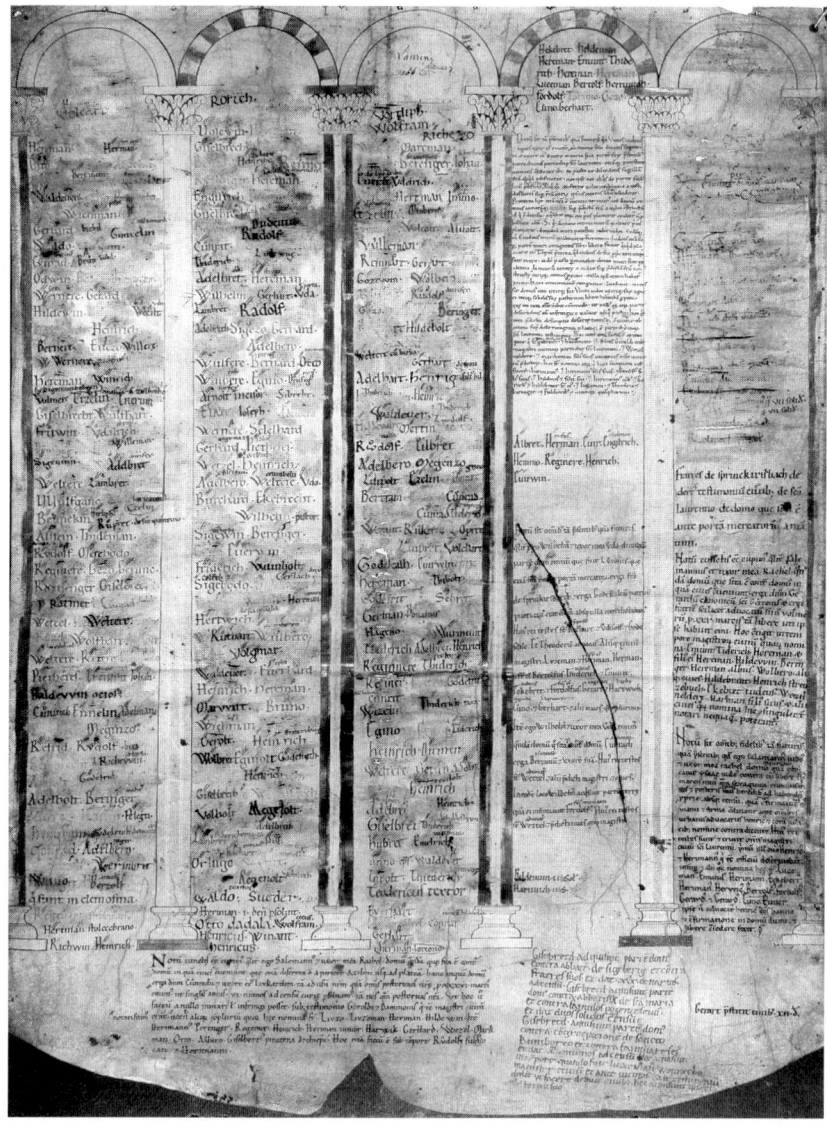

5   Schreinskarte des Kirchspiels Sankt Laurenz, nach 1130

Manfred Groten

musste zusätzlich zum Kaufpreis noch die Verpflichtung zur Zahlung von 6 Pfennig Hofzins pro Jahr übernehmen. Der Hofzins wurde von Grundstücken erhoben, die ursprünglich im Besitz der Kölner Bischofskirche waren.[18] Der Erwerb eines solchen Grundstücks durch den Juden Salman ist ein Beleg für die Ausweitung des jüdischen Wohngebiets um 1130. Wir beobachten hier einen Strukturwandel des Viertels. Der Herr Konrad, der sein Haus verkauft, ist der Kämmerer des Erzbischofs, sein Finanzverwalter.[19] Das Immobiliengeschäft vollzieht sich also zwischen zwei Finanzmagnaten, einem Christen und einem Juden. Es ist ein Zeugnis für den gleichberechtigten Rechtsverkehr zwischen christlichen und jüdischen Nachbarn in Köln und damit für das friedliche Zusammenleben der beiden Religionsgemeinschaften in der Stadt.

Matthias Schmandt hat Salman, der das neue Angebot der Amtleute von St. Laurenz offenbar als Erster nutzte, den Vorwurf gemacht, er habe sich durch sein Paktieren mit den Christen unsolidarisch gegenüber seinen Glaubensbrüdern verhalten.[20] Wenn man die oben gegebenen Erläuterungen beachtet, erweist sich dieser Vorwurf sogleich als unberechtigt. Wollte Salman ein Grundstück erwerben, musste er zwangsläufig das für diesen Fall vorgesehene Verfahren einhalten, d. h. vor dem städtischen Gericht Zeugen stellen. Hätte er sich an seine Nachbarn gehalten, hätten wir nie von seinem Geschäft erfahren. Salman war aber offenbar ein kluger Kopf, vielleicht hatte er auch aus seiner religiösen Tradition heraus eine positive Einstellung zur Schriftlichkeit. Dass er die Sicherung seiner Rechte den Amtleuten von St. Laurenz übertrug, ist zwar ein bemerkenswertes Zeugnis nachbarschaftlichen Vertrauens auf beiden Seiten, aber kein Verstoß gegen jüdische Solidarität. Salman war innovativ, aber nicht unsolidarisch. Ebenso wenig ist übrigens in der Einleitungsformel zu einer den Juden Isaak betreffenden Notiz in der Formulierung „bekannt sei allen, die in frommer Hoffnung in Christus leben" (*Notum sit omnibus pia spe in Christo viventibus*) eine Spitze gegen die jüdische Religion zu sehen, sie ist einfach Zeitstil.[21]

Ein weiterer Eintrag auf der Schreinskarte Laurenz 1 beschäftigt sich mit einem Haus, das die Kölner Domkanoniker im Judenviertel (*inter Iudeos*) besitzen.[22] Das Haus ist offenbar baufällig. Um die Renovierungskosten zu sparen, überlassen es die Kanoniker dem Juden Eliachim, *qui vulgariter Godescalcus vocatur*, seiner Frau Bela und ihren Nachkommen gegen einen Erbzins von acht Schilling. Eliachim, der neben seinem hebräischen Namen auch einen deutschen Rufnamen trägt, übernimmt die Baulast. Das Immobiliengeschäft beleuchtet einen anderen Aspekt des Strukturwandels des Laurenzviertels. Wie auch andere Notizen zeigen[23], ziehen sich die Kölner Stifte zu günstigen Konditionen aus dem Lau-

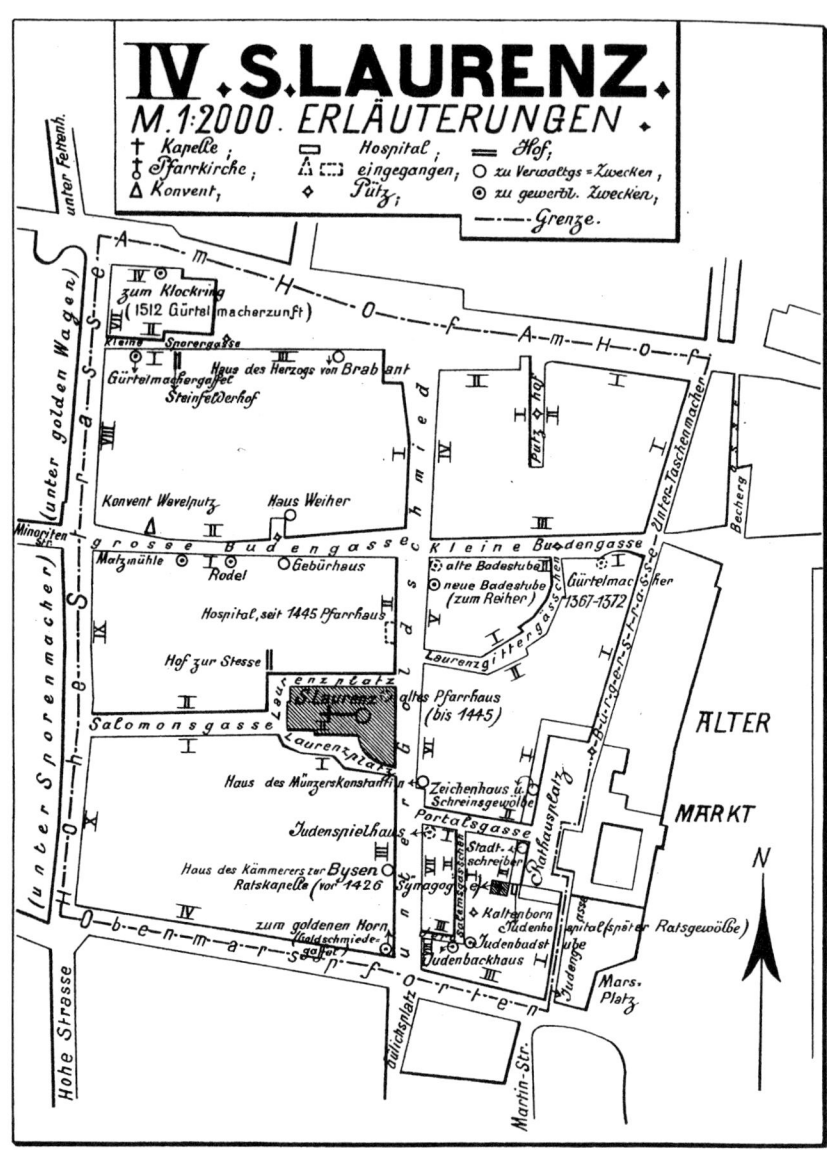

6 Plan des Kirchspiels St. Laurenz

Manfred Groten

renzbezirk zurück, der sich offensichtlich zu einer teuren Wohnlage entwickelt.

Die Wertsteigerung der Grundstücke führte auch zur Aufsplitterung von Parzellen. Das jüdische Ehepaar Vives und Agnes kaufte einen Teil eines Hofgrundstücks von Otto, dem Sohn Sigewins des Reichen.[24] Vives errichtet auf dem erworbenen Grundstück eine *camera*, in der man vermutlich ein Ladenlokal sehen darf. Otto und Vives einigten sich über die Lichtverhältnisse, die Ableitung des Regenwassers und die Nutzung einer gemeinsamen Mauer. Das hier dokumentierte enge Zusammenleben von Christen und Juden verstieß gegen kirchenrechtliche Bestimmungen, die aber in Köln offensichtlich keine praktische Anwendung fanden. Ebenso geboten die jüdischen religiösen Vorschriften eine Zurückhaltung vor zu engen Kontakten mit Andersgläubigen.[25] Der Eintrag auf der Schreinskarte zeigt unzweifelhaft, dass von einer Abschließung des jüdischen Wohngebiets gegen seine christliche Nachbarschaft im frühen 12. Jahrhundert keine Rede sein kann.

Otto, dessen Vater den bezeichnenden Beinamen „der Reiche" erhalten hatte, verkaufte ein weiteres Haus für 36 Mark an den Juden Isaak.[26] Dieser Isaak hatte zuvor ein anderes Haus für die enorme Summe von 57 Mark an Salman verkauft.[27] Solche Geschäfte, bei denen immer wieder dieselben Personen auftreten, bezeugen enge Kontakte zwischen reichen Christen und Juden im Kirchspiel St. Laurenz. Der alltägliche Umgang förderte die „Assimilation", die in manchen Fällen zum Übertritt von Juden zum christlichen Glauben führte. Für eine Teilnahme am politischen Leben der Stadt war die Taufe unerlässlich. Unter den Amtleuten von St. Laurenz findet man mehrere getaufte Juden.[28]

Auf der zweiten Schreinskarte von St. Laurenz wurden viele weitere Immobiliengeschäfte notiert, an denen Juden beteiligt waren. Von Interesse sind vor allem zwei Notizen, wo von Hauskäufen der Judengemeinde die Rede ist.[29] *Iudei omnes communiter* erwerben die Häuser von Albero und Rupertus Saxo, vermutlich zum Bau des sog. Spielhauses, in dem Feste gefeiert werden konnten. Die Einträge enthalten die frühesten Hinweise darauf, dass die Kölner Bürger die Gemeindeorganisation der Juden in gewisser Weise zur Kenntnis nahmen, wenn sie auch noch den ihnen fremden Gemeindebegriff vermieden und nur registrierten, dass „alle Juden gemeinsam" als Käufer auftraten.

Zur Wirtschaftsweise der reichen Juden, die in den Schreinskarten in Erscheinung treten, liefern die Einträge nur indirekte Hinweise. Wenn man liest, dass ein Jude ein Gewölbe besitzt, darf man davon ausgehen, dass er ein Kaufmann war.[30] Ein Haus mit einem solchen Gewölbe und einem Pferdestall an der Marspforte erwarb am Ende des 12. Jahrhunderts der christliche Arzt (*physicus*) Alhelm von einem Juden mit dem bemerkenswerten Namen Christianus.[31] Alhelm gründete in diesem Haus eine Apotheke.

Christians Haus gehörte dem Stift Mariengraden, das für seinen städtischen Hausbesitz in Streulage einen eigenen, von der Kirchspielsorganisation unabhängigen Schrein führte. Auch andere Häuser des Stiftes wurden Juden überlassen.[32] Überhaupt wohnten nicht alle Juden im Judenviertel von St. Laurenz. Ein Jude Gerhard verkaufte um die Mitte des 12. Jahrhunderts sein Haus am Rhein (*in littore sitam*) im Kirchspiel Klein St. Martin.[33] Weiterhin besaß Gerhard ein Haus mit Stallungen unmittelbar neben der Kirche Klein St. Martin.[34]

Im 13. Jahrhundert wird die Dokumentation über die Entwicklung des Judenviertels systematischer. Der Qualitätssprung resultiert aus einer Veränderung der Schriftgutorganisation im Kirchspiel St. Laurenz. Sehr schnell hatte man die Tradition der einseitig beschriebenen, zum Aushang bestimmten Bürgerlisten überwunden und beschrieb das teure Pergament beidseitig. Aus Sparsamkeitsgründen radierte man sogar erledigte Notizen aus, was für uns den Verlust eines Teils der ältesten Überlieferung bedeutet. Mit dem Anwachsen des Kartenarchivs kam man auf den Gedanken, die großen Pergamentblätter in der Mitte zu falten und mehrere Blätter zu Lagen zu formieren. Durch die nachträgliche Bindung mehrer Lagen entstanden Schreinsbücher.

Eine weitere Neuerung, die die Übersichtlichkeit der Buchführung gewährleisten sollte, war die virtuelle Unterteilung der Kirchspiele in mehrere Unterbezirke. Für jeden dieser *termini* (eingedeutscht als „Tirm") wurde eine eigene Lage angelegt. Im Kirchspiel St. Laurenz bildete man fünf Unterbezirke, von denen vier mit Zahlzeichen und dem Namen eines markanten Hauses bezeichnet wurden: I (*de domo Nussie*, Obenmarspforten bis Hohe Straße), II (*de domo Kusini*, Große und Kleine Budengasse), III (*de domo Mirwilre*, Hohe Straße – Am Hof – Unter Taschenmacher), IV (*de domo Kusini*, Unter Goldschmied). Der fünfte Unterbezirk, für den in den dreißiger Jahren des 13. Jahrhunderts ein Doppelblatt reserviert wurde, war das Judenviertel (*terminus Judeorum*).[35] Bis nach 1347 wurden dem ersten Blatt weitere Einzelblätter und Lagen hinzugefügt. Der heute in einem Band erhaltene Bestand der Aufzeichnungen umfasst 27 Blatt mit 380 lateinischen Einträgen.[36] Ursprünglich war die Dokumentation noch umfangreicher. Einige Blätter sind verloren gegangen oder vernichtet worden.

Die Anlage eines besonderen „Judenschreinsbuchs" ist in der älteren Forschung als Indiz für eine zunehmende Ausgrenzung der Juden aus der städtischen Gesellschaft interpretiert worden.[37] Berücksichtigt man aber

Manfred Groten

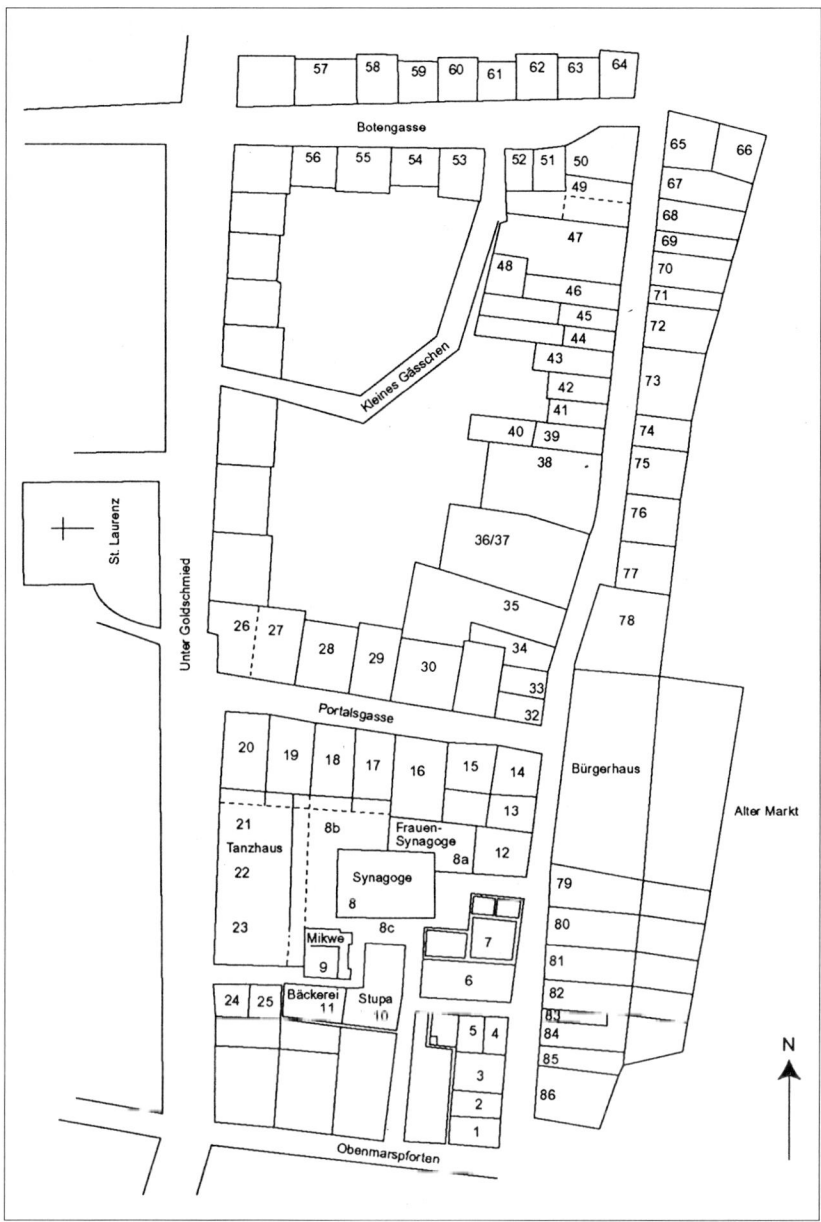

7 Plan des Kölner Judenviertels

den Kontext der Maßnahme, wird deutlich, dass eine solche Intention mit der getrennten Erfassung der Immobiliengeschäfte, die sich auf Liegenschaften im Judenviertel bezogen, keineswegs verbunden war. Dass es sich nur um eine Ausdifferenzierung der Buchführung nach topographischen Kriterien handelt, beweist die Tatsache, dass Rechtsgeschäfte, die Objekte außerhalb der Grenzen des Judenbezirks betrafen, in dem für das jeweilige Haus zuständigen Unterbezirk verbucht wurden, auch wenn Juden beteiligt waren.[38]

Die Dokumentation des Judenschreinsbuchs gibt ebenso wenig wie die übrige Schreinsüberlieferung für andere Bezirke der Stadt ein vollständiges Bild der Besitzentwicklung im Judenviertel. Eine Analyse der Einträge, wie sie Adolf Kober vorgenommen hat, erlaubt dennoch in vielen Fällen die Rekonstruktion der Besitzgeschichte einzelner Häuser und der Generationenfolge in den führenden Familien der Kölner Judengemeinde.[39] Überblickt man die 50 Eintragungen auf dem ersten Doppelblatt des Judenschreinsbuchs, das bis 1254/55 reicht, erkennt man, dass fast nur noch Vereinbarungen zwischen jüdischen Geschäftspartnern verzeichnet werden. Es ist dies ein deutliches Indiz für die Verdichtung der jüdischen Siedlung im Laufe des 12. Jahrhunderts. Die relativ große Zahl der Notizen bezeugt die Gewöhnung weiterer Kreise an die Schreinspraxis.

Schon auf dem ersten Doppelblatt des Judenschreinsbuchs begegnen uns neuartige Formulierungen, die tiefere Einblicke in die innere Organisation der Judengemeinde gewähren. In Eintrag Nr. 11, der von den Rechten eines Geisteskranken handelt, werden dessen Vormund und ein Judenrat mit Amtspersonen genannt (*cum consilio Judeorum et eorum magistratuum*).[40] Aus dem Beleg kann allerdings keineswegs geschlossen werden, dass sich ein solcher Rat erst nach 1230 gebildet hat.[41] Wir dürfen vielmehr nur konstatieren, dass ein solches Gremium von den Amtleuten von St. Laurenz erst zu dieser Zeit als rechtlich handlungsfähig wahrgenommen und akzeptiert wurde.

Die veränderte Wahrnehmung ist das Resultat einer intellektuellen Revolution, die sich im späten 12. Jahrhundert in ganz Europa vollzogen hat. Ein wichtiger und noch viel zu wenig beachteter Aspekt des neuen Denkens war die Einführung der Vorstellung von einer Rechtspersönlichkeit von Personengruppen verschiedenster Art in die politische und rechtliche Praxis. So verstanden sich die Kölner Bürger seit 1180 als Gemeinde (*universitas*). Als Organe dieser Gemeinde, die man sich gerne bildlich als Körper vorstellte, fungierten Amtspersonen, die Amtleute in den Kirchspielen und die Schöffen und Richerzechenamtleute auf gesamtstädtischer Ebene. Der Gemeindebegriff legitimierte das stellvertretende Handeln der Amtsträger, er wurde von diesen aber auch eingesetzt, um Gehorsam von den Gemeindegliedern einzufordern. So hatte die Gemeindebildung zwei Seiten. Sie sicherte einerseits die Machtposition von Schöffen und Richerzeche und schuf damit ein Stück städtische Freiheit gegenüber den Herrschaftsansprüchen des Stadtherrn, sie unterwarf andererseits aber zugleich die Bürger den Weisungen ihrer Leitungsgremien. Mancher Stadtbewohner mag das bürgerliche Regiment durchaus als drückender empfunden haben als das des Erzbischofs. Die aus diesem Prozess resultierenden Spannungen führten 1216 zur Bildung eines von den Kirchspielen getragenen Rates, der eine breitere politische Partizipation in der Stadt durchsetzen wollte.[42] Erst nach 1268 konnte der Rat allerdings die Spitzenstellung in Köln erringen.[43] Die Ereignisse des Jahres 1216 hatten die Amtleute in den Kirchspielen mit dem Konzept einer Ratsverfassung vertraut gemacht. In diesen Erfahrungshorizont konnte der Schreinschreiber von St. Laurenz auch den jüdischen Gemeindevorstand einordnen.

Während der Laufzeit des zweiten Doppelblatts des Judenschreinsbuchs um 1260 wurde eine weitere Neuerung eingeführt. Neben dem in der herkömmlichen Form verfassten lateinischen Eintrag Nr. 70 wurde am äußeren Rand des Pergaments ein kleiner Zettel angenäht, auf dem ein Text in hebräischer Sprache steht, der auf das notierte Rechtsgeschäft Bezug nimmt.[44] Der unscheinbare Zettel ist das älteste hebräische Dokument Kölns. Insgesamt sind bis 1347 100 solcher Zettel erhalten, dazu noch einer aus dem Dillesschrein. Sie stellen das bedeutendste Konvolut hebräischer Urkunden des 13. und frühen 14. Jahrhunderts in Deutschland dar.

Der lateinische Eintrag bezeugt, dass Gerson, der Enkel Gersons, und seine Frau Dulce Seligmann und seiner Frau Minne ein Viertel des Hauses neben dem Hause Anselms von Düren Richtung Synagoge überlassen haben. Der hebräische Text ist von vier Männern unterschrieben, die für die Richtigkeit des Inhalts bürgen. Sie fungieren als kollektive Aussteller des Zeugnisses, das mit dem Wort *nachnu*, wir, beginnt. Die Aussteller Isaak, Juda, Chajim und Joel tragen keine Amtsbezeichnungen, aber es wird sich wohl um Mitglieder des Vorstands der jüdischen Gemeinde handeln. Diese Männer bezeugen, dass Gerson und Dulce als Erben des Viertels des in Frage stehenden Hauses anzusehen sind. Wir haben also eine Vorprüfung der rechtlichen Stellung des Ehepaars durch ein Gremium der jüdischen Gemeinde vor uns. Dieses für die Judengemeinde verbindliche Verdikt wird von den Amtleuten von St. Laurenz in Verwahrung genommen und ihrem eigenen Zeugnis beigefügt.

Das neue Verfahren bei der Verbuchung von Rechtsgeschäften von Juden findet seine einleuchtende Begründung in einer wenige Jahre zuvor eingetretenen Änderung in der Ausübung des Judenschutzes, der ursprünglich dem König oblag. König Wilhelm von Holland hatte den Judenschutz für den Bereich der Kölner Diözese an den Kölner Erzbischof Konrad von Hochstaden abgetreten. Erzbischof Konrad schloss daraufhin mit der Kölner Judengemeinde einen Vertrag mit zweijähriger Laufzeit, der jeweils für zwei Jahre verlängerbar sein sollte. Mit einer Urkunde vom 27. April 1252 band er auch die Kölner Bürger in seine Vereinbarungen mit den Juden ein.[45] Demnach sollten die Bürger die Juden nach Kräften fördern und schützen mit dem Ziel, die ansässigen Juden an Köln zu binden und die Zuwanderung weiterer Juden anzuregen. Der Erzbischof verlangte von den Juden ein jährliches Schutzgeld und für die jährliche Wahl ihres Vorstehers (lateinisch *episcopus*, hebräisch *parnas*) fünf Mark. Sie sollten ein eigenes Gericht haben und nur bei schwerwiegenden Vergehen der erzbischöflichen Gerichtsbarkeit unterstehen. Für welche Materien das jüdische Gemeindegericht zuständig sein sollte, wird nicht ausgeführt.

Es liegt auf der Hand, dass die Entgegennahme von schriftlich fixierten Entscheidungen der jüdischen Gemeinde durch die Amtleute von St. Laurenz als eine Konsequenz der Anweisungen Konrads von Hochstaden an die Kölner Bürger anzusehen ist. Die neuen Schutzverhältnisse machen somit Prozesse transparent, die vermutlich auch schon früher abgelaufen sind. Eine vorausgehende Klärung der Rechtsansprüche der Vertragsparteien nach den Maßgaben der jüdischen Rechtsnormen war für die Amtleute von St. Laurenz zwar entbehrlich, aber sicher auch willkommen, soweit sie mit dem städtischen Prozessrecht kompatibel war. Solange eine irgendwie geartete Korporation auf jüdischer Seite nicht als rechtsfähig akzeptiert wurde, musste natürlich der am in Frage stehenden Rechtsgeschäft beteiligte Jude allein für seine Ansprüche einstehen.

In der Verwahrung der hebräischen Urkunden durch die Amtleute von St. Laurenz kommt wohl ein Fortbestehen des vertrauensvollen Verhältnisses der Kölner Juden zu ihren christlichen Nachbarn zum Ausdruck. Der Übergang des Judenschutzes in die Hände des Erzbischofs bezeichnete allerdings den Anfang vom Ende dieses partnerschaftlichen Verhältnisses. Es konnte auf die Dauer nicht ausbleiben, dass das konfliktreiche Verhältnis zwischen Stadtherr und Bürgerschaft Auswirkungen auf die Beziehungen der Kölner Bürger zur Judengemeinde hatte. In Konkurrenz zum Erzbischof versuchten auch die Bürger sich zu Schutzherren über die Juden aufzuschwingen. Am Ende dieses Prozesses erscheinen die Juden zu Schutzbefohlenen des Kölner Rates herabgestuft.[46]

In den hebräischen Urkunden werden Elemente der jüdischen Rechtspraxis greifbar, die in den lateinischen Notizen der Amtleute von St. Laurenz nicht mehr aufscheinen. So erklärt nur die beigefügte hebräische Urkunde, warum Nathan und seine Frau Schonewif aus dem Erbe von Nathans Eltern zwei Hälften von zwei Vierteln eines Hauses im Judenviertel neben dem Haus Isaaks von Arnheim erhalten.[47] Nathan ist nämlich der Erstgeborene und erhält deshalb nach dem Gesetz der Thora (5 Mose 21, 17) einen doppelten Anteil am väterlichen Erbe. Die Notiz lässt übrigens sehr plastisch die zunehmende Zersplitterung des Hausbesitzes im Judenviertel in Folge von Erbteilungen erkennen.

In einem Eintrag aus dem Jahre 1266 treten erstmals die Häupter der jüdischen Gemeinde als Zeugen für ein Gemeindemitglied auf. Es sind der Vorsteher Samuel, Amtleute und Älteste der Kölner Juden (*Samuel episcopus, magistratus et seniores Iudeorum Coloniensium*).[48] In der beigefügten hebräischen Urkunde, die das Rechtsgeschäft ausführlicher darstellt, taucht zum ersten Mal der Begriff *kahal*, Gemeinde, auf. Bei den neun Unterzeichnern der Urkunde handelt es sich wohl um die zuvor pauschal angesprochenen Personen, allerdings ohne den Vorsteher, der grundsätzlich nicht als Zeuge auftritt. Seit etwa 1275 werden Urkunden häufiger im Namen der Gemeinde ausgestellt und beginnen dann mit der Floskel *nachnu kahal*. Ob in dieser Praxis eine Stärkung der Stellung der Gemeinde gegenüber ihrem Vorstand zum Ausdruck kommt, wäre noch näher zu prüfen. Auch die von der Gemeinde ausgestellten Urkunden werden von einzelnen Mitgliedern unterschrieben. Ein Siegel als kollektives Beglaubigungsmittel hat die Kölner Judengemeinde nie besessen.

Insgesamt entwirft das Judenschreinsbuch ein plastisches Bild des Kölner Judenviertels, das zur Zeit seiner größten Ausdehnung 86 Häuser umfasste. In seiner Mitte lag die Synagoge mit dem Synagogenhof und einer separaten Frauensynagoge sowie das Ritualbad, die Mikwe, die heute noch zugänglich ist, und das seit 1248 anstelle älterer Wohnbebauung nachweisbare Hospital. Weitere öffentliche Gebäude waren das Backhaus mit einer heizbaren Badestube und das oben schon erwähnte Spielhaus.

All dies wurde in der Nacht vom 23. auf den 24. August 1349 in einem Klima der Hysterie angesichts des unaufhaltsamen Herannahens der ersten großen europäischen Pestepidemie von Kölner Bürgern vernichtet.[49] Der für den Judenschutz zuständige Erzbischof Walram von Jülich war kurz zuvor am 12. August in Paris gestorben, wohin er sich niedergedrückt von der trostlosen Situation seines hoch verschuldeten Bistums zurückgezogen hatte.[50]

Am 23. September 1350 einigte sich Walrams Nachfolger Wilhelm von Gennep mit dem Kölner Rat über die Hinterlassenschaft der Juden, die – wie die Urkunde eigens hervorhebt – ohne Zutun des Rates und gu-

8 Blick von den Stufen der
  Rathauslaube auf die
  ehemalige Ratskapelle
  St. Maria in Jerusalem
  (bis 1424 Synagoge),
  Foto um 1900

ter Leute getötet worden waren.[51] Der Erzbischof erhob Anspruch auf
den gesamten jüdischen Besitz, den er aber zur Hälfte an die Stadt abtrat.

Die geraubten jüdischen Häuser und Grundstücke wurden bis zum
Ende der reichsstädtischen Zeit in Schreinsbüchern erfasst, die im Auftrag des Kölner Rates in deutscher Sprache geführt wurden. Der erste,
von 1352 bis 1466 reichende Band trägt den Titel *Daz dat Joeden boich*.[52]
An ihn schlossen sich zwei weitere Bücher bis 1797 an.

Als sich 1802 wieder eine jüdische Gemeinde von Napoleons Gnaden
in Köln konstituierte, war die alte Synagoge, die auch als Ratskapelle St.
Maria in Jerusalem ausgedient hatte, ein Magazin.[53] Als Gebetsstätte
wurde den Juden das säkularisierte Klarissenkloster in der Glockengasse
im früheren Kirchspiel St. Kolumba zugewiesen. Der neuzeitlichen
Geschichte der Juden in Köln ist eine Rückbindung an die mittelalterlichen Verhältnisse im Kirchspiel St. Laurenz verwehrt geblieben. Um so
mehr bedürfen diese der Erforschung und Wiedereinfügung in das
moderne Bewusstsein.

Manfred Groten

Anmerkungen

1 Allgemein zur Geschichte der Kölner Juden vgl. Adolf Kober, *Cologne*, Philadelphia 1940; Zvi Asaria (Hg.), *Die Juden in Köln von den ältesten Zeiten bis zur Gegenwart*, Köln 1959; *Monumenta Judaica. 2000 Jahre Geschichte und Kultur der Juden am Rhein* 2, Köln 1963; Ismar Elbogen u.a (Hg.), *Germania Judaica* 1, Breslau 1934, S. 69–85; Zvi Avneri (Hg.), *Germania Judaica*, 2,1, Tübingen 1968, S. 420–442; Arye Maimon (Hg.), *Germania Judaica*, 3,1, Tübingen 1987, S. 632–650; Matthias Schmandt, *Judei, cives et incole: Studien zur jüdischen Geschichte Kölns im Mittelalter*, Hannover 2002.

2 Manfred Groten, *Die Anfänge des Kölner Schreinswesens*, in: *JbKGV* 56 (1985), S. 1–21.

3 Vgl. die Einleitung zu Thea Buyken/Hermann Conrad (Hg.), *Die Amtleutebücher der Kölnischen Sondergemeinden*, Weimar 1936.

4 Gerold Meyer von Knonau, *Jahrbücher des Deutschen Reiches unter Heinrich IV. und Heinrich V., Bd. 5*, Leipzig 1904, S. 301ff; Manfred Groten, *Entstehung und Frühgeschichte der Kölner Sondergemeinden*, in: Peter Johanek (Hg.), *Sondergemeinden und Sonderbezirke in der Stadt der Vormoderne*, Köln/Weimar/Wien 2004, S. 53–77.

5 Hermann Keussen, *Topographie der Stadt Köln im Mittelalter*, 2 Bde., Bonn 1910, zum Niederich Bd. 2, S. 67ff., zu St. Aposteln Bd. 1, S. 389ff., zum Airsbach Bd. 2, S. 1ff. und Kartenbeilage Nr. 1; Heiner Jansen u.a. (Hg.), *Der historische Atlas Köln*, Köln 2003, S. 42 mit der frei erfundenen Bezeichnung Westerich für das Gebiet um St. Aposteln.

6 Robert Hoeniger (Hg.), *Kölner Schreinsurkunden des zwölften Jahrhunderts*, 2 Bde., Bonn 1884–94 (im Folgenden zitiert Hoeniger [Anm. 6]), Bd. 1, 236 f: L 3 II 6.

7 Vgl. dazu allgemein Pierre Michaud-Quantin, *Universitas. Expressions du mouvement communautaire dans le moyen-age latin*, Paris 1970. Die Kölner Forschung hat aus diesen Einsichten noch nicht die notwendigen Konsequenzen gezogen. Vgl. dazu demnächst meine Studie *Vom Bild zum Zeichen. Entstehung und Verbreitung korporativer Vorstellungen im Hochmittelalter im Spiegel der Entwicklung des Siegelwesens.*

8 Manfred Groten, *Von der wunderbaren Größe Kölns oder: Was war das Besondere an der Kölner Stadtverfassung des 12. Jahrhunderts?*, in: Wilhelm Janssen/Margret Wensky (Hg.), *Mitteleuropäisches Städtewesen in Mittelalter und Frühneuzeit. Edith Ennen gewidmet*, Köln/Weimar/Wien 1999, S. 41–62, hier S. 49ff.

9 Vgl. die Urkunde bei Hoeniger [Anm. 6], Bd. 1, S. 23 Anm. 2; Hermann Conrad, *Liegenschaftsübereignung und Grundbucheintragung in Köln während des Mittelalters*, Weimar 1935, S. 89ff.

10 Hoeniger [Anm. 6], Bd. 2, S. 280 zu D 1 VI 3.

11 Abbildung u.a. bei Matthias Schmandt, *Jüdische und christliche Gemeinde im Kölner Kirchspiel St. Laurenz*, in: Christoph Cluse/Alfred Haverkamp/Israel J. Yuval (Hg.), *Jüdische Gemeinden und ihr christlicher Kontext in kulturräumlich vergleichender Betrachtung von der Spätantike bis zum 18. Jahrhundert*, Hannover 2003, S. 295–307, hier S. 298.

12 Vgl. Hoeniger [Anm.6], Bd. 1, S. 221: L 1 VII 9.

13 Manfred Groten, *Die Kölner Richerzeche im 12. Jahrhundert, mit einer Bürger-meisterliste*, in: *RhVjbll* 48 (1984), S. 34–85.

14 Adolf Kober (Hg.), *Grundbuch des Kölner Judenviertels 1135–1425*, Bonn 1920 mit Karte.

15 Hoeniger [Anm. 6], Bd. 1, S. 219f., 225, 227: L 1 V 3, 4, VI 1, 2 II 5–8, III 2.

16 Hoeniger [Anm. 6], Bd. 1, S. 219f.: L 1 VI 1.

17 Richard Knipping (Hg.), *Regesten der Erzbischöfe von Köln im Mittelalter 2*, Bonn 1901, Nr. 1386, 60.

18 Vgl. Keussen, *Topographie* [Anm. 5] in der Einleitung S. 36 und ders., *Der Hof-zins in der Kölner Rheinvorstadt während des Mittelalters*, in: *Westdeutsche Zeit-schrift* 25 (1906), S. 327–365.

19 Ulrich Ritzerfeld, *Das Kölner Erzstift im 12. Jahrhundert. Verwaltungsorganisati-on und wirtschaftliche Grundlagen*, Köln/Weimar/Wien 1994, S. 100.

20 Schmandt, *St. Laurenz* [Anm. 11], S. 302ff.

21 Ebd. , S. 300f. zu Hoeniger [Anm. 6], Bd. 1, S. 221: L 1 VII 9. Vgl. ebd., Bd. 2, S. 293: Sc 1 I 2, 3.

22 Ebd., Bd. 1, S. 221: L 1 VII 8.

23 Ebd., S. 219ff.: L 1 V 3, VI 2, VII 10.

24 Ebd., S. 217f.: L 1 IV 2.

25 Christoph Cluse, *Die mittelalterliche jüdische Gemeinde als „Sondergemeinde"*, in: Peter Johanek (Hg.), *Sondergemeinden und Sonderbezirke in der Stadt der Vormo-derne*, Köln/Weimar/Wien 2004, S. 29–51.

26 Hoeniger [Anm. 6], Bd. 1, S. 221: L 1 VII 9.

27 Ebd., S. 219: L 1 V 4.

28 Vgl. Dietrich und Ekbert als Amtleute in ebd., Bd.1, L 1 IV 4.

29 Ebd., S. 226: L 2 II 10, 11.

30 Ebd., S. 226: L 2 II 13.

31 Ebd., Bd. 2, S. 282: D 1 VI 4. Zu Alhelm vgl. Manfred Groten, *Köln im 13. Jahr-hundert, Gesellschaftlicher Wandel und Verfassungsentwicklung*, Köln/Weimar/Wien ²1998, S. 31ff.

32 Hoeniger [Anm. 6], Bd. 2, S. 278: D 1 IV 6.

33 Ebd., Bd. 1, S. 31: M 2 II 42.

34 Ebd., S. 34: M 2 III 35.

35 *Mitteilungen aus dem Stadtarchiv von Köln* 32 (1904), S. 51–54, vgl. auch die Kar-te am Schluss des Bandes.

36 HAStK Schreinsbuch 107. Edition Robert Hoeniger/Moritz Stern (Hg.), *Das Judenschreinsbuch der Laurenzpfarre zu Köln*, Berlin 1888. Eine Neuausgabe durch die Gesellschaft für Rheinische Geschichtskunde ist geplant.

37 Robert Hoeniger, *Zur Geschichte der Juden Deutschlands im frühern Mittelalter*, in: *Zeitschrift für die Geschichte der Juden in Deutschland* 1 (1887), S. 65–97.

38 Hoeniger/Stern, *Judenschreinsbuch* [Anm. 36], S. 172–179.

39 Vgl. Kober, *Grundbuch* [Anm. 14].

40 Hoeniger/Stern, *Judenschreinsbuch* [Anm. 36], S. 2f.

41 So Schmandt, *St. Laurenz* [Anm. 11], S. 305.

42 Groten, *Köln im 13. Jahrhundert* [Anm. 31], S. 54ff.

43 Ebd. , S. 291ff.

44 Hoeniger/Stern, *Judenschreinsbuch* [Anm. 36], S. 11f.

45 Leonard Ennen/Gottfried Eckertz, *Quellen zur Geschichte der Stadt Köln* 2, Köln 1863, Nr. 308.

46 Kurt Bauer, *Judenrecht in Köln bis zum Jahre 1424*, Köln 1964.

47 Hoeniger/Stern, *Judenschreinsbuch* [Anm. 36], S. 12f., Nr. 71.

48 Ebd. , S. 17f., Nr. 87.

49 Klaus Bergdolt, *Der Schwarze Tod in Europa. Die große Pest und das Ende des Mittelalters*, München 1994.

50 Wilhelm Janssen (Bearb.), *Regesten der Erzbischöfe von Köln im Mittelalter 5*, Köln 1973, Nr. 1547.

51 Wilhelm Janssen (Bearb.), *Regesten der Erzbischöfe von Köln im Mittelalter 6*, Köln 1977, Nr. 82.

52 HAStK, Schreinsbuch 465.

53 Keussen, *Topographie* [Anm. 5], Bd. 1, S. 216f.; Hans Vogts (Bearb.), *Die Kunstdenkmäler der Stadt Köln*, Bd. 2,4, Düsseldorf 1930, S. 263ff.

„Hofjuden" im Rheinland

Von Titeln und Privilegien, ihren Hintergründen und Folgen

Birgit E. Klein

Beim Wort „Hofjuden" mag vielen zuerst „Jud Süß" einfallen. Joseph Süß Oppenheimer, wie er eigentlich hieß, ist allerdings ein außergewöhnliches Beispiel – nicht nur wegen seines tragischen und grausamen Endes am Galgen 1738, sondern auch wegen der exponierten Funktion, die er für seinen Landesherrn, Herzog Karl Alexander von Württemberg, unter anderem als Berater, „Geheimer Finanzrat" und Verwalter des Kammerguts erfüllte. Ganz auf den Landesherrn fixiert, fiel er nach dessen plötzlichem Tod den Widersachern des Herzogs, den konservativen, antiabsolutistischen Landständen, zum Opfer. Seither wurde sein Schicksal zum Stoff von Literatur und Medien jeglicher Art, so in dem berüchtigten nationalsozialistischen Propagandafilm „Jud Süß" unter der Regie von Veit Harlan.[1]

Die rheinischen Lande können nicht mit ganz so spektakulären Geschichten aufwarten. Die Betonung liegt indes auf „ganz so". „Spektakuläres" lässt sich auch hier durchaus entdecken, forscht man nur gründlich genug danach, denn auch in den Rheinlanden lebten manche Juden in „intimer" Nähe zu ihren Schutzherrn.

Doch zunächst die Frage: Was waren eigentlich „Hofjuden"? Eine neue Definition lautet folgendermaßen: „Der *Terminus ‚Hofjuden'* steht als Oberbegriff für diejenigen Juden, die in einem auf Kontinuität angelegten Dienstleistungsverhältnis zu einem höfisch strukturierten Herrschaftszentrum standen."[2] Danach bezeichnet der Begriff „Hofjuden" pauschal die Funktion all jener jüdischer Hoflieferanten, die dank ihres Geschicks, ihres Diensteifers und ihrer Risikobereitschaft, ihrer Herkunft sowie Beziehungen in ein kontinuierliches Dienstleistungsverhältnis zu einem Hof getreten waren.[3] Voraussetzung für Hoffaktoren, Juden wie Christen, mit prosperierender Tätigkeit war folglich ein Hof, d. h. ein Herrscher mit einer Residenz und einer entsprechenden luxuriösen Lebensführung, denn dieser bot gute Voraussetzungen für Anleihen oder Dienste als Hof- und Heereslieferanten oder Hofjuweliere. Diese wirtschaftlichen Bedingungen waren weitgehend erst im Absolutismus mit einer merkantilistischen Handelspolitik gegeben; die eigentliche Ära der Hoffaktoren beginnt daher erst nach 1650.[4]

Von der Funktion der „Hofjuden" im Sinne jüdischer Hoflieferanten ist indes der *Titel* „Hofjude" zu unterscheiden, den nicht ein jeder jüdischer Hoflieferant in den zeitgenössischen Quellen trägt, sondern zunächst nur jene Juden, die ein kaiserliches „Hofbefreiungsprivileg" besaßen. Ein solches Privileg der „Hofbefreiung" verlieh im Allgemeinen die Aufnahme in den kaiserlichen Schutz, das Niederlassungsrecht in der Residenzstadt (Prag resp. Wien), das Recht, dem Hofstaat nachzureisen (z. B. anlässlich von Reichstagen) sowie die Abgabenfreiheit beim Handel auf diesen Reisen, wie sie auch Christen gewährt wurde. Des Weiteren untersagten die Privilegien, ihre Träger wegen eigener oder fremder Schulden anzuklagen oder zu verhaften, befreiten sie von der Kennzeichnungspflicht, standen ihnen ein Hofquartierzimmer (wie anderen Hofleuten) und die Zahlung von Zöllen und Mauten in der gleichen Höhe wie bei Christen zu, gewährten ihnen den Verkauf nicht eingelöster Pfänder nach Jahresfrist sowie die Handels- und Gewerbeerlaubnis in der Residenzstadt einschließlich Steuerbefreiung durch die Stadt, unterstellten ihre Träger der Jurisdiktion durch das Obersthofmarschallamt und erlaubten ihnen die Ausübung der jüdischen Religion. Es versteht sich von selbst, dass nur vermögende Juden ein derartiges Privileg erlangen konnten, da für seine Erteilung dem Kaiser erhebliche finanzielle Gegenleistungen erbracht werden mussten, als direkte Bezahlung oder als zinsfreier Kredit.[5]

Daher kommt es nicht von ungefähr, dass sich diese Hofbefreiungsprivilegien erstmalig am Hof Kaiser Rudolfs II. (Reg. 1576–1612) nachweisen lassen. Denn der Finanzbedarf Rudolfs II. war enorm: Er benötigte Geld für den langen Türkenkrieg, für seine imposanten Bauvorhaben auf dem Hradschin, für seine stets wachsenden Kunstsammlungen und sein großzügiges Mäzenatentum, Geld auch für die Anfertigung seiner kostbaren Krone, die 1804 zur „österreichischen Kaiserkrone" avancieren sollte.[6] Rudolf verschmähte zur Vergrößerung seiner Einkünfte auch ungewöhnliche Mittel nicht und war stets bereit, sich dabei der wechselweisen Beschützung und Ausplünderung von Juden zu bedienen.[7]

1581 bezeichnete sich der Prager Jude Wendel in einer Supplik an Rudolf II. als „teutscher Hofjud" – bislang der früheste Nachweis für die Verwendung dieses Titels.[8] Ein weiterer Prager, Jakob Bassevi, erhielt 1599 vom Kaiser als dessen „kaiserlicher Hofjud" zahlreiche Privilegien bestätigt und 1622 gar ein Wappen verliehen[9], vielleicht die höchste Auszeichnung für einen „Hofjuden".[10] Auch Frauen konnten diesen Titel führen, wie die Supplik der „Johanka Hofjüdin" an Kaiser Matthias (Reg. 1612–1619) 1614 zeigt; mit ihrer Eigenschaft als „Hofjüdin" begründete sie ihren Vorstoß, dem Kaiser von 100.000 Talern zu berichten, die diesem zustünden, aber bislang vorenthalten worden seien: „wann dann E. Kais. Mt. mir solches zu verschweigen als deroselben Hofjüdin nicht wohl gebühren noch ziemen will".[11] Hofjuden und Hofjüdinnen sahen sich aufgrund der Nähe zu ihren Schutzherrn als berechtigt wie auch verpflichtet an, zu deren Wohl zu denunzieren – damals noch im positiven Sinne dieses Wortes.[12]

9 Ernst von Bayern, Kurfürst von Köln (1554–1612)

Auch die Rheinlande waren auf der Höhe der Zeit: Erstmalig 1608 wird ein rheinischer, genauer ein kurkölnischer Jude als „Hofjude" bezeichnet, und dies von keinem anderen als dem Geheimen Sekretär Rudolfs II.[13] Damit hatte der kaiserliche Sekretär die Funktion erkannt und mit Prager Terminologie treffend bezeichnet, die dieser kurkölnische „Hofjude" für Rudolfs Vetter, Ernst Herzog von Bayern, Kurfürst von Köln (Reg. 1583–1612), erfüllte, zu dem er in einem außergewöhnlichen Vertrauensverhältnis stand. Neben diesem frühen „Hofjuden" ist bislang nur von einem weiteren, zeitweilig im Rheinland ansässigen Juden der zeitgenössische Quellenbegriff „Hofjude" nachweislich bekannt.

Entgegen der in der Literatur vorherrschenden Tendenz, alle jüdischen Hoflieferanten ihrer Funktion nach pauschal als „Hofjuden" zu bezeichnen, setzt dieser Beitrag bei den Unterschieden in der zeitgenössischen Quellenterminologie an[14], in denen nur selten der Titel „Hofjude" erscheint.[15]

Wie sich im Folgenden zeigen wird, werden in den Quellen die unterschiedlichen Titel und Bezeichnungen mit Bedacht verwendet. Die Obrigkeiten waren sich der terminologischen Unterschiede durchaus bewusst und sahen es mitunter nicht gerne, dass sich einer ihrer Schutzjuden als „Hofjude" eines anderen Schutzherrn titulieren ließ. So verordnete der Frankfurter Rat 1709: „Dieweilen auch die juden anfangen dergleichen titul, als agenten, residenten und hofjuden sich zulegen zu lassen, so sei ihnen, bei verlust der stättigkeit, zu befehlen, diese titul nicht anzunehmen, und selbiger sich allerdings zu enthalten."[16]

Birgit E. Klein

Im Folgenden richtet sich das Augenmerk auf die beiden kurkölnischen „Hofjuden" und ihren Werdegang[17], um zu beschreiben, worin sie sich von den anderen, in den Quellen nur als „Hoffaktoren" oder mit anderen Begriffen bezeichneten Juden, unterschieden.

Juden im Dienste rheinischer Territorialherren

Dass Juden für rheinische Landesherren tätig waren, war keine Neuerung der Frühen Neuzeit, sondern kam bereits im Spätmittelalter vor. Isaak von Monschau, noch 1374 „Judenbischof", also Gemeindevorsteher, in Köln,[18] musste 1375/76 wegen des so genannten Schöffenkrieges zwischen der Stadt und Erzbischof Friedrich von Saarwerden (Reg. 1370–1414) aus der Stadt fliehen, zog 1381 nach Bonn und wurde erzbischöflicher „scheffener", Finanzmanager. Schon er bekam die Nachteile seiner Tätigkeit zu spüren, da die Stadt Köln sich im Recht glaubte, eine ihm zustehende Geldsumme zu beschlagnahmen: Durch seine Parteinahme für den Erzbischof, ihren Gegner, sei Isaak auch zu ihrem Feind geworden.[19]

Isaak von Monschaus Tätigkeit bleibt insgesamt im Dunkel; anscheinend fungierte er nur zeitweilig als Finanzier des Erzbischofs und übte kein dauerhaftes Amt aus. Dieser fragmentarische Eindruck ist aber möglicherweise auch eine Folge der im Spätmittelalter teilweise noch sehr spärlich überlieferten Quellen. Erst wieder im 16. Jahrhundert finden sich einige Nachrichten über rheinische Juden in landesherrlichen Diensten, überliefert aber wegen der schlechten Quellenlage in den rheinischen Archiven zunächst nur in Frankfurt am Main: 1540 ist dort der Bonner Jacob für Kurfürst Hermann von Wied (Reg. 1515–1547) geschäftlich tätig.[20] Als sich 1549 der Deutzer Jude Haiman um ein Haus in Frankfurt bemühte, setzte sich für ihn Hermanns Nachfolger Adolf III. von Schauenburg (Reg. 1547–1556) beim Frankfurter Rat ein, allerdings vergeblich.[21] Adolfs Fürsprache dürfte sicher mit geschäftlichen Beziehungen einhergegangen sein, da Haimans weitläufige Familienverbindungen entsprechende Geschäftsbeziehungen begründeten: Seine Schwester Golchin war mit dem Frankfurter Hirtz verheiratet[22], Sohn des bedeutenden Frankfurter Finanziers Josef zum goldenen Schwan, bei dem viele hochgestellte Persönlichkeiten Kredite aufnahmen, unter ihnen Wilhelm von Oranien.[23] Daran war nicht nur Haimans Vater, der Deutzer Wendel, beteiligt, der in den 1560er Jahren hohe Kredite gemeinsam mit Josef vergab. Auch Haiman konnte seinen geschäftlichen Erfolg mit einem wichtigen Privileg dokumentieren: Am 13. Juni 1551 erteilte Kaiser Karl V. in Köln einen Schutzbrief für „unsern Judten Hayam zu Zeutsch [Deutz] bey

Cölln". Darin versicherte der Kaiser Haiman und seiner Familie seines Schutzes und Geleits, was er auch allen Machthabern im Reich auftrug; darüber hinaus gewährte er ihm freien Handel im Reich; zudem sollte Haiman nicht mehr Zoll als Christen zahlen müssen.[24] Jedem Zuwiderhandelnden drohte Karl eine Strafe von zehn Mark lötigen, d. h. vollgewichtigen, Goldes an. In wichtigen Punkten war dieser Schutzbrief durchaus den späteren kaiserlichen Hofbefreiungen vergleichbar, mit dem Unterschied allerdings, dass Haiman kein „Hofjude" war und somit auch nicht der Jurisdiktion des kaiserlichen Hofes unterstand.

Erst mit dem Regierungsantritt Herzog Ernsts von Bayern als Erzbischof und Kurfürst von Köln beginnen auch die kurkölnischen Quellen ergiebiger zu fließen – und damit die Nachrichten über Juden zuzunehmen.[25] Nach seiner Wahl zum Kurfürsten 1583 hatte Kurfürst Ernst mit der Hilfe seiner bayerischen Verwandten den „Kölnischen Krieg" führen müssen, um seinen zum Protestantismus konvertierten Vorgänger Gebhard Truchsess von Waldburg (Reg. 1577–1583) zu entmachten. Bis 1588 dauerte der Krieg; am Ende war das Kurfürstentum verwüstet, die Einnahmen aus Steuern oder Zöllen auf Jahre dahin. Nicht allein diese finanziell desaströse Situation Kurkölns ließ Ernst früh seine Augen auf das Vermögen der Juden werfen. Kurfürst Ernst nahm sich auch die Politik seines Vetters, Kaiser Rudolfs II., gegenüber den Juden zum Vorbild, allerdings nicht, um sich wie sein Vetter als Kunstmäzen hervorzutun und eine prachtvolle Residenz auszustatten. Ernsts materielle Bedürfnisse waren vielmehr existenzieller Art: Schon 1595 musste er – besonders wegen seines „unmoralischen Lebenswandels" – die Einsetzung seines Neffen Ferdinand zum Koadjutor hinnehmen. Fortan suchte Ernst, seine ihm verbliebene Pension vor allem durch seine Einnahmen aus dem Judenregal aufzustocken, die er als Kurfürst weiterhin beanspruchte.

Zur Erfassung und Kontrolle der Juden bediente er sich der für die Frühe Neuzeit typischen ordnungspolitischen Maßnahmen und erließ 1592 und 1599 die ersten beiden kurkölnischen Judenordnungen. Darin beschränkte er zwar die Erwerbstätigkeit der kurkölnischen Juden auf den Geldhandel, hob aber den erlaubten jährlichen Höchstzinssatz von rund 12 Prozent in der ersten Judenordnung auf 25 Prozent in der zweiten an. Mit den Einnahmen der Juden sollten auch seine eigenen erhöht werden. Ernst ging jedoch noch einen Schritt weiter: Da er sich als „Pensionär" ins westfälische Arnsberg hatte zurückziehen müssen, brauchte er Personen seines Vertrauens in Kurköln, die effektiv die Einnahmen aus dem Judenregal für ihn zu erheben und an ihn abzuführen hatten. Vor allem einem Juden gedachte er eine wichtige Rolle hierbei zu. Am 8. Februar

Birgit E. Klein

1598 verkündete Kurfürst Ernst, eine „taugliche Person" zur Aufsicht über alle Pflichten und Leistungen der erzstiftischen Juden einsetzen zu wollen. Unter der gesamten Judenschaft, so Ernst, sei hierfür niemand anders als der Jude Levi zu Poppelsdorf geeignet, so „daß wir demnach zu Erhaltung obgesetzten unsern Respects angereigten [!] Levi Juden zu Poppelstorff desfals zu unserm treuwen Uffseher gnedigst angesetzt und verordnet haben".[26]

Der Kurfürst betraute den neuen Aufseher mit folgenden Aufgaben, die vorher zum Amtsbereich des soeben verstorbenen Landesrabbiners gehört hatten: Von Juden mit kurfürstlichem Schutzpatent, die ungenehmigt das Erzstift verließen, und von Juden, die sich ohne kurfürstlichen Schutz im Erzstift aufhielten, sollte Levi Bußgelder einfordern und diese an die kurfürstlichen Kommissare übermitteln. In strittigen Angelegenheiten sollte er im Interesse des Kurfürsten intervenieren und diesem Bericht erstatten. Schließlich sollte er die Steuern der Juden an den Kurfürsten weiterleiten. Die Aufgaben des neuen Landesrabbiners Han, den Ernst zwei Jahre später (1600) für zunächst drei Jahre einsetzte, waren dagegen auf die „jüdischen Ceremonien" beschränkt.[27]

Das neue Amt des Aufsehers diente Ernst wesentlich als Instrument, seine Ziele umzusetzen; es erweist sich als Maßnahme der Differenzierung und Funktionalisierung der innerjüdischen Verwaltungsstruktur für obrigkeitliche Zwecke. Konsequenterweise besetzte er das Amt mit einem Mann, der sein besonderes Vertrauen besaß. Mit Levi von Poppelsdorf hatte Ernst vermutlich bereits länger in geschäftlichem, vielleicht auch in persönlichem Kontakt gestanden, da sich Levis Familie durch ein seltenes Privileg auszeichnete: Sein Vater war eben jener Haiman (von hebr. Chajjim), der 1551 von Kaiser Karl V. einen Schutzbrief erhalten hatte.

Ernst bevorzugte demnach für besondere Aufgaben solche Juden, die ihre Fähigkeiten bereits dadurch unter Beweis gestellt hatten, dass es ihnen oder ihren Familien gelungen war, kaiserliche Privilegien zu erwerben. Schon zu Beginn seiner kurkölnischen Regierung suchte er Kontakt zu derart einflussreichen und angesehenen Juden, wie das Werk *Zemach David*, eine Chronik der jüdischen und allgemeinen Geschichte des zeitgenössischen Historiografen David Gans (1541 Westfalen – 1613 Prag), belegt: In Zusammenhang mit Ernsts militärischem Sieg über Truchsess „1583 nach den Christen" wird Ernst bezeichnet als „Freund des ausgezeichneten Gelehrten (*gaon*), unseres Lehrers und Meisters R. Ruben Fulda, das Andenken des Gerechten sei zum Segen, den er groß gemacht und erhoben hatte und dem er Unterhalt aus seinem Etat gab".[28] Jenem „Rubin, judischem Rabbi zu Fulda" hatte Kaiser Maximilian 1567 gemeinsam mit einem anderen Juden einen Schutzbrief erteilt, den die beiden als Abgesandte der Judenschaft im Land Franken beantragt hatten, um am kaiserlichen Hof die auf dem letzten Reichstag vom Kaiser bestätigten Privilegien zu empfangen.[29] Da Gans' Chronik über das „freundschaftliche" Verhältnis zwischen dem Kurfürsten und dem Rabbiner unter dem Datum 1582/83 berichtet, scheint es schon bei Ernsts Kölner Regierungsantritt bestanden zu haben. Ob der Rabbiner bereits unter Ernsts Vorgänger(n) in Bonn gelebt hatte, lässt sich nicht entscheiden.

Ruben Fulda erscheint auch in einer Sammlung rabbinischer Rechtsgutachten zur rituellen Fleischbeschau von 1615/16, in der sich die kurkölnischen Juden auf die Praxis der beiden früheren Rabbiner R. Chajjim Treves und R. Ruben berufen, *aw(ot) bet din bi-medinat kolonia*[30], „Vorsitzende der [rabbinischen] Gerichtsbarkeit im kölnischen Land" oder Landesrabbiner von Kurköln – der früheste Beleg für diesen Titel in Kurköln. David Gans könnte auf diese Funktion anspielen, wenn er schreibt, der Kurfürst habe Ruben Fulda aus dem Staatsetat finanziert, was dafür spricht, dass der Kurfürst ihn in seinem Amt als Landesrabbiner zumindest bestätigt hatte.[31] Ernst erwartete von seinem Landesrabbiner, dass er auch Aufgaben jenseits des religiösen Bereichs im engeren Sinne erfüllte; und sein freundschaftliches Verhältnis zu R. Ruben Fulda dürfte sich hauptsächlich darauf gegründet haben, dass er den Rabbiner für seine fiskalischen Interessen einsetzen konnte.

Wie Ruben Fulda, so amtierte auch Chajjim Treves einige Jahre als Landesrabbiner. Er lebte zunächst in Königswinter und von 1585 bis 1595 in Ahrweiler, wo er am Neumond des Elul 5358 (Dienstag, 1. September 1598) starb.[32] Nach ihm scheint ein anderer, uns unbekannter Rabbiner das Amt ausgeübt zu haben. Nach dessen Tod beschloss der Kurfürst, wie erwähnt, im März 1598, die bislang vom Landesrabbiner versehenen Aufgaben einem nichtrabbinischen „Aufseher" aufzutragen – Levi von Poppeldorf, Sohn des Deutzer Haiman, der als erster rheinischer Jude nachweislich ein kaiserliches Privileg erhalten hatte und damit über Erfahrungen auf höchster Reichsebene verfügte. Zwei Jahre nach seiner Ernennung zog Levi ins benachbarte Bonn, seit 1597 Residenzstadt des Koadjutors wie der künftigen Kurfürsten, und nannte sich fortan „Levi von Bonn".

Mit Levis Ernennung griff Ernst massiv in die Struktur der kurkölnischen Landesjudenschaft ein. Anders als die früheren Landesrabbiner, die ihr Amt vor allem ihrer Qualifikation verdankten und überdies im allgemeinen von den Judenschaften gewählt oder zumindest mit ihrer Zustimmung ernannt worden waren, konnte Levi außer seiner Loyalität gegenüber dem Kurfürsten und familiären Erfahrungen keine derartigen Quali-

Birgit E. Klein

fikationen vorweisen und wurde dazu noch den intern gewählten Vorstehern der kurkölnischen Landesjudenschaft als „Aufseher" (später wurde das Amt „Vorgänger" genannt) übergeordnet.

So war der Widerstand seitens der kurkölnischen Judenschaft unausweichlich. Schon 1599 wurde gegen Levi zeitweilig der Bann verhängt, der eine weitgehende Ausgrenzung aus der jüdischen Gemeinschaft bedeutete. 1603 reichte ein einflussreicher jüdischer Konkurrent vor dem kurfürstlichen Gericht im westfälischen Menden Klage gegen ihn ein wegen Machtmissbrauchs, Steuerhinterziehung und Fälschung kurfürstlicher Urkunden, somit ein Majestätsverbrechen (*crimen laesae majestatis*). Man wollte ihn am Galgen hängen sehen, so ging damals die Rede unter Levis jüdischen Gegnern. Um den Prozess zu gewinnen, unterstellte Levi seinen Gegnern ein umso schwereres Vergehen, gleichfalls *crimen laesae majestatis*, begangen jedoch am Kaiser und allen Reichsständen. Levi bezichtigte seine Gegner der Beteiligung an einer Frankfurter Rabbiner- und Gemeindevorsteherversammlung von 1603, auf der u. a. beschlossen worden war, dass Urteile christlicher Gerichte in innerjüdischen Rechtsstreitigkeiten nicht mehr anerkannt werden sollten. Die Frankfurter Beschlüsse sollten für die Judenschaft des ganzen Reiches verbindlich sein und zielten auf eine Gesamtorganisation aller Juden. Auf diese Weise aber, argumentierte nun Levi, würden Juden die Urteile christlicher Gerichte, somit die christliche Jurisdiktion schlechthin, missachten.[33]

Kurfürst Ernst nutzte die Chance, diese Informationen zu seinen eigenen Gunsten finanziell auszuschlachten. Mit Levis Hilfe, den er immer wieder als diplomatischen Unterhändler einsetzte, gelang es ihm, zunächst Hofkammer wie Reichshofrat in Prag und schließlich auch den Kaiser davon zu überzeugen, dass die Juden mit der Frankfurter Versammlung und deren vermeintlich obrigkeitsfeindlichen Beschlüssen kaiserliche Rechte verletzt hätten und schwer bestraft werden müssten: Zwischen 600.000 und einer Million Gulden könne man ihnen als Strafgelder abpressen, so versuchte Ernst dem Kaiser seine Pläne schmackhaft zu machen. Im Februar 1606 setzte Kaiser Rudolf II. eine Untersuchungskommission gegen die Juden im Reich ein und bewilligte dem Kölner Kurfürsten immerhin ein Drittel der zu erhebenden Strafgelder.

Aus der Nachricht vom Schatz, der den Juden wegen ihres Hochverrats abzufordern sei, konnte der Kurfürst überdies unmittelbaren finanziellen Gewinn für Kurköln erzielen, denn als dessen „Entdecker" mit einem entsprechenden „Finderlohn" vermochte er mit Rudolf II. einen

Vergleich über einen immensen Nachlass hinsichtlich der von Kurköln geschuldeten Reichshilfen zu schließen. Die finanzielle Bedeutung dieses Vergleichs ist erst vor dem Hintergrund der seit mehr als einem Jahrzehnt wiederholt gestellten kaiserlichen Forderungen angemessen zu würdigen. Hieraus erhellt sich zugleich die höchst bedeutsame Funktion Levis von Bonn für den Kurfürsten, die ein außergewöhnliches Vertrauensverhältnis begründen sollte.

Kurfürst Ernst, die ausständigen Reichshilfen und ihre Tilgung

Bereits kurz nach seinem Kölner Regierungsantritt hatte Kurfürst Ernst 1585 den Kaiser, „des gannzen Reichs der catholischen Religion unnd gemainer Wolfarth wegen", gebeten, ihn hinsichtlich Kurkölns wie auch seiner anderen Territorien mit den Reichshilfen „allergenedigst [zu] verschonen"[34]. Gemeint waren vor allem die so genannten „Türkensteuern", die der Kaiser von den Reichsständen forderte, um die militärische Bedrohung durch das Osmanische Reich zu bekämpfen. Während des Kriegszustandes von 1568 bis 1606, insbesondere nach dem Ausbruch der offenen Kämpfe im Jahr 1593, wurden auf den sechs „Türkenreichstagen" relativ hohe Sondersteuern bewilligt.[35] 1598 hatte Kurköln jedoch nur 27.420 von den 438.720 zu zahlenden Gulden Türkensteuer entrichtet, und dies auch nur unter Kurfürst Salentin von Isenburg (Reg. 1567–1577).[36]

Nach der Theorie des Reichsrechts hatten die Untertanen, hier also die kurkölnischen Landstände, die Türkensteuern zu entrichten und konnten bei einer Weigerung mit der doppelten Steuer bestraft werden; hingegen waren die Fürsten dem Kaiser lediglich für die Bezahlung der Steuern verantwortlich, hafteten aber nicht mit ihrem Kammergut.[37] Entsprechend mahnte Ernst auf den Landtagen wiederholt die rückständigen Steuern an und verwies auf den Prozess, den der Kaiser bereits am Reichskammergericht gegen Kurköln wegen der Zahlungsrückstände eingeleitet habe.[38] Ernst stand nicht nur gegenüber dem Kaiser mit leeren Händen da; er konnte auch nicht wie andere Reichsstände seine Einnahmen durch Überbesteuerung erhöhen, indem er von den Untertanen höhere Türkensteuern einforderte, als er an das Reich abführen musste.[39]

Auf Ernsts Initiative entsandte der Kaiser 1598 zwei Kommissare (deren einer der frühere Kurfürst Salentin von Isenburg), denen die Stände anboten, höchstens 20.000 Reichstaler Türkensteuer in Raten und mit Beteiligung von Recklinghausen und Westfalen zu zahlen[40] – das entspricht rund 60.000 Gulden[41] – eine geringe Summe angesichts des Zahlungsrückstands von mehr als 400.000 Gulden. Obgleich der Kaiser die-

Birgit E. Klein

sen Vergleich verwarf, wiederholte man 1602 nichtsdestotrotz das Angebot. Folglich erinnerte Reichspfennigmeister Zacharias Geizkofler den Kaiser, bereits auf dem von Graf Salentin von Isenburg besuchten Bonner Landtag hätten die kurkölnischen Landstände für die 1594 bewilligten Reichshilfen, die sich allein auf 164.240 rheinische Gulden erstreckten, 20.000 Taler angeboten, „aber von Ewr Mat. p. nit angenomben worden. Wie sollte man sich dann jetzo für alles und alles … mit solchen zwainnzig Tausent Talern contentiren laßen", da doch allein die jüngste Forderung an den Kölner Kurfürsten im Jahr 1598 rund 190.680 Gulden betrage?[42]

Erst während des Aufenthalts Ernsts in Prag 1605/06, bei dem er sich vornehmlich den Vorbereitungen auf den Hochverratsprozess gegen die Juden im Reich widmete, wendete sich das Blatt, offenbar dank Ernsts Kontakten zu den einflussreichsten Personen am Hof. Bald nach einer dreistündigen Unterredung Ernsts mit Rudolfs Kammerdiener Lang soll in Prag das Gerücht umgegangen sein, Lang „habe ihm einen Nachlass von 300.000 Gulden an der rückständigen Reichssteuer erwirkt".[43] Das Gerücht war nicht unbegründet: Am 8. Februar 1606 erstellte die Prager Hofkammer für den Geheimen Rat ein Gutachten, das auf die Verhandlungen von Geizkofler mit den kurkölnischen Räten Arnold von Buchholz und Kanzler Bisterfeld (beide Schlüsselfiguren im Hochverratsprozess) über die rückständigen kurkölnischen Steuern in Höhe von 453.433 rheinischen Gulden während des jüngsten Aufenthalts des Kurfürsten in Prag verwies. Die beiden hätten die Gründe für die Zahlungsunfähigkeit Kurkölns dargelegt, darunter die Folgen des Kölnischen Kriegs oder die Musterung von 800 Pferden für das Regiment des Monsieur Tilly, und für sämtliche Restanten 20.000 Rtlr. angeboten, zahlbar auf künftigen Bartholomäi, weil zuvor ein Landtag abgehalten werde
Wie es im Gutachten weiter heißt, habe die Hofkammer gemeinsam mit Geizkofler dieses Angebot erwogen, der sich anscheinend dem politischen Willen gebeugt hatte, denn das Gutachten kam zum erwünschten Ergebnis, Schuldennachlass für Kurköln gegen Zahlung der Vergleichssumme: Gegen die Annahme dieses Angebots spreche zwar u. a., dass „diß Erbietten gegen dem Ausstant gar zu ungleich und khaine Proportion sey" und anderen Reichsständen zum Exempel dienen könne, dafür aber vor allem, dass man sich bei künftigem Reichstag zur Erhaltung der Mehrheit der guten „Willfahrigkhait" des Kurfürsten zu vergewissern habe und es „auch besser seye, etwas dann nichts zuhaben", da bislang dem Kurfürsten von den Landständen noch nie etwas „unnder den Namen Türkhensteur" gezahlt worden sei. Auf der Rückseite des

Gutachtens notierte der Geheime Rat Andreas Hannewald, gleichfalls eine der Prager Schlüsselfiguren im Hochverratsprozess: „Der Gehaime Rath lässet bei disem Gutachten verbleiben, undt ist jha hoch von nötten, dass mans still haltte. Beschlossen im Gehaimen Rath, 29 Martii Anno 1606".[44]

Im Mai 1606 drängte Koadjutor Ferdinand den Dechanten des Kölner Domkapitels, auf dem baldigen Landtag endlich die vereinbarten 20.000 Reichstaler aufzubringen, um nicht „alles, was so muheseliglich und hochersprießlich ist bearbeittet und behandlet worden", zu gefährden.[45] Einen Monat später schrieb Ernst zur Eröffnung des Bonner Landtags, die Rechnung des Reichspfennigmeisters habe 654.000 Frankfurter Gulden Rückstand ergeben; zwar habe er um Nachlass wegen „dißer hoher verderbten Landschafften Armseligkeiten" gebeten, der Kaiser habe jedoch angesichts der großen Gefahr nicht völlig auf Zahlung verzichten wollen. Daraufhin habe er, Ernst, versprochen, die bewilligten 20.000 Reichstaler alsbald innerhalb weniger Monate zu zahlen, damit sich die bereits am Reichskammergericht gegen Kurköln verhängte Eventualacht erübrige.[46]

Das Schreiben, das Kaiser Rudolf II. dem Kölner Kurfürsten am 21. Juli 1606 schickte, sollte daher einen bedeutenden politischen Erfolg Ernsts besiegeln. Rudolf bestätigte hier einen mit diesem unlängst ausgehandelten Vergleich, in dem Ernst zugesagt habe, für die ausstehenden Reichs- und Kreishilfen Kurkölns „ain gewiße verabsthandte Summa" zu zahlen, woraufhin ihm Kaiser Rudolf die gesamte seit 1594 angehäufte Schuld erlassen wolle.[47] Der Zusammenhang mit dem gegen die Juden im Reich geplanten Hochverratsprozess zeigt sich schon daran, dass der Kaiser gleichzeitig mit diesem Schreiben eine umfangreiche Stellungnahme zur Vorgehensweise im Hochverratsprozess an Ernst sandte.[48]

Die gewaltige Höhe des von Ernst erzielten Nachlasses war keineswegs selbstverständlich, wovon auch eine 1607 von Rudolf II. an Ernst gesandte Mahnung zeugt: Nachdem er auf die ursprünglich ausstehenden 453.344 Gulden Ernst „einen solchen überaus ansehnlichen und statlichen Nachlaß aus freundt-, veterlich und treuwherziger Affection gethan" habe, erwarte er von Ernst seinerseits die Zahlung der 20.000 Gulden Vergleichssumme, von der bislang jedoch nur 8.938 Gulden 19 Kreuzer gezahlt worden seien. Dass jüngst Ernsts Kommissare in Köln erklärt hätten, mehr als diese bislang geleisteten Zahlungen könnten die Untertanen ohnehin nicht entrichten, sei möglicherweise ohne das Wissen des Kurfürsten geschehen. Falls Kurköln aber nicht den Vergleich einhalten werde, fühle sich auch der Kaiser nicht mehr an die „verglichne sehr geringe Summa" gebunden und werde – „zwar wider unsern Willen" – sämtliche ausstehenden Steuern einfordern, wozu es Ernst zweifellos nicht gern kommen lassen werde. Ein Jahr später war die Vergleichssumme immer noch nicht vollständig beglichen[49], ohne dass allerdings gravierende Folgen für Kurköln bekannt wären. Zur gleichen Zeit lehnte der Kaiser einen Vergleich mit dem Kurfürsten von Brandenburg, der ihm 349.443 Gulden schuldig geblieben war, auf 100.000 Gulden ab, sondern bestand auf der Zahlung von zwei Dritteln der Gesamtsumme.[50]

Bei der Schuldentilgung handelt es sich vermutlich um den bedeutendsten politischen Erfolg Ernsts. Dieser aber verdankte sich maßgeblich seinen verheißungsvollen Vorarbeiten zu einer auch für den Kaiser einträglichen Bestrafung der Juden im Reich wegen ihres angeblichen Hochverrats, letztlich somit seiner kurkölnischen „Judenpolitik" und der Denunziation seines „Aufsehers" und „Hofjuden" Levi von Bonn. Wir sehen hier ein Beispiel dafür, wie eng „jüdische" Geschichte und „allgemeine" Geschichte miteinander verknüpft waren und sind. Verständnis der deutschen (wie rheinischen) Geschichte ist ohne die Kenntnis und Wahrnehmung der jüdischen Geschichte nicht möglich.

Auch Levi zog aus seiner „Denunziation" und Mitwirkung bei den Vorbereitungen zum Hochverratsprozess unmittelbaren Gewinn: 1605 erhielt er einen kaiserlichen Schutzbrief, in dem Zuwiderhandelnden eine Strafe von 40 Mark lötigen Goldes angedroht wurde[51], je zur Hälfte der Hofkammer und Levi zu zahlen, eine ausgesprochen hohe Summe, vergleicht man diese mit der in anderen Schutzbriefen.[52] Überdies sicherte Rudolf in diesem Schutzbrief Levi, seiner Frau und seinen Kindern, „auch Brodtgesindt, Haab und Guettern", seinen Schutz und Geleit im Reich zu, alle Städte, Märkte und Gebiete frei und sicher besuchen und dort handeln zu können, allerdings unter der Bedingung, „daß er sich aller unzimblichen wuecherlichen Handlung enthaltte" und die gewöhnlichen Zölle entrichte. Hierdurch war Levi vom diskriminierenden, nur Juden auferlegten „Leibzoll" befreit. Allen Kurfürsten und Herrschern im Reich gebot Rudolf, gleiches zu tun.[53] Wie aber bereits sein Vater, so war auch Levi nicht unmittelbar der kaiserlichen Jurisdiktion unterstellt. Dies wäre aber auch nicht in Levis Sinne gewesen, da er sein Recht vor kurkölnischen Gerichten dank seiner engen Beziehung zum Kurfürsten und dessen wichtigsten Funktionsträgern durchsetzen konnte.

Levi trägt in kurkölnischen Quellen nicht den Titel „Hofjude", da dieser Titel zu dieser Zeit vornehmlich den Juden am kaiserlichen Hof vorbehalten war. Dennoch war er faktisch der erste kurkölnische Hofjude in der typischen Zwischenstellung zwischen Fürst und Gemeinde. Und von außen nahm man Levi durchaus als „Hofjuden" wahr: 1608 schrieb Andreas Hannewald, kaiserlicher Geheimer Sekretär, an Kaiser Rudolf II., er habe in Aschaffenburg den Kölner Kanzler Bisterfeld getroffen, „wegen des Stritts [!], so sich zwischen dem Churfürsten zue Trier und hochernenten Churfürsten zue Cölln, ihrer beederseits Hof Juden halb erhebt …".[54] Mit den beiden „Hofjuden" waren Levi und der Arzt Wolf von Koblenz gemeint, anscheinend Leibarzt des Trierer Kurfürsten Lothar von Metternich. Wolf hatte im Mendener Prozess gegen Levi 1604 dessen Gegner unterstützt, war deshalb nach Ende des Prozesses arretiert und nur gegen Kaution und die Zusage freigelassen worden, sich erneut einem kurkölnischen Gericht zu stellen. Wenn hierüber die Kurfürsten von Köln und Trier noch vier Jahre später, 1608, an Reichshofrat und Reichskammergericht stritten, zeigt dies deutlich die enge Beziehung eines jeden Kurfürsten zu seinem „Hofjuden".

Das Ende des Hochverratsprozesses sollte Kurfürst Ernst nicht mehr erleben, denn die Untersuchungen und Verhöre von mehr als 100 Juden zogen sich über Jahre hin, der Prozess geriet schließlich ins Stocken. Erst Ernsts Nachfolger Ferdinand (Reg. 1612–1650) gelang es unter Kaiser Ferdinand II. (Reg. 1619–1637), die alten Kölner Forderungen in erheblich reduziertem Umfang zur Geltung zu bringen. Auch er bediente sich wiederum der Hilfe Levis. So konnte Levi seine Position auch unter Kurfürst Ferdinand behaupten, der ihm bescheinigte, er erhalte bei ihm jederzeit Audienz, ein wichtiges Indiz für Levis herausragende Stellung. Zudem gelang es ihm, von den Nachfolgern Rudolfs II., Matthias und Ferdinand II., eine Bestätigung seines Schutzbriefs zu erhalten.

Schutz und kaiserliche Rückendeckung hatte Levi auch dringend nötig, denn nach der Halacha, dem jüdischen Religionsgesetz, konnte ein „Hochverrat", d. h. die Auslieferung von Juden an die nichtjüdische Obrigkeit zu ihrem schweren persönlichen und materiellen Schaden, mit dem Tod bestraft werden: Wiederholte Anschläge auf Levi sind dokumentiert, und ein Prager Jude klagte ihn beim Kaiser des Hochverrats an. All dies blieb jedoch erfolglos, Levi überlebte, auch dank der uneingeschränkten Gunst und Unterstützung seiner Schutzherrn, und wirkte bis zu seinem Tod 1621 als kurkölnischer „Aufseher".[55]

Verräter oder Wohltäter – Levis zwiespältiger Nachruf in den jüdischen Quellen

„Alle Hände ermatteten, jedes Herz schmolz …, denn wahrhaftig war es eine Zeit großer Drangsal für ‚Jakob', die wie eine Sturzflut plötzlich hereinbrach. Nach Lage der Dinge schien eine Erleichterung, Rettung gar ausgeschlossen, denn die Kommissare, die der große Adler [i.d. der Kai-

Birgit E. Klein

ser], sein Ruhm sei erhöht, auf Drängen des Verräters eingesetzt hatte, bedrängten und trieben uns; insbesondere einer von ihnen, obgleich Herrscher, war dem Verräter hörig und ihm dienend." – So beschreibt der Frankfurter Gelehrte Josef (Juspa) Hahn in seinem Werk „Jossif omez", einer Sammlung Frankfurter Bräuche, die Folgen des Hochverratsprozesses für die Juden im Reich. Hahn nennt Levi hier den „Verräter Kraus", Levis Schimpfname in der innerjüdischen Überlieferung. Durch Fehlinterpretationen, auf die hier nicht näher eingegangen werden kann, wurde aus dem Verräter Kraus ein Frankfurter Metzger, wegen ritualwidrigen Schächtens von der Gemeinde entlassen, der aus Rache dafür die Frankfurter Verordnungen als Hochverrat denunziert.[56]

Levis Stellung innerhalb der Judenschaft lässt sich aber nicht auf die negative Sichtweise des Verräters reduzieren. Die obrigkeitlichen Quellen berichten wiederholt von seinem Eintreten zum Wohl von Juden. Auch die Konsolidierung der kurkölnischen Judenschaft zu Beginn des 17. Jahrhunderts und die Anlage des jüdischen Friedhofs in Bonn-Schwarzrheindorf scheinen Levis Verdienste gewesen zu sein.

Levis ureigenes Vermächtnis ist in einer Sammlung rabbinischer Rechtsgutachten zu einem Problem der rituellen Fleischbeschau (*bedika*) dokumentiert.[57] Diese Gutachten sind allerdings nicht, wie bislang irrtümlich angenommen, eine Fälschung des Verräters und „Metzgers" (*kazzaw*) Kraus, sondern vielmehr ein historisch weitgehend glaubwürdiges Vermächtnis des *kazin* Juda bar Chajjim, so Levis hebräischer Name. Als *kazin*, d. h. als „vornehmer" oder „einflussreicher" Vorsteher, war Levi so einflussreich, dass seine kurkölnischen Anhänger ihn noch 1615/16, mehr als zehn Jahre nach seiner berüchtigten Denunziation der Frankfurter Konferenz, in seinem erfolgreichen Kampf gegen den neuen kurkölnischen Landesrabbiner unterstützten.

In Bonn drehte sich der Streit[58] 1615 um die Frage, wie zu verfahren war, wenn nach der Schlachtung eines Rinds bei der zwingend vorgeschriebenen Fleischbeschau nicht nur ein metallischer spitzer Fremdkörper, sondern überdies eine Verwachsung zwischen diesem zweiten Magen und Zwerchfell festgestellt wurde. Denn in der zeitgenössischen Halacha war nicht verbindlich entschieden, ob diese Verwachsung vielleicht durch den Fremdkörper ausgelöst worden war, der bereits zu Lebzeiten die Magenwand durchstochen und dann wieder in den Magen gerutscht war, sodass die Durchstichstelle verwachsen war. Da eine Durchbohrung jedoch in den meisten Fällen zum schnellen Verenden führte, galt ein geschlachtetes Rind bereits dann als *trejf* (totverletzt, jidd. von hebr. *taref*, gerissen) und damit zum Verzehr verboten, wenn bei ihm ein Fremdkörper im zweiten Magen zusammen mit sicheren Anzeichen dafür gefunden wurden, dass der Magen bereits zu Lebzeiten durchbohrt worden war. Als solches Kriterium galt seit der Antike ein Tropfen geronnenen Blutes an der äußeren Magenwand, seit dem Mittelalter überdies ein Rostfleck; im 16. Jahrhundert wurde zudem diskutiert, ob auch eine Verwachsung an der äußeren Magenwand ein ebenso eindeutiges Anzeichen für eine Durchbohrung zu Lebzeiten war oder ob sie vielmehr andere Ursachen (wie Leberegelbefall) haben konnte, was dann nicht zwangsläufig eine *Trejf*-Erklärung zur Folge gehabt hätte.

Levi von Bonn alias der *kazin* Juda bar Chajjim setzte sich für die bisherige Praxis (*minhag*) der kurkölnischen Juden ein: Im Fall einer Verwachsung war die Magenwand an der entsprechenden Stelle aufzuschneiden und auf Veränderungen im Gewebe hin zu überprüfen; lagen diese nicht vor, so galt das Fleisch des Tieres als koscher, somit zum Verzehr geeignet, und das sogar dann, wenn der Verwachsung von innen gegenüber eine Nadel in der Magenwand steckte.

Der neue kurkölnische Landesrabbiner hingegen wollte die alte Praxis verbieten und das Fleisch künftig nur dann zum Verzehr erlauben, falls die Nadel nicht in der Magenwand der Verwachsung gegenüber steckte, da ansonsten seiner Meinung nach der kausale Zusammenhang von Nadel und Verwachsung ohne weitere Untersuchung des Gewebes als erwiesen galt; darin wurde er in den meisten der nun eingeholten Gutachten auswärtiger Rabbiner gestützt. Schließlich approbierten keine Geringeren als die berühmten Prager Gelehrten R. Jesaja Horowitz und R. Ephraim Luntschitz den bisherigen kurkölnischen *minhag*, der den alltäglichen Bedürfnissen sehr entgegenkam, denn die *Trejf*-Erklärung eines Rindes bedeutete nicht nur einen erheblichen finanziellen Verlust, sondern ein jedes Tier war auch insofern kostbar, als die Anzahl der Rinder, die eine jüdische Familie jährlich schlachten durfte, reglementiert war.

Dank Levis Eintreten „zum Wohl der kurkölnischen Juden", wie es heißt, blieb dieser *minhag* bis ins 19. Jahrhundert bestehen – als niederrheinische Sondertradition gegen den Rest des jüdischen Deutschland, zugleich ein Denkmal für den Wohltäter Juda bar Chajjim alias Levi von Bonn. Erst dann setzte sich auch in der Geschichtsschreibung die Version seiner Gegner durch, die „Gegengeschichte" vom Verräter und Metzger Kraus.

Mit ihrem Sieg kann diese „Gegengeschichte" jedoch nicht die historische Wahrheit für sich beanspruchen. Denn Wohltäter und Verräter sind die beiden Seiten der einen Medaille. Erst die Zusammenfügung beider Traditionen auf der Grundlage sowohl der innerjüdischen als auch der obrigkeitlichen Überlieferungen lässt uns das Dilemma jüdischen Daseins

Birgit E. Klein

in der Frühen Neuzeit erfassen, die Gratwanderung erkennen – zwischen der Wahrung größtmöglicher jüdischer Autonomie und Eigenständigkeit einerseits, andererseits der Anpassung an die Forderungen von Obrigkeiten, die die Juden nur duldeten, um sie zu ihrem Vorteil zu instrumentalisieren.

So wurde das ursprünglich vom Landesherrn oktroyierte neue Amt des „Aufsehers" letztlich, auch aufgrund der Verdienste seines Inhabers, in die innerjüdische Hierarchie integriert und mit dem dafür üblichen hebräischen Begriff *kazin* bezeichnet. Diese pragmatische Akzeptanz lag im Eigeninteresse der Judenschaft, da Levi angesichts seiner engen Beziehung zum Kurfürsten am effektivsten die Interessen der Judenschaft vertreten konnte. Das Doppelmodell „Hoffaktor" und Vorsteher der Judenschaft wurde nicht nur in Kurköln Vorbild für spätere Generationen.[59]

Levis Nachfahren in seinen Fußstapfen

Für einen frühen „Export" des beschriebenen Doppelmodells in Kurkölns Nachbarterritorien sorgte Bernd Levi, der einflussreichste unter Levis Söhnen, der sich die Erfahrungen und Privilegien seines Vaters zu Eigen machte.[60] Bernd Levi heiratete spätestens 1618 Feile (Vögele), Tochter des Isaac Jacobs aus Dülmen im Fürstbistum Münster, und lebte zunächst bei seinen Schwiegereltern in Dülmen, bewarb sich aber sogleich, unterstützt von Kurfürst Ferdinand, um Schutz im ebenfalls münsterischen Coesfeld, um dort eine Existenz aufzubauen. Bereits 1619 berief er sich auf einen kaiserlichen Geleitbrief[61], mit dem nur Levis kaiserlicher Schutzbrief gemeint sein konnte, in dessen Schutz auch die Kinder eingeschlossen waren.

Von 1623 bis 1629 lebte er nachweislich in Coesfeld, wo seine steile Karriere ihren Anfang nahm. Im Dreißigjährigen Krieg konnte sich Bernd Levi wie viele andere Juden als Heereslieferant hervortun und ein Vermögen erwerben, das ihm ermöglichte, gemeinsam mit seinem Sohn die notwendigen Summen für die Installierung der brandenburgisch-preußischen Gesandten in Münster und Osnabrück vorzustrecken.[62]

Der Dank ließ nicht lange auf sich warten: 1650 wurde er vom Großen Kurfürsten von Brandenburg zum „Befelchhaber und Vorgänger" (von hebr. *parnass u-manhig*) über die Juden in den brandenburgischen Territorien westlich der Elbe eingesetzt. Bernd Levis Bestallung ähnelt Levis Ernennung zum kurkölnischen »Aufseher«, so in der Bemerkung, der Kurfürst von Brandenburg setze ihn ein, „damit unser hirunter habendes Interesse desto besser und fleißiger beobachtet, uns kein Unterschleif geschehe" oder in der Aufforderung an die Beamten, Bernd Levi zu unterstützen, und an die Juden, ihm zu gehorchen.[63] Als „ausländischer Zuzögling" musste Bernd Levi die Leitungsfunktion im Herzogtum Kleve zwar 1653 an die lokale wirtschaftliche Elite, repräsentiert in der Familie Gomperz, abtreten, behielt aber bis 1663 die „Inspection" über die Juden im Fürstentum Minden und in der Grafschaft Ravensberg[64]; er starb Ende 1666 oder Anfang 1667 in Minden.[65] Auf dem Grabstein seiner in Herford begrabenen Gattin Feile (Vögele) wird er zwar mit dem seltenen Titel *ha-schtadlan ha-gadol*, „der große Fürsprecher", geehrt[66], doch war er wie sein Vater unter Juden umstritten.[67]

Trotz ihres umstrittenen Vorfahren wählten auch Bernd Levis Söhne, Enkel und Urenkel „Levi" als Familiennamen. Ein weiterer Sohn Levis war Salomon Levi, von seinen Zeitgenossen explizit als Bernd Levis Bruder bezeichnet, der 1650 nachweislich in Paderborn lebte.[68] Und Nini Levi (gest. nach 1684), der ebenfalls als ein Bruder Bernds gilt, erhielt 1627 durch den Kölner Kurfürsten Ferdinand, der ja zugleich Fürstbischof von Münster war, Schutz in Warendorf, wo auch Bernd Levi von spätestens 1635 bis mindestens 1648 zeitweise lebte. Auch Salomon und Nini hatten führende Positionen in einzelnen Judenschaften inne: Salomon Levi war der Vorsteher der Paderborner Juden; auf seine Vermittlung hin wurde Bernd Levi 1651 im Fürstbistum Paderborn, das seit 1618 ebenfalls Kurfürst Ferdinand unterstand, „zumb Vorseher, zumb Hauptmann und zumb Herrn" über die Paderborner Juden ernannt[69]; und Nini Levi wurde am 1. Oktober 1651 zum „Befehlshaber und Vorgänger" über die Juden im Fürstbistum Münster eingesetzt.[70]

In Kurköln dagegen geriet das „Modell Hofjude" nach Levis Tod erst einmal wieder außer Gebrauch, da die beiden Nachfolger Ernsts, die Kurfürsten Ferdinand und Max Heinrich, nicht an Ernsts „Judenpolitik" anknüpften, sondern sich an einer deutlich restriktiveren Linie orientierten. Dies betraf zum einen die Zahl der zugelassenen Juden und zum anderen deren wirtschaftlichen Spielraum. So wurde auf Druck der Stände in der dritten kurkölnischen Judenordnung von 1614 unter Ferdinand der jährliche Höchstzinssatz wieder auf 12 Prozent reduziert, und Kurfürst Maximilian Heinrich erließ 1663 ein Edikt, in dem er den Klagen der Städte nachgab und den Ortsgerichten auftrug, in Zukunft den Juden nicht mehr als 5 Prozent jährlichen Höchstzins auf Pfänder zuzuerkennen.[71] Beide Kurfürsten brauchten auch keine weiteren „Hofjuden", weder für wirtschaftliche noch für diplomatisch-politische Zwecke. Levi blieb also zunächst ein Einzelfall.

Dennoch konnten Levis Nachfahren dank Levis Tochter ihre Bedeutung als „Vorgänger" halten, wie nun der oberste Vertreter der kurkölni-

　　　　　　　　　　　　　　　　　　　　　　　　　　Birgit E. Klein

schen Juden in den obrig-
keitlichen Quellen tituliert
wird: Levis Tochter Rich-
mudt war in zweiter Ehe
mit Lazarus Wallich ver-
heiratet, der lange Jahre als
Vorgänger der kurkölni-
schen Juden amtierte. Als
Lazarus 1658 starb, würdig-
te man ihn in seiner Grabinschrift als „Fürsprecher
[*schtadlen!*], Vorsteher [*parnass*] und Leiter [*man-
hig*] der Landesjudenschaft
Kölns".[72] Der Begriff „Fürsprecher" (*schtadlan*) stand
für Lazarus' Funktion als
Vorgänger und bezeichnete
zugleich das oberste Amt in
der erzstiftischen Juden-
schaft. Wie noch zu sehen,
erscheint der Titel „schtadlan" nur noch ein zwei-
tes Mal in einer Bonn-

10 Grabstein des Schabtai, Sohn von David, 1623.
Der Stein für den Vorsteher Schabtai ist das erste (datiert erhaltene) Grabmal auf dem alten
jüdischen Friedhof in Bonn-Schwarzrheindorf. Er
war der erste Mann der Richmudt, Tochter des
Levi von Bonn

Schwarzrheindorfer Grabinschrift; er wurde also nur sehr selten verwendet.

Als Vorgänger folgte ihm sein Bruder Jost (Joseph) für ein Jahr, bis er
ebenfalls starb. Darauf wurde Lazarus' Sohn Michael Wallich, also ein
Enkel Levis, neuer Vorgänger, jedoch bereits 1662 wegen angeblicher
Vertuschung eines Falls von Wucher und Meineid ab- und an seiner Stelle Löb Goldschmidt eingesetzt, Gatte von Michaels Kusine Rachel Wallich und Schwager der durch ihre Memoiren bekannten Glückel von
Hameln. Er hatte – möglicherweise wegen der Denunziation seines „Vorgängers" Michael Wallich – einen schweren Stand unter den kurkölnischen Juden. Nach Löb Goldschmidts Tod 1676 amtierte Moses Horn aus
dem rechtsrheinischen Linz spätestens 1678 als Vorgänger[73] – die Bonner
Juden verloren also für einige Zeit ihre Führungsstellung in der erzstiftischen Judenschaft. Nicht ohne Grund: Die Stadt war im Zuge des seit
1672 andauernden französisch-holländischen Kriegs von verbündeten
französischen Truppen besetzt worden und sollte 1689 von drei bran-

denburgischen, holländischen und münsterschen Regimentern belagert, erobert und verwüstet werden. In dieser Zeit verlagerte sich der Schwerpunkt der Administration der Landesjudenschaft auf rechtsrheinisches Gebiet. Erst als im Jahr 1688 der neue Kurfürst Joseph Clemens von Bayern die Regierung übernahm, sollten sich neue Möglichkeiten für Juden eröffnen, ins Hofgeschäft einzusteigen, allerdings nur für eine kurze Phase von zehn Jahren.

Ein neuer Favorit

Über einen Münzpachtvertrag kamen Moses Horn und der Frankfurter Meyer zum Goldstein 1692 mit der kurkölnischen Hofkammer ins Geschäft, während Joseph Wallich, allem Anschein nach Enkel des Michael Wallich und damit Ururenkel Levis von Bonn, 1694 eine im Interesse des Hofes liegende Ausnahmekonzession zum Handel mit Seiden- und Wollwaren erhielt.[74] Sehr schnell sollte sich jedoch zeigen, dass Meyer zum Goldstein zusammen mit seinem Frankfurter Verwandten Joseph Cassel aufgrund seiner bereits bestehenden Kontakte zum Kurfürsten die beiden alteingesessenen kurkölnischen Juden ausstach. Moses Horn wurde wegen Münzvergehen vor Gericht gestellt und schwer bestraft, Joseph Wallich in seinen Entfaltungsmöglichkeiten möglicherweise gebremst.

1694 beantragten die beiden Frankfurter eine Niederlassungserlaubnis in Bonn und wurden trotz eines negativen Votums der Hofkammer aufgenommen, da die beiden einen entsprechenden Befehl des Kurfürsten vorlegten, der der Kammer zudem auftrug, diese bei ihrem Handel gegen mögliche Widersacher zu schützen und sie insbesondere bei ihren Lieferungen an den Kurfürsten zu unterstützen.[75] Meyer dürfte zugute gekommen sein, dass er nachweislich seit 1691 den Kurfürsten in größerem Stil belieferte; zudem verfügte seine Familie bereits seit zwei Generationen über einen kaiserlichen Schutzbrief und damit über die entsprechenden Erfahrungen und wohl auch Kontakte am kaiserlichen Hof.[76] Spätestens Ende 1695 erhielt Meyer zum Goldstein – anscheinend als erster und einziger kurkölnischer Jude – offiziell den Titel „Hofjude", denn derart tituliert überbrachte er persönlich der kurkölnischen Hofkammer ein Schreiben des Kurfürsten aus München. Darin ordnete dieser an, Meyer zum Goldstein anstelle von Moses Horn als Vorgänger einzusetzen. Weil Meyer aber von der erzstiftischen Judenschaft „nit eben zu woll informirt" sei, solle ihm jemand beigeordnet werden, der „darzu am bequembstn" sei.[77] Mit anderen Worten: Meyer eignete sich nicht als „Denunziant", da er als

Auswärtiger nicht über die nötigen Beziehungen unter den kurkölnischen Juden verfügte.

Meyer zum Goldstein war sich seiner Bedeutung als Hof- und Heereslieferant und seiner Beziehungen zum Kurfürsten sehr bewusst und trat entsprechend selbstsicher auf, wie ein Vorfall im Jahr 1696 zeigt, als er sich nicht scheute, den Hofrat (das höchste Gremium der gesamten inneren Verwaltung) zu brüskieren und ihn erfolgreich für seine Interessen gegen die Hofkammer als höchstem Organ der Finanzverwaltung auszuspielen, die mit dem Rat um den Einfluss beim Kurfürsten rivalisierte.

Mancher Widerstände ungeachtet konnte Meyer als Hoffaktor wirken. 1700 etwa belieferte er den Hof mit holländischer Leinwand.[78] Im Unterschied zu den anderen jüdischen Hoflieferanten wird er in den Abrechnungen der Landrentmeisterei und der Hofkammer an mehreren Stellen als „Hoffjude" bezeichnet.

Unangefochten war zunächst auch Meyers Position in der Judenschaft. Als seine Frau Schönche 1697 starb und auf dem Schwarzrheindorfer Friedhof begraben wurde, erinnerte ihre Grabinschrift an die „Gattin des Einflussreichen und Wohltäters, des Vorstehers und Leiters und Fürsprechers [*schtadlan*] der Landesjudenschaft Kölns; es ist der Vornehme, der ehrenwerte Herr Meycr Sch"iff [= Kahn für *kohen*, Priester] KaZ", wie sein hebräischer Name lautete.[79]

Ein Jahr später heiratete Meyer vermutlich Sueße Gomperz, Tochter des brandenburgischen Hoffaktors Elias Gomperz in Kleve und Witwe des Hannoveraner Hofjuden Jacob Behrens.[80] Er zog es also vor, sich mit der überregionalen jüdischen Elite der

11 Grabstein der Schönche, Tochter des Mordechai, Gattin des Meir Sch"iff Kaz (= Meyer zu Goldstein), 1697, Bonn-Schwarzrheindorf

Hoffaktoren zu verbinden und verschmähte die alteingesessenen kurkölnischen Familien. Da ihm als Auswärtigem die verwandtschaftlichen Verbindungen in die Bonner jüdische Oberschicht fehlten, gelang es ihm nicht, innerhalb der Judenschaft auf Dauer Fuß zu fassen.

Ablösung des „Hofjuden"

Der Abstieg Meyers zum Goldstein in Kurköln begann, als Kurfürst Joseph Clemens von 1702 bis 1715 wegen der kriegerischen Auseinandersetzungen im Spanischen Erbfolgekrieg ins Exil nach Frankreich ging und das Kölner Domkapitel kommissarisch die Regierungsgeschäfte in die Hand nahm. Damit wurden Meyer nicht nur seine Verdienstmöglichkeiten in Bonn genommen, derentwegen er ja erst wenige Jahre zuvor dorthin gezogen war, sondern er verlor vor allem die Protektion durch den Kurfürsten.

Meyer zum Goldstein hatte jedoch rechtzeitig neue Handelskontakte geknüpft. Hierbei kam ihm anscheinend seine langjährige erfolgreiche Zusammenarbeit mit Christian August Herzog von Sachsen-Zeitz zugute, denn dieser, bereits seit 1695 Dompropst zu Köln, wurde 1702 zudem Administrator des Kurfürstentums. Schon 1704 stieg Meyer zu seinem „Hoffjuden" auf, ein Privileg, von dem er alsbald nicht nur bei seinen häufigen Aufenthalten in der Stadt Köln zu profitieren gedachte.[81] Am 20. Februar 1706 behandelte der Reichshofrat Meyers Antrag auf ein kaiserliches Reskript an den Herzog von Sachsen-Zeitz, dieser möge der kurkölnischen Hofkammer die Begleichung ihrer Schulden bei Meyer befehlen.[82] Dem Antrag lag ein Schreiben Meyers an den Herzog bei, in dem er diesem berichtete, die Hofkammer sei ihm 4.075 oberländische Gulden sowie die Kriegskasse 2.000 Rtlr. schuldig. Da er erfahren habe, dass seine Forderungen bei der Hofkammer keine Priorität genössen, möge der Herzog die Landrentmeisterei anweisen, Meyers Schulden zu begleichen oder aber, falls keine baren Mittel vorhanden seien, ihm eine Assignation auf Roggen, Hafer, Wein und andere Waren einer erzstiftischen Kellnerei erteilen.[83]

Zwei Tage später erhielt Meyer statt eines Reskripts einen kaiserlichen Schutzbrief („Protectorium"). Hierin nahm Kaiser Joseph I. (Reg. 1705– 1711) „den Juden Meyer zum Goldtstein auß unßerer und des heyl. Reichs Stadt Cöllen" (!) wie auch dessen gesamtes Hab und Gut wegen der für seinen Vater geleisteten und ihm noch zu leistenden „ersprießlichen" Dienste in seinen „Schutz, Schirm und Protection" auf, sodass Meyer ausnahmslos die gleichen Rechte, Sicherheiten, Vorteile, Immunitäten und

Birgit E. Klein

Privilegien der anderen Untertanen mit entsprechender „Protection" genießen solle. Allen Machthabern, denen dieser Schutzbrief vorgelegt werde, trug der Kaiser Meyers Schutz auf und untersagte unter Androhung einer Strafe von 20 Mark lötigen Goldes, gegen ihn gerichtlich oder außergerichtlich ohne das Vorwissen und den ausdrücklichen Befehl des Kaisers vorzugehen.[84]

Von diesem weitreichenden Privileg machte Meyer bereits einen Tag später Gebrauch, wobei er es fortan dahingehend auslegte, dass er unmittelbar der kaiserlichen Jurisdiktion unterstellt sei. Meyer bat nun nicht nur erneut um ein Interzessionsschreiben an den Herzog zu Sachsen-Zeitz, ihm zur Zahlung zu verhelfen, sondern auch um den Befehl, die Akten des Verfahrens, das zwischen ihm und dem Kölner Handelsmann Dietrich Arens wegen eines „Münzverbrechen[s]" schwebte, an den Reichshofrat einzusenden.[85]

Der Kaiser sandte am 15. März 1706 tatsächlich ein Interzessionsschreiben an den Herzog, in dem er sich allerdings sehr zurückhaltend ausdrückte: Der Herzog werde wohl wissen, was er hinsichtlich der kurkölnischen Schulden ohne Präjudiz anderer zu verordnen habe. Was den Delinquenten betreffe, verwies er auf seine bereits „generaliter" ergangene Verordnung, bei der er es bewenden lassen wolle. Laut Randvermerk war niemandem von diesem Schreiben eine Abschrift zu geben.[86]

Zwei Wochen später wurde Meyer erneut beim Reichshofrat vorstellig, wiederum um ein Interzessionsschreiben an den Herzog bittend. Dieses Mal ging es um eine Forderung an den kurkölnischen Hofkammerrat und Zahlmeister Jung, bei dem Meyer noch eine Rechnung über 856 oberländische Gulden 25 Kreuzer für gelieferte Waren ausstehen hatte. Die meisten Posten datierten von 1691, als Meyer dem Kurfürsten noch nach München geliefert hatte.[87]

Die Prälaten und Kapitulare des Kölner Domstifts erhielten durch den Herzog am 14. Juli eine Abschrift von Meyers kaiserlichem „Protections-Patent" vom 22. Februar, dessen weitreichende Bedeutung sie zu einer scharfen Erwiderung an den Kaiser veranlasste, in der sie darlegten, dass sie Meyer weiterhin als kurkölnischen Juden betrachteten, der ausschließlich ihrer Jurisdiktion unterstand. Gewiss würden sie dem kaiserlichen Befehl nachkommen und „sorgfältige Auffsicht" tragen, dass dem Juden im Erzstift „mit einiger Thätlichkeit nicht zugesetzt werde", sondern er vielmehr alle, ihm dank seiner Niederlassungserlaubnis gebührenden Freiheiten unbeeinträchtigt genießen möge. Denn niemand könne – dem „weltkündigen Justitz Eiffer" des Kaisers zuwider – auf den Gedanken kommen, als wolle der Kaiser etwa den Juden durch das „Protectorium", den Reichsstatuten zuwider, der landesherrlichen Jurisdiktion und seiner

unmittelbaren Obrigkeit entziehen oder auch den Lauf der bereits mehrheitlich zur Vollstreckung stehenden Verfahren widerrechtlich behin-
dern, zum Nachteil der seit etlichen Jahren mit unbegründeten Prozessen herumgeführten Gläubigern. Man werde daher gewiss, dem Juden im
Rahmen seines kurkölnischen Niederlassungspatents in Konformität mit
dem kaiserlichen Schutzpatent zu seinem Recht verhelfen, jedoch auch
andern bei ihren wider Meyer bereits abgeurteilten und künftig einzu-
führenden Rechtssachen unparteiische gute Justiz zukommen lassen.[88]

Meyers herausgehobene Stellung wurde ihm nun zum Verhängnis:
Die Prälaten und Kapitulare des Domstifts verhehlten nicht, dass sie nicht
bereit waren, Meyer weiterhin privilegiert zu behandeln. Anders als Levi
von Bonn, dem sein kaiserliches Privileg nur zum Schutz im Reich im Einvernehmen mit dem Kurfürsten diente, versuchte Meyer, seinen kaiserlichen Schutzbrief gegen die kurkölnischen Zentralbehörden einzusetzen,
ein riskantes Vorgehen, da ihm dabei sein Schutzherr, der Herzog von
Sachsen-Zeitz, nicht vor Ort zur Seite stand.

Wenig überraschend konnte Meyer auch in einem anderen Verfahren
nicht mehr auf die Unterstützung der Zentralbehörden hoffen. Am 7. Juli
1706 erhielt die Hofkammer den Bericht des Domkapitels von der Klage
Meyers[89]: Von seinen „Hauptfeynden" seines „Vorgängersambts entset-
zet" beantragte er, sein Amt wenigstens noch so lange ausüben zu können, bis die Untersuchung des Vorfalls abgeschlossen sei. Die Hofkammer, vom Domkapitel mit dem Gutachten beauftragt, wusste über Meyer nur zu berichten, dass er Vorgänger gewesen sei, „deßen man sich in
vorfallenden Juden Sachen, dahe nöthig, bedient" habe und dass sich
sämtliche Vorsteher (unter ihnen wohlgemerkt der frühere Vorgänger
Moses Horn aus Linz)[90] über ihn beklagt hätten. Die Macht, ihn wieder
einzusetzen, läge allein beim Domkapitel.

Wie kaum anders zu erwarten, ist Meyer zum Goldstein nicht wieder eingesetzt worden; vielmehr holten die Vorsteher seinen Vorgänger Moses
Horn ins Amt zurück.[91] Da seine Proteste nicht fruchteten, hat Meyer Kurköln bald endgültig verlassen. Der Grund seiner Niederlage scheint nicht
zuletzt in seiner Herkunft und in einem nur vom Kurfürsten kräftig prote-
gierten Aufstieg zu liegen: Meyer zum Goldstein aus Frankfurt war lokal
nicht verwurzelt, gab anscheinend seinen Frankfurter Wohnsitz nie völlig
auf und setzte weiterhin auf die dortigen und andere überregionale Fami-
lienbeziehungen.[92] Sein kurkölnisches Amt verdankte er allein seiner wirtschaftlichen Bedeutung. Als Hofjude des Kurfürsten war er von diesem
abhängig. Nachdem aber dieser 1702 Kurköln verlassen hatte, verlor er seine wirtschaftliche Bedeutung und damit auch seinen Einfluss.

Birgit E. Klein

Der Reichshofrat hatte indes weiterhin Meyers Eingaben zu behandeln, der sich dabei immer wieder auf seinen Titel „Hofjude" berief. 1713 bat er, „des Herrn Cardinalen, Herzogen zu Sachsen-Zeitz Hoff-Juden", Kaiser Karl VI. (Reg. 1711–1740) um Bestätigung des ihm erteilten „Protectoriums" und begründete seinen Antrag damit, er sei bereits 1704 von dem „Herren Cardinalen, Herzogen zu Sachsen-Zeitz, zu dero Hoff-Juden" aufgenommen worden; da er seinen Wohnsitz geändert habe, möge man Frankfurt anstelle von Köln einsetzen.[93] Meyers Antrag wurde entsprochen, jedoch entrichtete er nicht die notwendige Taxe zur Ausfertigung des Schutzbriefs, sodass er 1719 und 1722 erneut und schließlich erfolgreich vorstellig wurde.[94] Als kurtrierischer Hofjude klagte er 1715 vor dem Reichskammergericht gegen die kurfürstliche Regierung zu Koblenz wegen Rechtshilfeverweigerung bei Vollstreckung einer Forderung von 1.600 Reichstalern.[95]

Levis Nachfahren im Dienste der Kurfürsten und der Landesjudenschaft[96]

Am 25. Februar 1715 kehrte Kurfürst Joseph Clemens endlich aus dem Exil in Frankreich zurück; damit war die Administration durch das Domkapitel beendet. Für die Versorgung des Hofes wurden wieder jüdische Lieferanten herangezogen. Die überragende Persönlichkeit unter den Bonner bzw. kurkölnischen Juden dieser Zeit wurde zweifelsohne der 1698 in Neuwied geborene Moses Kauffmann.[97] Mit 17 Jahren heiratete er 1715 in Bonn Haendel Wallich[98], Tochter des erwähnten Joseph Wallich, Hoflieferant und Vorsteher der Gemeinde Bonn sowie Gemeinsmann der Landesjudenschaft. Mit seiner Heirat erhielt Kauffmann die Niederlassungserlaubnis für Bonn, die Joseph Wallich für ihn, den ersten seiner Schwiegersöhne, beantragt hatte.[99] Eine wichtige äußere Voraussetzung für seine Karriere war damit gelegt: Er gehörte zu einer der führenden Bonner Familien.

Noch unter Joseph Clemens begann sein Aufstieg als Hoflieferant, sein Schwiegervater dürfte ihm mit seiner Erfahrung und durch die Vermittlung von Kontakten den Weg geebnet haben. Nach dem Tod des Kurfürsten 1723 konnte Kauffmann unter dessen Neffen und Nachfolger Clemens August (Reg. 1723–1761) seine Karriere ungebrochen fortsetzen und zum bedeutendsten Bonner Hoffaktor aufsteigen. Bis zu seinem Tod 1754 war er 30 Jahre lang Hauptlieferant für Hof und Heer; seine jährlichen Lieferungen an Fourage allein für das Stallamt beliefen sich im Durchschnitt auf 20.000 Reichstaler.[100]

Clemens August, gleichzeitig Bischof von Münster, Paderborn, Hildesheim und Osnabrück, seit 1732 auch Hochmeister des Deutschen Ritterordens, war nicht nur ein mächtiger Kirchenfürst, sondern liebte eine prunkvolle Hofhaltung, entfaltete eine umfangreiche und kostspielige Bautätigkeit und unterhielt zahlreiche Freundinnen. Zur Deckung seiner Ansprüche verpflichtete sich der Kurfürst, unter anderem durch die Vergabe großzügiger Titel, bedeutende auswärtige jüdische Finanziers wie Samson Wertheimer oder den eingangs erwähnten Joseph Süß Oppenheimer.[101]

Die Bonner Hoffaktoren hingegen blieben auf das lokale Fourage- und Lieferungsgeschäft beschränkt. Neben Kauffmann und seinem aus Wetzlar eingeheirateten Schwager Beyfuß Liebmann waren es überwiegend kleine Lieferanten, denen für bedeutende Kreditgeschäfte und Heereslieferungen die Kapitalreserven und die erforderlichen Kreditbeziehungen fehlten. Lediglich der gleichfalls nach Bonn zugezogene Assur Meyer[102], Bruder des Bonner Arztes Dr. Daniel Meyer, konnte dank weit gespannter Familienverbindungen zwischenzeitlich überregional tätig werden, allerdings zuweilen mit Problemen: 1753 stellte sein Berliner Bruder Benedict an ihn Schuldforderungen wegen dessen Obligation für König Stanislaus von Polen[103]; noch 1769 musste Assur wiederum seine Forderungen an den verstorbenen König einklagen.[104] Anders als seinem Bonner Bruder, Vorsteher der Landesjudenschaft, gelang es Assur nicht, ein Amt in der Judenschaft zu bekleiden.

Der Hoflieferant Moses Kauffmann hingegen konnte sich schon in jungen Jahren Achtung in der Judenschaft verschaffen. Zunächst Gemeindevorsteher in Bonn, stieg er bald zum Vorsteher der kurkölnischen Juden auf. Anders als Levi von Bonn und Meyer zum Goldstein wurde er nicht der Judenschaft als Vorgänger oktroyiert – das Amt war wohl 1734 abgeschafft worden[105] –, sondern kam aus ihrer Mitte, wurde auf Lebenszeit gewählt und konnte bzw. wollte deshalb auch viel erfolgreicher die Bedürfnisse und Interessen der Judenschaft vertreten. Dafür lassen sich in den Protokollen der obersten Behörden des Erzstifts zahlreiche Beispiele finden. 1754 verstarb Moses Kauffmann; das Bonner Memorbuch würdigt ihn als „den seiner Gemeinschaft Vorangehenden, der in die Bresche trat, den verlässlichen Hirten".[106] Nun leiteten sein Schwager Beyfuß Liebmann und sein Neffe Dr. Moses Wolff, zugleich ein Enkel des Joseph Wallich und damit auch Levis Nachfahre, die kurkölnische Landesjudenschaft, wobei vor allem Wolff als kurfürstlicher Leibarzt hohes Ansehen am Hofe genoss.

Als Hoffaktoren zog der Kurfürst indes auswärtige Günstlinge den alteingesessenen Familien vor: den Hildesheimer Kammeragenten und Lan-

Birgit E. Klein

desrabbiner Hirschel Isaak Oppenheimer[107] sowie Baruch Simon aus Mergentheim, der zum neuen Favoriten bei Hof avancierte. Bereits um die Mitte des 18. Jahrhunderts war zwischen dem Bonner Hof und ihm eine Geschäftsverbindung entstanden. Baruch fungierte zuerst als Geschäftsagent des Deutschordens, stieg während des Siebenjährigen Krieges zum Faktor von Kurfürst Clemens August auf und wurde schließlich der Hoffaktor Kurkölns schlechthin, von Zöllen und 1775, zusammen mit seinem Sohn Jakob, von den Tributzahlungen befreit.[108] Seit 1763 führte er einen Haushalt in Bonn und repräsentierte erstmals 1773 gemeinsam mit Beyfuß Liebmann als Vorsteher die erzstiftischen Juden.[109] An seinem Lebensabend kehrte er jedoch nach Mergentheim zurück, wo er 1802 starb.

Die jüdische Oberschicht der Residenzstadt Bonn wie auch Kurkölns blieb das gesamte 18. Jahrhundert hindurch überwiegend regional begrenzt und von eher bescheidener Bedeutung, fand jedoch in diesem Rahmen ihr Auskommen. Lieferungsgeschäfte für den Hof und Kreditgeschäfte mit Beamten und Bedienten machten den Haupterwerbszweig aus. Die Kombination aus „kleinen" Hoffaktoren und bedeutenden jüdischen Hofärzten – die zugleich immer auch Geschäftsleute waren – zeigt sich als das Spezifikum der Bonner jüdischen Oberschicht.

Angesichts beschränkter wirtschaftlicher Entfaltungsmöglichkeiten blieb die Integrationsfähigkeit gegenüber verschiedentlich zugezogenen auswärtigen Hoflieferanten prekär; lediglich den Familien Kauffmann und Wolff, die zwar beide aus Neuwied stammten, aber mit alteingesessenen Bonner Familien verwandt waren, gelang es, durch bereits bestehende wechselseitige verwandtschaftliche Bindungen das Netz immer weiter zu verdichten und durch eine hohe Präsenz in Bonn zu entsprechendem Einfluss zu gelangen. In die lokalen Verwandtschaftsnetze nicht oder kaum integrierte Personen wie Meyer zum Goldstein und letztlich, trotz des wirtschaftlichen Erfolges, auch die Familie des Baruch Simon verließen aus diesem Grund und wegen der schwindenden wirtschaftlichen Entfaltungsmöglichkeiten nach dem Ende der Residenzzeit die Stadt wieder.

Die obrigkeitlich initiierte Ausdifferenzierung der Führung der Landesjudenschaft ging um 1600 zunächst zu Lasten des Landesrabbiners, der vorher wohl weitgehende Befugnisse auch administrativer Art innegehabt hatte.[110] Für gut 100 Jahre instrumentalisierten die Kurfürsten, sofern sie zu Juden in persönlichen (Wirtschafts-)Beziehungen standen, das neue Amt des Aufsehers resp. Vorgängers gegen die Judenschaft zu ihren eigenen Zwecken.[111] Daraus entwickelte sich seit den Zeiten von Moses Kauffmann eine relativ stabile Kombination aus Hoftätigkeit (Hofarzt, Hoffaktor) und Amt in der Landesjudenschaft.

Die spezifische Zusammensetzung, eher lokale als überlokale Vernetzung und vergleichsweise bescheidene wirtschaftliche Bedeutung der Bonner jüdischen Oberschicht ließ ein relativ behäbiges Milieu entstehen. Für die schillernden Gestalten ambitionierter „Hofjuden" bot Bonn daher nicht die passende Bühne. So blieben die beiden kurkölnischen „Hofjuden", Levi von Bonn und Meyer zum Goldstein, Ausnahmen von der Regel – Ausnahmen sowohl hinsichtlich ihrer außergewöhnlichen Persönlichkeit als auch aufgrund der jeweils besonderen, unwiederholbaren Konstellation, die ihren Aufstieg ermöglicht hatte.

Anmerkungen

1 Zur Rezeptionsgeschichte eingehend Barbara Gerber, *Jud Süß. Aufstieg und Fall im frühen 18. Jahrhundert. Ein Beitrag zur historischen Antisemitismus- und Rezeptionsforschung*, Hamburg 1990.

2 Rotraud Ries, *Hofjuden – Funktionsträger des absolutistischen Territorialstaates und Teil der jüdischen Gesellschaft. Eine einführende Positionsbestimmung*, in: Rotraud Ries/J. Friedrich Battenberg (Hg.), *Hofjuden – Ökonomie und Interkulturalität. Die jüdische Wirtschaftselite im 18. Jahrhundert*, Hamburg 2002, S. 11–39, hier S. 15f.

3 So die Definition bei Rotraud Ries, *Hofjudenfamilien unter dem Einfluß von Akkulturation und Assimilation*, in: Sabine Hödl/Martha Keil (Hg.), *Die jüdische Familie in Geschichte und Gegenwart*, Berlin/Bodenheim 1999, S. 79–105, hier S. 79f.

4 So Michael Graetz, *Court Jews in Economics and Politics*, in: Vivian B. Mann/Richard I. Cohen (Hg.), *From Court Jews to the Rothschilds. Art, Patronage, and Power 1600–1800*, München/New York 1996, S. 27–43.

5 Barbara Staudinger, *„Auß sonderbaren khayserlichen gnaden". Die Privilegien der Wiener Hofjuden im 16. und 17. Jahrhundert*, in: *Frühneuzeit-Info* 12/1 (2001), S. 21–39, hier S. 22f.

6 Karl Vocelka, *Die politische Propaganda Kaiser Rudolfs II. (1576–1612)*, Wien 1981, S. 192ff., 197–208, 308.

7 Hierzu Birgit E. Klein, *Wohltat und Hochverrat. Kurfürst Ernst von Köln, Juda bar Chajjim und die Juden im Alten Reich*, Hildesheim/Zürich/New York 2003, S. 290–293.

8 Staudinger, *Privilegien* [Anm. 5], S. 32f., Anm. 11.

9 Heinrich Schnee, *Die Hoffinanz und der moderne Staat*, 6 Bde., Berlin 1953–1967, hier Bd. 5, S. 223–225, Nr. 199f.

10 Staudinger, *Privilegien* [Anm. 5], S. 27.

11 Schnee, *Hoffinanz* [Anm. 9], Bd. 5, S. 222, Nr. 198.

12 Zur Geschichte des Begriffs siehe Klein, *Wohltat* [Anm. 7], S. 50.

13 Bayerisches HStA München, Kasten schwarz 12, fol. 275r–278v, hier 277v. Vgl. auch den Text zu Anm. 54.

14 Zur Problematik Staudinger, *Privilegien* [Anm. 5], S. 34, Anm. 26, sowie die kritische Anmerkung bei Sabine Ullmann, *Nachbarschaft und Konkurrenz. Juden und Christen in den Dörfern der Markgrafschaft Burgau 1650 bis 1750*, Göttingen 1999, S. 328, Anm. 490.

15 Instruktiv sind die Listen bei (wegen des antisemitischen Untertons allerdings nur mit Vorsicht zu genießenden) Heinrich Schnee, welche auch die „Bezeichnung in den Akten" angeben (*Hoffinanz* [Anm. 9], hier Bd. 1, S. 245–253, Bd. 2, S. 155–157, 282–287, 361–365, Bd. 3, S. 78–81, 163–165). Danach trugen weniger als zehn Prozent der dort aufgeführten Juden den Titel „Hofjude".

16 Johann Conrad Beyerbach, *Sammlung der Verordnungen der Reichsstadt Frankfurt*, 11 Tle., Frankfurt/M. 1798/1818, hier *Sechster Theil. Fürsorge bei der häußlichen Niederlassung und bei dem Aufenthalt im Frankfurter Staat*, Frankfurt/M. 1799, S. 1232–1234, Verordnung 11 I 7: „Dahier verburgerte fürstliche oder herrschaftliche Töchter sind von ihren bürgerlichen Obliegenheiten nicht frey; vom April 1709"; Zitat S. 1234.

17 Da Schnee in seiner Liste der kurkölnischen Hoffaktoren (*Hoffinanz* [Anm. 9], Bd. 3, S. 78–80) den zweiten der beiden, Meyer zum Goldstein, nur als „Hof- und Heereslieferant" kennt, führt er keinen kurkölnischen „Hofjuden" im Sinne des zeitgenössischen Quellenbegriffs auf.

18 Klein, *Wohltat* [Anm. 7], S. 97, sowie Norbert Andernach (Bearb.), *Die Regesten der Erzbischöfe von Köln im Mittelalter* 8, Düsseldorf 1981, S. 255, Nr. 980.

19 Ebd., S. 441, Nr. 1559.

20 Institut für Stadtgeschichte Frankfurt/M. (im Folgenden ISGF), Judicialia K 23, fol. 13r-v: Statthalter zu Poppelsdorf an Bürgermeister und Rat Frankfurt, 17. Okt. 1540.

21 ISGF, Ratschlagungsprotokolle 1549, fol. 19v; 1550, fol. 27v; Bürgermeisterbuch 1548, fol. 190v; 1549, fol. 153r (freundliche Nachricht von Dr. Wolfgang Treue, Germania Judaica IV, Düsseldorf).

22 ISGF, Judenschaft Ugb D 7 ad C, fol. 4r.

23 D. S. van Zuiden, *Over de Relaties von Prins Willem van Oranje en diens Broeders met de Joden*, in: *Bijdragen en Mededelingen van het Genootschap voor Joodsche Wetenschap in Nederland* 5 (1933), S. 211–244.

24 Haus-, Hof- und Staatsarchiv Wien (im Folgenden HStAW), Reichshofrat (im Folgenden RHR), Schutzbriefe, Karton H-J, Fasz. 7, Konv. 3, ad H, fol. 17r–18v. Hier wie im Folgenden entsprechen Groß- und Kleinschreibung sowie Interpunktion in den von mir transkribierten Quellen den heutigen Regeln.

25 Zum Folgenden Klein, *Wohltat* [Anm. 7], S. 58–73.

26 Abgedruckt bei Klein, *Wohltat* [Anm. 7], S. 94f.

27 HStAD, RKG 2996 (I/J 284/1367), Q 34, fol. 211r–212v und 223v.

28 Zu ihm Klein, *Wohltat* [Anm. 7], S. 90f., ebd. auch die Übersetzung.

29 HHStAW, RHR, Schutzbriefe, Karton Juden/K, Fasz. 7, Konv. 4, ad R, fol. 3r–6r, 9. Juli 1567.

30 Klein, *Wohltat* [Anm. 7], S. 92.

31 So Adolf Kober, *Cologne*, Philadelphia 1940, S. 161.

32 Klein, *Wohltat* [Anm. 7], S. 94.

33 Klein, *Wohltat* [Anm. 7], S. 196–198, zu der Versammlung und den auf ihr erlassenen Verordnungen ebd., S. 18–27, 204–209, 394–400.

34 Finanz- und Hofkammerarchiv Wien (im Folgenden FHKW), Reichsakten F 98, fol. 221r–224v, Kurfürst Ernst an Rudolf II., Freising, 10. Mai 1585.

35 Winfried Schulze, *Deutsche Geschichte im 16. Jahrhundert 1500–1618*, (Frankfurt/M. 1987) ND Darmstadt 1997, S. 164 f.; siehe ausführlich ders., *Reich und Türkengefahr im späten 16. Jahrhundert. Studien zu den politischen und gesellschaftlichen Auswirkungen einer äußeren Bedrohung*, München 1978.

36 Ebenso wenig hatte Ernst die für Münster und Lüttich veranschlagten Reichshilfen geleistet (ebd., S. 342).

37 Winfried Schulze, *Reichstage und Reichssteuern im späten 16. Jahrhundert*, in: *ZHF* 2 (1972), S. 43–58, hier S. 50, sowie ders., *Türkengefahr* [Anm. 35], S. 262ff.

38 Felix Stieve, *Wittelsbacher Briefe aus den Jahren 1590 bis 1610*, in: *Abhandlungen der historischen Classe der königlich bayerischen Akademie der Wissenschaften*, Abt. III, Bd. 18,2 (1888), S. 441–560; ebd., Abt. IV, Bd. 19,1 (1891), S. 119–185, hier III, S. 478, Anm. 1: Landtagsproposition vom 10. Mai 1597.

39 Beispiele der Überbesteuerung bei Schulze, *Türkengefahr* [Anm. 35], S. 255–270.

40 Stieve, *Wittelsbacher Briefe* [Anm. 37], III, S. 265; IV, S. 131f., 226ff., Beilage B, hier S. 227.

41 Zur Umrechnung siehe Klein, *Wohltat* [Anm. 7], S. 82, Anm. 154.

42 FHKW, Reichsakten F 98, fol. 554r–556v, Bericht des Zacharias Geizkofler an Rudolf II., Prag, 21. März 1602. Vor diesem Hintergrund ist unklar, wie Stefan Ehrenpreis anhand eines Eintrags in den Resolutionsprotokollen des Reichshofrats vom 1. August 1594 zum Ergebnis kommt, dieser habe den Vorschlägen der Hofkammer zugestimmt, Kurköln „die Reichssteuern ‚wegen verderb des erzstiffts‘ fast vollständig zu erlassen" und so in kaiserlichem Auftrag die neue wittelsbachische Landesherrschaft in Kurköln unterstützt (‚*Wollen an Euer Kayserliche Majestät untertänigst gelangen lassen ...‘ Die Tätigkeit des kaiserlichen Reichshofrats am Niederrhein*, in: Frank Günter Zehnder [Hg.], *Im Wechselspiel der Kräfte. Politische Entwicklungen des 17. und 18. Jahrhunderts in Kurköln*, Köln 1999, S. 185–202, hier S. 191 [Zitat] und S. 201, Anm. 14).

43 Friedrich Hurter, *Philipp Lang, Kammerdiener Kaiser Rudolphs II. Eine Criminalgeschichte aus dem Anfang des siebenzehnten Jahrhunderts. Aus archivalischen Akten gezogen*, Schaffhausen 1851, S. 88.

44 FHKW, Reichsakten F 98, fol. 621r–626v, Prag, 10. Mai 1606.

45 HAStK, Domstift-Akten, Nr. 344, fol. 167r–172v vom 8. Mai 1606, Zitat fol. 170v.

46 LHAK, Best. 2, 2817, S. 47–58, Landtagsproposition vom 15. Juni 1606 (Original), hier S. 5–53, Zitat S. 52f.

47 HStAD, KK XIV, Nr. 126, fol. 312r-v (Kopie).

48 Klein, *Wohltat* [Anm. 7], S. 279.

49 FHKW, Hoffinanz, rote Nr. 127, 1. Oktober 1607; hierzu FHKW, Protokollbücher Hoffinanz Registratur, Bd. 603 (1607), fol. 447r, 9. Oktober 1607; ebd., Bd. 608 (1608), fol. 22r (17. Januar 1608), fol. 64r (29. Februar 1608), fol. 138r (7. Juni 1608), fol. 202r (16. September 1608); wenn im kaiserlichen Schreiben von 1607 und dem zugehörigen Protokolleintrag hinsichtlich des Vergleichs Gulden („fl.") genannt werden, in den anderen Quellen hingegen Reichstaler,

handelt es sich anscheinend um einen Schreibfehler, da der Mahnung Rudolfs II. ein Schreiben des Reichspfennigmeisters Matthäus Welser vom 18. Juli 1607 vorausgegangen war, in dem gleichfalls von 20 000 Reichstalern die Rede ist (FHKW, Hoffinanz, rote Nr. 126, unter 25./26. September 1607).

50 Winfried Schulze, *Die Erträge der Reichssteuern zwischen 1576 und 1606*, in: *Jahrbuch für die Geschichte Mittel- und Ostdeutschlands* 27 (1978), S. 169–185, hier S. 169.

51 Dagegen beträgt die Strafe laut Protokoll des Reichhofrats lediglich 20 Mark lötigen Goldes (HHStAW, RHR, Prot. Rer. Resolut. Saec. XVII/9, fol. 284v–285r vom 20. Dezember 1605).

52 Im Schutzbrief für Levis Vater Haiman von Deutz, den Karl V. 1551 gewährt hatte, wird Zuwiderhandelnden nur zehn Mark lötigen Goldes als allein an die kaiserliche Hofkammer zu zahlende Strafe angedroht (HHStAW, RHR, Schutzbriefe, Karton H-J, Fasz. 7, Konv. 3, ad H, fol. 17r–18v). Weitere Beispiele für Pönsummen bei Klein, *Wohltat* [Anm. 7], S. 254, Anm. 224. Zur Pönsumme siehe auch Staudinger, *Privilegien* [Anm. 5], S. 26.

53 Der oft kopierte Schutzbrief wird hier zitiert nach HHStAW, RHR, Schutzbriefe, Karton Juden/K, Fasz. 7 Konv. 4, ad L, fol. 48r–49v, Zitate 48r-v.

54 Bayerisches HStA München, Kasten schwarz 12, fol. 275r–278v, hier 277v.

55 Klein, *Wohltat* [Anm. 7], S. 368.

56 Ausführlich Klein, *Wohltat* [Anm. 7], S. 27–40, 400–404, 478–483.

57 Hierzu ausführlich Klein, *Wohltat* [Anm. 7], S. 417–453, 465–478. Infolge der Fälschungshypothese sind die Gutachten bislang nicht auf ihre historische Aussagekraft untersucht worden.

58 Der Streit drehte sich um ein alltägliches, auch heute noch Tiermedizinern vertrautes Problem: Rinder müssen große Futtermengen sehr schnell aufnehmen und verschlucken dabei auch Fremdkörper – damals Drähte von Stroh- und Reetdächern oder Holzverschalungen, heute überdies auch Fremdkörper in oft schlecht gereinigtem Kraftfutter. Nach einer Untersuchung am Schlachthof Hannover wiesen 52,3 Prozent der Rinder im Alter von drei Jahren, 63,3 Prozent im Alter von vier und gar 76,9 Prozent der Rinder im Alter von fünf Jahren und älter Fremdkörper im Magen auf.
Die Zerkleinerung des Futters im Wiederkautrakt geschieht durch die schnelle und starke Kontraktion des zweiten Magens, der wabenförmig strukturierten Haube. Wird nun ein Fremdkörper mit aufgenommen, verfängt er sich in den Haubenleisten und wird durch die Kontraktionen der Haube in die Tiefe der Magenwand getrieben. Folge ist im leichtesten Fall eine oberflächliche Verletzung und Entzündung der Magenschleimhaut, die von selbst innerhalb von fünf bis acht Tagen abheilen kann, wenn der steckende Fremdkörper zurücktritt. Falls die Magenwand aber durchstochen wird, was der häufigste Fall ist, so dehnt sich die Entzündung auf die Haubenhaut und das Bauchfell aus, die um die Perforationsstelle herum miteinander verwachsen. Zwar kann auch diese Verletzung abheilen, indem sich am Entzündungsort eine fibröse Verwachsung bildet, die sich später zu einem beweglichen bindegewebigen Strang entwickelt. In der Regel führt diese Erkrankung jedoch innerhalb von Tagen, Wochen oder Monaten zum Tod. Und da auch die heutige Technik nicht verhindern kann, dass Rinder Nadeln fressen, besteht das einzige moderne Gegenmittel in Deutschland wie in Israel darin, den Tieren einen Magne-

ten einzuführen, der metallische Fremdkörper anzieht und ihr Eindringen in die Magenwand verhindert.

59 Sehr bekannt wurde der Wiener Oberhoffaktor und Landesrabbiner Samson Wertheimer, auf den noch die Grabinschrift seines 1782 in Bonn verstorbenen Enkels Isaac Bezug nimmt: siehe Michael Brocke / Dan Bondy, *Der alte jüdische Friedhof in Bonn-Schwarzrheindorf,* Köln 1998, S. 186 f., C2, 71, und die dort angegebene Literatur.

60 Da sich die Nachweise zu Bernd, Salomon und Nini Levi bei Klein, *Wohltat* [Anm. 7], S. 409–417, finden, sind zu ihnen im Folgenden nur die wichtigsten Quellen angegeben.

61 Stadtarchiv Münster, Handschriften 55, fol. 24r–27r, hier 24v, vom April 1619.

62 Schnee, *Hoffinanz* [Anm. 9], I, S. 97–101.

63 Die Bestallungsurkunde ist abgedruckt bei Fritz Baer, *Das Protokollbuch der Landjudenschaft des Herzogtums Kleve. Erster Teil: Die Geschichte der Landjudenschaft des Herzogtums Kleve,* Berlin 1922, S. 131–134, Anhang Nr. 1.

64 GStA PK, I. Hauptabteilung, Repositur 34, Nr. 178e, fol. 102r/v und 106r: Laut einem am 26. September 1663 in Königsberg ausgestellten Dekret wurde Bernd Levi die Inspektion über die Juden im Fürstentum Minden und in der zur Grafschaft Ravensberg gehörenden Stadt Herford „seines unverantwortlichen und partheyschen Verfahrens halber" entzogen und dem Drosten Ledebaur aufgetragen.

65 GStA PK, I. Hauptabteilung, Repositur 32, Nr. 62, fol. 259, 1667 II 7; Cölln an der Spree (Konzept).

66 Die kommentierte Übersetzung der Inschrift findet sich bei Bernhard Brilling, *Die ältesten Grabsteine des jüdischen Friedhofs von Herford 1680–1808,* in: *Herforder Jahrbuch* 6 (1965), S. 1–23, hier S. 5 f., die Abbildung ebd., S. 23, I.

67 Klein, *Wohltat* [Anm. 7], S. 409–417.

68 Staatsarchiv Münster (im Folgenden StAM), Paderborner Hofkammer 3304, fol. 17r–20v, 94v; vgl. Baer, *Protokollbuch* [Anm. 63], S. 21f.

69 StAM, Paderborner Hofkammer 3304, fol. 7r, 8r-v (hier Auszüge aus dem „Rechenbuch Salomon Levi"), 126r-v; letzteres Dokument abgedruckt bei Baer, *Protokollbuch* [Anm. 63], S. 136, Nr. 3.

70 StAM, FM LA 39 Nr. 6, fol. 1r–2v; abgedruckt bei Diethard Aschoff, *Das münsterländische Judentum bis zum Ende des dreißigjährigen Krieges. Studien zur Geschichte der Juden in Westfalen,* in: *Theokratia* 3 (1973–1975), S. 125–184, hier S. 180f., Nr. 10.

71 HStAD, KK III, Nr. 54 II, fol. 15v; Druckexemplar erhalten in HStAD, KK II, 3245, fol. 112r.

72 Klein, *Wohltat* [Anm. 7], S. 453–460; Brocke/Bondy, *Bonn-Schwarzrheindorf* [Anm. 57] S. 57, C3,5 von 1673?; zur Korrektur der Jahreszahl ebd., S. 592.

73 HStAD, KK IV, 4515, fol. 95r und 99v.

74 HStAD, KK IV, 4526, fol. 241v–242r, 9. August 1692; ebd., 4528, fol. 84r/v, 9. Juni 1694.

75 HStAD, KK IV, 4528, fol. 131r und 155v–157v; 4529, fol. 3v/4r und 13v.

76 Im März 1706 beantragte er die Konfirmation eines weiteren, bereits seinen „Vor- und Eltern" wegen „gelaister Diensten" erteilten Schutzbriefs für sich und den Sohn seiner Schwester, Isaac Speyr, seinen Schwager David Scheye und seinen Vetter Elckan Liebmann, „dern drey als vertrawter Männer Hilff"

er sich in Münzsachen im Dienste des Kaisers „ohnumbgänglich gebrauchen" müsse. Mit dem von Meyer vorgelegten Schutzbrief hatte Kaiser Leopold I. (Reg. 1658–1705) einen früheren bestätigt, den seine Vorgänger Meyers hier namentlich genannten Vorfahren erteilt hatten (HHStAW, RHR, Schutzbriefe, Fasz. 7, Konv. 3, H-J, Juden, ad M, fol. 3r–20v).

77 HStAD, KK IV, 4529, fol. 189r.

78 HStAD, KK IV, 2762, fol. 97v.

79 Brocke/Bondy, *Bonn-Schwarzrheindorf* [Anm. 59] S. 70 f., C2, 105 von 1697.

80 Siehe ebd. den Kommentar zu diesem Grabstein. Zu Jacob Behrens s. Bernd Schedlitz, *Leffmann Behrens. Untersuchungen zum Hofjudentum im Zeitalter des Absolutismus,* Hildesheim 1984, S. 25, 92.

81 Nach der Vertreibung der Kölner Juden 1424 durften Juden die Stadt nur mit der Sondergenehmigung, dem Geleit, des Kölner Rates betreten, für dessen Bewilligung es der Fürsprache bedurfte. Meyer erhielt am 8. September 1704 vom Kölner Rat drei Tage „gewöhnlicher Masen" Geleit in der Stadt bewilligt in Ansehung, „das [er] Ihro Hochfr. Dhlt. zu Saxen Hoffjudt und Factor seyn" (HStAK, Ratsprotokolle 151, fol. 264v); erneut am 6. Oktober und 5. November 1704 (ebd., fol. 289v und 322v), beide Male auf Antrag des Herzogs zu Sachsen-Zeitz; vgl. Adolf Kober, *Die Reichsstadt Köln und die Juden in den Jahren 1685–1715. Ein Beitrag zur Geschichte der jüdischen Hoffaktoren,* in: *Monatsschrift für Geschichte und Wissenschaft des Judentums* 75 (1931), S. 412–428, hier S. 419.

82 HHStAW, RHR, Den. ant. 169, fol. 58r-v, 63r-v.

83 Ebd., fol. 59r. Seine Forderungen belegte er mit zwei Wechseln, von der Kriegskasse in Bonn am 7. November 1701 über 1500 und 500 Rtlr. ausgestellt, sowie einer offen stehenden Rechung an Hofkammer über 4075 oberländische Gulden (ebd., fol. 60r, 61r).

84 Ebd., fol. 64r–65v, Konzept des Schutzbriefs, sowie HHStAW, RHR, Schutzbriefe, Fasz. 7, Konv. 3, H-J, Juden, ad M, fol. 21r–23v, notariell beglaubigte Kopie.

85 HHStAW, RHR, Den. ant. 169, fol. 66r–67v.

86 Ebd., fol. 68r.

87 Ebd., fol. 70r–77v in doppelter Ausführung.

88 Ebd., fol. 78r–79v, praes. RHR am 3. August 1706.

89 HStAD, KK IV, 4543, fol. 95r/v.

90 Ebd., fol. 134r.

91 HStAD, KK II, 1744h, fol. 26v.

92 Im März 1706 beantragte er als „Meyer zum Goldstein, Ihro Fürstlicher Durchlaucht zu Sachsen-Zeitz, Bischoffen von Raab Hofffactor und Schuzjud zu Franckfurth," die Konfirmation eines weiteren, bereits seinen „Vor- und Eltern" wegen „gelaister Diensten" erteilten Schutzbriefs für sich und den Sohn seiner Schwester, Isaac Speyr, seinen Schwager David Scheye und seinen Vetter Elckan Liebmann, „dern drey als vertrawter Männer Hilff" er sich in Münzsachen im Dienste des Kaisers „ohnumbgänglich gebrauchen" müsse (HHStAW, RHR, Schutzbriefe, Fasz. 7, Konv. 3, H-J, Juden, ad M, fol. 5r–6v).

93 HHStAW, RHR, Confirmationes privilegiorum, fol. 402r–403v.

94 HHStAW, RHR, Schutzbriefe, Fasz. 7, Konv. 3, H-J, Juden, ad M, fol. 24r–31v.

95 LHAK, Best. 56, Nr. 927 J 344/1649 (Inventar 992) (unpaginiert). In der Akte findet sich u.a. ein im selben Jahr ausgestelltes Zeugnis der kaiserlichen Reichshofkanzlei über die Ankunft des kurtrierischen Hofjuden Meyer zum Goldstein in Wien in kaiserlichen Diensten sowie ein von Kaiser Karl VI. 1716 für ihn als in seinen Geschäften Reisenden ausgestellter Passbrief. Zur Akte vgl. Landesarchivverwaltung Rheinland-Pfalz (Hg.), *Repertorium der Akten des ehemaligen Reichskammergerichts im Staatsarchiv Koblenz*, bearb. von Otto Graf von Looz-Corswarem und Hellmuth Scheidt, Koblenz 1957, S. 164.

96 Zur jüdischen Bonner Elite im 18. Jahrhundert siehe ausführlicher Birgit Klein/Rotraud Ries, *Zu Struktur und Funktion der jüdischen Oberschicht in Bonn und ihre Beziehungen zum kurfürstlichen Hof*, in: Frank Günter Zehnder (Hg.), *Eine Gesellschaft im Wandel. Alltag und Umwelt im Rheinland des 18. Jahrhunderts*, Köln 1999, S. 289–315.

97 Brocke/Bondy, *Bonn-Schwarzrheindorf* [Anm. 59] S. 117 f., C2, 80 von 1754 (Mosche Jizchak Awraham Sohn des Jekutiel).

98 Ebd., S. 122 f., C2, 81 von 1758.

99 HStAD, KK IV, 4548, fol. 209v.

100 Nach Schnee, *Hoffinanz* [Anm. 9], Bd. 3, S. 17 und 19; Zitate S. 19. Schnees Behauptung (ebd., S. 16, ohne genaue Quellenangabe, daher vermutlich in Anschluss an Georg Hoffmann, *Die Juden im Erzstift Köln im 18. Jahrhundert mit besonderer Berücksichtigung ihrer Stellung in der Hoffinanz*, [Diss. München] Aachen 1928, S. 72, aufgestellt), Moses Kauffmann sei ausdrücklich als „Hofjude" bezeichnet worden, ließ sich anhand der mir vorliegenden Quellen nicht verifizieren.

101 Schnee, *Hoffinanz* [Anm. 9], Bd. 3, S. 18ff.

102 Ebd., S. 21, sowie Klaus H. S. Schulte, *Bonner Juden und ihre Nachkommen bis um 1930. Eine familien- und sozialgeschichtliche Dokumentation*, Bonn 1976, S. 387.

103 GStA PK, I. HA Geheimer Rat Rep. 11 Auswärtige Beziehungen Nr. 91 Fasz. 11.

104 Ebd., Fasz. 16.

105 Vgl. Baer, *Protokollbuch* [Anm. 63], S. 93, Anm. 69.

106 Memorbuch der jüdischen Gemeinde Bonn, British Library London, Ms. Ox. 11,696, fol. 9b. Dan Bondy am Salomon Ludwig Steinheim-Institut für deutsch-jüdische Geschichte Duisburg, das eine Edition vorbereitet, hat mir dankenswerterweise seine Abschrift zur Verfügung gestellt.

107 Schnee, *Hoffinanz* [Anm. 9], Bd. 3, S. 46–51 sowie ebd., S. 69–72, zu seinem Wirken im Fürstbistum Hildesheim.

108 Schnee, *Hoffinanz* [Anm. 9], Bd. 3, S. 25–37.

109 CAHJP, Inv. 484/4/a, ohne Foliozählung.

110 Zur Entwicklung des Landesrabbinats bis ins 18. Jahrhundert siehe Birgit Klein, *„Unter der Herrschaft einer gnädigen Obrigkeit" – Das Kurkölner Landesrabbinat von den Anfängen bis in die Zeit von Kurfürst Clemens August*, in: Franz Günter Zehnder (Hg.), *Hirt und Herde. Religiosität und Frömmigkeit im Rheinland des 18. Jahrhunderts*, Köln 2000, S. 252–278.

111 Vgl. Daniel J. Cohen, *Die Entwicklung der Landesrabbinate in den deutschen Territorien bis zur Emanzipation*, in: Alfred Haverkamp (Hg.), *Zur Geschichte der Juden im Deutschland des späten Mittelalters und der frühen Neuzeit*, Stuttgart 1981, S. 221–242, hier S. 229.

Birgit E. Klein

Zwischen Anonymität und amtlicher Erfassung

Herrschaftliche Rahmenbedingungen jüdischen Lebens in den rheinischen Territorialstaaten vom 16. Jahrhundert bis zum Beginn der ‚Emanzipationszeit'

Stephan Laux

Die Geschichte der rheinischen Juden in der Vormoderne vom 16. bis zum späten 18. Jahrhundert ist noch nicht geschrieben. Während die Gründe dafür in der Vergangenheit in der weitgehenden Verweigerung der Landes- wie der allgemeinen Geschichtswissenschaft in Deutschland gegenüber diesem Thema zu sehen sind[1], fehlte es in jüngerer Zeit trotz des beträchtlichen Engagements von Forschungsinstituten und trotz zahlreicher öffentlicher und privater Initiativen um die Sicherung und Erforschung jüdischen Kulturerbes an den Voraussetzungen für eine synthetisierende Darstellung. Neben der notwendigen Erhebung der meistenteils archivisch verborgenen, vor allem personengeschichtlichen Grundinformationen steht eine jede Gesamtdarstellung zur jüdischen Geschichte der Frühen Neuzeit zudem vor erheblichen konzeptionellen Herausforderungen: Weder die überkommene politik- oder strukturgeschichtliche, noch die kulturalistische Methode allein vermögen die überaus komplexe Situation der Juden inmitten der christlichen Mehrheitsgesellschaft und die wechselseitigen Bindungen der Bevölkerungsgruppen zu erfassen. Dem Forschungsstand und den angedeuteten methodischen Schwierigkeiten sind auch die Einschränkungen dieses Beitrags geschuldet. Sein Ziel ist keine Gesamt-, nicht einmal eine Überblicksdarstellung, sondern eine im gegebenen Rahmen konzentrierte Problematisierung der Bedingungen, die für die Juden in den größeren Territorien des Rheinlandes maßgeblich waren.[2] Dabei stehen auch hier die staatlichen bzw. herrschaftlichen und administrativen Aspekte im Vordergrund, die allerdings, so eine Ausgangsthese, viel stärker in die jüdische Alltagserfahrung einzubinden sind, als dies die Forschung bislang getan hat. Um einen exemplarischen Versuch in diesem Sinne wird sich ein separater Abschnitt bemühen, der einen geografisch und zeitlich konzentrierten Blick auf die Juden im niederrheinischen Sonsbeck in den 1770er Jahren richten wird.

Zur räumlichen und herrschaftlichen Grundstruktur
des Rheinlandes in der Frühen Neuzeit

Die von ihren räumlichen Ausmaßen und ihrem politischen Gewicht im Heiligen Römischen Reich deutscher Nation dominierenden Territorien im Rheinland des 17. und 18. Jahrhunderts waren die Herzogtümer Jülich und Kleve und das Kurfürstentum Köln. Das rechtsrheinische Herzogtum Berg und, weniger noch, die westfälische Grafschaft Mark sind bedingt diesem links und rechts des Rheins versammelten Herrschaftskonglomerat hinzuzufügen, da sie politisch bzw. dynastisch in Personalunion miteinander verbunden waren: Kleve und Mark (sowie die Grafschaft Ravensberg) wurden seit 1609 von Brandenburg-Preußen, Jülich und Berg vom ebenfalls ortsfremden Geschlecht der Pfalz-Neuburger regiert. Die ungeachtet der bis 1666 vollzogenen Teilung dieses vormals klevischen Gesamtkomplexes aufrechterhaltene Fiktion einer wechselseitigen Herrschaftsausübung beider Potentaten schlug sich mit Blick auf die jüdischen Bevölkerungsgruppen allem Anschein nach nicht nieder: So ist in den einschlägigen Verträgen, Vergleichen, Reversalen etc., die beide Seiten im 17. Jahrhundert miteinander schlossen, nirgends die Rede von Ansprüchen, die man gegenüber den im jeweils anderen Herrschaftsanteil angesiedelten Juden geltend machen wollte. Eine zweite Klammer bestand schon seit dem 12. Jahrhundert zwischen dem geistlichen Kölner Kurstaat und den westfälischen Territorien Herzogtum Westfalen (zu einem Teil das ‚kurkölnische Sauerland‘) und dem zwischen Lippe und Emscher gelegenen Vest Recklinghausen, Gebieten also, die dem Kurfürsten und Erzbischof von Köln unterstanden.

Fasste man als das ‚Rheinland‘ den historisch wie naturräumlich freilich diskutablen Raum ins Auge, der links des Flusses vom Südrand des Kölner Erzstifts bei Andernach bis zum unteren Niederrhein bei Emmerich reichte und im Westen durch das im 17. Jahrhundert entstandene Staatsgebiet der niederländischen Generalstaaten begrenzt war, wäre neben den genannten Territorien noch eine Reihe weiterer Herrschaftsgebiete zu berücksichtigen: die Reichsstädte Köln und Aachen, von denen letztere sogar ein beträchtliches Territorium ausbildete, und eine Zahl von Kleinstherrschaften: Von diesen war die Reichsabtei Kornelimünster die flächenmäßig größte. Andere wie die Reichsherrschaften Dyck, Myllendonck oder Wickrath glänzten weniger mit räumlichen Ausmaßen als mit zu verschiedenen Zeiten privilegial verbriefter Reichsunmittelbarkeit. Rangmäßig darunter waren die meist innerhalb Kurkölns und Jülichs gelegenen so genannten Unterherrschaften wie Hoerstgen zu Frohnenbruck bei Kamp-Lintfort angesiedelt, die zeitgenössisch – und mehr noch

Stephan Laux

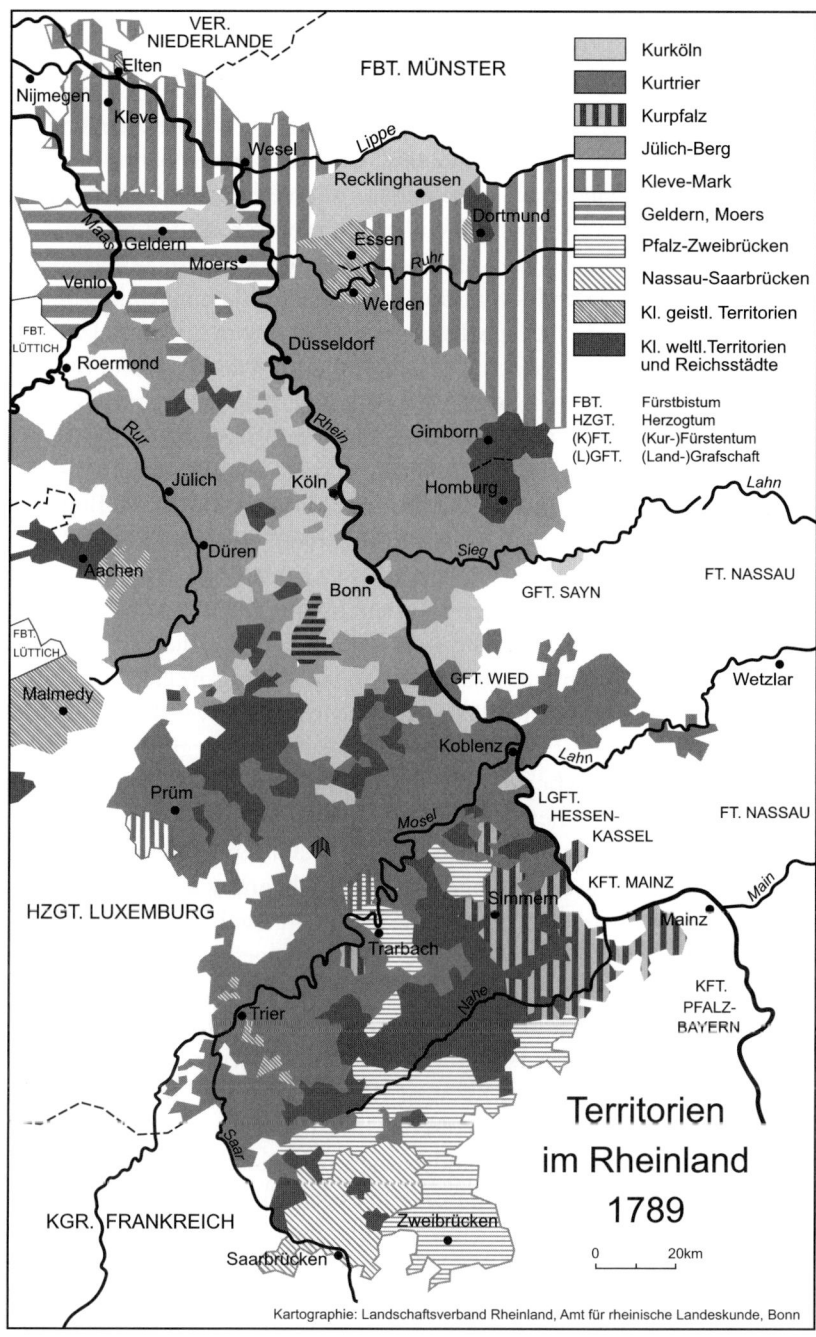

Legend:

- Kurköln
- Kurtrier
- Kurpfalz
- Jülich-Berg
- Kleve-Mark
- Geldern, Moers
- Pfalz-Zweibrücken
- Nassau-Saarbrücken
- Kl. geistl. Territorien
- Kl. weltl.Territorien und Reichsstädte

FBT.	Fürstbistum
HZGT.	Herzogtum
(K)FT.	(Kur-)Fürstentum
(L)GFT.	(Land-)Grafschaft

VER. NIEDERLANDE
Elten
Nijmegen
Kleve
Wesel
Lippe
Recklinghausen
Dortmund
FBT. MÜNSTER
Maas
Geldern
Moers
Essen
Ruhr
Werden
Venlo
Werden
FBT. LÜTTICH
Roermond
Düsseldorf
Rhein
Gimborn
Homburg
Rur
Jülich
Köln
Lahn
Düren
Sieg
Aachen
Bonn
GFT. SAYN
FBT. LÜTTICH
FT. NASSAU
Malmedy
GFT. WIED
Wetzlar
Koblenz
Lahn
Prüm
Mosel
LGFT. HESSEN-KASSEL
FT. NASSAU
HZGT. LUXEMBURG
KFT. MAINZ
Main
Simmern
Mainz
Trarbach
KFT. PFALZ-BAYERN
Trier
Nahe

Territorien im Rheinland 1789

KGR. FRANKREICH
Zweibrücken
Saar
Saarbrücken

0   20km

Kartographie: Landschaftsverband Rheinland, Amt für rheinische Landeskunde, Bonn

12 Territorien im Rheinland 1789

im historischen Rückblick – in einem ungesicherten verfassungsmäßigen Verhältnis zu den größeren Flächenstaaten standen und mit je unterschiedlichem Erfolg bemüht waren, sich dem landesherrlichen Zugriff zu entziehen. In noch ungeklärtem Maße wurden diese Unterherrschaften (so auch Hoerstgen[3]) zu einem Zufluchtsort für die im 16. und 17. Jahrhundert aus verschiedenen umliegenden Gebieten verdrängten Juden, überdies auch für evangelische Minderheiten bzw. Flüchtlinge.

Die Durchlöcherung der nicht preußischen Gebiete durch unterschiedliche weltliche und kirchliche Zwischengewalten verweist auf eine strukturelle Konstante im linksrheinischen Raum vom Spätmittelalter bis zum Ende der Frühen Neuzeit: Die Landesherren von Jülich und Kurköln haben es im Laufe der Jahrhunderte weder innerhalb ihrer eigenen Grenzen noch gegenüber den konkurrierenden Kleinstherrschaften vermocht, ihre Kompetenzen wirklich entscheidend zu vertiefen. Als Maßstab für diesen Prozess galt im 17. und 18. Jahrhundert das absolutistische Brandenburg-Preußen. Dieses war über Kleve (1609/1666), Moers (1702/1712) und den Hauptteil des sich südlich anschließenden Oberquartiers Geldern (1713) auch am Rhein ansässig geworden. Im Vergleich zu seinen ostelbischen Kerngebieten hat sich die staatliche Integration dieser westlichen Provinzen dort nicht in typischer Weise vollzogen, was freilich auch Folge unterschiedlicher gesellschaftlicher Grundstrukturen war. In der Konsequenz waren die Landstände in Kleve und Mark in einer günstigeren Lage als in den kernpreußischen Gebieten, wo sie im Laufe der Zeit de facto zu Akklamationsgremien herabgestuft oder gar abgeschafft wurden. Die klevischen Stände dagegen hatten 1649, als der „Große Kurfürst" unter den schweren Nachkriegsbedingungen an die Etablierung seiner Herrschaft schritt, neben Indigenatsrechten eine Art Blankovollmacht erhalten, in allen Angelegenheiten der Landesverwaltung angehört werden zu müssen.[4] Dennoch: Vor allem durch die massive Militärpräsenz in oder vor den Städten sollte sich auch im Westen gegen Ende der Herrschaft Friedrich Wilhelms (gest. 1688) das Blatt zugunsten der fürstlichen Herrschaft wenden. Anders im Erzstift und Kurstaat Köln, dem am stärksten zurückgebliebenen der ab 1794 in französische, 1815 in preußische Hand übergegangenen Gebiete: Sämtliche Modernisierungsversuche bis zum Ende des Alten Reichs sollten sich hier unter dem Strich als undurchführbar erweisen. Unter dem letzten Kölner Kurfürsten, Maximilian Franz (1784–1801), einem mit einigem Recht als radikal zu bezeichnenden geistlichen Reformer, zeigte sich am stärksten, dass der als beklagenswert empfundene Zustand des Landes keineswegs allein (oder überhaupt) im Charakter Kurkölns als eines geistlichen Wahlstaats, sondern im Strukturkonservativismus dieses monokonfessionellen Privilegienstaats begründet war.

Mit Blick auf die in diesen Ländern niedergelassenen Juden lässt sich somit eine existenzielle Grundbedingung wie folgt formulieren: Die Schwäche der Zentralregierungen zeitigte einen hohen Einfluss so genannter intermediärer Instanzen – Adel, Geistlichkeit, Magistrate, mitunter auch mittlere und untere Behörden. Daraus resultierte eine belegbare Rücksichtnahme der Landesherren bei der Ausgestaltung ihrer 'Judenpolitik', wenn nicht sogar die direkte Einflussnahme der Stände darauf, die auf eine Festlegung – bzw. Reduzierung – der Zahl der Juden und auf eine strenge Gesetzgebung pochten. Mag man hier von einer nur indirekten Einwirkung auf die jüdische Lebenswelt sprechen, liegt es auf der Hand, dass jene um so größer war, wenn Bürgermeister und Adlige in Angelegenheiten der Juden nicht als Ständevertreter auf den Landtagen, sondern als Stadtvorstände und Grundherren auftraten, wo sie im unmittelbaren Erfahrungskreis der Betroffenen Verfügungsrechte ausübten.

Das 15. und 16. Jahrhundert: Vorgeschichte und Vermächtnis

Wie in anderen Herrschaftsgebieten oder Regionen des Alten Reichs wurden auch im Rheinland die nach den Verfolgungen um die Mitte des 14. Jahrhunderts neu gebildeten jüdischen Siedlungsstrukturen vielerorts im 15. und 16. Jahrhundert wieder zerschlagen.

Von einer flächendeckenden Wiederansiedlung von Juden nach den Pogromen von 1349 kann weder in zahlenmäßiger noch in geografischer Hinsicht gesprochen werden: Im Herzogtum Berg etwa wurden über weite Teile keine Juden mehr ansässig. So lebten von den vier Hauptstädten allein in Düsseldorf zeitweilig Juden.[5] Die Verdrängung der Juden aus den rheinischen Städten war im Rheinland allerdings nicht wie anderswo das Ergebnis mitunter minutiös vorbereiteter Vertreibungen, wie sie beispielsweise in Bayern oder in den habsburgischen Territorien, im Übrigen in so gut wie allen Reichsstädten im 15. und teils auch noch im 16. Jahrhundert praktiziert wurden.[6] Hier war es vielmehr eine Kette antijüdischer Maßnahmen der jeweiligen Magistrate, die sich in nur schwer durchschaubarer Form mit entsprechenden Maßnahmen der Landesherren verband.

Im Doppelterritorium Jülich-Berg beispielsweise hatte sich in beiden Gebietskomplexen schon rund ein Jahrhundert vor der Herrschaft der Klever Herzöge eine Verschärfung des Judenrechts abgezeichnet. Nach 1423, als die Herzöge von Berg die Regierung über Jülich und das ostwestfälische Ravensberg übernahmen, erließen sie mehrere Ansiedlungsverbote. Diese aber waren allem Anschein nach erst nachträgliche

Reaktionen auf Vertreibungen, die die Städte ihrerseits bereits vollzogen hatten, so in Düsseldorf und Siegburg 1438 bzw. zwischen 1440 und 1448[7]. Was sich hier überlieferungsbedingt nur im Ansatz zeigt, spiegelt eine typische Problemkonstellation wider, die sich für viele Juden über die Jahrhunderte als tendenziell bedrohlich auswirkte: Die Verfügungsgewalt über sie war unweigerlich Ausweis der jeweiligen rechtlichen Situation in einem Herrschaftsbezirk und insofern auch von symbolischer Bedeutung. Das sicherlich prominenteste Beispiel in rheinischen Breiten hierfür war die Stadt Köln, die 1424 die Juden vertrieb, womit sie zumindest indirekt ihrem gegen den bischöflichen Stadtherrn geltend gemachten (1475 verwirklichten) Anspruch auf Reichsunmittelbarkeit Ausdruck gab.[8] Die benachbarte kurkölnische Landstadt Neuss tat es Köln gleich[9], und die kleine bergische Residenz Düsseldorf erwarb im erwähnten Jahr 1438 ein Nichtduldungsprivileg auf 12 Jahre, das sich noch sehr viel länger als Freibrief zur Fernhaltung der Juden erwies.

Über die tatsächlichen Motive der Städte, sich der Juden zu entledigen, fehlen in den allermeisten Fällen Begründungen in den Quellen. Da, wenn überhaupt, fast immer wirtschaftliche Motive genannt werden[10], ist indes anzunehmen, dass sich die agierenden Personen und Korporationen (Zünfte, Stände) durch die Vertreibung günstige Schuldentilgungsbedingungen versprachen, außerdem christliche Geldgeber, die sich nicht an das kanonische Zinsverbot hielten, das bis dato bestehende Monopol der Juden zu unterlaufen trachteten.[11] Die im 15. und 16. Jahrhundert weit verbreitete Judenfeindschaft bildete hierzu eine mentale Grundierung, die als solche keineswegs klein zu reden ist, die allein aber kaum den Ausschlag für antijüdische Maßnahmen in dieser Regelhaftigkeit gab.[12] Aus der Sicht der Landesherren war die Vertreibung der Juden hingegen vielfach ein Gebot politischer Klugheit, wenn es darum ging, den Landständen in ihren Gravamina (zutreffender ‚Beschwerungen' als Beschwerden) entgegenzukommen, um so die erhofften Steuereinkünfte zu gewährleisten oder die unter vielerlei Bedingungen (innerdynastische und äußere Konflikte etc.) gefährdete fürstliche Herrschaft überhaupt zu sichern. So wurde in Kurköln samt dem Herzogtum Westfalen, in Münster und im ebenfalls über Personalunion verbundenen Paderborn im 18. Jahrhundert mehrfach auf Landtagen darüber verhandelt, ob und unter welchen Bedingungen der Landesherr im Falle einer Vertreibung der Juden zu entschädigen wäre.

Es ist allerdings nicht zu verkennen, dass die Maßnahmen gegen die Juden im 15. und 16. Jahrhundert meist durchaus vom persönlichen Dafürhalten der Landesherren getragen waren. In Jülich-Berg ist dies evident. Während die Judenverordnungen in der zweiten Hälfte des 15. Jahrhunderts noch durch eine mancherorts und schwerpunktmäßig in Jülich fortgesetzte Vergleitungspraxis (u. a. in Düren oder Grevenbroich, im 16. Jahrhundert auch in bergischen Städten wie in Elberfeld) von den Herzögen selbst konterkariert wurden oder aber in umstrittenen Gebietsteilen (Kondominaten, Unterherrschaften, Vogteien, Pfandschaften) nicht vollständig durchsetzbar waren, wurde der fürstliche Anspruch auf ,Judenfreiheit' im 16. Jahrhundert mehr oder minder realisiert, als Jülich-Berg und Kleve-Mark in Personalunion durch die Klever Herzöge als „Vereinigte Herzogtümer" regiert wurden. Auffälligerweise wenige Tage vor seinem Tod, der sich durch schwere Krankheit lange angekündigt hatte, hat schon Wilhelm IV. von Jülich-Berg die Kennzeichnungspflicht für Juden mit einem gelben Ring auf der Brust dekretiert, was sein Nachfolger, der klevische Erbprinz Johann III., 1513 bestätigte. 1525 – vier Jahre nach Antritt seiner Regierung über die „Vereinigten Herzogtümer" – bestimmte Johann III. („der Friedfertige"), dass Juden, die der Zinsnahme überführt würden, „as gemeine und offenbare reuver uns mit live ind gute erfallen sin".[13] Diese in ihrem Duktus außerordentlich scharfe und verächtliche Verordnung mag zwar nicht mit einem formellen Ausweisungsbefehl gleichzusetzen sein. Ihre Umsetzung entzog den Betroffenen indes die Lebensgrundlage, und konsequenterweise sind für die Folgezeit keine Vergleitungen bezeugt. Die von Johanns Sohn und Nachfolger, Wilhelm V., 1554 und 1558 erlassenen Polizeiordnungen[14] bekräftigten das Ansiedlungsverbot und fixierten somit den Istzustand. Von jener den Herzögen vielfach zugesprochenen Religionstoleranz war im Umgang mit den Juden also nicht nur nichts zu spüren, sondern im Gegenteil: Es manifestierte sich hier einmal mehr das nicht nur äußerliche, sondern immanente Ineinanderfallen humanistisch geleiteter, reformerischer Initiativkraft und Judenfeindlichkeit. Erstens nämlich waren – lässt man die oppositionellen Landstände einmal außer Betracht – praktisch sämtliche territorialen Judenvertreibungen des 15. und teils auch noch des 16. Jahrhunderts von Landesherren getragen, die sich augenscheinlich als persönlich verantwortliche, politische wie religiöse Erneuerer zu profilieren suchten und die sich (in den weltlichen Territorien) nach eigenem Bekunden den testamentarischen Vorgaben ihrer Vorväter verpflichtet sahen, die ihnen die Fernhaltung der Juden vorgegeben hatten. Zweitens war die religiös begründete Judenfeindschaft ein konstitutives Merkmal der innerkirchlichen Erneuerung im ausgehenden Mittelalter: Im Zuge der Rückbesinnung auf urchristliche Wurzeln stieg schließlich die (rundweg unerfüllte) Erwartung an die Juden, zum Christentum zu konvertieren. Dass die daraus resultierende Enttäuschung in den wiederum traditionsbildenden, schroff antijüdischen Stellungnahmen herausragender

Denker wie eines Nikolaus von Cues, eines Erasmus von Rotterdam oder eines Martin Luther Ausdruck fanden, ist alles andere als ein Zufall.[15]

Derart offensichtliche landesherrliche Maßnahmen gegen die Juden hat es in Kurköln allem Anschein nach nicht gegeben: mit einer Ausnahme unter dem Erzbischof Hermann IV. von Hessen, der unter dem Eindruck eines radikalen Konvertiten (Victor von Carben) um 1500 die Juden aus Brühl und vermutlich auch aus Deutz vertrieb.[16] Im ersten Viertel des 15. Jahrhunderts hatten im Erzstift 40 bis 50 Familien gelebt.[17] Über die Gründe für diese auch im Reichsvergleich atypische Entwicklung ist nur zu spekulieren: Das Territorium war mit Ausnahme der Hauptstädte Neuss und Andernach[18], die sich konsequenterweise von sich aus der Juden entledigt hatten, von sehr kleinen Städten geprägt, die gegenüber dem Landesherrn eine relativ schwache Stellung besaßen und sich selbst in der Städtekurie auf den Landtagen kaum Gehör verschaffen konnten. Dass umgekehrt ausgerechnet Deutz zu einem bedeutenden Ort des rheinischen Judentums aufstieg, erklärt sich vielleicht auch daraus, dass die ‚Freiheit' Deutz im Verhältnis zu ihrer gewerberechtlichen Begünstigung verhältnismäßig spät einen kommunalen Charakter ausgeprägt und es erst im Zuge dessen zu einem gewissen politischen Gewicht gebracht hat.[19] In den 1590er Jahren umfasste die Deutzer Gemeinde knapp 20 Familien mit rund 100 Personen.[20] 1581 hatte sie ein Memorbuch angelegt und bis zu dessen (kriegsbedingten) Wechsel nach Bonn 1588 auch den Sitz des Landesrabbinats gebildet.[21] Aufgrund der starken, wenn nicht überragenden Stellung des Domkapitels, das – wenn nicht aus religiösen Motiven – an einer Fernhaltung der Juden kein sonderliches Interesse besessen haben dürfte, könnte es sich somit erklären, dass – anders etwa als in Kurtrier und in den fränkischen Bistümern – keine der Kölner Wahlkapitulationen des 16. Jahrhunderts den jeweiligen ‚Electi' die Vertreibung der Juden vorgab. Schließlich ist zu bedenken, dass das Kölner Episkopat vom ausgehenden Mittelalter bis zur Etablierung der bayerischen Wittelsbacher gegen Ende des 16. Jahrhunderts keine Gestalten hervorbrachte, die durch besonderen regimentalen Eifer veranlasst worden wären, gegen die Juden vorzugehen: Zwei von ihnen traten zur Reformation über und waren durch die daraus resultierenden innerstiftischen Auseinandersetzungen weitgehend absorbiert. Zwei weitere resignierten aus Amtsmüdigkeit. Der erste Wittelsbacher auf dem Kölner Bischofsstuhl, Ernst von Bayern, ließ sich gegenüber den Juden von purem Opportunismus leiten: Dienten ihm die Juden seit seinem Herrschaftsantritt 1583 als Einnahmequelle des Landes, so taten sie es nach seinem Rückzug von der Stiftsverwaltung 1595 weiterhin zu seinem Vorteil. 1603 schwang sich Ernst gegenüber dem Kaiser zum Apologeten einer reichsweiten Judenschatzung auf, wobei ihn abermals die Gelegenheit zur persönlichen Bereicherung antrieb.[22]

Für sämtliche rheinische Gebiete, in denen Juden im 16. Jahrhundert angesiedelt gewesen sein mögen, gerät ihr Nachweis zu einer außerordentlichen Spurensuche.[23] Punktuell, primär in den Städten, deutete sich ein Umschwung von der bisherigen Gesetzgebungspraxis zwar schon um die Mitte des 16. Jahrhunderts an, beispielsweise in den klevischen Städten Emmerich und Wesel, in Düren und Linnich im Herzogtum Jülich oder in Zutphen im (bis dahin noch nicht geteilten) Herzogtum Geldern.[24] Hier wie anderswo auch ist allerdings einzuschränken, dass derartige Duldungen einzelner Personen oder Familien wahrscheinlich keine personelle Kontinuität zu überdauernden Siedlungen der späteren Zeit besaßen, und dass sie sich charakteristischerweise in einer rechtlichen Grauzone vollzogen.

Die Judenvertreibungen des 15. und 16. Jahrhunderts bilden insgesamt die negative Folie zur ,positiven' Entwicklung seit dem beginnenden 17. Jahrhundert und eine Norm, an der sich nachfolgende Herrscher messen lassen mussten, wenn sie nämlich an die ,guten' Taten ihrer Vorväter erinnert wurden. In der Folgezeit setzte sich zwar das landesherrliche Judenregal praktisch allerorts im Reich durch, woran die fortgesetzten, in der Tat ungezählten Auseinandersetzungen der Fürsten mit Adligen und Städten um die konkrete Ausgestaltung dieses Regals im Kern nichts änderten. Dieser Grundtatbestand der einst kaiserlichen und nunmehr faktisch landesherrlichen Kammerknechtschaft ist absolut konstitutiv für die gesamte Frühe Neuzeit. Entsprechendes gilt im Übrigen für das dabei zum Tragen kommende Motiv ,Geldbeschaffung'. Abstrakte Motive, etwa die Duldung von Juden quasi als Beleg einer heilsgeschichtlichen Vorsehung oder aus landesväterlicher Mildtätigkeit, die man aus der Erteilung von ,Armengeleiten' hier und da ablesen könnte[25], finden ohnehin nur ganz selten in den Quellen Niederschlag und spielten – um es deutlich zu sagen – keine Rolle.

Charakteristika der Geleitspolitik

Jülich-Berg und Kurköln

Mit dem Begriff ,Geleitspolitik' ist im Folgenden im Unterschied zu Detailverfügungen für bereits ansässige Juden das Befinden darüber zu verstehen, ob, wieviele, wo und nicht zuletzt unter welchen grundsätzlichen Bedingungen Juden im Lande überhaupt zugelassen wurden.

13 Karl Theodor von Pfalz-Sulzbach
und Bayern (1724–1799), 1763

Betrachtet man diese Geleitspolitik der ‚possedierenden' Fürsten des Länderkomplexes Jülich-Kleve-Berg-Mark-Ravensberg bis nach dem Ende des Dreißigjährigen Krieges, so wird man darin schwerlich Züge einer geordneten ‚Judenpolitik' ausmachen können. Hier wie dort erteilten die Fürsten stillschweigend individuelle Geleite, ohne dass damit die rechtliche Situation der Juden inmitten der christlichen Gesellschaft geklärt worden wäre. Besonders deutlich erscheint dieses Regelungsdefizit in Jülich und Berg.[26] Der Landesherr stellte sich hier durchaus gegen geltendes Recht, denn, wie erwähnt, dekretierte die noch 1608 neu publizierte Polizeiordnung von 1554 die Fernhaltung von Juden aus beiden Ländern. Erst kurz vor seinem Tod erließ Wolfgang Wilhelm überhaupt einmal wieder öffentlich eine Bestimmung für die Juden, dass sie nämlich nicht mehr als 12% Zins nehmen dürften. Die in Aussicht gestellte „gemeine ordtnung" – also eine Judenordnung – entstand indes weder unter seinem Regiment, noch unter einem seiner vier Nachfolger, also Philipp Wilhelm (1653–1690), Johann Wilhelm (1690–1716), Karl Philipp (1716–1742) oder Karl Theodor (1742–1799). Der Erstgenannte, Philipp Wilhelm, erteilte 1654 das erste Generalgeleit auf 12 Jahre für 7 Familien.[27] Sein letztes Geleit 1688 aber galt für insgesamt 126 Familien, die über 16 Jahre jährlich 1.000 Reichstaler Tribut und eine einmalige Abschlussgebühr von 5.000 Reichstalern zu zahlen hatten. Die Zulassungsvorgaben stiegen nun weiter schrittweise, zunächst für das Herzogtum Jülich, dann auch in Berg. Das letzte der Generalgeleite 1779 wurde 221 Familien

Stephan Laux

erteilt. Man kann insofern von einer verborgenen Aufnahme der Juden sprechen, weil ihre Vergleitung auf dem Wege öffentlicher Reglementierung unterblieb und insofern der ständischen Kontrolle entzogen war.

Der deutliche Anstieg der Geleitszahlen in Jülich-Berg mahnt indessen, ‚judenpolitische‘ Verfahrensformen fürstlicher Obrigkeiten zum einen nicht aus politischen bzw. herrschaftlichen Gesamtkonstellationen herauszulösen, zum anderen nicht am Maßstab der Stringenz zu messen. So profilierte sich etwa Karl Philipp in seinem pfalz-neuburgischen Stammterritorium als Exponent einer in konfessionalistischem Geist stehenden Vertreibungspolitik. Das erste Generalgeleit folgte kurz nach der ersten Vertreibung der Mennoniten aus dem Herzogtum Jülich, und 1671, kurz nach der Wiener Judenvertreibung durch Kaiser Leopold I., erwog auch dieser Fürst kurzzeitig eine Vertreibung der Juden. Auch bei dem von der Heimatforschung popularisierten „Jan Wellem“ drängt sich der Eindruck auf, dass die von ihm veranlasste, folgenreiche Vertreibung der verbliebenen Mennoniten durch eine Ansiedlung von Juden kompensiert werden sollte. Derselbe Fürst im Übrigen betrieb in den 1680er Jahren konsequent den Versuch, den Unterherren die Befähigung zur Vergleitung von Juden aus der Hand zu nehmen.

In Jülich und Berg lässt sich im Gegensatz zu Brandenburg-Preußen nicht von der Hand weisen, dass die fiskalischen Belastungen der Juden relativ konstant und an ihrem tatsächlichen Leistungsvermögen orientiert waren. Der jährliche Tribut wurde seit 1733 nicht mehr erhöht, und nach dem Siebenjährigen Krieg ermäßigte Karl Theodor die allerdings von ihm selbst 1747 um das Zweieinhalbfache erhöhte Abschlussgebühr. Die Mäßigung des Pfälzer Kurfürsten zumindest im Landesteil Jülich-Berg war freilich durch nichts weniger als durch Philanthropie oder gar Toleranz bedingt. Vielmehr wirkte bei den Fürsten die im merkantilistischen Denken angelegte Vorstellung, dass man jederzeit in der Gefahr stand, die wirtschaftlich führenden und daher für wertvoll gehaltenen Juden an konkurrierende Nachbarn zu verlieren und statt ihrer das jüdische ‚Proletariat‘ im Lande beherbergen zu müssen. Außerdem konnte man sich nicht der Tatsache verschließen, dass auch die Juden übergreifenden krisenhaften Entwicklungen unterworfen waren. Eine erste dieser Krisen entwickelte sich unter den Bedingungen der ersten beiden Schlesischen Kriege (1740–1742/1744–1745) im Rheinland gegen Anfang der 1740er Jahre, eine weitere gegen Ende der 1770er Jahre. Letztere nahm ihren Anfang mit einer konjunkturellen Baisse säkularen Ausmaßes und zog infolge einer massiven Teuerungskrise die Verelendung breiter städtischer und ländlicher Bevölkerungsschichten mit sich. So waren 1779 nach Angaben des Vorstandes der Landjudenschaft von Jülich-Berg[28] 89 (und damit 40% aller!) Familien unter den regulär Vergleiteten zur Zahlung ihrer Beiträge nicht im Stande. 50 von ihnen seien in den Dörfern ansässig. Zuvor hatte der Kurfürst im Beisein von Hofkammer- und Hofräten entsprechende Belege über die soziale Situation der Juden eingefordert und angekündigt, die Geleitsbedingungen (Tribut und Konsumtionssteuer) würden erhöht, sobald sich Anzeichen einer gestiegenen finanziellen Leistungsfähigkeit der Judenschaft ergäben. Die daraufhin vom Vorstand der Judenschaft vorgelegten Berichte gedachte der Hofrat nun als Grundlage zur Verminderung der Familienzahl zu nehmen. Diese Verminderung – man sollte vielmehr von einer selektiven Vertreibung sprechen – stand im Übrigen nicht nur in Jülich-Berg im 18. Jahrhundert zur Disposition. Sie war im Grunde in allen Territorien Handlungsziel ‚guter Polizey' und korrelierte mit entsprechenden Versuchen, sich des armen, zudem des landfremden Pöbels zu entledigen. Der Vorstand der Juden konnte sich jedoch zu diesem Ansinnen nicht „überwinden", was angesichts des von der christlichen Obrigkeit aufgenötigten Solidaritätsprinzips nicht unbedingt selbstverständlich ist. Man argumentierte, viele der Familien seien nur zeitweilig in ungünstigen Umständen, und sie aus dem Land zu weisen, sei „mit den pflichten der Menschlichkeit nicht verpaarlich", ihnen selbst außerdem aufgrund ihrer verwandtschaftlichen Nähe nicht zumutbar. Man könne auch nicht wissen, ob man nicht selbst bald in diese schwere Situation kommen werde. Die Armut vieler Juden aber sei Fakt, und der Kurfürst möge seine Zweifel daran nicht an der vergleichsweise günstigeren Situation der 17 oder 18 jüdischen Familien in der Residenzstadt Düsseldorf festmachen. Das Gutachten der Rätekommission trat dieser Vorstellung in allen Einzelpunkten entgegen, verwies auf vermeintliche Unwahrheiten, die angeblich selbst verschuldete Misere und warnte den Kurfürsten, sich nicht von den immer gleichen Petitionen erweichen zu lassen und empfal schließlich, die Abgaben eher zu erhöhen als zu senken. Mit dieser Vorstellung konnten sich die Räte aber offenbar nicht durchsetzen bzw. der Vorstand scheint mit seiner Darstellung der Lage Gehör gefunden zu haben. Dessen Behauptung, die hohe Zahl der zugelassenen Juden entspreche der Bitte der in Teilen verarmten Judenschaft, die andernfalls die fälligen Kosten nicht aufbringen könne, dürfte gleichwohl nicht ganz der Realität entsprochen haben, wenn ein Gutteil der Familien gar nicht zahlungsfähig gewesen sein soll. Kurfürst Karl Theodor jedenfalls erteilte wenig später die erbetene Geleitskonzession unter unveränderten Bedingungen.

Dieser Vorgang im letzten Vierteljahrhundert des Alten Reichs verweist neben der sozialen Dimension auf die Unkalkulierbarkeit geleitspolitischer Entscheidungen auf höchster politischer Ebene. In diesem Fall intervenierte der Fürst zugunsten der Juden. Anderswo aber – man hat in erster Linie an König Friedrich II. in bzw. (ab 1772) von Preußen zu denken – sieht man das Gegenteil, insbesondere im späteren 18. Jahrhundert, wenn eine tendenziell moderate oder gar judenfreundliche höhere Beamtenschaft, die eben auch mit jüdischen Gemeindevertretern in persönlichem Kontakt stand, mäßigend auf beengende Maßnahmen der Fürsten einwirkte. Neben der mittleren und niederen Beamtenschaft, die in den Ämtern und Städten wirkte, kommt eine weitere Komponente mit den Landständen ins Spiel, die aus korporativem Interesse oder auch nur aus einer prinzipiellen Renitenz heraus die fürstliche Judenpolitik zu durchkreuzen trachteten. Dabei kann hier nur festgestellt werden, dass maßgebliche Kodifizierungen der jüdischen Lebensbedingungen – seien sie nun umgesetzt worden oder nicht – auf das Drängen der Stände zurückgingen. Aus jüdischer Sicht war es deshalb zwingend notwendig, im Idealfall mit allen politisch relevanten Instanzen gute Kontakte zu haben und nicht zuletzt entsprechende Abhängigkeiten (sprich: Schuldverhältnisse) zu schaffen.

Die hier nur angedeuteten Schwächungen der fürstlichen Geleitspolitik charakterisieren allerdings viel stärker die geistlichen als die weltlichen Staaten, in unserem Rahmen vor allem Kurköln mit den anhängi-

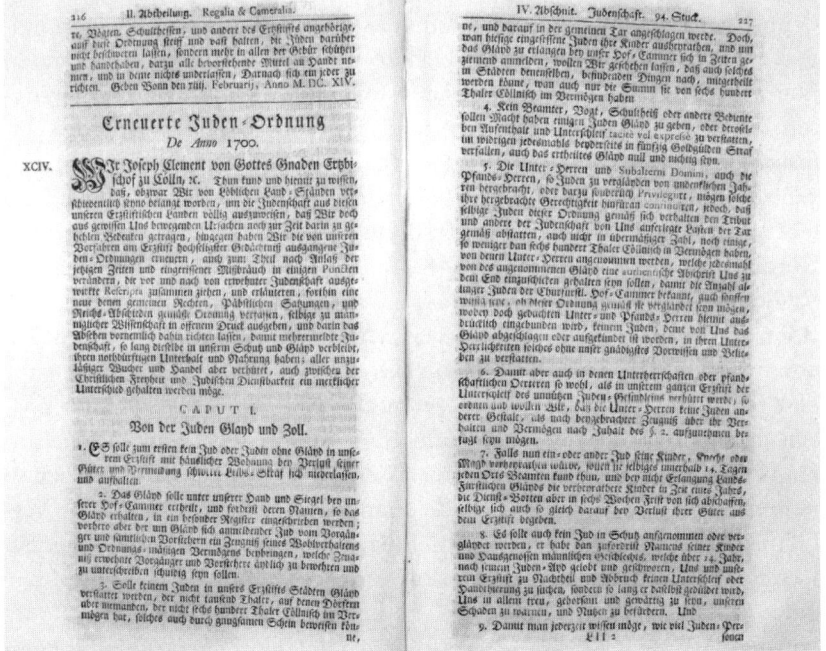

14 Kurkölnische Judenordnung vom 28. Juni 1700

gen Teilen Vest Recklinghausen und Herzogtum Westfalen.[29] Darauf deutet schon der hier nicht näher zu erörternde Umstand hin, dass die geistlichen Staaten im Allgemeinen, und so auch Kurköln, im Vergleich zu den weltlichen viel häufiger Judenordnungen hervorbrachten. In Kurköln wurden allein fünf umfassende Judenordnungen erlassen (1592, 1599, 1614, 1686, 1700), die die Voraussetzungen für das Ansiedlungsrecht der Juden regelten (vor allem den Geldnachweis und den Erwerb von Geleitsbriefen). Dabei ist das Beharren der Stände auf eine die Juden einengende Gesetzgebung unübersehbar, die man gelegentlich sogar ausdrücklich als Ersatz für deren eigentlich erwünschte Fernhaltung bzw. Vertreibung erwartete. Die bislang so gut wie unerforschte Genese von Normen für die Existenz von Juden fußt aus der Sicht der Stände auf der von ihnen (nicht nur in Angelegenheiten der Juden) vertretenen Auffassung, die landesherrliche Gesetzgebung sei nicht das Ergebnis autonomen obrigkeitlichen Handelns, sondern einer konsensuellen Verständigung mit den legitimen Privilegieninhabern im Lande und damit gegenseitig vertraglich bindend. In Kurköln und, noch deutlicher ersichtlich, im Herzogtum Westfalen[30], zeichnet sich somit eine durchgängige Anfechtung der fürstlichen Geleitspolitik ab, zwar nicht in prinzipieller, wohl aber in praktischer Hinsicht, wenn es zum Beispiel um die Auslegung der Judenordnung oder überhaupt um die Frage ging, welche Judenordnung denn eigentlich gelte, wie viele Juden zu welchem Zeitpunkt wo zu dulden seien und natürlich, ob sie sich konform zu den ihnen auferlegten Normen verhielten. In beiden Landesteilen, im Erzstift wie im Herzogtum, erklärt sich vor dem Hintergrund des Geschilderten somit die Diffusion der Judenschaft weit über das Land in die kleinen Orte: In den 1760er Jahren verteilten sich die 180 Familien im Erzstift auf 44 Orte[31]: So lebten 115 Personen in den Städten Bonn (30), Deutz (19), Rheinberg (11), Uerdingen (10), Linz (9), Zülpich (8), Brühl, Ahrweiler und Rheinbach (je 6), Zeltingen-Rachtig und Linn (je 5), wobei unter den Genannten allein Bonn eine Stadt mittlerer Größe war. Mehr als ein Drittel (65) der Juden aber wohnte in insgesamt 44 kleinen Orten, von denen wiederum 24 nur eine oder zwei Personen beherbergten. Schon diese Zahlen und das Wissen darum, dass Dörfer wie Muffendorf oder Latum keine Versammlungsorte großen Reichtums waren, lassen die Annahme abwegig erscheinen, sämtliche Juden seien im Geldhandel tätig und materiell im Verhältnis zu ihrem christlichen Umfeld klar im Vorteil gewesen. Dies gilt weder für das Land- und Kleinstadtjudentum und nicht einmal, wie unlängst noch betont[32], für sämtliche Juden in der Residenzstadt Bonn, von denen nur ein kleiner Kreis erfolgreich um den Zugang zum Hof und die daraus resultierenden Vergünstigungen stritt. Die Großzahl der Juden lebte in Kurköln genauso wie in allen anderen Territorien des Westens vielmehr vom Kleinhandel bzw. von Krämerei oder vom Schlachten. Gerade ihre Armut war es ja, die christlichen Instanzen immer wieder Anlass zur Beschwerde gab, weil man, wie man anführte, durch die armen Juden noch stärker in Mitleidenschaft gezogen werde als durch die reichen.[33] Diese Argumentation wurde natürlich je nach Situation in ihr gegenteiliges Stereotyp verkehrt, wenn es etwa opportun war zu klagen, dass die reichen Juden alles an sich zögen und den Christen somit ihre „Nahrung" nähmen.

Das preußische Herzogtum Kleve

Anders als in Kurköln erscheint die Zulassung von Juden in den preußischen Territorien – so auch in den westlichen Besitzungen Kleve, Mark, Ravensberg und später Moers – seit der Mitte des 17. Jahrhunderts als ein gesteuerter und kontrollierter Vorgang. Ungeachtet mancher Auseinandersetzung mit den Städten um Umsetzungsfragen (Duisburg, Hamm u. a. m.) war das Judenregal des Fürsten somit seit dem Ende des 17. Jahrhunderts fest in den Händen des Landesherrn. Trotz gelegentlicher Gravamina findet sich das Thema ‚Juden' somit in den Ständeakten nach dem Dreißigjährigen Krieg viel seltener als etwa in Kurköln: 1684 erließ der Kurfürst nach vorangegangenen Kontroversen auf einem Landtag in Kleve eine Resolution, in der er kurzerhand bestimmte, dass er sich die Zahl der zugelassenen Juden weder jetzt noch in Zukunft vorschreiben zu lassen gedenke.[34] Von dieser Linie wichen die preußischen Herrscher in der Folgezeit nicht ab, denn sie hatten längst den Wert der Juden als Quelle ständiger, nicht zuletzt aber auch außerordentlicher Einkünfte erkannt.[35] Beispielsweise wurden ihnen 1711 die Pflicht des Zeichentragens gegen Zahlung von 8.000 Reichstalern erlassen, später hatten sie Berliner Wolle und vor allem Porzellan zu erwerben und Silber anzuliefern, natürlich jeweils zu diktierten Bedingungen. Hinzu kamen die allenthalben zu entrichtenden Abgaben wie die Trau- und Sterbegelder, Beiträge zur Chargenkasse, Rekruten- oder Stempelgelder und andere mehr. Der besonders diskriminierende Leibzoll wurde 1684 erlassen, 1700 neu eingeführt, wenig später wieder aufgehoben, 1705 neu eingeführt und 1787 endgültig aufgehoben, bevor dann sieben Jahre später die Revolution im Rheinland in Form der Besetzung des gesamten linksrheinischen Gebiets Einzug hielt und neues Recht schuf.[36]

Ein Grund für die Monopolisierung und effektive Ausschöpfung des ‚Judenschutzes' lag in der unvergleichlich fortgeschrittenen administrativen Verdichtung in den brandenburgischen Territorien. Gegenüber einer eingespielten, wohl informierten Bürokratie waren die Stände schlichtweg argumentativ überfordert. Während die Stände zum Beispiel im kölnischen Westfalen über die ritterbürtigen Amtleute und Subalternbeamten einen eigenen Apparat besaßen und den Fürsten in einem schier endlosen Hin und Her mit Belegen für die Überschreitung der einstmals festgelegten Zahl von 107 jüdischen Familien überhäuften[37], wurde in den preußischen Ländern ungefähr seit den 1720er Jahren die mittlere administrative Ebene vollends durch den Fürsten dominiert. Um einen fiktiven, aber idealtypischen Vergleich zu wagen, so kontrastierte die berichtspflichtige Kriegs- und Domänenkammer in Kleve mit einem adligen Amtmann etwa im kurkölnischen Lechenich, der seine Funktion zu einem guten Teil als ihm standesgemäße Sinekure betrachtete und über die Juden vor Ort weder besonders gut Bescheid wusste, noch genau im Einklang mit den Vorgaben der Bonner Zentralbehörden verfuhr.

In der Überlieferung amtlicher Quellen über die Juden musste sich dieser Umstand bemerkbar machen. Klammert man Bestandsverluste aus, so stehen aufgrund unterschiedlicher staatlicher Entwicklungsgrade für die preußischen Provinzen des Westens – Kleve, Mark, Moers mit Krefeld, Ravensberg und Minden also – notwendigerweise ungleich reichere archivische Zeugnisse zur Verfügung[38] als etwa für Jülich-Berg oder gar Kurköln, das sich bis zur Französischen Revolution noch in jeder Hinsicht in einer vorstatistischen Zeit befand. Bei der Erfassung der Juden waren die kurkölnischen Behörden daher praktisch völlig von den Judenvorstehern abhängig. Die Folgen fürstlicher Geleitspolitik sind also nicht von ungefähr am deutlichsten in den preußischen Gebieten abzulesen.

In Kleve und Mark war 1690 anlässlich der Geleitserteilung auf 20 Jahre die Zahl der Juden auf insgesamt 150 Familien festgelegt worden.[39] In Preußen sah nun in Fortführung eines 1730 erlassenen Generalprivilegs das so genannte „Revidierte Generalprivileg und Reglement" vom 17. April 1750[40] die Klassifizierung aller Juden entweder als „Ordinarii" oder als „Extraordinarii" vor (Abschnitt V. des Gesetzes). Erstere genossen ein lebenslanges Schutzrecht und konnten ein einziges Kind auf ihr Geleit „ansetzen", wie es in der Behördensprache hieß. Dieses Kind konnte als Rechtserbe heiraten und das Geleit weitergeben. Außerordentliche Schutzjuden besaßen dagegen lediglich ein ihrer eigenen Person anhaftendes lebenslanges Schutzrecht, konnten nicht heiraten und waren also zum „Aussterben" verurteilt. Außerdem konnten sie nur in abhängiger Form Handel treiben. Neben dem Schlachten, unerlässlich aufgrund der jüdischen Ritualvorschriften, waren ihnen nur wenige Handwerkszweige erlaubt, und diese auch nur dann, wenn örtlich keine entsprechende

Stephan Laux

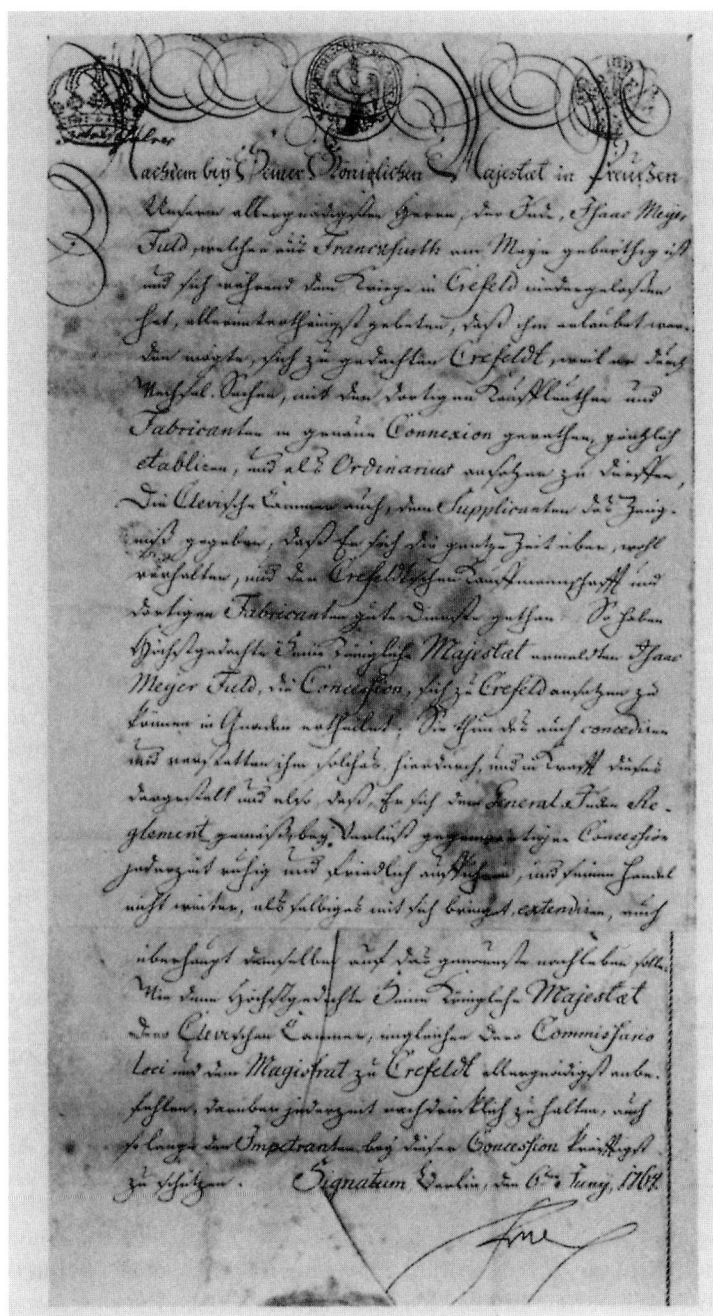

15 Konzessionsbrief aus dem Jahre 1764 für Isaac Meyer Fuld aus Frankfurt am
Main, sich in Krefeld niederlassen zu können, mit eigenhändigem Namens-
zug Friedrichs des Großen

christliche Zunft ansässig war. Handel durften sie im Wesentlichen nur mit Luxusgütern treiben.

Diese seit 1750 für die Juden der gesamten preußischen Monarchie mit Ausnahme Schlesiens und Ostfrieslands und des später erworbenen ‚Westpreußens' geltenden Prinzipien wurden nur halbherzig und aus unübersehbarem merkantilem Kalkül aufgelockert. 1763, also am Ende des Siebenjährigen Krieges, gestand Friedrich II. der Judenschaft im Gegenzug für die Zahlung von exorbitanten 70.000 Rtl. zu[41], dass ordentliche Schutzjuden auch das zweite Kind ansetzen durften. Die Begründung lief bezeichnenderweise auf den beklagten Geldabfluss durch die auswärtige Verheiratung der Zweitgeborenen hinaus. Entsprechend hatte der König ausdrücklich „die Vermögensten von solchen, und diejenigen von ihnen, welche Genie zu Fabriquen und Manufacturen haben", zudem die Berliner Juden allein vor Augen, denn es heißt, die Obersten der Berliner Judenschaft müssten von Fall zu Fall nachweisen, dass nicht bloß ein neues Privileg erschlichen werde. Es ist dies eines von zahlreichen Beispielen dafür, dass sich die preußische Gesetzgebung gerade in Fragen der Juden von der Wahrnehmung der Berliner Verhältnisse leiten ließ, was selbst in der merkantilen Logik des Systems an anderen Orten nicht effektiv war. Friedrich II. jedenfalls war, wie schon sein Vater, darauf bedacht, die Zahl der Juden im Land zu begrenzen bzw. zu verringern. Für die Erteilung von neuen Geleiten für auswärtige Juden legte er die Messlatte entsprechend hoch: Der im niederländischen Nimwegen lebende Jude Meyer Benedict Gomperz beispielsweise, der 1754 ein Sägewerk in Kleve errichten wollte, erhielt sein Geleit[42] nur gegen den Nachweis von 10.000 Rtl. Besitz. Selbst für einen derart gut gestellten Unternehmer galten also strenge Voraussetzungen: Das Geleit sollte nämlich nur für ihn und seinen Sohn gelten, nicht aber, wie erbeten, auch für seinen jüdischen Buchhalter, den er sicherlich benötigte, da er einen christlichen Bediensteten schlechterdings nicht einstellen konnte.

Mit der Einführung des Generalreglements von 1750 trugen in Berlin 162 den Status ‚ordentlicher', 60 den ‚außerordentlicher' Juden, 41 Juden wurden als dritt- oder viertgeborene Kinder ungeachtet der Bestimmungen mit angesetzt, zweifellos aufgrund des Reichtums ihrer Eltern.[43] Dennoch wurden gerade von dort, wo die sozialen Verhältnisse noch vergleichsweise günstig waren, in der Folgezeit Hunderte armer Juden ausgewiesen. „Es liegt auf der Hand", so schrieb der Berliner Rabbiner, Jurist und Historiker Ismar Freund 1912 in seiner zweibändigen Studie „Die Emanzipation der Juden in Preußen"[44] in emphatischer Weise, „wie tief diese Normen, die allen Gesetzen der Natur widersprachen, in die gesamten Lebensverhältnisse der Juden einschneiden mußten. Wie viele Schicksale mußten sie grausam zerstören! Wieviele Existenzen vor die Wahl stellen, entweder das Land zu verlassen, in dem sie geboren, alle Beziehungen zur Heimat, zu Eltern, Verwandten und Freunden zu zerschneiden oder aber auf Familienglück, eigenen Hausstand, wirtschaftliche Selbständigkeit zu verzichten!" Diesen Worten ist wenig hinzuzufügen und nur mit Nachdruck zu betonen, dass das Generalreglement konsequent angewandt wurde und deshalb für den Lebensgang ungezählter Menschen bestimmend wurde. In welcher Weise, ist indes in der primär rechtsgeschichtlich interessierten und perspektivisch auf die Emanzipationszeit ausgerichteten Forschung nach dem Zweiten Weltkrieg kaum untersucht worden, obwohl die Quellengrundlage hierfür durchaus vorhanden ist. Die Folge davon war wiederum, dass bis heute die Vorstellung verbreitet ist, im Zuge einer (als solchen unleugbaren) ‚Verrechtlichung' habe sich im Gesamtkontext der frühneuzeitlichen Normierungsgeschichte von den Reichspolizeiordnungen des 16. Jahrhunderts bis zu den landesherrlichen Detailverfügungen des Aufgeklärten Absolutismus eine Besserstellung oder gar Absicherung der Juden eingestellt. Tatsächlich war – keineswegs allein – die preußische Judengesetzgebung unter Friedrich II. restriktiv geprägt und vor dem Hintergrund von Friedrichs persönlicher Antipathie gegenüber den Juden auch nicht anders gedacht. Entscheidend aber ist die in der brandenburgischen Überlieferung mit Händen zu greifende Tatsache, dass diese (nicht allein am Generalreglement von 1750 festzumachende) Gesetzgebung bei weitem mehr Juden in existenzielle Not drängte bzw. in dieser hielt, als dass sie durch die Umstände Begünstigte zu einer gesicherten Existenz verholfen hätte.

Kontrollierende und kontrollierte Beamte: Beispiele aus dem „Xantener Städtekreis"

Anhand der Korrespondenz der Kriegs- und Domänenkammer in Kleve mit den städtischen Magistraten lässt sich gut verfolgen, wie die preußische Verwaltung auf die totale statistische Erfassung jedes einzelnen Juden drängte, denn seit der Kontingentierung der Familienzahlen im späten 17. Jahrhundert mussten die Städte jährliche Judentabellen vorlegen: Eine selbst gemessen am Maßstab der brandenburg-preußischen Verwaltungsgeschichte erstaunliche Erhebung personenrelevanter Daten begann. Hierzu einige skizzenhafte Beobachtungen.

In der „Matricul" der im Herzogtum Kleve lebenden Juden aus der Zeit um 1700 beispielsweise[45] werden 59 jüdische Familien aufgelistet, wobei stellenweise Kommentare über ihre soziale Lage bzw. ihre Fähig-

keit zur Zahlung des Tributs abgegeben werden. So waren in der Haupt-
und Residenzstadt Kleve neun Hausvorstände angesiedelt, darunter die
drei wohlhabenden Elias, Levi und Jacob Gomperz (auch: Gompertz,
Gumpertz o. ä.)[46], die der bedeutendsten Hofjudenfamilie im Herzogtum
Kleve und in der Grafschaft Mark angehörten. Weitere Familien werden
gezählt in Wesel (10), Emmerich (6), Rees (5), Goch (5), Xanten (5), Gennep (1), Sonsbeck (1), Uedem (2), Huissen (2), Ruhrort (2), Dinslaken (2),
Orsoy (2), Schermbeck (2), „Craydenburg" (wohl Krudenburg a. d. Lippe bei Hünxe) (5). Bei den allermeisten ist davon auszugehen, dass sie in
bescheidenen bis ärmlichen, wenn nicht in erbärmlichen Verhältnissen
lebten. Die sechs Juden in Kleve neben den Gomperz ernährten sich vom
Schlachten, von ‚geringer Hantierung' oder ‚Kram'. In Wesel konnte ein
Jude (Bernhard Jacobs) seinen Tribut wegen Armut nicht zahlen, in Sonsbeck und Uedem wird zudem je ein bettelarmer Mann aufgeführt. Beide
gingen aber erst gar nicht in die Zählung ein.

Dieses System der Menschenerfassung, zu dessen Umsetzung auch
die Juden über die Vorsteher und Rabbiner in die Pflicht genommen wurden, wurde in der Folgezeit perfektioniert. In der Generaljudentabelle[47]
für die 16 im Jahre 1768 in Xanten, dem Verwaltungssitz des gleichnami-
gen klevischen Städtekreises[48], lebenden Juden waren – um ein beliebi-
ges Beispiel herauszugreifen – die folgenden Kolumnen auszufüllen:
Name der Stadt (1), des „ordinairen Schutzjuden" (2), der Witwe (3), des
ersten (4) und zweiten (5) angesetzten Kindes, der übrigen Kinder (6), der
Enkel (7), der „öffentlichen" (8) und privaten (9) Bediensteten, die Namen
und Zahl der „extrordinairen" Juden (10) und der Unvergleiteten (11), die
Zahl der „ordinariorum" (12), deren Namen (13), die Höhe der Abgaben
eines jeden Juden (14) und schließlich die Gesamtzahl (15). Der Lektüre
dieser Listen und ihrer Beiakten ist rasch zu entnehmen, dass im Zuge
dieser amtlichen Praxis nicht allein die eigentlichen Betroffenen Objekt
einer administrativen Disziplinierung wurden, sondern dass der Apparat
sich gewissermaßen fortlaufend selbst disziplinierte. In erster Linie gilt das
für die Magistrate, die mit der straffen Kontrolle des ‚Judenwesens' unweigerlich die ihnen im Staatsverständnis des preußischen Absolutismus
zugemessene Untertanenrolle zu spüren bekamen. Dabei ist zu erwähnen, dass die preußische Regierung seit Anfang des Jahrhunderts auch im
Herzogtum Kleve ‚rathäusliche Reglements' installiert hatte, in deren
Folge den Städten Ratswahl und Rechnungskontrolle und somit die maß-
geblichen Instrumente kommunaler Selbstverwaltung aus der Hand
genommen wurden. Schon der behördlicherseits oft angeschlagene
schroffe, belehrende Ton spricht für sich. Der Magistrat von Kalkar etwa
wurde 1770 angewiesen, er müsse sich „aber angewöhnen künftig solider

zu arbeiten", außerdem solle er sich „besser mit dem General Juden Reglement bekant machen".[49] Der Ratsverordnete von Sonsbeck gestand in demselben Jahr kleinlaut, er habe die Benutzung des ihm zugesandten Schemas zur Eintragung der Juden „ganz vergessen", nun aber, da er es in den Händen halte, werde er „nicht recht klug daraus".[50] Wenig später schrieb vermutlich derselbe Verordnete an die Kammer, er gelange bei der Zahl der Sonsbecker Juden auf das Quantum von 1754. „Magistratus muß aber nochmahlen gestehen den unterschied zwischen ordinarii und extraordinarii nicht zu wißen", weshalb er untertänig um die Zusendung eines Exemplars des Generalreglements bitten müsse.[51] Dem Magistrat von Orsoy wurde wiederum 1770 attestiert, seine eingegangene Erklärung sei „zwar recht gut"[52], doch würden fälschlicherweise zwei jüdische Kinder nicht aufgeführt, auf die, wenn sie kein Bleiberecht hätten, „die darauf gesetzte Strafe" anzuwenden wäre. Häufig erhielten die Magistrate detaillierte Mängellisten, auf die sie dann fristgemäß zu antworten hatten. Die Kammer selbst wiederum unterlag den höheren Instanzen: dem König, dem Generalfiskal und der (1750 allerdings zugunsten der Zuständigkeit des „Generaldirektoriums" aufgelösten) Judenkommission. 1768 etwa erhielt der klevische Kriegs- und Steuerrat Sandart[53] aus Berlin den Befehl, dass die Provinzialstädte für jeden nicht konzessionierten Juden einen Dukaten pro Tag an die Potsdamer Waisenhauskasse abzuliefern hätten – keine bloße Theorie, wurde doch 1773 der Xantener Schutzjude Philipp Zandi angewiesen, für den Verwandten, den er in angeblicher Täuschung der Behörden als Knecht ausgegeben, tatsächlich aber als „socius" aufgenommen hatte, einen Dukaten pro Tag zu zahlen, im Übrigen den Mann wegzuschicken.[54] Er konnte sich allerdings in dieser Sache durchsetzen. 1775 erging auf Veranlassung des Generalfiskals die Mitteilung, dass man nachgerechnet und festgestellt habe, dass „öfters" Judenfamilien in Städten geduldet würden, für die ihre Konzessionen gar nicht ausgestellt waren. Es gebe Beispiele, die zeigten, dass im ganzen (preußischen) „Reich" Juden ohne jede Konzession „sitzen" und sich ohne Trauschein verheirateten.[55]

Im Räderwerk der Bürokratie: Das Beispiel Sonsbeck

Diese für die preußischen Territorien reichlich vorhandenen und zu mancherlei Forschungszwecken dienenden statistischen Dokumente lassen unschwer erkennen, dass die sozialen Voraussetzungen für die Umsetzung des Generalreglements bei Juden genauso wenig gegeben waren, als wäre dieses auf die christliche Gesellschaft abgestellt worden. Um die Situati-

on der Betroffenen konkreter darzustellen, sei das recht gut dokumentierte und überschaubare Beispiel des niederrheinischen Städtchens Sonsbeck in den 1770er Jahren herausgegriffen, wo Juden seit gut einem Jahrhundert vermutlich kontinuierlich ansässig gewesen waren.[56]

1770 hatten in Sonsbeck zwei Familien gelebt, eine von beiden unter
dem Hausvorstand Jacob Meyers.[57] Auf die turnusmäßige Meldung des
Sonsbecker Magistrats machte der Behördenleiter der Kriegs- und Domänenkammer in Kleve, der von 1768 bis 1772 amtierende Kriegs- und
Domänenrat Sandart, verschiedene Einwendungen, so auch gegen Jacob
Meyer, indem er – warum genau, ist nicht ersichtlich – sowohl die Ungül-
tigkeit seiner „Concession" als auch die seiner Ehe behauptete. Meyer
wurde daher zur kostenpflichtigen Nachholung von Konzession und
Trauschein veranlasst.[58] Daraufhin sandte dieser eine Petition an den
König[59], beteuernd, er habe für beide Papiere bereits gezahlt. Müsse er
dies nun abermals tun, würde ihm „die Sache ... so schwer gemacht ...,
daß mir alle lust hier zu wohnen dabei vergehen, und ich lieber wünschen
würde, niemahlen in disem Landes auch angesetzt zu haben". Er bitte
daher, ihn mit diesen Forderungen zu verschonen und Sandart anweisen
zu lassen, auf dass er nicht „ferneren unnützen klagte und seiner willkühr
exponiret bleibe". Entgegen der Anmaßung Sandarts, der sich auch
gegenüber anderen Juden bzw. bei den Berliner Stellen für seine nicht
immer haltbaren Forderungen zu verantworten hatte, konnte Meyer in
der Tat unverzüglich beweisen, beide Posten schon 1757 beglichen zu
haben.[60] Seine zitierte Eingabe beim König ist zunächst ein einzelner
Beleg dafür, dass auch die niederrheinischen Juden sich nicht gefügig den
wie in diesem Fall wohl willkürlichen administrativen Vorgaben beugten,
sondern Mittel und Wege suchten, bei den höchsten Stellen für ihr Recht
einzutreten. Der Duktus des Schreibens Jacob Meyers lässt darüber hinaus darauf schließen, dass der Verfasser sich seines Stellenwerts für die
königliche Schatulle wohl bewusst war: Er hielt es eben nicht für nötig,
Bedürftigkeit oder gar Armut hervorzukehren und an die Mildtätigkeit
des Potentaten zu appellieren, sondern drohte ja förmlich damit, die
„lust" am Aufenthalt im Lande abzulegen. Meyer, der zweifellos als Kaufmann im Städtchen Sonsbeck tätig war, hatte schon lange dort gewohnt
und es zu einem ansehnlichen, wenn auch keineswegs herausragenden
Wohlstand gebracht: Unter den 1768 im Herzogtum Kleve notierten 63
regelgerecht vergleiteten Familienvorständen wurde sein Vermögen offiziell auf 1.000 Rtl. beziffert, womit er (wenn diese Angabe denn tatsächlich korrekt war) ziemlich genau dem rechnerischen Durchschnitt entsprach.[61] Ein Jahr später erhielt er die schriftliche Erlaubnis, ein stark ver-
fallenes Haus wieder aufbauen zu dürfen, worin es heißt, er habe schon

Stephan Laux

vor dem (Siebenjährigen) Krieg darum gebeten.[62] 1770 beschäftigte und beherbergte er einen Schulmeister, Levi Nathan, der genauso wie die Magd, Hester (Esther) Davids, unter den Privatbediensteten geführt wird. Seinen Knecht, der hier nicht vermerkt ist, hatte er, wie es an anderer Stelle heißt, 1774 entlassen. Wenngleich Näheres über Jacob Meyer nicht zu erfahren ist, ist davon auszugehen, dass er im überschaubaren Horizont des maximal rund 1.400 Einwohner umfassenden Ortes[63] eine wichtige Rolle als Vertreiber und Beschaffer von Konsumgütern spielte. Zudem sollte der andere dort ansässige jüdische Kaufmann, Abraham Simons, vermutlich gegen Anfang 1775 mit seiner Frau und seinen vier Kindern nach Uedem ziehen. Hierfür hatte er schon 1761 die Konzession erhalten, sich künftig auf das Geleit des Cobus Meyer niederzulassen, dessen Tochter er ein Jahrzehnt später heiratete – ein Beispiel dafür also, dass unter den bestehenden Gesetzen eine langfristige Lebens- bzw. Familienplanung notwendig war![64] Immerhin und vor allem war Jacob Meyer vermögend genug zur Zahlung der ihm abverlangten Gebühren: 1770 waren es 50 Rtl. Schutzgeld, ein „Fixum" von 55 Rtl., 3 Rtl. Paraphengeld (Stempelgebühr), 4 Rtl. „Tobacksgeld", also insgesamt stattliche 112 Rtl., die er an den Fiskus zu entrichten hatte. Dies war fast doppelt so viel wie der Beitrag der Familie Simons (61 Rtl.) und ein Vielfaches dessen, was die ebenfalls in Sonsbeck mit ihren drei Kindern ansässige Witwe Eva Levi aufbrachte (7 Rtl., 30 Schillinge).[65] In der Sonsbecker Judentabelle vom 4. Oktober 1774 ist Jacob Meyer seinem Status entsprechend an erster Stelle genannt.[66] Dieser Liste, die in ihrer Genauigkeit endlich auch den Erwartungen der Kriegs- und Domänenkammer genügte, ist zu entnehmen, dass Jacob Meyer zu diesem Zeitpunkt 56 Jahre alt war, 24 Jahre älter als seine Frau Rösken (Rosen) Marcus. Er hatte aus einer früheren Ehe und mit Rösken insgesamt sieben Kinder, von denen nur der älteste, der 23jährige Sohn Levi, das Ansetzungsrecht besaß, also eine eigene Familie gründen durfte. Sein 21jähriger Sohn Meyer und die weiteren fünf Kinder, die zwischen 4 und 13 Jahre alt waren, besaßen also von dem Zeitpunkt an, da sie durch den Tod des Vaters geleitspflichtig wurden, für sich keine rechtliche Existenzgrundlage. Es ist jedenfalls nicht davon auszugehen (und auch in keiner der Judentabellen vermerkt), dass der Vater einen derart hohen Besitzstand bzw. entsprechendes „Genie" nachzuweisen in der Lage war, dass er seinen zweiten Sohn in die Gunst des erwähnten Privilegs von 1763 hätte versetzen können.

Diese perspektivische Chancenlosigkeit galt für alle nachgeborenen jüdischen Kinder, denn nur ein kleiner Kreis von Juden war durch persönliche Privilegien von den Bestimmungen von 1750 ausgenommen und in Fragen des Familien- und Handelsrechts individuell begünstigt. Weitere Leidtragende des Systems waren die jüdischen Bediensteten, die voll und ganz vom Status ihrer Dienstherren abhingen und an eigene Familiengründungen nicht denken konnten. Und selbstverständlich sind auch die armen und halb- oder illegal im Lande befindlichen Juden zu bedenken. Auch für sie findet sich in Sonsbeck ein Beispiel. Zum Status der schon erwähnten Witwe Eva Levi heißt es im Kommentar Sandarts zu den Judentabellen des Städtekreises von 1769/1770[67], dass sie genauso wie ihr über 30 Jahre dort lebender, vor Jahren verstorbener Mann, Meyer Isaac, nie ein regelrechtes Patent besessen habe, was, wie zu ergänzen wäre, für die Kinder Hertz, Sarah und Abraham entsprechende Folgen nach sich zog. Meyer Isaac nämlich sei der Sohn eines seinerseits unvergleiteten Juden in Kervenheim gewesen. Folglich sei seine Witwe „testibus actis" schon 1764 ausdrücklich als unvergleitet und verarmt deklariert, dennoch aber weiter geduldet worden. Das älteste Kind, der Sohn Hertz, arbeite nach Angaben des Magistrats als Totengräber, außerdem habe man ihm die Erlaubnis erteilt, seinen Verdienst mit Glasarbeit und Färben zu verbessern. Sandart, der sich mit dieser Schilderung nicht zufrieden gab, hob diesen Fall magistrativer Säumigkeit in seinem Bericht an den König demonstrativ hervor und stellte die rhetorische Frage, ob denn der Magistrat zu derlei Konzessionen befugt sei, zumal schon sein (Sandarts) Vorgänger im Amt (Möller) 1768 verordnet habe, dass die Frau samt ihrer Kinder weggeschafft werden müsse, wenn sie kein Geleit erwürbe. Da der Fall klar sei, so Sandart, „hänget von Ew. M. Gnade ab ob diese arme Frau mit ihren Kindern in statu gar belaßen werden solle oder nicht?" Derartig bei höchster Stelle angeschwärzt, stand der Sonsbecker Magistrat auch in der Folgezeit in der Kritik. Der Beamte Sandart war kein Einzelfall eines notorischen Denunzianten, sondern lediglich ein Beamter, der seine Amtspflichten akribisch erfüllte und bemüht war, dies seine Dienstherren wissen zu lassen. Sein Profilierungsbedürfnis war aber in der Tat gepaart mit üblen Charakterzügen, worauf der folgende Vorfall schließen lässt: 1772 klagte ein Bürger im Amt Sonsbeck, seine Tochter sei von Sandart schwer misshandelt worden. Sandart nämlich habe die junge Frau, die seiner (Sandarts) Magd angeblich mit Kartoffeln gemischte, minderwertige Butter habe verkaufen wollen, durch den Nachtwächter einen Strick umbinden und sie mit dem Zettel „Butter betriggerinn" auf dem Rücken durch die Straße ziehen lassen. Somit dürfte sich erklären, dass Sandart noch 1772 aus seinem Amt entlassen und durch den Kriegs- und Domänenrat Kanitz ersetzt wurde.[68]

Auch dieser Beamte ließ, was die angeblich unzulängliche Judenliste anbetraf, in seiner nur einjährigen Amtszeit gegenüber den Magistraten im Städtekreis nicht locker. Nach einer abermaligen Mängelliste sah sich der Sonsbecker Rat noch 1772 veranlasst, weitere Einzelheiten über die dortigen Juden nachzureichen, vor allem das Lebensalter einer jeden Person.[69] Was nun die immer noch am Ort befindliche Witwe Eva Levi anbetreffe, so schrieb man Kanitz' Amtsnachfolger, Scheele (1772–1777), vierzehn Tage später[70], man habe ihr ja mehrfach befohlen, „sich hier weg zu begeben, allein sie weiß nirgend zu bleiben". Ihr Sohn Hertz, 29 Jahre alt, ernähre seine 60jährige Mutter und den jüngeren Bruder Abraham (16 Jahre), sodass die Frau „niemand nachtheilig" werde. Nachdem die Kriegs- und Domänenkammer ihrerseits aufgefordert worden war, die fortwährenden Mängel der Judentabellen abzustellen, wurde der Totengräber Hertz schließlich doch „mit aller Strenge" zur Einholung einer Konzession aufgefordert.[71] Dazu kam es offenbar nicht. Am 13. August 1778 schrieb der Sonsbecker Magistrat an die Kriegs- und Domänenkammer, Hertz Meyer, der Totengräber, sei „in Armut verstorben". Der jüngere Bruder, Abraham, der sich in Xanten verdingt habe, sei ebenfalls nicht mehr am Leben. Da beide junge Männer waren, kann ihr früher Tod mit einer gewissen Plausibilität mit ihrer Verarmung bzw. der anzunehmenden Härte ihrer Arbeitstätigkeit in Verbindung gebracht werden. Die Witwe lebe, so der Bericht weiter, völlig mittellos in Sonsbeck („und fehlet ihr also das liebe brod"). Nun schlug der Magistrat vor, den Mann der Tochter, den Schlachter Benjamin Hertz, an den Ort (Sonsbeck) zu holen: Er könne die Witwe versorgen, außerdem sei es für den Ort schlecht, nur einen einzigen Schlachter zu haben, der die Preise diktiere.[72] Die Antwort ließ an Klarheit nicht zu wünschen übrig: Der Schlachter müsse sich um ein ordentliches Geleit bemühen, denn schließlich sei das Generalreglement auf ausdrückliches Verlangen des Königs „mit so vieler rigueur" zu beachten wie nur möglich. Außerdem müsse die Stadt gewährleisten, dass der vor Ort ansässige (christliche) Schlachter durch den Neuankömmling nicht in seiner „nahrung" beeinträchtigt werde, was gar nicht denkbar sei, wenn sie gerade die Konkurrenzsituation als Argument für die Aufnahme des Empfohlenen ins Felde führe. Sollte also der Schlachter tatsächlich ein Geleit erhalten, solle er nicht davon ausgehen, auch als Schlachter arbeiten zu dürfen.[73] Das weitere Schicksal der Witwe Eva Levi ist den Akten, insbesondere den bis 1788 verfügbaren, von dem Magistraten quartalsweise einzureichenden Angaben über die „Veränderungen der Juden", nicht zu entnehmen[74], sodass man vermuten muss, dass sie unter geringen Zuwendungen ihres Schwiegersohns noch Jahre in absoluter Armut in Sonsbeck verlebte.

Bei diesen eher verarmten als armen Leuten handelte es sich noch um vergleichsweise gut Gestellte, die, wie den Akten gelegentlich zu entnehmen, unter glücklichen Umständen durchaus das Mitleid von Magi-

stratspersonen und Behörden erwecken und positive Ermessensent-
scheidungen oder aber auch nur den Verzicht auf ein amtliches Ein-
schreiten erwirken konnten. Daneben ist gerade in den erwähnten Kri-
senphasen von einem kaum abschätzbaren sozialen Bodensatz (auch)
unter den Juden auszugehen, die ohne materielle und rechtliche Lebensgrundlage waren. Somit ist davor zu warnen, die Realität des absolutistischen Staates an seinem theoretischen Regelungsanspruch zu messen.
Des Problems der ländlichen Betteljuden nämlich wurde keiner der rheinischen Territorialfürsten Herr. Um 1780, so die begründete Vermutung
von Stefan Rohrbacher, war im Kölner Kurstaat ein Drittel aller Juden
ohne Geleitsbrief[75], wobei die Folge aus dieser Recht- und Chancenlosigkeit – das Abdriften in die Kriminalität – sich wie von selbst ergibt.[76]
Bezeichnenderweise verschickte die preußische Kammer in demselben
Jahr 1780 in Kleve und Mark 150 Exemplare eines Berliner Edikts gegen
das ländliche Betteln, versehen mit dem Kommentar, nun müsse man
geeignete Maßnahmen ergreifen, weil sieben gleichlautende Edikte seit
1719 „fast gänzlich ausser Acht gelassen wurden".[77]

Fazit und Ausblick

Auch im Rheinland war jüdische Existenz in der Frühen Neuzeit von
vornherein statt auf Integration auf Separation hin ausgerichtet. Diese war
eben nicht erst die sozialisationsbedingte Folge, sondern die Grundvor-
aussetzung der Niederlassung von Juden. Damit ist nicht geleugnet, dass
Juden und Christen Berührungspunkte besaßen und dass, gerade in kleineren Gebietseinheiten, Soziabilität auch kulturelle Annäherung schaffen
konnte. Aber gegenüber einer jüngeren, die Frühneuzeitforschung im allgemeinen prägenden Tendenz, die bemüht ist, früher so genannten
‚Randgruppen' Integrations- und Resistenzstrategien und überhaupt alle
erdenklichen Attribute mentaler und sozialer Parität beizumessen, ist ein-
zuwenden, dass der Sonderfall nicht zum Regelfall erhoben werden darf.
  Als fürstliche Schutzgruppe wurden die Juden wie keine andere mit
dem Obrigkeitsstaat identifiziert. Es erklärt sich somit, dass obrigkeits-
kritisches Protestverhalten christlicher Gesellschaftsgruppen in den Juden
eine prädestinierte Zielgruppe fand, konnte doch die Existenz von Juden
rundweg als (negative) Folge eines expansiven Staatsmonopols begriffen
werden. Die in Teilen nicht nur der älteren Literatur gepriesene „Verrechtlichung" der Lebensbedingungen für Juden in der Frühen Neuzeit
geht an dem schwer zu übersehenden Umstand vorbei, dass dieser Vorgang eine überaus restriktive Tendenz besaß und auch in seinen positiven

Stephan Laux

Ausformungen nur einer handverlesenen Gruppe von Menschen zuteil wurde. Die gegen Ende des 18. Jahrhunderts kursierende Toleranzdebatte fand folglich, sofern sie überhaupt rezipiert wurde, keinen substanziellen Eingang in die Rechtssetzung und wohl nur in Einzelfällen in die Rechts- und Verwaltungspraxis der (nicht allein rheinischen) Territorien. In diesem Zusammenhang ist die bekannte Tatsache noch einmal zu unterstreichen, dass das maßgeblich von der preußischen Beamtenschaft vertretene Toleranzpostulat (am berühmtesten ist die Aufklärungsschrift Christian Wilhelms von Dohm „Über die bürgerliche Verbesserung der Juden" von 1781) aus einer etatistischen bzw. eudämonistischen Logik heraus gedacht war, die die möglichst vollkommene Assimilation der Juden an die christliche Gesellschaft zur unbedingten Voraussetzung ihrer Integration machte.

Das alte Territorialrecht lebte nach 1815, als das Rheinland preußisch geworden war, in den Ländern westlich der Elbe in der einen oder anderen Form noch subsidiär fort, zumindest nämlich bis zur Angleichung der vielfältigen, bis auf die Lokalebene herabreichenden Einzelregelungen durch den ersten Allgemeinen Preußischen Landtag 1847. Auch hierin liegt die Bedeutung der Frühen Neuzeit für die jüngere Geschichte der Juden in Deutschland. Weniger die Juden selbst aber, wie es die zeitgenössischen Diskutanten praktisch einhellig meinten, sondern der Staat und seine Mehrheitsgesellschaft befand sich ihnen gegenüber in einem atavistischen Zustand und bedurfte deshalb der ‚bürgerlichen Verbesserung'.

Anmerkungen

1 Der Befund gilt ganz besonders auch für die rheinische Geschichte. Als Beispiel seien nur die beiden betreffenden Abschnitte über die Frühe Neuzeit in der 1976 in erster Auflage erschienenen *Rheinische[n] Geschichte* genannt (hg. von Georg Droege und Franz Petri, Düsseldorf; Abschnitte 1 und 2 von Franz Petri und Max Braubach), wo (S. 172) ganze vier Sätze den Juden gewidmet sind. Während die Erforschung der Geschichte der Juden im Hoch- und Spätmittelalter und seit dem ausgehenden 18. Jahrhundert bis heute sehr gute Fortschritte gemacht hat, ist der Rückstand im Bereich der Frühen Neuzeit nach wie vor deutlich. Vgl. zur Forschungsgeschichte u. a. Jörg Deventer, *Das Abseits als sicherer Ort? Jüdische Minderheit und christliche Gesellschaft im Alten Reich am Beispiel der Fürstabtei Corvey (1550–1807)*, Paderborn 1996, S. 3–8. – Als gelungener Überblick aus neuerer Zeit zu empfehlen ist Suzanne Zittartz, *Von der Frühen Neuzeit bis zur Judenemanzipation*, in: Michael Zimmermann (Hg.), *Geschichte der Juden im Rheinland und in Westfalen*, Stuttgart 1998, S. 79–140. Einige der Beiträge bei Jutta Bohnke-Kollwitz u. a. (Hg.), *Köln und das*

rheinische Judentum. Festschrift Germania Judaica 1959–1984, Köln 1984 berühren v. a. das spätere 18. Jahrhundert. Älteres Schrifttum chronologisch: Adolf Kober, *Aus der Geschichte der Juden im Rheinland,* in: Falk Wiesemann (Hg.), *Zur Geschichte und Kultur der Juden im Rheinland,* Düsseldorf 1985, S. 11–98 [Neuaufl. der Erstfassung 1931]; Ernst Ludwig, *Geschichte und Kultur der Juden in den rheinischen Territorialstaaten. Vom Beginn der Neuzeit bis zum Absolutismus,* in: Konrad Schilling (Hg.), *Monumenta Judaica. 2000 Jahre Geschichte und Kultur der Juden am Rhein. Handbuch,* Köln ²1964, S. 242–281; Hedwig Heider, *Die Rechtsgeschichte des deutschen Judentums bis zum Ausgang des Absolutismus und die Judenordnungen in den rheinischen Territorialstaaten,* Diss. Jur. Bielefeld 1979.

2 Die folgende Darstellung verzichtet in Anlehnung an den gehaltenen Vortrag bewusst auf eine Vertiefung von Spezialproblemen und die umfängliche Erfassung der Forschungsliteratur im Apparat. Für tiefer greifende Problembehandlung verweise ich auf die bestehende, zentrale Literatur und meine im fortgeschrittenen Stadium befindliche Forschungsarbeit *Die Juden im Ständestaat (1650–1775),* die im Wesentlichen die hier skizzierten Probleme umkreist.

3 Vgl. Albert Spitzner-Jahn/Bernhard Keuck, *„Es wohnen auch zimlich Juden darin, welches vieles eintragen". Zur Geschichte der Hoerstgener Juden vom 18. Jahrhundert bis zum 20. Jahrhundert,* in: Bernhard Keuck/Gerd Halmans (Hg.), *Juden in der Geschichte des Gelderlandes,* Geldern 2002, S. 133–189 mit der dort anschließenden Aufstellung der Juden in den heute Kamp-Lintforter Ortsteilen Hoerstgen und Kamp (S. 190–221).

4 Vgl. August von Haeften (Hg.), *Urkunden und Actenstücke zur Geschichte des Kurfürsten Friedrich Wilhelm von Brandenburg. Ständische Verhandlungen,* Bd. 1 (Cleve-Mark), Berlin 1869, S. 390–395 (Landtagsabschied Kleve, 9.10.1649, hier bes. Pkt. 15).

5 Vgl. Wilhelm Janssen, *Berg,* in: *Germania Judaica,* 3 Teile, Tübingen 1968–2003, Bd. 3,1 [im Folgenden: GJ], S. 1811–1866, hier S. 1811. Primär für die Geschichte des 19. Jahrhunderts, aber mit vielfältigen ortsgeschichtlichen Details zur Vorgeschichte: Elfi Pracht-Jörns, *Jüdisches Kulturerbe in Nordrhein-Westfalen,* Bd. 1: *Regierungsbezirk Köln,* Bd. 2: *Regierungsbezirk Düsseldorf,* Köln 1997/2000; wichtiger Anstoß für die Forschung: Klaus H. S. Schulte, *Dokumentation zur Geschichte der Juden am linken Niederrhein seit dem 17. Jahrhundert,* Düsseldorf 1972.

6 Vgl. zum Thema maßgeblich die Beiträge im vorzüglichen Sammelband von Friedhelm Burgard/Alfred Haverkamp/Gerd Mentgen (Hg.), *Judenvertreibungen in Mittelalter und Früher Neuzeit,* Hannover 1999.

7 Vgl. Janssen, *Berg* [Anm. 5], S. 181; Erich Wisplinghoff, *Düsseldorf,* in: GJ 3, 1, S. 262.

8 Vgl. Anna-Dorothee von den Brincken, *Das Rechtfertigungsschreiben der Stadt Köln wegen der Ausweisung der Juden im Jahre 1424. Zur Motivierung spätmittelalterlicher Judenvertreibungen in West- und Mitteleuropa,* in: *Mitteilungen aus dem Stadtarchiv von Köln* 60 (1971), S. 305–339; Erich Wisplinghoff, *Köln,* in: GJ 3, 1, S. 632–650, hier S. 640.

9 Vgl. Stefan Rohrbacher, *Juden in Neuss,* Neuss 1986, S. 26–30.

10 Vgl. etwa Horst Dinstühler, *Die erste Kurkölnische Judenordnung von 1592. Zur Situation der Juden in Kurköln am Ende des 16. Jahrhunderts,* in: Gerhard Rehm

(Red.), *Geschichte der Juden im Kreis Viersen*, Viersen 1991, S. 25–38, hier S. 31–33 (Kommentar).

11 Vgl. Markus J. Wenninger, *Man bedarf keiner Juden mehr. Ursachen und Hintergründe ihrer Vertreibung aus den deutschen Reichsstädten im 15. Jahrhundert*, Wien u. a. 1981 mit einer schlüssigen Argumentation, die auf die Verzichtbarkeit jüdischer Geldgeber zusteuert, hiermit aber nicht auf eine erschöpfende Erklärung des Gesamtphänomens ‚mittelalterliche Judenvertreibungen‘ abzielt.

12 Vgl. etwa für Kleve Diethard Aschoff, *Kleve*, in: GJ 3, 3, S. 1894–1902, hier S. 1895.

13 Druck bei Otto R. Redlich, *Jülich-bergische Kirchenpolitik am Ausgange des Mittelalters und in der Reformationszeit, Bd. 1: Urkunden und Akten 1400–1553*, Bonn 1907, Nr. 277, Zit. S. 235.

14 Die Polizeiordnung 10.10.1554. HStAD, HS, L II 7 I, Nr. 49, f. 76r[ecto]–82v[erso], hier f. 77v u. f. 118; die Polizeiordnung 26.6.1558 im Druck bei Gustaf Klemens Schmelzeisen u. a. (Hg.), *Quellen zur neueren Privatrechtsgeschichte Deutschlands, Bd. 2. 1: Polizei- und Landesordnungen*, Köln 1968, S. 325–372 (Auszug), hier Art. 26.

15 Vgl. etwa Guido Kisch, *Erasmus' Stellung zu Juden und Judentum*, Tübingen 1969.

16 Vgl. Wilhelm Janssen, *Köln, Erzstift und Erzbistum*, in: GJ 3, 3, S. 1902–1913, hier S. 1905.

17 Vgl. ebd., S. 1903.

18 Vgl. Stephan Laux, *Wege und Grenzen der Konfessionalisierung. Die Kölner Erzbischöfe des 16. Jahrhunderts als geistliche Oberhäupter und Dynasten*, in: Burkhard Dietz/Stephan Ehrenpreis (Hg.), *Drei Konfessionen in einer Region. Beiträge zur Geschichte der Konfessionalisierung im Herzogtum Berg vom 16. bis zum 18. Jahrhundert*, Köln 1999, S. 49–69.

19 Vgl. B[runo] Hirschfeld, *Deutz*, in: *Quellen zur Rechts- und Wirtschaftsgeschichte der rheinischen Städte, Bergische Städte*, Bd. II: *Blankenberg und Deutz*, Bonn 1911, S. 122–125.

20 Vgl. Janssen, *Köln* [Anm. 16], S. 1913 (Anm. 86); Klaus H. S. Schulte, *Familienbuch der Deutzer Juden*, Köln/Weimar/Wien 1992, S. 25 u. das Personenverzeichnis von um 1596 S. 184–185; Erich Wisplinghoff, *Deutz*, in: GJ 3, 3, S. 222–225.

21 Für Jülich-Berg existierte nach dem Tod des letzten kurkölnischen Landesrabbiners ein allein zuständiger, in Düsseldorf ansässiger Rabbiner. Vgl. zum kurkölnischen Landesrabbinat u. zum Wandel des Rabbineramts in den territorialen Landesjudenschaften im 18. Jahrhundert Birgit E. Klein, *„Unter der Herrschaft einer gnädigen Obrigkeit" – das Kurkölner Landesrabbinat von den Anfängen bis in die Zeit des Kurfürsten Clemens August*, in: Frank Günter Zehnder (Hg.), *Hirt und Herde. Religiosität und Frömmigkeit im Rheinland des 18. Jahrhunderts*, Köln 2000, S. 251–278.

22 Vgl. die jetzt maßgebliche Darstellung von Birgit E. Klein, *Wohltat und Hochverrat. Kurfürst Ernst von Köln, Juda bar Chajjim und die Juden im Alten Reich*, Hildesheim u. a. 2003, insbes. S. 58–105.

23 Maßgeblich das in Bearbeitung befindliche: *Historisch-Topographisches Handbuch zur Geschichte der Juden im Alten Reich (1520–1650)/GJ IV* (Jerusalem/Düsseldorf).

24 Vgl. Gerard Venner, *Geldern*, in: GJ 3, 3, S. 1855–1859, hier S. 1857.

25 In Jülich-Berg beanspruchten die Landesherren die Erteilung von sechs, im Herzogtum Westfalen von 25 Armengeleiten (vgl. Klaus H. S. Schulte, *Sozial- und Wirtschaftsgeschichte der Juden im Herzogtum Jülich*, Neuss 1988 [masch.], S. 18 u. 25 bzw. Stephan Laux, *Gravamen und Geleit. Tendenzen und Konsequenzen ständischer Einflussnahme auf die „Judenpolitik' im Herzogtum Westfalen [ca. 1600–1850]*, in: Barbara Stollberg-Rilinger [Hg.], *Politisch-soziale Praxis und symbolische Kultur der landständischen Verfassungen im westfälischen Raum*, Münster 2003 [Westfälische Forschungen 53/2003], S. 131–158, hier S. 147).

26 Die einzige umfassende Arbeit über die Juden in diesem Bereich ist die verdienstvolle, wenn auch methodisch und inhaltlich nicht ausgereifte Studie von Schulte, *Sozial- und Wirtschaftsgeschichte* [Anm. 25]. Für Berg existiert bislang keine taugliche Forschungsliteratur.

27 Vgl. zum Folgenden insges. Schulte, *Wirtschaftsgeschichte* [Anm. 25], Kap. III-VI mit Geleitsbriefen im Anhang.

28 Das Folgende nach der Akte HStAD, Jülich-Berg II, 4629, f. 11r–21r.

29 Zum Kölner Kurstaat ist bis zur Publikation des entsprechenden, bis 1648 reichenden Beitrags in GJ IV (Bearb.: Birgit E. Klein) zum Zwecke der übergreifenden Orientierung noch die veraltete Literatur heranzuziehen, u. a. Georg Hoffmann, *Die Juden im Erzstift Köln im 18. Jahrhundert mit besonderer Berücksichtigung ihrer Stellung in der Hoffinanz*, Aachen o. J. [1928].

30 Vgl. Laux, *Gravamen* [Anm. 25].

31 Geleitsliste o. Dat. (um 1763) HStAD, Kurköln II, 5726, f. 119r–121r.

32 Vgl. Birgit E. Klein/Rotraud Ries, *Zu Struktur und Funktion der jüdischen Oberschicht in Bonn und ihren Beziehungen zum kurfürstlichen Hof*, in: Frank Günter Zehnder (Hg.), *Eine Gesellschaft zwischen Tradition und Wandel. Alltag und Umwelt im Rheinland des 18. Jahrhunderts*, Köln 1999, S. 289–315.

33 Vgl. Laux, *Gravamen* [Anm. 25], S. 147 mit Anm. 105 mit Beispielen aus dem Herzogtum Westfalen.

34 Landtagsresolution vom 20.11.1684 bei Selma Stern, *Der preußische Staat und die Juden, Teil 1: Die Zeit des Großen Kurfürsten und Friedrichs I.*, Abt. 2: *Akten*, Berlin 1962, Nr. 69.

35 Die Literatur hierzu ist umfangreich. Vgl. zuletzt etwa Stefan Dowideit, *Zahlmeister statt Tolerierte: Über die Judenpolitik Preußens zwischen 1671 und 1812*, in: Birgit Kletzin (Hg.), *Fremde in Brandenburg. Von Hugenotten, sozialistischen Vertragsarbeitern und rechtem Feindbild*, Münster u. a. 2003, S. 134–153.

36 Vgl. Ismar Freund, *Die Emanzipation der Juden in Preußen unter besonderer Berücksichtigung des Gesetzes vom 11. März 1812. Ein Beitrag zur Rechtsgeschichte der Juden in Preußen*, Bd. 1: *Darstellung*, Bd. 2: *Urkunden*, Berlin 1912, hier Bd. 1, S. 25–26.

37 Vgl. mit Einzelheiten Laux, *Gravamen* [Anm. 25], S. 145–153.

38 Vgl. das verdienstvolle archivische Bestandsverzeichnis von Meta Kohnke (Bearb.), *Ältere Zentralbehörden bis 1808/10 und Brandenburg-Preußisches Hausarchiv*, München u. a. 1999 (Bestand Geheimer Rat, Rep. 34). An älterer Literatur sind für Kleve heranzuziehen: Franz Nienhaus, *Die Juden im ehemaligen Herzogtum Cleve unter brandenburg-preußischer Verwaltung*, (Diss.) Münster 1914; Fritz Baer, *Das Protokollbuch der Landjudenschaft des Herzogtums Kleve*, Tl. 1 [mehr nicht erschienen], Berlin 1922.

39 Erneuertes Patent der kleve-märkischen Juden vom 8./18.11.1690 bei Stern, *Staat* [Anm. 34], Bd. 1, 2, Nr. 334.

40 Druck u. a. bei Freund, *Emanzipation* [Anm. 36], Bd. 2, Nr. 4. Vgl. in der Literatur u. a. ebd., Bd. 1, S. 17–26; vgl. in jüngerer Zeit dazu u. a. Friedrich Battenberg, *Das europäische Zeitalter der Juden. Zur Entwicklung einer Minderheit in der nichtjüdischen Umwelt Europas*, Bd. 2: *Von 1650 bis 1945*, Darmstadt 1990, S. 65–68; Albert A. Bruer, *Geschichte der Juden in Preußen (1750–1820)*, Frankfurt a. M./New York 1991, S. 39–48, 69–72.

41 Druck bei Christian Otto Mylius, *Novum Corpus Constitutionem Prussico-Brandenburgenisium Praecipue Marchicarum [...]*, Berlin u. a. 1763, Supplementa, Nr. 14, Sp. 1219–1222.

42 Bericht der Kriegs- und Domänenkammer Kleve über das Ansinnen Gomperz' am 29.10.1754 (Druck bei Stern, *Staat* [Anm. 34], Bd. 3, 2, 1, Tübingen 1971, Nr. 578).

43 Aufstellung bei Freund, *Emanzipation* [Anm. 36], Bd. 2, S. 56–60.

44 Zit. Freund, *Emanzipation* [Anm. 36], Bd. 1, S. 19.

45 Geheimes Staatsarchiv Preußischer Kulturbesitz [Berlin], Geheimer Rat, Rep. 21, Nr. 203, Fasz. 20, f. 9v–11v.

46 Mit Rücksicht auf den Beitrag von Birgit E. Klein in diesem Sammelband verzichte ich darauf, auf die rheinischen Hofjudenfamilien einzugehen. Vgl. in der älteren Literatur bislang u. a. Nienhaus, *Juden* [Anm. 38], S. 69–87 zur (noch nicht ausreichend erforschten) Familie Gomperz.

47 HStAD, Xantener Kreisregistratur, Nr. 106, f. 5r–5v.

48 Dessen Hauptorte waren Xanten, Kalkar, Orsoy und Büderich.

49 HStAD, Xantener Kreisregistratur, Nr. 106, f. 80r.

50 Ebd., f. 101r-v.

51 Ebd., f. 109r–110r.

52 Ebd., f. 112v.

53 Seine Schreibweise variiert in den klevischen Quellen. Er selbst zeichnete allerdings „Sandart".

54 Vgl. umfangreich zu diesem Fall ebd., Nr. 261 [Tl. II], f. 105r–111r.

55 Ebd., Nr. 1433, f. 134r–135r.

56 Ein kurzer Überblick über die jüdische Einwohnerschaft des rund 8 km südwestlich von Xanten gelegenen Ortes bei Margret Wensky, *Vom 12. Jahrhundert bis 1815 [Abschnitt 6: Kirchen und Konfessionen]*, in: Dies. (Hg.), *Sonsbeck. Die Geschichte der niederrheinischen Gemeinde von der Frühzeit bis zur Gegenwart*, Köln u. a. 2003, S. 21–193 bzw. 104–135, hier S. 129–139; Kohnke, *Zentralbehörden* [Anm. 38], Nr. 2957. Die Überlieferung findet sich neben den Berliner Judenlisten im Bestand HStAD, Xantener Kreisregistratur, „Judenwesen" (bes. Akten 106, 1433, 1144, 689).

57 HStAD, Xantener Kreisregistratur, Nr. 106, f. 98r–99r [Judentabelle 29.10.1770]).

58 Schreiben Sandarts über den Judenvorsteher an Jacob Meyer zu Sonsbeck (HStAD, Xantener Kreisregistratur, Nr. 106, f. 138r-v, Xanten 16.1.[1771]).

59 Schreiben Jacob Meyers an den Kg., Sonsbeck 23.1.1771 (ebd., f. 158r-v).

60 Schreiben des Rendanten Wülner an Sandart, 23.1.1771 (ebd., f. 159r).

61 Aufstellung bei Stern, *Staat* [Anm. 34], Bd. 3, 2, 1, S. 740–742. Die Summe der Besitzstände ergibt in meiner Berechnung 60.150 Rtl.

62 Befehl an die klevische Kriegs- und Domänenkammer, Berlin, 21.2.1769 (HStAD, Xantener Kreisregistratur, Nr. 1433, f. 52r).

63 Die Einwohnerzahl Sonsbecks betrug 1768 zwei divergierenden Angaben zufolge 1.214 oder 1.413 (nach Margret Wensky [Bearb.], *Sonsbeck* [= Rheinischer Städteatlas, Lief. XII, H. 67], Bonn 1996, Pkt. V/1) Personen.

64 Die Konzession für ihn durch die Kriegs- und Domänenkammer am 22.9.1761 nach HStAD, Xantener Kreisregistratur, u. a. Nr. 689, f. 1r; sein kürzlich erfolgter Umzug nach ebd., Nr. 1340, f. 68r u. 72v (6.5.1775). 1776 waren somit nur noch 12 Juden in Sonsbeck ansässig. Zu Uedem vgl. Margret Wensky (Bearb.), *Uedem* (= Rheinischer Städteatlas, Lief. XV, H. 84), Bonn 2003, Pkt. IV/8.

65 HStAD, Xantener Kreisregistratur, Nr. 106, f. 97r.

66 Ebd., Nr. 1144 (o. Pag.).

67 HStAD, Xantener Kreisregistratur, Nr. 106, hier f. 123v–124r.

68 Umfangreiche Dokumentation ebd., Nr. 912, u. a. f. 1r–3v (amtliche Abschrift der Klage des Johann Coester gegen Sandart). Die Einsetzung Möllers nach ebd., Nr. 243. Kanitz amtierte nur 1772.

69 Ebd., Nr. 1433, f. 21r–v (12.10.1772).

70 Ebd., f. 30r–v (26.19.1772).

71 Kg. Friedrich II. [i. A.: Hildebrand, Berenth, Merttens] an Kriegs- u. Steuerrat Scheele (ebd., Nr. 1433, f. 130r–131r, Berlin 2.12.1773).

72 Ebd., Nr. 689, f. 38r–v. Den hier paläographisch eindeutig genannten Wohnort des Schlachters „Moock" konnte ich nicht nachweisen. Ich vermute, es handelt sich hierbei nicht um eine Verballhornung, sondern um einen Irrtum, weil zumindest im rheinischen Umkreis kein Ort existierte, der diesem Namen nahe kam und dessen Kenntnis seitens der Verfasser vorauszusetzen gewesen wäre.

73 Ebd., f. 39r–v (13.8.1778). An dieser Stelle versiegt die Überlieferung des Falls.

74 Ich habe in den diesbezüglich verfügbaren Akten ebd., Nr. 1350 (1773–1781) u. 668 (1781–1788) jedenfalls keine Informationen gefunden.

75 Vgl. Stefan Rohrbacher, *Räuberbanden, Gaunertum und Bettelwesen*, in: Bohnke-Kollwitz u. a., *Köln* [Anm. 1], S. 116–124, hier S. 116.

76 Vgl. zur individuellen und kollektiven Delinquenz jüdischer Unterschichten am Fallbeispiel (Fürstentum) Minden Bernd Wilhelm Linnemeier, *Jüdisches Leben im Alten Reich. Stadt und Fürstentum Minden in der Frühen Neuzeit*, Bielefeld 2002, Kap. 16.3.

77 „Erneuertes und geschärftes Edict wegen der überhandnehmenden fremden Bettel-Juden" (Berlin, 12.12.1780, f. 173r–175r). Druck: Mylius, *Novum Corpus* [Anm. 41], Bd. VI (Berlin u. a. 1781), Nr. 32.

Die jüdischen Gemeinden in der preußischen Rheinprovinz 1815–1871[1]

Suzanne Zittartz-Weber

Die *Kehila* als Institution der jüdischen Gemeinde

Die Institution der jüdischen Gemeinde (hebräisch *Kehila* oder *Kahal*) ist für die Geschichte der Juden von zentraler Bedeutung, denn sie schuf die organisatorischen Voraussetzungen für ihren fortgesetzten Zusammenhalt in der Diaspora und bildete den allgemeinen Rahmen ihrer gemeinschaftlichen Existenz als gesellschaftliche Minderheit innerhalb einer ihr häufig feindlich gesonnenen Umgebung. Sie ermöglichte auch nach Verlust eines eigenen Staates und der politischen Souveränität des jüdischen Volkes als Ganzem eine gewisse politische Selbstbestimmung und -verwaltung auf lokaler Ebene.[2]

Entstanden in der Frühzeit des Judentums erwies sich die *Kehila* als äußerst anpassungsfähig an die jeweiligen Existenzbedingungen des jüdischen Volkes sowie dienstbar für unterschiedliche Zwecke, wodurch ihre Verfassung verschiedene Entwicklungsstufen durchlief. Dabei wurde sie erheblich geprägt von den Bedingungen, welche die Mehrheitsgesellschaft der Organisation dieser Minderheit auferlegte. Gleichzeitig jedoch konkretisierten sich in den Institutionen und Verfahrensweisen der jüdischen Gemeinden auch die politischen Traditionen des Judentums. Infolgedessen wurde ihre Entwicklung vom Spannungsverhältnis zwischen den Selbstbestimmungsbestrebungen ihrer Mitglieder einerseits und dem Einfluss der Umgebung, vor allem der staatlichen und kirchlichen Politik gegenüber den Juden andererseits bestimmt. Die Geschichte der jüdischen Gemeinde gibt demnach nicht nur Auskunft über allgemeingeschichtliche Zustände, sondern auch über innerjüdische Parameter.[3]

Besonders interessant und aufschlussreich gestaltete sich in Europa die Entwicklung der *Kehila* angesichts des Entstehens einer bürgerlichen Klassengesellschaft auf Basis einer kapitalistischen Wirtschafts- und Sozialordnung. Dieser tiefgreifende gesamtgesellschaftliche Transformationsprozess machte auch eine Neubestimmung der Existenzform der jüdischen Bevölkerung notwendig. Angesichts der vielfältigen Modernisierungs- und Emanzipationsprozesse stellte sich die prinzipielle Frage, wie jüdisches Gemeindeleben innerhalb der entstehenden modernen

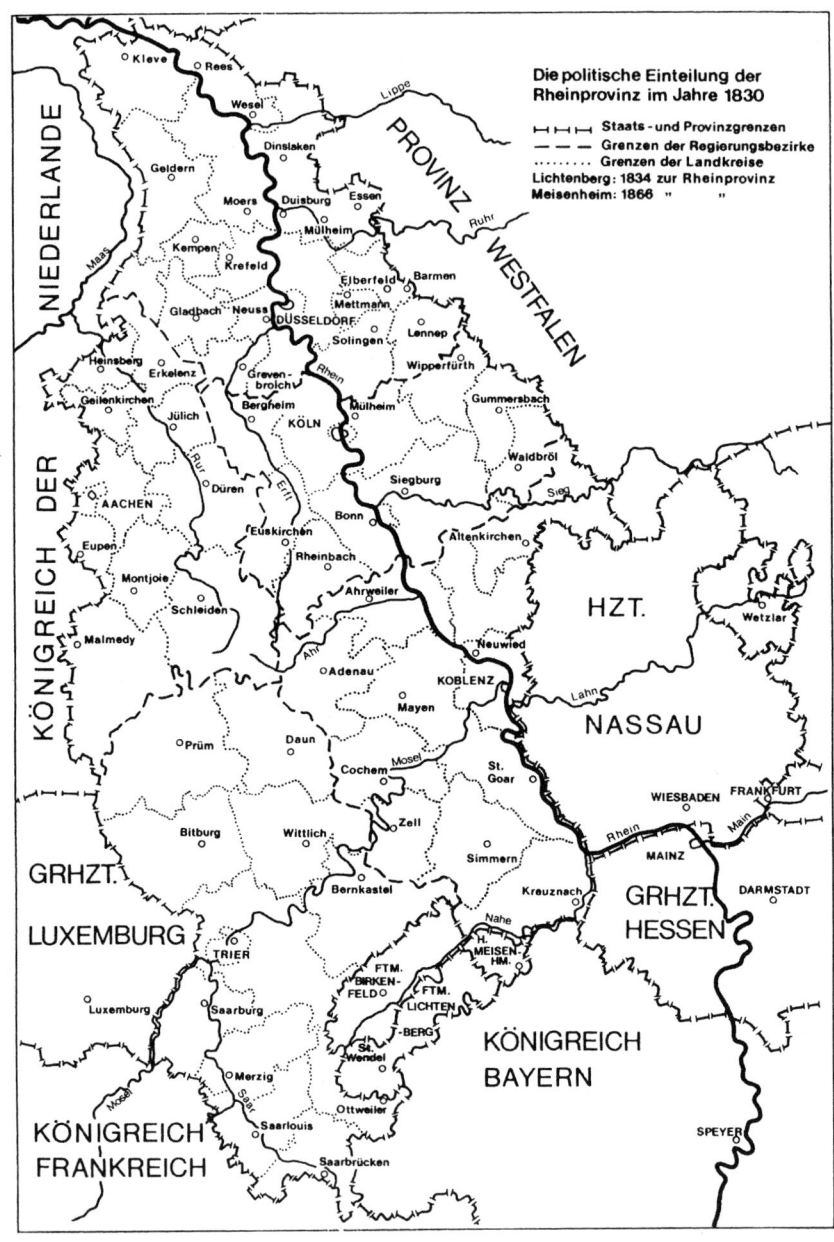

16 Die preußische Rheinprovinz im Jahre 1830

Suzanne Zittartz-Weber

Gesellschaft gestaltet werden könne. Vor allem die daraufhin in Deutschland entwickelten Modelle erwiesen sich als richtungweisend für das neuzeitliche Judentum – sowohl in religiöser als auch organisatorischer Hinsicht.[4]

Zur näheren Beleuchtung dieses Prozesses sollen die jüdischen Gemeinden in der preußischen Rheinprovinz untersucht werden, die im Jahr 1816 insgesamt 17.559 Mitglieder umfassten. Bis zum Jahr 1846 erhöhte sich die Anzahl der jüdischen Bevölkerung in der Provinz auf 28.771 Personen, von denen 7.489 im Regierungsbezirk Düsseldorf, 5.483 im Regierungsbezirk Köln und 2.613 im Regierungsbezirk Aachen lebten. In den beiden südlichen Verwaltungsbezirken Koblenz und Trier lebten zu diesem Zeitpunkt 8.205 bzw. 4.981 Juden. Während es sich bei der Mehrheit der rheinischen Juden im 19. Jahrhundert um Landjuden handelte,[5] existierten aber auch teilweise alte Gemeinden in Großstädten wie Köln, Bonn oder Düsseldorf. Insgesamt erhöhte sich die Zahl der rheinischen Synagogen von 212 im Jahr 1828 auf 329 Gotteshäuser im Jahr 1867.

Da das Rheinland im 19. Jahrhundert eine der fortschrittlichsten Regionen Deutschlands bildete und besonders nachhaltig von der Industrialisierung, der Urbanisierung sowie modernen politischen Bewegungen ergriffen wurde, waren die dort lebenden Juden vergleichsweise früh den sozioökonomischen Veränderungen des 19. Jahrhunderts ausgesetzt.[6] Darüber hinaus verdienen sie als „Pioniere der Modernisierung"[7] besondere Aufmerksamkeit, denn infolge der Expansionsbestrebungen des revolutionären und Napoleonischen Frankreichs um 1800 gerieten sie als erste Juden in Deutschland direkt unter den politisch wirksamen Einfluss der Ideen von einer Emanzipation und Integration der jüdischen Bevölkerung. Diese bewirkten neben der weitgehenden rechtlichen Gleichstellung auch die Aufhebung der traditionellen Gemeindeautonomie.[8] Infolge der Ausdehnung des französischen Rechtssystems auf das unter französischer Herrschaft stehende Rheinland erlebten die rheinischen Juden eine weitgehende Beseitigung der benachteiligenden Strukturen, die sie bisher als separate Minderheit charakterisiert hatten. Vor diesem Hintergrund entwickelte sich im Rheinland in der Zeit zwischen 1815 und 1871 die moderne jüdische Gemeinde.

Die Auflösung der traditionellen Gemeindeverfassung

Als traditionell wird die jüdische Gemeindeverfassung bezeichnet, die ihren spezifischen Charakter seit dem 11./12. Jahrhundert in Europa ausbildete. Sie hatte die Juden als weitgehend autonome Korporation außerhalb der mittelalterlichen Ständegesellschaft organisiert. Dies entsprach den politischen, sozialen, wirtschaftlichen und religiös-kulturellen Bedürfnissen sowohl der christlichen Gesellschaft und ihrer Regierungen als auch der Juden selbst. Als gesellschaftliche Minderheit erhielten sie autonome Rechte zur Regelung ihrer internen Angelegenheiten und Möglichkeiten zur kollektiven Vertretung ihrer gemeinsamen Anliegen nach außen.

Die traditionelle jüdische Gemeinde umfasste und bestimmte das gesamte kollektive und individuelle Leben ihrer Mitglieder, wodurch ihre politische Organisation untrennbar mit religiösen und ethischen Komponenten verwoben war. Ihre Autorität bezog sie zum einen aus ihrer rechtlichen Anerkennung als Korporation durch den Staat und die Kirche, die ihr auch das Recht auf autonome Gerichtsbarkeit in innerjüdischen Angelegenheiten einräumten. Auf der anderen Seite schöpfte die Gemeinde ihre Autorität aus der Ehrfurcht ihrer Mitglieder vor der gemeinsamen Tradition und der Bindung des einzelnen Juden an die Gemeinschaft. Zudem wurde durch die Zwangszugehörigkeit zur jüdischen Korporation, aus der man nur durch Konversion zum Christentum austreten konnte, eine starke soziale Kontrolle ausgeübt. Den christlichen Obrigkeiten wiederum diente die *Kehila* als nützliches Instrument zur Kontrolle, wirtschaftlichen Ausnutzung und Absonderung der Juden.[9]

Diese Gemeindeverfassung geriet im Verlauf des 18. Jahrhunderts zunehmend in einen Prozess der Auflösung und Desintegration, zu dem verschiedene allgemeingeschichtliche sowie innerjüdische Faktoren beitrugen. Vor dem Hintergrund der Aufklärungsbewegung und der verschiedenen soziopolitischen Modernisierungs- und Emanzipationsprozesse verschwand die Basis der christlichen Ständegesellschaft, welche die jüdische Korporation bedingt hatte. Deren allmähliche Auflösung und Säkularisierung bedeutete auch für die jüdische Gemeinschaft eine Zeit des Wandels und der Suche nach neuen Existenzformen, was aufgrund ihres sehr traditionalistischen Charakters besonders einschneidende Auswirkungen hatte. Im Zuge der Zentralisierung staatlicher Macht sowie der Abschaffung der korporativen und selbstverwaltenden Institutionen wurde die interne Autonomie der jüdischen Gemeinden aufgehoben und ihre bisher umfassende Funktion auf die Verwaltung des religiös-kultischen Lebens ihrer Mitglieder und deren soziale Wohlfahrt beschränkt. Dadurch wurde den Juden die organisatorische Basis und das Zentrum ihrer kollektiven Existenz entzogen. Es stellte sich damit im 19. Jahrhundert die Frage, wie jüdisches Gemeindeleben unter diesen Voraussetzungen neu gestaltet werden könne.[10]

Suzanne Zittartz-Weber

Die preußische Judenpolitik in der Rheinprovinz

Die politischen Veränderungen des Jahres 1815 beendeten im Rheinland die französische Herrschaft, die mit den Revolutionskriegen und den Napoleonischen Eroberungen begonnen hatte. Bereits im Oktober 1813 war das Rheinland von der Nahe und Saar im Süden bis zur niederländischen Grenze im Norden bei der Aufteilung derjenigen Länder, die von den Alliierten in den Befreiungskriegen gegen die Napoleonischen Armeen erobert worden waren, Preußen zugesprochen worden. Infolge der endgültigen Aufteilung durch den Wiener Kongress im Jahr 1815 wurde das Gebiet dann als Rheinprovinz dem preußischen Königreich einverleibt.[11]

Zu diesem Zeitpunkt begann in Preußen eine Phase der restaurativen Politik und der staatlichen Konsolidierung, in der die während der vorangehenden Reformära erreichten Veränderungen und politischen Errungenschaften zwar nicht grundsätzlich revidiert, aber doch unter konservativen Vorzeichen festgeschrieben wurden. Dieses Streben nach Wahrung des politischen wie gesellschaftlichen Status quo machte sich auch im Umgang mit den neu erworbenen Gebieten am Rhein bemerkbar, deren Bevölkerung selbstbewusst auf ihren besonderen gesellschaftspolitischen Gegebenheiten beharrte. Die preußische Regierung bemühte sich daher um eine schrittweise Integration des Rheinlandes im Sinne der gesamtstaatlichen Stabilität. Gleichzeitig respektierte sie die regionalen Besonderheiten, sofern sie die Durchsetzung staatlicher Herrschaftsansprüche nicht beeinträchtigten. Dies betraf vor allem die französische Rechtsverfassung, die beibehalten werden konnte und mit ihrer liberalen Ausrichtung die Basis des rheinischen Selbstverständnisses bildete.[12]

Die derart kompromissbereite und dezentral ausgerichtete Integrationspolitik gegenüber den hinzugewonnenen Landesteilen des Königreiches warf die spezielle Frage auf, wie mit den verschiedenen Gesetzgebungen bezüglich der Juden in diesen Gebieten verfahren werden sollte. Die Berliner Regierung sah sich mit einer weit größeren jüdischen Bevölkerung als vor 1815 sowie mehr als einem Dutzend verschiedener Judengesetze innerhalb des Königreiches konfrontiert.

Allein in der Rheinprovinz ließen sich drei Judenverfassungen unterscheiden:[13]

Im linksrheinischen Gebiet, das 1794 endgültig durch das revolutionäre Frankreich erobert und 1801 annektiert worden war, war die französische Verfassung eingeführt worden. Dadurch hatten die dort lebenden Juden erstmals in Deutschland die völlige Gleichberechtigung mit allen anderen Staatsbürgern erhalten, während gleichzeitig die jüdische

Gemeindeautonomie aufgehoben worden war. Allerdings hatte Napoleon die Emanzipation am 17. März 1808 durch das so genannte *Décret infâme*, das „Schändliche Dekret", zumindest partiell wieder zurückgenommen. Dieser Erlass unterwarf die jüdische Bevölkerung erneut einer diskriminierenden Sondergesetzgebung, denn er legte ihr Beschränkungen im Handel und Kreditgeschäft sowie besondere Patentverpflichtungen auf und benachteiligte sie in Bezug auf Niederlassung und Militärdienst. Gleichzeitig hatte Napoleon eine zentralistische und hierarchische Neuorganisation des jüdischen Kultuswesens in Form des „Konsistorialsystems" eingeführt, das nach dem Vorbild der protestantischen Kirche organisiert war und unter staatlicher Kontrolle stand.[14]

Im Gegensatz dazu hatten die Juden im Rechtsrheinischen, wo Napoleon das Großherzogtum Berg begründete, im Jahr 1808 die weitgehende rechtliche Gleichstellung ohne die Beschränkungen des „Schändlichen Dekretes" erhalten, während auf eine Neuregelung des jüdischen Kultuswesens in Form des Konsistorialsystems verzichtet worden war.[15] Darüber hinaus bestand als dritte Rechtsform im rechtsrheinischen Teil des Regierungsbezirkes Koblenz noch das Schutzjudensystem auf Basis von Judenordnungen aus dem 18. Jahrhundert fort.

Obwohl diese Situation aus Sicht eines modernen Verwaltungsstaates höchst unbefriedigend war, entschied sich die preußische Regierung nach längeren Diskussionen im Jahr 1818 dazu, die rechtlichen Verhältnisse hinsichtlich der jüdischen Bevölkerung im Rheinland zunächst beim bestehenden Status quo – also der unter französischer Herrschaft geschaffenen Situation – zu belassen. Dieses Vorgehen entsprach den angesprochenen allgemeinen Rechtsprinzipien des preußischen Staates, der auf die Schaffung einheitlicher Verhältnisse im gesamten Staatsgebiet verzichtete und an den regionalen Rechtstraditionen festhielt.

Im Fall zumindest der linksrheinischen Juden bedeutete diese Politik allerdings kein pragmatisches Zugeständnis an das liberale „Rheinische Recht" in der westlichen Provinz, sondern vielmehr die Beibehaltung eines restriktiveren Gesetzes als in Kernpreußen. Dort galt nämlich das im Zuge der Reformmaßnahmen am 11. März 1812 erlassene „Edikt über die bürgerlichen Verhältnisse der Juden im preußischen Staat", das die Mehrheit der preußischen Juden zu „Einländern" und „Preußischen Staatsbürgern" erklärte.

Infolgedessen waren die rheinischen Juden weit länger den diskriminierenden Maßnahmen Napoleons unterworfen als ihre Glaubensbrüder in Frankreich, wo das ursprünglich auf zehn Jahre erlassene Dekret nach Ablauf der Frist 1818 ebenso wie im Vereinigten Königreich der Niederlande, in Belgien und Luxemburg abgeschafft wurde. In seinem deutschen

Wirkungsbereich hingegen, der neben der preußischen Rheinprovinz auch die bayerische Rheinpfalz sowie Rheinhessen umschloss, blieb das *Décret infâme* auch nach Ende der Napoleonischen Herrschaft bestehen. Verschärft wurde es noch durch Einzelmaßnahmen der Berliner Regierung, die den Status quo im Sinne einer restriktiven Judenpolitik modifizierte. Sie schloss die Juden schrittweise von verschiedenen Rechten aus, die ihnen nach dem Edikt von 1812 oder dem Dekret von 1808 eigentlich zugestanden hätten.[16]

Die Stellung der jüdischen Gemeinden im preußischen Staat

Eng verbunden mit der Debatte um die rechtliche Stellung der einzelnen Juden als Staatsbürger war die Frage nach dem Rechtsstatus der Juden als Gemeinschaft, die zu einem wichtigen Teilaspekt der preußischen Judenpolitik wurde.[17] Aufgeworfen wurde sie sowohl durch das Napoleonische Dekret von 1808 als auch das Preußische Edikt von 1812, die den korporativen Charakter der traditionellen Gemeindeverfassung endgültig aufgehoben hatten. Fortan betrachtete der preußische Staat die jüdischen Gemeinden als „geduldete Kirchengesellschaften" entsprechend der Definition im Allgemeinen Landrecht. Danach verfügten sie als private religiöse Vereine im Gegensatz zu den christlichen Kirchen weder über einen öffentlichen Status und über juristische Rechte noch über staatliche Unterstützung.[18]

Darüber hinaus jedoch unterließ es der preußische Staat, die jüdischen Kultusverhältnisse durch gesetzliche Maßnahmen festzuschreiben. Die Emanzipation in Preußen zielte damit auf die Juden als individuelle Bürger und nicht auf die jüdische Religionsgemeinschaft ab, der eine öffentliche Anerkennung versagt blieb. Vielmehr sollte die Demontage ihrer korporativen Gemeindeverfassung, welche die Auflösung des organisatorischen Zusammenhanges der Juden nicht nur in politischer und rechtlicher, sondern in gewissem Ausmaße auch in sozialer sowie kultureller Hinsicht bedeutete, zur Vereinheitlichung und Zentralisierung der Staatsgesellschaft beitragen.

Abgesehen von diesem allgemeinen Ziel sollte auf solche Weise auch die erwünschte Integration und Assimilation der jüdischen Minderheit im Sinne ihrer „bürgerlichen Verbesserung" gefördert werden. Zu diesem Zweck verhinderte der preußische Staat die Konsolidierung und Modernisierung der jüdischen Gemeindestrukturen und untersagte die Einführung anderer zeitgemäßer Reformen im jüdischen Kultusleben. Durch den Verzicht der preußischen Regierung auf eine ausdrückliche Neuregelung des jüdischen Kultuswesens entstand in gewisser Hinsicht ein Rechtsvakuum, aufgrund dessen die Gemeindeorganisation der rheinischen Juden mit vielen juristischen und organisatorischen Problemen zu kämpfen hatte.

In unzähligen Beispielen tritt deutlich zutage, dass die jüdischen Gemeinden der Rheinprovinz in der ersten Hälfte des 19. Jahrhunderts von Differenzen und Konflikten erschüttert wurden, die in dieser Form durch die Abschaffung der traditionellen Gemeindeverfassung und der korporativen Strukturen nicht nur möglich geworden waren, sondern häufig auch darin begründet lagen. Die internen Regelungsmechanismen und verbindlichen Disziplinierungsmaßnahmen der Gemeinden waren kaum mehr funktionstüchtig. Die staatlich anerkannte und verbürgte Autorität der *Kehila* gegenüber ihren Mitgliedern war verloren gegangen, sodass sie nur noch auf ihrer Ehrfurcht vor der gemeinsamen Tradition, ihrer Bindung an die Gemeinschaft sowie der sozialen Kontrolle untereinander basierte. Diese Mechanismen reichten in den wenigsten Fällen dazu aus, die auftretenden Konflikte angesichts der veränderten Rechtsstrukturen sowie der allgemeinen gesellschaftlichen Veränderungen zu bewältigen.

Vor diesem Hintergrund hielten die lokalen Verwaltungsbehörden eine gesetzliche Neuregelung des jüdischen Kultuswesens für erforderlich. Besonders dringend erschien ihnen die Situation im Rechtsrheinischen, wo die jüdischen Gemeinden ohne geordnete Rechtsverhältnisse eigenständig agierten. Im Linksrheinischen hingegen bestand noch das unter französischer Herrschaft geschaffene Konsistorialsystem, an dem der preußische Staat festhielt. Um dessen Organisation und Tätigkeit weiterhin zu gewährleisten, wurden die Bezirksgrenzen der unter Napoleon geschaffenen Zentralsynagogen in Krefeld, Bonn und Trier durch die preußischen Behörden an die veränderten Territorialgrenzen angepasst. Außerdem wurden die Kultussteuern von der jüdischen Bevölkerung mit Hilfe der staatlichen Organe erhoben.

Trotzdem konnte auch das Konsistorialsystem den unübersichtlichen Verhältnissen in den jüdischen Gemeinden nicht entgegenwirken, obgleich es von Napoleon eigentlich als übergeordnete Instanz des jüdischen Kultuswesens geschaffen worden war. Dieser Aufgabe konnten die drei Konsistorien in Krefeld, Bonn und Trier nach 1815 nur bedingt nachkommen, denn mit dem Ende der französischen Herrschaft und der Lösung vom französischen Konsistorialsystem büßte ihre Amtstätigkeit an Inhalt, Umfang und Wirksamkeit ein. Im Gegensatz zur französischen verzichtete die preußische Regierung nämlich darauf, die jüdische Kultusorganisation in einem vergleichbaren Ausmaß für ihre politischen

Suzanne Zittartz-Weber

Zwecke zu instrumentalisieren und in den Staatsapparat einzubinden. Nur in seltenen Fällen bediente sie sich der Konsistorien, um administrative Kontrolle oder Einflussnahme auf die Juden auszuüben, zumal diese nur ein sehr kleines Gebiet des Königreiches abdeckten.[19]

Infolge des Zurückdrängens der jüdischen Konsistorien aus dem staats- und gesellschaftspolitischen Bereich verlagerte sich der Schwerpunkt ihrer Arbeit auf die Betreuung der Juden in ihren religiösen und kultischen Belangen. Demnach verloren die Oberrabbiner nicht nur einen Großteil ihrer Aufgaben und damit an Verantwortung, sondern auch an Legitimation und Autorität sowohl gegenüber den staatlichen Stellen als auch gegenüber den einzelnen Juden. Allerdings setzten sie sich weiterhin als Fürsprecher der jüdischen Bevölkerung bei den Behörden ein und bemühten sich um eine Verbesserung ihrer Rechtsstellung. Doch fehlte es ihnen ähnlich wie den Vorstehern der Einzelgemeinden an institutionalisierten Kontrollmöglichkeiten und Mitteln zur Durchsetzung ihrer Autoritätsansprüche. Die Konsistorien konnten nur insoweit tätig werden, wie die Juden freiwillig ihre Führerschaft und Weisungsberechtigung anerkannten. In vielen Einzelfällen wird jedoch erkennbar, wie gering diese Bereitschaft war.

Aus diesen Gründen trugen die rheinischen Judengemeinden ihre Auseinandersetzungen an die Staatsverwaltung heran, damit diese die notwendigen Maßnahmen ergreifen und Entscheidungen treffen könne. Doch ungeachtet häufig inständiger Bitten durch die Juden und trotz Fürsprache seitens der lokalen Behörden weigerten sich die zuständigen Ministerien, den jüdischen Gemeinden finanzielle oder organisatorische Unterstützung zukommen zu lassen oder sich in ihre internen Angelegenheiten einzumischen, da sie im staatsrechtlichen Sinne als private Vereine definiert wurden.

Die Behörden wollten nur dann in interne Angelegenheiten der jüdischen Gemeinden eingreifen, wenn die öffentliche Ruhe und Ordnung in Mitleidenschaft gezogen wurden. So lag dem preußischen Staat beispielsweise an der polizeilichen Aufsicht über die öffentlichen Feiern der jüdischen Gemeinden. Außerdem bestätigte sowohl das 1815 erlassene Verbot, separate Gottesdienste neben der Ortsgemeinde zu unterhalten, als auch der weitgehende Gemeinde- bzw. „Parochialzwang", also die Verpflichtung jedes Juden, der Ortsgemeinde anzugehören, die kollektive Existenz der jüdischen Bevölkerung, selbst wenn ihre Organisation auf eine rein religiöse Zielsetzung begrenzt blieb.[20] Die preußischen Behörden bemühten sich daher, Spaltungen innerhalb der jüdischen Gemeinden zu verhindern. Ebenso kontrollierten sie die Gründung und Errichtung von neuen Synagogen, für die eine staatliche Zustimmung eingeholt werden musste. Darüber hinaus engagierte sich die Berliner Regierung für die Abwicklung der Korporationsschulden, denn die Schulden der ehemaligen Landjudenschaften waren bei Aufhebung der korporativen Gemeindeverfassung auf die einzelnen Mitglieder und deren Nachkommen umgelegt worden.

In allen anderen Fällen jedoch wiesen sie die Bitten um Intervention mit dem Hinweis ab, dass sich eine umfassende Neuregelung der jüdischen Kultusverhältnisse Preußens bereits in Planung befände. Tatsächlich hegten die staatlichen Stellen angesichts der uneinheitlichen Rechtslage, die einer umfassenden Konzeption entbehrte, während des gesamten Vormärzes Pläne für eine ausgiebige Neuregelung und Vereinheitlichung der jüdischen Angelegenheiten. Die immer wieder angestellten Überlegungen zu möglichen Veränderungen der Rechtslage und zur Reorganisation des jüdischen Kultuswesens, die vor allem auf ihre Vereinheitlichung im gesamten Staatsgebiet abzielten, scheiterten jedoch an der prinzipiellen Behauptung des Status quo.

Aus diesem Grunde fehlte den Juden in der Rheinprovinz die gesetzliche Möglichkeit, die staatliche Autorität als Ersatz für die abgeschaffte Gemeindeautonomie zur Regelung der innerjüdischen Belange einzusetzen. Auch der Gang vor die staatlichen Gerichte bot nur selten ein effektives Mittel, um eine verfahrene Situation zu klären. Dadurch wurden rechtliche und organisatorische Unsicherheit, daraus resultierende Konflikte zwischen den Mitgliedern sowie Stagnation der Gemeindeinstitutionen ein Kennzeichen der hier vorgestellten Periode der jüdischen Gemeindegeschichte im Rheinland. Angesichts dieses Befundes bemerkte der Vorsteher der Juden in Dinslaken im Jahre 1830 resigniert: „Wir [d.h. die Juden] fühlen uns von allen Seiten verlassen, und wollen doch nur Friede, Ruhe und Ordnung."[21]

Politische Neuorientierung unter Friedrich Wilhelm IV.

Mit dem Regierungsantritt von König Friedrich Wilhelm IV. im Jahre 1840 begann eine neue Ära in der preußischen Judenpolitik, die durch verstärkte Bemühungen um eine umfassende Revision und Vereinheitlichung der gesetzlichen Verhältnisse geprägt war. Die bisherige Haltung der staatlichen Behörden, die an einem inkonsequenten und nicht stringent angewendeten Prinzip der Nichteinmischung festhielten, war angesichts des beschleunigten sozioökonomischen Wandels und infolge der zunehmenden Akkulturation des preußischen Judentums immer unhaltbarer geworden. Zunehmend wurde deutlich, dass durch eine solche Politik die

Suzanne Zittartz-Weber

Emanzipation der jüdischen Minderheit nicht wirklich aufgehalten werden konnte, da sie Teil der allgemeinen gesellschaftlichen Modernisierung war.

Bei seiner Thronbesteigung weckte der neue König in der preußischen Öffentlichkeit zunächst Hoffnungen, dass er liberalen Forderungen entgegenkommen und Reformen des bürokratischen Obrigkeitsstaates befürworten würde. Doch diese Hoffnungen auf eine fortschrittliche und emanzipationsfreundliche Haltung des neuen Regenten, die gerade auch von jüdischer Seite gehegt wurden, wurden bitter enttäuscht, als dieser in der königlichen Kabinettsorder vom 13. Dezember 1841 den Staatsrat mit der Beratung eines einheitlichen Judengesetzes beauftragte.[22]

Friedrich Wilhelm IV. erwies sich als pietistischer Romantiker und rückwärtsgewandter Verfechter eines christlich-germanischen Staates mit ständischen Gesellschaftsstrukturen. Indem er sich an solchen Vorstellungen orientierte, ignorierte er die tatsächlichen sozialen und wirtschaftlichen Gegebenheiten seiner Zeit. Seiner Ansicht nach bildeten die Juden nicht nur eine Religionsgemeinschaft, sondern stellten darüber hinaus einen durch ihre Religion charakterisierten, eigenen „Nationaltypus" dar. Da grundsätzliche und unüberwindbare Unterschiede zwischen dem jüdischen Volk einerseits und dem deutschen Staatsvolk andererseits bestünden, sprach sich der neue König gegen eine weitere Integration der Juden in das allgemeine Rechtssystem aus. Eine solche Annäherung oder gar Gleichstellung läge weder im Interesse der Juden noch der Christen, deren Schutz und Förderung schließlich die ureigenste Aufgabe eines christlichen Staates sei.

Dem König schwebte vor, die Juden nach dem Vorbild des am 1. Juni 1833 für die Provinz Posen erlassenen Judengesetzes in einer separaten Korporation zu erfassen, um sie außerhalb der christlichen Staatsgesellschaft zu organisieren. [23] Mit diesem Plan verkannte Friedrich Wilhelm IV. nicht nur die allgemeinen Interessen und Bedürfnisse der damaligen Staatsverfassung, die er zumindest hinsichtlich der jüdischen Bevölkerung auf ein längst überholtes Stadium zurückdrehen wollte, sondern unterschätzte auch die bereits erreichte und weiter fortschreitende Integration sowie Akkulturation der Juden.

Vor diesem Hintergrund brach in den jüdischen Gemeinden Preußens ein Sturm der Entrüstung über die königlichen Absichten los, was im März 1842 zu einer Flut von Petitionen gegen das geplante Gesetz an die Adresse des Königs führte. Darunter befanden sich auffallend viele Bittschriften aus der Rheinprovinz, in denen die Vertreter der Judenschaft betonten, dass sie ihrem Selbstverständnis nach einen untrennbaren Bestandteil der bürgerlichen Gemeinde und Gesellschaft darstellten. Folgerichtig verlangten sie die prinzipielle Trennung von Staat und Religion bzw. Kirche.[24]

Angespornt von der durch Offenheit geprägten politischen Atmosphäre im Rheinland nahmen die dort lebenden Juden in den vierziger Jahren des 19. Jahrhunderts selbstsicher die Möglichkeiten politischer Einflussnahme wahr und forderten die Verbesserung ihrer gesetzlichen Stellung als ihr Recht ein.[25] Nur eine kleine Minderheit unter ihnen befürwortete zu dieser Zeit die Wahrung der sozialen und politischen Schranken, die sie von der übrigen Gesellschaft trennten, da sie im Falle ihrer Abschaffung den gleichzeitigen Verlust der religiösen und kulturellen Identität des Judentums befürchtete. Dies hing auch damit zusammen, dass die Diskussion um die Gleichberechtigung der Juden meist mit Forderungen nach Reform ihrer Lebensweise und Traditionen verbunden war. Die Mehrheit der jüdischen Bevölkerung hingegen, die im Judentum lediglich eine Konfession neben anderen sah, wollte endlich als gleichberechtigte Mitglieder der preußischen Staatsgesellschaft anerkannt werden.[26]

Juden standen demnach im Kampf um ihre Gleichstellung hinsichtlich der Staats- und Bürgerrechte, die nun zunehmend mit dem Begriff „Emanzipation" bezeichnet wurde, an vorderster Front. Doch das Thema beschäftigte nicht nur die betroffenen Juden; es wurde auch von der gesamten preußischen Öffentlichkeit aufgegriffen und verursachte eine lebhafte Debatte bisher unbekannten Ausmaßes in der allgemeinen Presse. Allein die Verdrängung des früheren Begriffes der „bürgerlichen Verbesserung", der bislang den Schwerpunkt der Diskussion auf die Reform der Juden und nicht der Gesetze gelegt hatte, wies auf die neue Qualität der Diskussion hin.[27] Auch rheinische Zeitungen druckten unzählige Artikel zum geplanten Judengesetz ab.

Von einigen Ausnahmen abgesehen, überwog in der Rheinprovinz eine emanzipationsfreundliche Stimmung, die sich aus dem Zusammenhang mit dem rheinischen Liberalismus erklärt. Wichtigster Träger dieser Bewegung war die neue bürgerliche Elite, die sich – begünstigt durch den industriellen *Take-off* in den vierziger Jahren des 19. Jahrhunderts – in den aufstrebenden Industrie- und Handelsstädten des Rheinlandes etablieren konnte. Die Forderung nach der Judenemanzipation wurde zum Schlagwort und festen Bestandteil des allgemeinen Forderungskataloges des rheinischen Liberalismus.[28] Vor diesem Hintergrund sind die Verhandlungen des 7. Rheinischen Provinziallandtages zu sehen, der 1843 als erste Vertretungskörperschaft in Deutschland die uneingeschränkte Emanzipation der Juden befürwortete und damit einen Meilenstein in der deutsch-jüdischen Geschichte setzte.[29]

Suzanne Zittartz-Weber

Parallel zu den Diskussionen auf den Provinziallandtagen beschäftigte das Thema der jüdischen Rechtsstellung auch die preußischen Behörden, die in den Jahren 1842/43 umfassende Informationen über die aktuelle Lage der Juden zusammentrugen.[30] Hierbei sprachen sich die Provinzialregierungen gegen die vom König aufgebrachte Idee einer jüdischen Korporation aus, da sie diese für undurchführbar hielten. Stattdessen befürworteten sie eine aktive Politik der Assimilation der Juden an die allgemeine Bevölkerung, für die das Edikt von 1812 bereits die gesetzliche Grundlage gelegt habe. Insgesamt spiegelten die Gutachten mehrheitlich eine gemäßigt liberale und emanzipationsfreundliche Haltung wider.[31]

Die ausführlichen Darstellungen zur Lage der jüdischen Gemeinden zeigen dabei eindrucksvoll, wie weit sich diese bereits von ihrer traditionellen Ausprägung in der Frühen Neuzeit entfernt hatten. Die durchgängige Abschaffung des Banns (*Cherem*), an dessen Stelle ein System von Konventionalstrafen getreten war, die Finanzierung des Gemeindelebens durch Mitgliedsbeiträge, die Einführung von Synagogenordnungen, welche die Funktionen der Gemeindevorsteher ebenso wie die der Kultusbeamten verbindlich regelten, die weitgehende Durchsetzung der allgemeinen Schulpflicht, der die meisten jüdischen Kinder in öffentlichen Schulen nachkamen, während die Gemeinde häufig nur noch für den jüdischen Religionsunterricht sorgte, sind Zeugnisse für die zunehmende Modernisierung der *Kehila*. Allerdings befand sich die jüdische Gemeindeverfassung immer noch in einer Phase des Umbruchs, vor allem angesichts einer fehlenden staatsrechtlichen Regelung.[32]

Das „Gesetz über die Verhältnisse der Juden" vom 23. Juli 1847

Vor diesem Hintergrund konnte sich die preußische Regierung schließlich im Jahr 1845 zu verschiedenen Gesetzen durchringen, die zunächst einzelne Sachverhalte für die Juden im gesamten Königreich einheitlich regelten. Diese einzelnen Gesetze zur Gewerbeordnung, zur Gemeindeordnung, zur Neuregelung des Militärwesens und zur Annahme von festen Familiennamen deuteten zwar bereits die neue Richtung in der preußischen Judenpolitik an, doch sie entbehrten noch einer einheitlichen Konzeption für die Rechtsstellung der jüdischen Bevölkerung.[33]

Eine solche trat erst am 23. Juli 1847 mit dem von Friedrich Wilhelm IV. erlassenen „Gesetz über die Verhältnisse der Juden" in Kraft, das die unterschiedlichen Rechtszustände im preußischen Königreich mit Ausnahme des Herzogtums Posen vereinheitlichte. Es behandelte in zwei großen Rubriken einerseits die bürgerlichen Verhältnisse der preußischen Juden sowie andererseits ihr Kultus- und Schulwesen, wobei die jüdische Bevölkerung in der Provinz Posen in getrennten Abschnitten eine gesonderte Regelung erfuhr. Im ersten Paragraphen erhielten alle „jüdischen Untertanen" ohne Ausnahme die gleichen Rechte und Pflichten wie die christlichen Einwohner des Königreiches. Dieser prinzipielle Gleichheitsgrundsatz wurde jedoch in den folgenden Gesetzesartikeln durch Rechtsbeschränkungen modifiziert, die weitgehend von der Ideologie des christlichen Staates motiviert waren. Demzufolge wurden die preußischen Juden in Bezug auf ihre bürgerlichen Verhältnisse immer noch als Bürger zweiter Klasse diskriminiert, auch wenn das Gesetz insgesamt einen beachtlichen Fortschritt in der rechtlichen Stellung der Juden und die Vereinheitlichung der bisher unübersichtlichen Rechtszustände bewirkte.[34]

Für die Juden in der Rheinprovinz bedeutete das Gesetz von 1847 an erster Stelle die Vereinigung der einzelnen Landesteile mit unterschiedlicher Rechtslage unter einem einheitlichen Gesetz. Dieses brachte vor allem der jüdischen Bevölkerung im südlichen Teil des rechtsrheinischen Gebietes, die noch der Schutzjudenordnung unterstand, eine erhebliche Verbesserung ihrer rechtlichen Situation. Doch auch die Juden im Linksrheinischen, denen sie die endgültige Aufhebung des Napoleonischen Dekretes vom 17. März 1808 bescherte, profitierten vor allem durch den Gewinn von Gewerbefreiheit und Freizügigkeit. Nur die Juden im Gebiet des ehemaligen Großherzogtums Berg verloren einige ihnen unter französischer Herrschaft eingeräumten Rechte, die allerdings durch Verwaltungsmaßnahmen der preußischen Behörden bereits seit langem an Wirksamkeit eingebüßt hatten.[35]

Erst im zweiten Teil des Gesetzes kam die königliche Idee einer jüdischen Korporation zum Tragen, die sich jedoch ganz auf das Kultuswesen beschränkte und keine politischen Komponenten beinhaltete. Diese Neuregelung des jüdischen Kultus- und Schulwesens, die im linksrheinischen Gebiet die Auflösung des Napoleonischen Konsistorialsystems bewirkte und bis zum Jahr 1933 Bestand haben sollte, verlieh den Synagogengemeinden Preußens staatliche Anerkennung und einen einheitlichen gesetzlichen Rahmen. Als öffentlich-rechtliche Organisationen erhielten sie nicht nur korporative Rechte, sondern das Gesetz schrieb auch das Prinzip der Einheitsgemeinde und des Gemeindezwangs fest. Damit näherte sich das jüdische Gemeindewesen deutlich an die Rechtsstellung der christlichen Kirchen an, während sein organisatorischer Aufbau mit Vorstand und Repräsentantenversammlung an die Verhältnisse der Kommunalverwaltung angelehnt war.[36]

Suzanne Zittartz-Weber

Dadurch passte Preußen die juristische Verfassung der *Kehila* den Bedürfnissen seiner modernen Staatsverwaltung an, der sich nunmehr gesetzlich abgesicherte Möglichkeiten zur bürokratischen Kontrolle über das gemeinschaftliche Leben der Juden eröffneten. Gleichzeitig wurde ihre Organisation nach einer langen Übergangsphase der Unsicherheit auf eine tragfähige Basis gestellt, aufgrund derer die Gemeindeinstitutionen wieder Autorität erhielten und handlungsfähig wurden.[37]

Hinsichtlich der Reaktion der rheinischen Juden auf das neue Gesetz lässt sich eine Abkehr von den bislang geäußerten Bitten um staatliche Einmischung beobachten. Ihre Gemeindevertreter leisteten selbstbewusst Widerstand gegen die staatlichen Vorgaben, da die Bestimmungen des Gesetzes in ihren Augen nicht auf die besonderen demografischen Verhältnisse in der Rheinprovinz zugeschnitten waren. Die Mehrheit der bestehenden Gemeinden war nämlich aufgrund der geringen Anzahl ihrer Mitglieder kaum in der Lage, ein derart aufwendiges Kultuswesen zu unterhalten, wie es im Gesetz vorgesehen war. Daher begannen die Juden, aktiv die Gemeindeverfassung durch verschiedene Initiativen und Vorschläge selbst zu gestalten. Überhaupt entwickelte die jüdische Bevölkerung nach dem Erlass des Gesetzes von 1847 und verstärkt während der Revolution von 1848 im Vergleich zum Vormärz einen bisher nicht gekannten Grad an Politisierung und Identifikation mit den politischen Anliegen der sie umgebenden Gesellschaft.[38]

Die interne Entwicklung des jüdischen Gemeindelebens

Die vierziger Jahre des 19. Jahrhunderts brachten den rheinischen Juden nicht nur eine grundlegende Revision ihrer gesetzlichen Verhältnisse, sondern auch eine beschleunigte demografische und sozioökonomische Entwicklung. Anders als ihre Glaubensgenossen in den östlichen Regionen Preußens handelte es sich bei den Juden in der Rheinprovinz mehrheitlich um Landjuden, die in kleinen und kleinsten Gemeinden verstreut lebten. Dort fanden sie in typisch jüdischen Berufszweigen wie Viehhandel oder Schlachterei ein eher bescheidenes Auskommen.[39] Infolgedessen war die durchschnittliche Mitgliederzahl der rheinischen Judengemeinden zu Beginn der preußischen Herrschaft mit weniger als 100 Personen sehr gering. Sie blieb nicht nur weit hinter derjenigen der christlichen Kirchen, sondern auch fast aller anderen preußischen Synagogengemeinden – mit Ausnahme derjenigen Westfalens – zurück.

Unter diesen Voraussetzungen konnten sich die meisten Judenschaften im Rheinland kein ausgestaltetes Gemeindeleben mit einer eigenen

17 Ehemalige Synagoge Rödingen, (1841)

18 Ehemalige Synagoge Issum, (1865)

19 Ehemalige Synagoge Hülchrath, (1876)

20 Ehemalige Synagoge Stommeln, (1882)

Suzanne Zittartz-Weber

Schule oder Synagoge leisten. Meist hielten sie ihre Gottesdienste in Privatzimmern ab und wandten sich in religiösen Angelegenheiten an die drei Konsistorialrabbiner in der Region. Erst in den vierziger Jahren des 19. Jahrhunderts verfügten infolge der Zunahme der jüdischen Bevölkerung, ihrer beginnenden Urbanisierung und ihres allmählichen sozialen Aufstiegs immer mehr Gemeinden über ausreichende Mitgliederzahlen und Finanzressourcen, um gemeinsame und geregelte Institutionen für ihre religiösen sowie kulturellen Bedürfnisse zu unterhalten. Charakteristisch für diese Entwicklung ist der regelrechte Bauboom rheinischer Synagogen, der sich bis zur Jahrhundertmitte beobachten lässt.[40]

Die Religiosität der rheinischen Juden

Darüber hinaus lässt sich zu dieser Zeit ein beschleunigter Wandel der religiösen Entwicklung feststellen. Ziel dieser Reformen bei den rheinischen Juden war die feste Etablierung bzw. der Ausbau der Strukturen und Traditionen, wenn auch mit geringfügigen zeitgemäßen Veränderungen.

Die Grundlagen der traditionellen Religiosität, die das Leben der Juden in umfassender Weise bestimmt hatte, begannen bereits im 18. Jahrhundert zu bröckeln, als infolge der allgemeinen Säkularisierung die bisherige Einheit zwischen Staat und Kirche auseinanderbrach und die Religion zunehmend an gesellschaftlicher sowie individueller Bedeutung verlor. Das Judentum war darüber hinaus von der bereits angesprochenen Auflösung der traditionellen Gemeindeverfassung und der allmählichen Öffnung gegenüber der christlichen Mehrheitsgesellschaft betroffen, wodurch ein Prozess der Integration und Assimilation bzw. Akkulturation der Minderheit in Gang gesetzt wurde. Infolgedessen durchliefen die Juden einen Verbürgerlichungsprozess, der auch auf ihre Religiosität einen entscheidenden Einfluss ausübte.[41] Vor diesem Hintergrund begann sich das bisher geschlossene kulturelle Milieu mit seiner stark religiösen Prägung zu differenzieren, sodass alternative Formen der jüdischen Religion und Religiosität entstehen konnten.[42]

Hinsichtlich der rheinischen Juden hat die historische Forschung an erster Stelle die traditionelle Religiosität und den allgemeinen Konservativismus im 19. Jahrhundert herausgestellt, die für das Landjudentum typisch waren. Die wenigen Rabbiner und ordentlichen Religionsschulen vermochten der Masse der rheinischen Juden allerdings nur einen beschränkten Grad an religiöser Bildung zu vermitteln, sodass ihre überaus traditionsbewusste Lebensweise durch eine sehr schlichte Frömmigkeit geprägt war und gelegentlich eine gewisse Tendenz zum Aberglauben aufwies.[43]

Trotzdem oder gerade deswegen zeichnet die liberale jüdische Presse das Bild einer fundamentalen Krise.[44] Der Grund dafür, dass fortschrittlich denkende Juden den Besuch der Synagoge allmählich eingestellt und sich auch ansonsten von der religiösen Lebensweise abgewandt hätten, lag nach Meinung vieler Kritiker in der rückständigen Gestaltung der Gottesdienste. Häufig wurde die zunehmende Gleichgültigkeit vieler Juden gegenüber ihrer eigenen Religion beklagt, aufgrund deren der gänzliche Verfall des jüdischen Gemeindewesens befürchtet wurde.

Obwohl keine offiziellen Gemeindespaltungen aufgrund religiöser Meinungsverschiedenheiten bekannt waren, war es auch unter rheinischen Juden um die Jahrhundertmitte zu einer Differenzierung in ihren religiösen Ansichten gekommen. Neben der großen Mehrheit „altgläubiger" Juden wuchs die Zahl derjenigen, die sich für Reformen aussprachen, sodass sich mehrere Hinweise auf Gottesdienstreformen in den hier betrachteten Gemeinden finden lassen. Am häufigsten waren die Gestaltung der Gottesdienste durch einen Chor und deutschsprachige Predigten zu beobachten, während die Veränderung der traditionellen Zeremonie der *Bar Mizwa* weniger verbreitet war. In seltenen Fällen wurde zudem die Versteigerung von *Mizwot*, den religiösen Ehrenpflichten im Gottesdienst, abgeschafft.[45]

Den Hintergrund dieser Entwicklung bildete zum einen eine veränderte Haltung der preußischen Verwaltungsbehörden. Am 9. Dezember 1823 hatte eine königliche Kabinettsorder festgelegt, dass der hergebrachte Ritus der jüdischen Gottesdienste in Preußen ohne die kleinste Veränderung beibehalten werden müsse, da Sekten innerhalb der jüdischen Religionsgemeinschaft nicht geduldet werden könnten. Obendrein hatte König Friedrich Wilhelm III. bereits 1815 verboten, dass Juden separate Gottesdienste neben der Ortsgemeinde unterhielten.[46] 1842 jedoch revidierte der preußische Staat seine bisherige Haltung und ließ verlautbaren, dass er sich nicht in innerjüdische Konflikte einmischen wollte, da nur die Juden selbst im Sinne ihrer Religionsvorschriften über ihr Kultusleben entscheiden könnten. Sollte eine solche Einigung jedoch unmöglich sein, so müssten die Gemeinden notfalls getrennt und verschiedene Synagogen errichtet werden.

Damit machte der Staat theoretisch den Weg zu religiös unterschiedlich ausgerichteten Judengemeinden an einem Ort frei, während das Gesetz vom 23. Juli 1847 eine neue einheitliche Kultusorganisation schuf. In der Praxis etablierte sich schließlich eine Kompromisslösung, nach der die Anhänger der verschiedenen Glaubensrichtungen zwar ihre religiösen Bedürfnisse getrennt zufrieden stellen konnten, aber die übergeordnete Gemeindeorganisation mit ihren Institutionen zur allgemeinen Verwaltung und sozialen Fürsorge aller Mitglieder fortbestehen blieb. Mit dieser Konstruktion wurde die Grundlage für das Modell der Einheitsgemeinde in Deutschland geschaffen.[47]

Zum anderen konnte die jüdische Reformbewegung in den vierziger Jahren des 19. Jahrhunderts ihren entscheidenden Durchbruch in Deutschland verzeichnen. Die Reformkräfte hatten sich unter Führung der Rabbiner Abraham Geiger und Samuel Holdheim zu einer einheitlichen Bewegung formiert, die einer ausformulierten Ideologie anhing und große Verbreitung fand. Zu dieser Entwicklung trugen insbesondere die drei Rabbinerversammlungen der progressiven Kräfte bei, die zwischen 1844 und 1846 in Braunschweig, Frankfurt sowie Breslau stattfanden. Die dort gefassten Beschlüsse lagen auf der Linie der radikalen Reformer, weshalb sie großen Protest von Seiten der orthodoxen Rabbiner Deutschlands hervorriefen.[48]

Überhaupt begannen die konservativen Kräfte im deutschen Judentum zu jenem Zeitpunkt, ihre Lage zu konsolidieren und systematischen sowie ideologisch fundierten Widerstand gegen die Absichten der Reformbewegung zu leisten. Rabbiner Samson Raphael Hirsch legte den Grundstein für die so genannte moderne Orthodoxie oder Neo-Orthodoxie. Eine konservative Mittelposition zwischen dem liberalen und dem orthodoxen Standpunkt wurde von denjenigen Juden eingenommen, die dem von Zacharias Frankel begründeten positiv-historischen Judentum anhingen.[49]

Auf diese Weise entwickelten die deutschen Juden in Reaktion auf die Veränderung der gesamtgesellschaftlichen Grundbedingungen im Verlauf des 19. Jahrhunderts alternative Konzepte für ihr religiöses Leben. Diese wurden auch über die Grenzen Deutschlands hinaus zu prinzipiellen Modellen für den Fortbestand der jüdischen Gemeinschaft in der neuzeitlichen Gesellschaft.

Die Entwicklung des Rabbinats und des Schulwesens

Die vielfältigen Veränderungen im Religionsleben und in der Kultusorganisation der rheinischen Juden hingen eng mit der Entwicklung des Rabbinats in der hier betrachteten Region zusammen. Dieses stand in den vierziger Jahren des 19. Jahrhunderts im Zeichen der Modernisierung und Professionalisierung, was eine Neuorientierung des Amtsverständnisses mit sich brachte. Während die Autorität der Rabbiner vor allem in der zivilen Rechtsprechung durch die Aufhebung der Gemeindeautonomie drastisch beschränkt worden war, rückten zunehmend seelsorgerische und administrative Aufgaben ins Zentrum ihrer Betätigung. Davon abgesehen wurde die Synagoge, der Mittelpunkt des religiösen Lebens, zum wesentlichen Wirkungsfeld der Rabbiner. Dort vollzogen diese persönlich religiöse Zeremonien wie beispielsweise Eheschließungen, hielten Predigten und führten vor allem auf diesem Wege die deutsche Sprache in den Gottesdienst ein. Zudem kümmerten sie sich verstärkt um die religiöse Erziehung der Gemeindemitglieder und traten als Vertreter derselben vor den staatlichen Institutionen auf.

Dadurch näherte sich ihr Berufsbild demjenigen der christlichen Geistlichen an, an denen sich die Rabbiner auch hinsichtlich ihrer Amtstracht orientierten. Außerdem wurde für diese junge Generation von fortschrittlich denkenden Rabbinern der Erwerb von akademischer Bildung an deutschen Universitäten zur selbstverständlichen Voraussetzung für ihren Beruf. Obendrein erhielten sie nunmehr in modernen Rabbinerseminaren eine praktisch theologische Ausbildung.[50]

Mit den Bemühungen der rheinischen Rabbiner hing auch eine gewisse Trendwende im jüdischen Schulwesen zusammen, sodass es vorübergehend eine Zunahme bei der Anzahl der jüdischen Konfessionsschulen und der darin unterrichteten Kinder während der vierziger Jahre des 19. Jahrhunderts gab.[51]

Diese Entwicklung im jüdischen Schulwesen war ein weiteres Element im Ausbau der jüdischen Gemeindeinstitutionen, der einerseits durch die soziale, wirtschaftliche und demographische Entwicklung des rheinischen Judentums bedingt war. Andererseits wurde er begünstigt durch die veränderte Haltung der preußischen Behörden gegenüber den jüdischen Gemeinden, wie sie sich vor allem im grundlegenden Gesetz von 1847 niederschlug.

Fazit

Die vierziger Jahre des 19. Jahrhunderts stellten demnach eine entscheidende Phase in der Entwicklung der jüdischen Gemeinden dar. Nachdem sie in der ersten Jahrhunderthälfte aufgrund ihrer finanziellen, personellen, juristischen und institutionellen Bedingungen durch tiefe Unsicherheit geprägt wurden, bemühten sie sich um eine interne Konsolidierung und begrenzte Modernisierung. Demnach hatten der Emanzipationsprozess und die allmähliche Herausbildung der bürgerlichen Klassengesellschaft nicht die Auflösung der *Kehila* zur Folge, sondern deren flexible Neugestaltung. Trotz ihres Autoritätsverlusts gegenüber der traditionellen Gemeindeverfassung bot die *Kehila* auch unter den veränderten

Bedingungen der neuzeitlichen Gesellschaft den institutionellen Rahmen für den Fortbestand der jüdischen Gemeinschaft in der modernen Gesellschaft.

Anmerkungen

1 Dieser Aufsatz beruht weitestgehend auf meiner Dissertation, die 2003 in einer überarbeiteten Fassung erschienen ist: Suzanne Zittartz-Weber, *Zwischen Religion und Staat. Die jüdischen Gemeinden in der preußischen Rheinprovinz 1815–1871*, Essen 2003. Wichtigste Grundlage dieser Untersuchung bilden Akten der preußischen Behörden, die sich vor allem im Hauptstaatsarchiv Düsseldorf (HStAD), im Landeshauptarchiv Koblenz (LHAK) und im Geheimen Staatsarchiv Preußischer Kulturbesitz zu Berlin (GStA PK) befinden. Ergänzt werden diese vor allem durch innerjüdische Quellen aus dem Leo Baeck Institute (LBI) in New York, den Central Archives for the History of the Jewish People (CAHJP) in Jerusalem sowie dem Berliner Archiv „Centrum Judaicum" (CJA).

2 Vgl. Mordechai Breuer/Michael Graetz, *Deutsch-jüdische Geschichte in der Neuzeit*, Bd. 1, *Tradition und Aufklärung 1600–1780*, München 1996, S. 27–29; vgl. Johann Maier, *Geschichte der jüdischen Religion. Von der Zeit Alexanders des Großen bis zur Aufklärung mit einem Ausblick auf das 19./20. Jahrhundert*, Freiburg 1992, S. 180–187; vgl. Kurt Wilhelm, *The Jewish Community in the Post-Emancipation Period*, in: *LBIYB* 2 (1957), S. 47–75.

3 Vgl. *Einführung*, in: Robert Jütte/Abraham P. Kustermann (Hg.), *Jüdische Gemeinden und Organisationsformen von der Antike bis zur Gegenwart*, Wien u. a. 1996, S. 7–10; vgl. Salo Witmayer Baron, *The Jewish Community. Its History and Structure to the American Revolution*, Philadelphia ³1948, Bd. 1, S. VII–IX u. 3–30.

4 Vgl. Evyatar Friesel, *Jewish and German-Jewish Historical Views. Problems of a New Synthesis*, in: *LBIYB* 43 (1998), S. 323–336; vgl. Michael A. Meyer, *Recent Historiography on the Jewish Religion*, in: *LBIYB* 35 (1990), S. 3–16; vgl. Robert Liberles, *Emancipation and the Structure of the Jewish Community in the Nineteenth Century*, in: *LBIYB* 31 (1986), S. 51–67; vgl. David Sorkin, *Religious Reforms and Secular Trends in German-Jewish Life. An Agenda for Research*, in: *LBIYB* 40 (1995), S. 169–184.

5 Vgl. Monika Richarz, *Die Entdeckung der Landjuden. Stand und Probleme ihrer Erforschung am Beispiel Südwestdeutschlands*, in: *Landjudentum im Süddeutschen- und Bodenseeraum*, Dornbirn 1992, S. 11–21; vgl. dies., *Ländliches Judentum als Problem der Forschung*, in: Monika Richarz/Reinhard Rürup (Hg.), *Jüdisches Leben auf dem Lande. Studien zur deutsch-jüdischen Geschichte*, Tübingen 1997, S. 1–8.

6 Vgl. Avraham Barkai, *Jüdische Minderheit und Industrialisierung. Demographie, Berufe und Einkommen der Juden in Westdeutschland 1850–1914*, Tübingen 1988, S. 1–9.

7 Shulamit Volkov, *Zur Einführung*, in: Shulamit Volkov (Hg.), *Deutsche Juden und die Moderne*, München 1994, S. VII–XXIII, hier: S. XIX; Steven M. Lowenstein, *Die Berliner Juden 1770–1830. Pioniere jüdischer Modernität*, in: Reinhard

Rürup (Hg.), *Jüdische Geschichte in Berlin. Essays und Studien*, Berlin 1995, S. 25–36, hier: S. 35.

8 Vgl. Barbara Becker-Jákli, *Zur Geschichte der Juden im rheinisch-westfälischen Raum*, in: Sekretariat für gemeinsame Kulturarbeit in Nordrhein-Westfalen (Hg.), *Jüdische Geschichte und Kultur in NRW*. Ein Handbuch – zusammengestellt von Benno Reicher, Essen 1993, S. 13–20.

9 Vgl. Baron, *Community* [Anm. 3], Bd. 1, S. VII-IX u. S. 208–209; vgl. Shulamit Volkov, *Die Juden in Deutschland 1780–1918*, München 1994, S. 3–7; vgl. Selma Stern, *Der preußische Staat und die Juden*, 3 Abteilungen, Tübingen 1962/1971, Bd. 2/1, S. 123–149; vgl. Wilhelm, *Community* [Anm. 2], S. 47–53.

10 Vgl. David Sorkin, *The Transformation of German Jewry. 1780–1870*, New York u. a. 1987, S. 41–62; vgl. Jacob Katz, *Aus dem Ghetto in die bürgerliche Gesellschaft. Jüdische Emanzipation 1770–1870*, Frankfurt 1986, S. 29–45; vgl. Breuer/Graetz, *Geschichte* [Anm. 2], S. 61–63 u. S. 85–86; vgl. Michael Brenner/Stefi Jersch-Wenzel/Michael A. Meyer, *Deutsch-jüdische Geschichte in der Neuzeit*, Bd. 2: *Emanzipation und Akkulturation 1780–1871*, München 1996, S. 107–118.

11 Vgl. Reinhard Rürup, *Deutschland im 19. Jahrhundert 1815–1871*, Göttingen ²1992, S. 125–146; vgl. Bernd Wunder, *Europäische Geschichte im Zeitalter der Französischen Revolution. 1789–1815*, Stuttgart u. a. 2001, S. 185–204.

12 Vgl. Reiner Schulze, *Preußisches Landrecht und rheinisches-französisches Recht*, in: Barbara Dölemeyer/Heinz Mohnhaupt (Hg.), *200 Jahre Allgemeines Landrecht für die preußischen Staaten. Wirkungsgeschichte und internationaler Kontext*, Frankfurt a. M. 1995, S. 387–413; vgl. Rüdiger Schütz, *Preußen und die Rheinlande. Studien zur preußischen Integrationspolitik im Vormärz*, Wiesbaden 1979, S. 1–8 u. S. 246–250.

13 Vgl. Max Bär, *Die Behördenverfassung der Rheinprovinz seit 1815*, Bonn 1919, S. 535–542.

14 Vgl. Jörg Engelbrecht, *Die französische Judenpolitik und Judengesetzgebung im Rheinland*, in: *Geschichte der Juden im Kreis Viersen*, Viersen 1991, S. 39–49; vgl. Cilli Kasper-Holtkotte, *Jüdischer Kultus in napoleonischer Zeit. Aufbau und Organisation der Konsistorialbezirke Krefeld, Koblenz/Bonn, Mainz und Trier*, Wien u. a. 1997; vgl. Adolf Kober, *The French Revolution and the Jews in Germany*, in: *Jewish Social Studies* 7 (1945), S. 291–322; vgl. Suzanne Zittartz, *Die französische Herrschaft im Rheinland und die Juden (1794–1814) am Beispiel der Gemeinde Krefeld*, in: *Aschkenas* 6 (1996), S. 87–116; vgl. Monika Richarz, *Emancipation and Continuity. German Jews in the Rural Economy*, in: Werner E. Mosse/Arnold Paucker/Reinhard Rürup (Hg.), *Revolution and Evolution 1848 in German-Jewish History*, Tübingen 1981, S. 95–115.

15 Vgl. Elisabeth Fehrenbach, *Der Einfluß des napoleonischen Frankreich auf das Rechts- und Verwaltungssystem Deutschlands*, in: Armgard von Reden-Dohna (Hg.), *Deutschland und Italien im Zeitalter Napoleons*, Wiesbaden 1979, S. 23–39; vgl. Arno Herzig, *Die erste Emanzipationsphase im Zeitalter Napoleons*, in: Peter Freimark u. a. (Hg.), *Juden in Deutschland. Emanzipation, Integration, Verfolgung und Vernichtung*, Hamburg 1991, S. 130–147; vgl. Suzanne Zittartz, *Von der Frühen Neuzeit bis zur Judenemanzipation*, in: Michael Zimmermann (Hg.), *Die Geschichte der Juden im Rheinland und in Westfalen*, Köln u. a. 1998, S. 79–140, hier: S. 136–138.

16 Vgl. Dieter Kastner, *Einführung*, in: Dieter Kastner (Bearb.), *Der Rheinische Pro-vinziallandtag und die Emanzipation der Juden im Rheinland 1825–1845. Eine Dokumentation*, Köln 1989, Bd. 1, S. 7–81, hier: S. 18–23; vgl. Anton Doll, *Der Weg zur Gleichberechtigung der Juden. Allgemeine Einleitung*, in: Landesarchiv-verwaltung Rheinland-Pfalz (Hg.), *Dokumentation zur Geschichte der jüdischen Bevölkerung in Rheinland-Pfalz und im Saarland von 1800 bis 1945*, Bd. 2, Koblenz 1979, S. 1–24; vgl. Annegret H. Brammer, *Judenpolitik und Judengesetzgebung in Preußen 1812 bis 1847. Mit einem Ausblick auf das Gleichberechtigungsgesetz des Norddeutschen Bundes von 1869*, Berlin 1987, S. 125–140; vgl. Manfred Wil-manns, *Die südlichen Bezirke der preußischen Rheinprovinz*, in: Landesarchiv-verwaltung Rheinland-Pfalz (Hg.), *Dokumentation zur Geschichte der jüdischen Bevölkerung in Rheinland-Pfalz und im Saarland von 1800 bis 1945*, Bd. 2, Koblenz 1979, S. 27–43; vgl. Shulamit Sharon Magnus, *Jewish Emancipation in a Ger-man City. Cologne, 1798–1871*, Stanford 1997, S. 186–196.

17 Vgl. Stephen M. Poppel, *State Building and Jewish Community Organization in Germany*, in: *Contemporary Jewry* 5 (1980), Nr. 2, S. 13–26.

18 Vgl. Brammer, *Judenpolitik* [Anm. 16], S. 62–70; vgl. Jörg H. Fehrs, *Der preußi-sche Staat und die jüdischen Gemeinden in der ersten Hälfte des 19. Jahrhunderts. Ein Überblick*, in: Jütte/Kustermann, *Gemeinden* [Anm. 3], S. 195–219.

19 Vgl. Bär, *Behördenverfassung* [Anm. 13]; vgl. Kristine Werner, *Organisation und Rechtsstellung der jüdischen Gemeinden*, in: Landesarchivverwaltung Rheinland-Pfalz (Hg.), *Dokumentation zur Geschichte der jüdischen Bevölkerung in Rheinland-Pfalz und im Saarland von 1800 bis 1945*, Bd. 3, Koblenz 1972, S. 3–25.

20 Vgl. Liberles, *Emancipation* [Anm. 4], S. 61–65; vgl. Lowenstein, *Juden* [Anm. 7], S. 31–33.

21 HStAD, Regierung Düsseldorf 3845, Blatt 161–163.

22 Vgl. Brenner/Jersch-Wenzel/Meyer, *Geschichte* [Anm. 10], S. 53–56; vgl. Brammer, *Judenpolitik* [Anm. 16], S. 251–255.

23 Vgl. Eleonore Sterling, *Der Kampf um die Emanzipation der Juden im Rheinland. Vom Zeitalter der Aufklärung bis zur Gründung des Deutschen Reiches*, in: Konrad Schilling (Hg.), *Monumenta Judaica. 2000 Jahre Geschichte und Kultur der Juden am Rhein. Handbuch*, Köln 1963, S. 282–308, hier: S. 293–296; vgl. Kastner, *Ein-führung* [Anm. 16], S. 44–46.

24 Vgl. Brammer, *Judenpolitik* [Anm. 16], S. 251–263; vgl. Dieter Kastner, *Vom Patriotismus deutscher Juden. Das Votum des rheinischen Provinziallandtags 1843 und die Juden an Rhein und Ruhr*, in: Jan-Pieter Barbian u. a. (Hg.), *Juden im Ruhrgebiet. Vom Zeitalter der Aufklärung bis in die Gegenwart*, Essen 1999, S. 301–325.

25 Vgl. Ludwig [d. i. Leo] Baeck, *Die jüdische Religionsgemeinschaft*, in: Joseph Hansen (Hg.), *Die Rheinprovinz 1815–1915. Hundert Jahre preußischer Herrschaft am Rhein*, Bd. 2, Bonn 1917, S. 234–247.

26 Vgl. Fehrs, *Staat* [Anm. 18], S. 201–210.

27 Vgl. Salo Witmayer Baron, *Civil versus Political Emancipation*, in: Siegfried Stein/Raphael Loewe (Hg.), *Studies in Jewish Religious and Intellectual History*, Alabama University 1979, S. 29–49; vgl. Jacob Katz, *The Term „Jewish Eman-cipation". Its Origin and Historical Impact*, in: ders.: *Zur Assimilation und Eman-zipation der Juden. Ausgewählte Schriften*, Darmstadt 1982, S. 99–123.

28 Vgl. Magnus, *Emancipation* [Anm. 16], S. 108–125; vgl. Arie Nabrings, *Das rhei-*

nische Judentum unter preußischer Herrschaft im 19. und 20. Jahrhundert, in: *Geschichte der Juden im Kreis Viersen*, Viersen 1991, S. 51–80; vgl. Brammer, *Judenpolitik* [Anm. 16], S. 264–274.

29 Vgl. Alwin Müller, *Die Geschichte der Juden in Köln von der Wiederzulassung 1798 bis um 1850. Ein Beitrag zur Sozialgeschichte einer Minderheit*, Köln 1984, S. 96–110; vgl. Sterling, *Kampf* [Anm. 23], S. 299–301.

30 Vgl. Manfred Jehle, *Die Enquêten der preußischen Regierung zu den Verhältnissen der Juden und der jüdischen Gemeinden, 1842–1845*, in: Manfred Jehle (Hg.), *Die Juden und die jüdischen Gemeinden Preußens in amtlichen Enquêten des Vormärz*, München 1998, Bd. 1, S. LIX–XCIII.

31 Vgl. Brammer, *Judenpolitik* [Anm. 16], S. 274–300.

32 Vgl. Herbert Strauss, *Bilder von Juden und vom Judentum in der Entwicklung der Gesetzgebung Preußens im Vormärz*, in: Jehle, *Enquêten* [Anm. 30], S. XXIX–LVIII.

33 Vgl. Brammer, *Judenpolitik* [Anm. 16], S. 319–327.

34 Vgl. Adolf Kober, *Aus der Geschichte der Juden im Rheinland*, in: Falk Wiesemann (Hg.), *Zur Geschichte und Kultur der Juden im Rheinland*, Nachdruck der Ausgabe von 1931 mit einer Einleitung von Falk Wiesemann, Düsseldorf 1985, S. 11–98, hier: S. 85–86; vgl. Ismar Freund, *Die Emanzipation der Juden in Preußen unter besonderer Berücksichtigung des Gesetzes vom 11. März 1812. Ein Beitrag zur Rechtsgeschichte der Juden in Preußen*, Berlin 1912, S. 247–253; vgl. Jacob Toury, *Soziale und politische Geschichte der Juden in Deutschland 1847–1871. Zwischen Revolution, Reaktion und Emanzipation*, Düsseldorf 1977, S. 285–288; vgl. Horst Fischer, *Judentum, Staat und Heer in Preußen im frühen 19. Jahrhundert. Zur Geschichte der staatlichen Judenpolitik*, Tübingen 1968, S. 177–190.

35 Vgl. Kastner, *Einführung* [Anm. 16], S. 62–69; vgl. Baeck, *Religionsgemeinschaft* [Anm. 25], S. 238–244.

36 Vgl. Brammer, *Judenpolitik* [Anm. 16], S. 368–372; vgl. Fehrs, *Staat* [Anm. 18], S. 216–219.

37 Vgl. Baeck, *Religionsgemeinschaft* [Anm. 25], S. 238–244; vgl. Bernhard Brilling, *Das Judentum in der Provinz Westfalen 1815–1945*, in: *Beiträge zur Geschichte der preußischen Provinz Westfalen*, Bd. 2: Kirchen und Religionsgemeinschaften in der Provinz Westfalen, Münster 1978, S. 106–141, hier: S. 106–126; vgl. Toury, *Geschichte* [Anm. 34], S. 285–288.

38 Vgl. Jacob Toury, *Die Revolution von 1848 als innerdeutscher Wendepunkt*, in: Hans Liebeschütz/Arnold Paucker (Hg.), *Das Judentum in der deutschen Umwelt 1800–1850. Studien zur Frühgeschichte der Emanzipation*, Tübingen 1977, S. 359–376; vgl. Robert Liberles, *The so-called quiet Years of German Jewry 1849–1869. A Reconsideration*, in: *LBIYB* 41 (1996), S. 65–74; vgl. Michael A. Meyer, *German Political Pressure and Jewish Religious Response in the Nineteenth Century*, New York 1981, S. 14–18.

39 Vgl. Avraham Barkai, *Die sozio-ökonomische Situation der Juden in Rheinland-Westfalen zur Zeit der Industrialisierung (1850–1910)*, in: Kurt Düwell/Wolfgang Köllmann (Hg.), *Rheinland-Westfalen im Industriezeitalter. Beiträge zur Landesgeschichte des 19. und 20. Jahrhunderts*, Bd. 2, Wuppertal 1984, S. 86–106; vgl. Arno Herzig, *Die jüdische Minderheit Rheinland-Westfalens im Assimilationsprozeß (1780–1860)*, in: ebd., S. 72–85; vgl. Peter Honigmann, *Die Entwicklung der jüdischen Bevölkerung in der Rheinprovinz. Ein demographischer Überblick*, in:

Ludger Heid/Julius H. Schoeps (Hg.), *Wegweiser durch das jüdische Rheinland*, Berlin 1992, S. 314–323.

40 Vgl. Hannelore Künzl, *Synagogen im Rheinland*, in: Heid/Schoeps, *Wegweiser* [Anm. 39], S. 332–337; vgl. ähnliche Ergebnisse für Westfalen in Brilling, Judentum [Anm. 37], S. 106–126.

41 Vgl. Steven M. Lowenstein, *The Pace of Modernization of German Jewry in the Nineteenth Century*, in: *LBIYB* 21 (1976), S. 41–56; vgl. David N. Myers, „*The Blessing of Assimilation*" *Reconsidered. An Inquiry into Jewish Cultural Studies*, in: David N. Myers/William V. Rowe (Hg.), *From Ghetto to Emancipation. Historical and Contemporary Reconsiderations of the Jewish Community*, Scranton 1997, S. 17–35; vgl. Trude Maurer, *Die Entwicklung der jüdischen Minderheit in Deutschland (1780–1933). Neuere Forschungen und offene Fragen*, Tübingen 1992, S. 157–166 u. S. 171–174.

42 Vgl. Shulamit Volkov, *Die Verbürgerlichung der Juden in Deutschland. Eigenart und Paradigma*, in: Jürgen Kocka (Hg.), *Bürgertum im 19. Jahrhundert. Deutschland im europäischen Vergleich*, Bd. 3, Göttingen 1995, S. 105–133; vgl. Sorkin, *Reforms* [Anm. 4].

43 Vgl. Baeck, *Religionsgemeinschaft* [Anm. 25], S. 245–247; vgl. R. Edelmann: *Jüdisches Geistesleben am Rhein von den Anfängen bis 1945*, in: Schilling, *Monumenta* [Anm. 23], S. 668–712, hier: S. 702–704; vgl. Uwe Cordt, *Gemeindeleben, Volksfrömmigkeit und religiöses Brauchtum*, in: *Geschichte der Juden im Kreis Viersen*, Viersen 1991, S. 127–143; vgl. Stefan Rohrbacher, *Stadt und Land. Zur „inneren" Situation der süd- und westdeutschen Juden in der Frühneuzeit*, in: Richarz/Rürup, *Leben* [Anm. 5], S. 9–35; vgl. Mordechai Breuer, *Jüdische Religion und Kultur in den ländlichen Gemeinden 1600–1800*, in: ebd., S. 69–78.

44 Vgl. Hermann Greive, *Sozialer Wandel und Gruppenidentität der Juden*, in: Düwell/Köllmann [Anm. 39], S. 107–119.

45 Vgl. Steven M. Lowenstein, *The 1840s and the Creation of the German-Jewish Religious Reform Movement*, in: Mosse/Paucker/Rürup, *Revolution* [Anm. 14], S. 255–297; vgl. Yvonne Rieker/Michael Zimmermann, *Von der rechtlichen Gleichstellung bis zum Genozid*, in: Zimmermann, *Geschichte* [Anm. 15], S. 141–259, hier: S. 164–169; vgl. Brenner/Jersch-Wenzel/Meyer, *Geschichte* [Anm. 10], S. 125–134.

46 Vgl. Michael A. Meyer, *The Religious Reform Controversy in the Berlin Jewish Community 1814–1823*, in: *LBIYB* 24 (1979), S. 139–155; vgl. Lowenstein, *Juden* [Anm. 7], S. 31–33.

47 Vgl. Wilhelm, *Community* [Anm. 2], S. 63–65; vgl. Liberles, *Emancipation* [Anm. 4], S. 61–65; vgl. Fehrs, *Staat* [Anm. 18], S. 210–219.

48 Vgl. Michael A. Meyer, *Von Moses Mendelssohn bis Leo Baeck. Die Bedeutung Berlins für die jüdische Reform*, in: Rürup, *Geschichte* [Anm. 7], S. 37–52, hier: S. 44–48; vgl. Ismar Elbogen, *Der jüdische Gottesdienst in seiner geschichtlichen Entwicklung*, Hildesheim u. a. 1995, (Nachdruck der 3. Auflage von 1931), S. 411–430.

49 Vgl. Sorkin, *Transformation* [Anm. 10], S. 124–139; vgl. Lowenstein, *Creation* [Anm. 45], S. 259–272; vgl. Brenner/Jersch-Wenzel/Meyer, *Geschichte* [Anm. 10], S. 145–176; vgl. Mordechai Breuer, *Jüdische Orthodoxie im Deutschen Reich 1871–1918. Sozialgeschichte einer religiösen Minderheit*, Frankfurt 1986, S. 3–14; vgl. Uriel Tal, *German-Jewish Social Thought in the Mid-Nineteenth Century*, in:

Mosse/Paucker/ Rürup, *Revolution* [Anm. 14], S. 299–328; vgl. Michael A. Meyer, *German-Jewish Social Thought in the Mid-Nineteenth Century. A Comment*, in: ebd., S. 329–335; vgl. Heinz Mosche Graupe, *Die Entstehung des modernen Judentums. Geistesgeschichte der deutschen Juden 1650–1942*, Hamburg ²1977, S. 200–223.

50 Vgl. Andreas Brämer, *Rabbiner und Vorstand. Zur Geschichte der jüdischen Gemeinde in Deutschland und Österreich 1808–1871*, Wien u.a. 1999, S. 205–227; vgl. Reuven Michael, *Das deutsche Rabbinat im Spiegel der zeitgenössischen Geschichtsschreibung (Jost, Graetz)*, in: Julius Carlebach (Hg.), *Das aschkenasische Rabbinat. Studien über Glaube und Schicksal*, Berlin 1995, S. 191–205; vgl. Ismar Schorsch, *Emancipation and the Crisis of Religious Authority. The Emergence of the Modern Rabbinate*, in: Mosse/Paucker/Rürup, *Revolution* [Anm. 14], S. 205–247; vgl. Max Grunewald, *The Modern Rabbi*, in: *LBIYB* 2 (1957), S. 85–97.

51 Vgl. Joachim Esperstedt, *Jüdische Schulen*, in: Landesarchivverwaltung Rheinland-Pfalz (Hg.), *Dokumentation zur Geschichte der jüdischen Bevölkerung in Rheinland-Pfalz und im Saarland von 1800 bis 1945*, Bd. 3, Koblenz 1972, S. 177–179.

Jüdisches Leben am Niederrhein im Kaiserreich

Das Beispiel Geldern[1]

Christoph Nonn

In den Gründertagen des deutschen Reiches, am 15. April 1871, sandte die preußische Regierung ein Rundschreiben an alle untergeordneten Dienststellen. Über den Oberpräsidenten der Rheinprovinz in Koblenz und den Düsseldorfer Regierungspräsidenten erreichte es auch das Bürgermeisteramt im niederrheinischen Geldern. In dem Rundschreiben hieß es, es sei „wiederholt und von verschiedenen Seiten der Wunsch ausgesprochen worden, dass bei den auf Veranlassung großer staatlicher Ereignisse angeordneten kirchlichen Feierlichkeiten nicht nur den christlichen Kirchen und den vom Staat genehmigten Religionsgesellschaften, sondern auch den jüdischen Synagogen-Vorständen davon Nachricht gegeben werden möge, damit sie sich in irgend einer Weise anzuschließen vermögen." In Berlin werde dies schon seit längerem so gehandhabt, und die dortige Praxis solle jetzt auch in den Provinzen eingebürgert werden. Von seiten der Regierung wurde aber Wert darauf gelegt, dass den jüdischen Gemeinden solche Hinweise auf Nationalfeiertage „lediglich zur Nachricht und ohne weiteren Beisatz" gegeben werden sollten. „Einer öffentlichen Bekanntmachung wird es dazu nicht bedürfen."[2]

Was bedeutete dieses Rundschreiben? Den jüdischen Gemeinden wurde damit das Angebot gemacht, sich wie die christlichen Kirchen durch Gottesdienste und Ähnliches an der feierlichen Ausgestaltung der Nationalfeste zu beteiligen. Im Grunde wurde ihnen nahegelegt, sich über die erfolgte rechtliche Gleichstellung hinaus auch symbolisch als Deutsche zu bekennen. Und man geht wohl nicht fehl in der Annahme, dass mit diesem Angebot auch ein Test verbunden war. Schließlich sollte der Hinweis „lediglich zur Nachricht und ohne weiteren Beisatz" und ohne öffentliche Bekanntmachung erfolgen, die jüdische Gemeinde sich scheinbar frei und ohne Druck des Staates oder der Öffentlichkeit für oder gegen eine Teilnahme an den nationalen Festlichkeiten entscheiden.

Der Test war überflüssig. In Geldern wie anderswo bekannten die Juden sich begeistert als deutsche Staatsbürger. Tatsächlich übertrafen sie mit ihrem Patriotismus zunächst die meisten christlichen Einwohner Gelderns. Zum Sedantag am 2. September, an dem der Sieg über die Fran-

21 Die 1875 erbaute Synagoge in Geldern, Ansichtskarte um 1900

zosen im Krieg von 1870/71 gefeiert werden sollte, waren vor allem die Häuser der jüdischen wie der protestantischen Einwohner beflaggt – während die überwältigende katholische Bevölkerungsmehrheit sich zumindest in den 1870er Jahren noch sehr damit zurückhielt.[3] In der Gelderner Synagoge fanden regelmäßig „Gottesdienste an Kaiser-Geburtstag und bei Soldaten-Vereidigung" statt.[4] Und als im benachbarten Issum ein preußischer Kreisschulinspektor 1876 die Ausstattung der jüdischen Privatschule beanstandete, lehnte die recht arme Synagogengemeinde zwar die meisten seiner Verbesserungsvorschläge aus finanziellen Gründen ab. An zwei Dingen sparte sie bezeichnenderweise aber nicht: Bereitwillig kaufte sie zum einen Landkarten, die das alttestamentarische Palästina (für den Religionsunterricht) und das neue deutsche Reich zeigten, zum anderen – ein Bild des Kaisers.[5]

Solche Beobachtungen, deren Zahl sich vermehren ließe,[6] belegen den ausgeprägten Patriotismus der rheinischen Juden im Kaiserreich. Seit dem frühen 19. Jahrhundert hatten die Synagogengemeinden ihren Charakter als Korporationen, die nahezu alle Lebensbereiche ihrer Mitglieder organisierten, verloren. Wie sehr das nun auf religiöse Aspekte konzentrierte Gemeindeleben sich mit der politischen „Religion" des deutschen Nationalismus verband, ist aus der Rückschau vielleicht der auffälligste historische Befund. Doch sich nur darauf zu beschränken, hieße die Komplexität jüdischen Lebens am Niederrhein während des Kaiserreichs verkennen. Zwar waren die Synagogengemeinden keine alles regu-

Christoph Nonn

lierenden Korporationen mehr. Aber für ihre Mitglieder verbanden sich ihre religiösen Funktionen weiterhin mit vielfältigen Bereichen des privaten und öffentlichen Lebens. Zudem wandelte sich das Gemeindeleben ebenso wie die Lebensumstände der Gemeindemitglieder in den bewegten Jahren zwischen Reichsgründung und Erstem Weltkrieg in großem Maße. Dasselbe galt schließlich auch für das Verhältnis der Juden zur christlichen Außenwelt. Das Bild einer scheinbar perfekten Integration in der Reichsgründungszeit weist schon bei näherem Hinsehen Risse auf. Und diese Risse erweiterten sich bis 1918 besonders zwischen der überwältigenden katholischen Bevölkerungsmehrheit und der jüdischen Bevölkerungsgruppe in niederrheinischen Städten und Dörfern erheblich.

Diese komplexen Entwicklungen sollen im Folgenden am Beispiel Gelderns aufgezeigt werden. Was über andere ländlich-kleinstädtische Synagogengemeinden des Niederrheins und angrenzender Regionen bekannt ist, wird dabei in die Analyse miteinbezogen. Die Konzentration auf Geldern bietet sich jedoch zum einen wegen der günstigen archivalischen Quellenbasis und einer weitentwickelten lokalhistorischen Forschung an. Zum anderen lassen sich die den anderen kleinstädtischen und ländlichen niederrheinischen Gemeinden mit jüdischem Bevölkerungsanteil ähnelnden Umstände anhand der Lebenserinnerungen des aus Geldern stammenden Heinrich Kempenich, die bei allen quellenkritischen Vorbehalten gegenüber Memoiren eine einmalige Innensicht der jüdischen Gemeinde bieten, besonders anschaulich illustrieren.[7]

Jüdische Religion und Frömmigkeit

Wer von den in Geldern aufgewachsenen Juden wie Heinrich Kempenich seine Heimat verließ, um sich in der Großstadt niederzulassen, fand dort vieles zunächst ungewohnt, ja abstoßend. Im Allgemeinen hatte sich die jüdische Bevölkerung dort an die Christen wesentlich mehr angepasst als auf dem Land. Das betraf sogar die religiösen Rituale, die oft – wenn überhaupt – nur noch nachlässig praktiziert wurden. So schrieb Kempenich an einen Bekannten 1897, als er nicht ganz ein Jahr in Dortmund wohnte, über die jüdische Gemeinde dort: „Die israelitischen Mitbürger haben vieles abgestreift, was sie zu Juden stempelte, die meisten sind von einer skandalösen Unfrömmigkeit und denken ihr Heil in der Assimilation zu suchen."[8]

Nach Kempenichs Erinnerung hatte dieser Prozess der Assimilation und Säkularisierung um 1870 in Geldern noch nicht eingesetzt. „Die Gemeindemitglieder waren durchweg von Frömmigkeit erfüllt, es war

22 Porträt Heinrich Kempenich
(1866–1932)

ganz selbstverständlich, dass die religiösen Pflichten genau erfüllt und die Kinder in eben diesem Sinne erzogen wurden. Die Familien aßen streng rituell." Das bedeutete unter anderem, dass man keine „unreinen" Tiere, besonders Schweine, und generell kein Fleisch aß, das nicht „koscher" geschlachtet, das heißt vollständig ausgeblutet worden war. „Die christlichen Metzger ließen wegen der jüdischen Kundschaft nur ‚koscher' schlachten, was allgemein in der Stadt als richtig und angemessen angesehen wurde."[9]

Blieb diese traditionelle Frömmigkeit Kennzeichen der Gelderländer Synagogengemeinden? Kempenichs bereits zitierte anfängliche Bestürzung über die „skandalöse Unfrömmigkeit" der Dortmunder Juden 1897 deutet darauf hin, dass sie es zumindest damals wohl noch war. Leider verraten uns die Quellen dazu nicht gerade viel, und das Wenige, was sie sagen, ist nicht einfach zu interpretieren.[10] 1912 erklärte Salomon Nordheim als Vorsteher der Gelderner Synagogengemeinde dem Bürgermeister, dass die drohende Schließung der israelitischen Privatschule „bei den Eltern jedenfalls auf erheblichen Widerstand stoßen würde." Das klingt zunächst einmal so, als ob die Gemeinde im Interesse einer Erziehung der Kinder zu traditioneller Frömmigkeit an der jüdischen Schule festhielt. Nordheims Begründung zeigt aber, dass ganz andere Überlegungen zumindest auch eine Rolle spielten: Wenn durch die Schließung der Schule der staatliche Zuschuss zum Lehrergehalt wegfalle, könne die Gemeinde keinen Kultusbeamten mehr finanzieren, da der Lehrer beide Posten gleichzeitig ausfüllte.[11]

Auf eher nachlassende Religiosität in Teilen der Gemeinde weist vielleicht schließlich eine Klage des Kaufmanns Salomon Katz gegenüber dem Düsseldorfer Regierungspräsidenten 1918 hin. Da der Lehrer mit Beginn des Ersten Weltkriegs zur Armee eingezogen worden war, habe der Religionsunterricht seitdem nur noch sehr unregelmäßig stattfinden können. Ein Lehrer der jüdischen Schule in Kempen habe in den ersten Kriegsjahren zunächst noch „dann und wann eine Religionsstunde abgehalten". Das reichte nach Katz' Ansicht aber kaum aus; zudem sei seit

Christoph Nonn

Monaten auch diese sporadische religiöse Unterweisung der Kinder ganz ausgefallen. Auch werde „seitens der Gemeindeeingesessenen dem Gottesdienst wegen Fehlens eines Religionsdieners kein Interesse entgegengebracht". Der Gemeindevorsteher Nordheim kümmere sich aber nicht darum.[12] Es mag sich dabei allerdings um eine durch die besonderen Umstände im Krieg erklärbare Ausnahmesituation gehandelt haben.

Der Wert der Bildung

Auf den ersten Blick könnte vielleicht auch die Tatsache, dass nachweislich viele jüdische Kinder die israelitischen Privatschulen nicht besuchten, sondern stattdessen von ihren Eltern auf christliche Schulen geschickt wurden, als Anzeichen für eine Erschütterung der Frömmigkeit in den Synagogengemeinden erscheinen. Doch das war schon in den 1850er Jahren so, als von Säkularisierung auf dem Land sicher noch nicht gesprochen werden kann. Auch entwickelte sich der Anteil der jüdischen schulpflichtigen Kinder auf der israelitischen Privatschule in Geldern sehr sprunghaft. In einem Jahr wurde sie von allen besucht, im nächsten nur noch von der Hälfte. Die Sprünge fielen jeweils mit einem Lehrerwechsel zusammen. Offensichtlich entschied die Qualität des Unterrichts darüber, auf welche Schule man seine Kinder schickte, und nicht deren konfessionelles Etikett. Das verweist auf den hohen Stellenwert, den Bildung für die Gelderner wie für alle deutschen Juden hatte.

Bildung galt als ein hohes Gut in jüdischen Gemeinden. Das hatte auch, aber nicht nur religiöse Gründe. Dem Studium der Tora, der hebräischen Bibel und der späteren religiösen Schriften wurde viel Bedeutung zugemessen. Zur traditionellen Hochschätzung der Bildung aus religiösen Motiven kamen im Lauf der Zeit mehr weltliche Gründe hinzu. Lesen und schreiben zu können, war in der vormodernen Welt für die meisten Menschen, deren Horizont und deren Verbindungen nicht über das eigene Dorf hinausragten, nicht notig. Für die verstreut lebenden Juden waren diese Fähigkeiten dagegen unabdingbar. Wenn sie mit ihren Glaubensbrüdern und Verwandten in anderen Gemeinden in Kontakt bleiben wollten, mussten sie Briefe schreiben und lesen können. Die Tätigkeit in Handelsberufen trug dazu ebenfalls bei. Und schließlich wurde Bildung während des 19. Jahrhunderts auch zu einer Voraussetzung für sozialen Aufstieg. Die Ausweitung des Handels und das Wachstum des bürokratisch organisierten Staates trugen gleichermaßen zu dieser Entwicklung bei. Bildung wurde mehr und mehr zu einem Schlüssel des

Erfolgs. Wenn die Juden den Status einer verachteten Minderheit hinter sich lassen wollten, wenn sie die mit der Entstehung einer offenen Staatsbürgergesellschaft dafür gegebenen Möglichkeiten ausnutzen wollten, mussten sie auf Bildung setzen.

Die Mehrheit der Juden im Gelderland tat genau das. Wenn Bildung der Schlüssel zum Erfolg ist, dann ist Gedrucktes der Schlüssel zur Bildung. In der Kreisstadt erschienen während des Kaiserreichs zwei Zeitungen. Beide Blätter kamen bis 1907 nur zweimal wöchentlich heraus. „Diese geringen Neuigkeitsquellen genügten im Allgemeinen dem Lesebedürfnis der Kleinstädter", erinnerte sich Heinrich Kempenich. Nicht so in seiner eigenen Familie: Hier war der Wissensdurst so groß, dass man, wie auch andere jüdische Familien in Geldern, die täglich, zeitweise mehrmals täglich erscheinende Kölnische Zeitung und später dann das Berliner Tageblatt las. Die Lektüre dieser überregionalen Blätter ließ man sich bis zu mehr als fünfmal so viel kosten, wie für die Geldernschen Lokalzeitungen zu bezahlen war. Dazu wurde im Abonnement noch ein Wochenblatt bezogen.[13]

Kempenichs Mutter war, wie der Sohn sich erinnerte, „von einem wahren Lesehunger erfüllt." Diese Frau, deren Mann früh verstarb und sie mit sechs kleinen Kindern zurückließ, die ein stetig expandierendes Geschäft führte, nutzte jede ihrer wenigen freien Minuten zum Lesen oder Schreiben. „Nach Tische am Abend habe ich sie fast stets lesend gesehen, wenn sie sich nicht noch mit häuslichen Arbeiten oder mit der Erledigung ihres Briefwechsels mit den Verwandten, besonders der Mutter in Rheda, befaßte. ... Ihr Leseeifer war auf ein dringendes Bedürfnis zur Bildung, zur Vermehrung ihres Wissens begründet, das sie auf uns Kinder zu übertragen wußte. Sie hatte für uns den Ehrgeiz, dass wir uns in der Schule hervortaten, und es war ihr schmerzlich, dass ich darin ihren Anforderungen und Erwartungen während der Zeit des Besuchs des Gymnasiums nicht immer entsprochen habe. Da sie mich seit meiner Kindheit zum Studium bestimmte und sicher nicht ganz mäßige Erwartungen an die Erfolge einer Vollendung der akademischen Laufbahn knüpfte, so suchte sie meinen nur bescheiden ausgebildeten Ehrgeiz schon früh zu beleben. Als ich etwa 9 1/2 Jahre alt war, bekam ich zur Vorbereitung für die höhere Schule Unterricht im Lateinischen, der mir sehr schwerfiel."[14]

Schon bevor die Kinder die Grundschule verlassen hatten, war über ihren Lebensweg entschieden. Der ältere Sohn Max sollte den Familienbetrieb weiterführen. Erst zehnjährig wurde er zum Besuch weiterführender Schulen zunächst 1874 ins ferne Rheda-Wiedenbrück, dann nach Burgsteinfurt geschickt. „Alsdann kam er auf zwei Jahre nach

Aachen in die kaufmännische Lehre ... und ging von da gleich in das elterliche Geschäft." Er „war äußerst strebsam und brachte das Geschäft recht bald zur Blüte." Dazu hatte, trotz ihrer Inanspruchnahme durch den damals noch nicht in „geordneten Verhältnissen", also in finanziellen Schwierigkeiten steckenden Betrieb, „die Mutter ihn überaus gut und tüchtig vorbereitet".[15] Auch der jüngere Sohn Heinrich, dem das hohe Ziel gesteckt worden war, der erste Akademiker der Familie zu werden, besuchte nach der Grundschule seit 1877 auswärtige Schulen, da in Geldern Bildungseinrichtungen mit dem entsprechenden Niveau noch nicht bestanden. Für die Ausbildung ihrer beiden Söhne legte die Mutter sich krumm.

In der Welt, in der die niederrheinischen Juden nach der Reichsgründung lebten, waren Bildung und sozialer Aufstieg letzten Endes kaum voneinander zu trennen. Einem guten Teil der christlichen Bevölkerung bedeutete beides dagegen wenig. In Geldern war vor allem die katholische Bevölkerungsmehrheit stark der Tradition verhaftet. „Man ernährte sich in den hergebrachten Bahnen kleinstädtischer Verhältnisse und ließ, wie es im Volksmund heißt, den Herrgott einen guten Mann sein. War die tägliche Nahrung gesichert und lastete nicht allzu schwere Arbeit auf dem Bürger, so war er schon zufrieden und bedurfte nicht großer Dinge zur Befriedigung seiner einfachen und mäßigen Ansprüche ans Leben."[16] Das Festhalten am Althergebrachten, an Tradition und Religion, schien vielen wichtiger als die neuen Götter der Bildung und der sozialen Mobilität.

Auf weiterführende Schulen ging noch kurz vor dem Ersten Weltkrieg nur ein kleiner Bruchteil eines Jahrgangs. Die überwältigende Mehrheit der Bevölkerung genoss dagegen nur Volksschulbildung. Nicht so die Juden: Von den schulpflichtigen Gelderner jüdischen Jungen und Mädchen, die dem Grundschulalter entwachsen waren, besuchten 1912 alle weiterführende Schulen. Das hatte nicht unbedingt etwas mit einer gehobenen sozialen Stellung zu tun, denn unter den jüdischen Schülern gab es auch solche, deren Väter unter den städtischen Steuerzahlern im Mittelfeld lagen. Jedenfalls belegt es einen außergewohnlich hohen Bildungsstand der jüdischen Kinder.

Wirtschaftlicher Wandel und sozialer Aufstieg

Das hohe Bildungsniveau war Bedingung, aber auch Folge des sozialen Aufstiegs der deutschen Juden während des Kaiserreichs. Dieser wurde begünstigt durch die rapide Industrialisierung, die Deutschland seit der zweiten Hälfte des 19. Jahrhunderts durchlief. Am Niederrhein und in anderen ländlich geprägten Regionen wirkten sich die Folgen dieser Entwicklung zwar nur indirekt, aber dennoch einschneidend aus. Das rapide Wachstum der Städte an Rhein und Ruhr schuf dort gewaltige Märkte. Diese Ausweitung der Märkte bedeutete einen erhöhten Bedarf an Händlern. Der Handel aber lag in bestimmten Bereichen von jeher in den Händen von Juden. In Issum hatten jüdische Viehhändler sogar bis mindestens zum Ende des 19. Jahrhunderts ein Monopol: Christen, die diesen Beruf ausübten, gab es nicht. In Geldern galt dasselbe bis wenigstens in die 1860er Jahre. Um die Jahrhundertwende waren hier noch die Hälfte aller Viehhändler Juden.[17] Und wie die meisten Viehhändler Juden waren, so war auch die Mehrheit der Juden in rheinischen und westfälischen Landgemeinden Viehhändler. Wer von ihnen sein Geschäft nicht in die Großstädte verlegte, dem verschaffte seine große Erfahrung offensichtlich Vorteile gegenüber den neuen christlichen Kollegen. Und im Viehhandel gab es mit etwas Geschick jetzt jede Menge Geld zu verdienen. Viele der jüdischen Viehhändler erwarben besonders in den durch die Eisenbahnanbindung zu Verkehrsknotenpunkten und Hauptumschlagplätzen für Vieh werdenden Kleinstädten in kurzer Zeit das nötige Kapital, um ein Kaufhaus, manchmal sogar eine Fabrik oder ein Bankgeschäft aufzumachen. Häufig wurden die Juden in diesen Gemeinden nun im Durchschnitt wohlhabender als die übrige Bevölkerung.[18]

Der starke Aufschwung des Viehgeschäfts machte natürlich nicht allein die Händler, sondern auch die viel zahlreicheren Bauern wohlhabend.[19] Deren Profite wollten ausgegeben werden – und nicht mehr nur für die einfachsten Dinge des täglichen Bedarfs, den man bisher im Dorf gedeckt und über den hinaus nur ein geringfügiger Konsumbedarf bestanden hatte, der meist durch Hausierer gedeckt worden war. Diese Hausierer oder fliegenden Händler waren ebenfalls sehr oft Juden. Wenn Juden vor der Reichsgründung ihren Beruf angeben mussten, so bezeichneten sie sich meist als Metzger, Viehhändler oder Handelsmann. Oft nannten sie auch zwei dieser Berufe, und bei manchen Personen wechselten die Angaben nahezu beliebig von Gelegenheit zu Gelegenheit. Erst zwischen Reichsgründung und Jahrhundertwende scheinen sich die Berufsbilder ausdifferenziert zu haben. Zumindest in Geldern waren die Juden nach 1900 entweder Viehhändler oder Metzger oder Kleinhändler. Im kleineren Issum dagegen, das sich anders als die Kreisstadt Geldern nicht zum Verkehrsknotenpunkt und Handelszentrum entwickelte, blieb es dagegen auch noch im 20. Jahrhundert bei dem alten Durcheinander. Die Mehrheit der dort ansässigen Juden kaufte Vieh (und schlachtete es) bei Bauern, denen sie gleichzeitig das wenige verkauften, was sich auf

Christoph Nonn

dem Dorf nicht selbst herstellen ließ – Knöpfe etwa, Scheren, das eine oder andere Bild oder Buch. Damit ließen sich freilich nach Ausweis der Steuerverzeichnisse keine großen Reichtümer begründen. Der Sprung vom armen Viehhändler und „Handelsmann" zum wohlhabenden „Kaufmann" gelang aber wenigstens in Geldern manchem Juden in dem Maß, in dem der wachsende Reichtum der Bauern auf die Kreisstadt abfärbte.[20]

Die seit der Reichsgründung munter sprudelnden Einnahmen aus der lukrativen Viehzucht führten zu einem quantitativ wie qualitativ steigenden Konsum der bäuerlichen Bevölkerung des Umlands. Zur weiteren Steigerung der Rentabilität ihrer Betriebe kauften die Bauern Landmaschinen, die sie nur in der Stadt bekommen konnten. Darüber hinaus entwickelten sie einen feineren Geschmack in Sachen Kleidung, der sich ebenfalls nur in den neuen Kaufhäusern der Kreisstadt befriedigen ließ. Indirekt finanzierten die wachsenden Profite aus der Landwirtschaft über Steuern auch den Ausbau städtischer und staatlicher Einrichtungen und Behörden, wie etwa die Eisenbahnstation, das 1879 eröffnete Amtsgericht und die 1886 gegründete höhere Knabenschule. Die dort Beschäftigten bildeten zusammen mit den bereits bestehenden und in der „Gründerzeit" personell verstärkten Institutionen wie Kreis- und Stadtverwaltung, Post, Polizei usw. eine schnell wachsende Gruppe beamteter Verbraucher mit zum Teil beträchtlichen Einkommen und gehobenen Konsumansprüchen. Auch diese Nachfrage wollte befriedigt werden. Viele Juden, die schon im Kleinhandel Erfahrungen gesammelt hatten, erkannten diese Chance. Die Jahre um die Reichsgründung sahen eine wahre Eröffnungswelle von Geschäften mit jüdischen Inhabern. Bis zum Ersten Weltkrieg wurden aus relativ armen, überwiegend aus Viehhändlern bestehenden Synagogengemeinden am Niederrhein zumindest in den Kleinstädten relativ wohlhabende Gemeinden mit einem hohen Anteil an Kaufleuten. Die übrigen jüdischen Gemeinschaften in den Dörfern dagegen veränderten ihre Struktur weniger, bluteten dafür aber durch beständige Abwanderung langsam aus.

Zusammenhalt und Streit in den jüdischen Gemeinden

Soziale Differenzen gab es nicht nur zwischen Juden und Christen, sondern auch innerhalb der jüdischen Gemeinden. Daraus wie aus anderen Ursachen entstanden unvermeidlich Streitigkeiten. Wenn man die am Regierungspräsidium in Düsseldorf, vom Landrat oder den Bürgermeistern in Geldern und Issum angelegten Akten durchblättert, könnte man den Eindruck bekommen, als ob das Innenleben der Synagogengemeinden durch nichts als Streit erfüllt gewesen wäre.[21] Natürlich täuscht dieser Eindruck. Denn an die Vertreter der staatlichen Behörden wandten sich Mitglieder der jüdischen Gemeinden wie alle anderen Bürger erst dann, wenn es Schwierigkeiten gab, die nicht anders beizulegen waren. Ein harmonisches Zusammenleben findet normalerweise in Akten keinen Niederschlag. „Aktenkundig" wird etwas erst, wenn es Probleme gibt. Heinrich Kempenich gibt in seinen Erinnerungen ein ganz anderes Bild als die Akten. Bei ihm ist die Rede von „enger Verbundenheit" zwischen den Mitgliedern der Gelderner Synagogengemeinde, „in der jeder einzelne das Schicksal des einen fast wie sein eigenes fühlte, niemand dem anderen etwas mißgönnte oder ihn beneidete, mit allen alle sich freuten und gern den Glaubensgenossen gefällig und hilfreich war."[22]

Wie die Akten kann freilich auch die Erinnerung ein verzerrtes Bild geben. Anders als die behördliche Überlieferung, in der sich überwiegend die Schattenseiten des Zusammenlebens niederschlagen, taucht die Erinnerung die Vergangenheit meist in ein zu rosiges Licht. Dass es in der Gelderner Synagogengemeinde nicht nur „innigen Zusammenhang untereinander" gab, wird nicht allein durch die Akten, sondern auch durch ein Detail aus Kempenichs Erinnerungen belegt. Nach dem Tod seines Vaters, als die Mutter mühsam versuchte, das Familiengeschäft zu retten, wurde sie von einem Mitglied der Gemeinde ganz unsolidarisch unter Druck gesetzt. Ihrem Sohn erzählte sie später, dass „ein in Geldern ansässiger und in Geschäften anrüchiger Glaubensgenosse, dem später oft nachgesagt wurde, er sei ein arger Wucherer und Halsabschneider, mit einer Darlehensforderung von 1200 Thalern sich gemeldet habe. Er hätte zwar keinerlei Schuldschein oder sonstigen Beweis erbringen können, als nur die Eintragung des angeblichen Darlehens in seinen Büchern, auch habe sie, unsere Mutter, bestimmt gewußt, dass der Vater ihr nie etwas von diesem Darlehen erzählt habe, während er ihr sonst auch nicht das geringste verschwiegen habe." Auf den Rat von Verwandten bezahlte Frau Kempenich das geforderte Geld dennoch, um es nicht auf einen Prozess ankommen zu lassen, obwohl sie überzeugt war, „dass der Mann nichts zu fordern hatte."[23]

Es waren Verwandte, die Kempenichs in dieser schwierigen Lage mit Rat und Tat zur Seite standen: der Bruder des verstorbenen Vaters, der in Köln zu Vermögen gekommen war, und die Eltern und Geschwister der Mutter. Wie auf die Erziehung der Kinder wurde unter deutschen Juden auf den Zusammenhalt der Familie überhaupt viel Wert gelegt.[24] Über die Verwandschaft hinaus war aber auch die gemeinsame Religion für die jüdische Minderheit ein starkes einigendes Band. In der Synagogengemeinde unterstützte man sich während der 1870er Jahre besonders in

Christoph Nonn

Notlagen gegenseitig, zumal die öffentliche Wohlfahrt nur wenig ausgebaut war, wie Kempenich sich erinnert. „Die jüdischen Familien halfen zu jener Zeit ihren bedürftigen Glaubensgenossen unter der Hand, teils durch Geld, durch Wäsche und Kleidung, sehr oft durch die Verabfolgung von Mittagessen. War in einer nicht gut gestellten Familie eine Geburt vorgekommen, so bemühte sich sogleich der ‚Frauenverein' um die Wöchnerin, versorgte sie mit Neulingswäsche und dergleichen, und abwechselnd schickten ihr die Frauen einige Zeit hindurch kräftiges Essen. Viele Jahre hindurch unterstand der Frauenverein der Führung meiner Mutter, die allerdings wegen ihres ausgeprägt wohltätigen Gemüts für diese Stelle sehr geeignet war. Vielleicht war sie etwas zu weich und zu leicht geneigt, auch allerlei vorgespiegelten Nöten ihre Hand zu öffnen."[25]

Hier deutet sich an, dass Solidarität und der Wille zu helfen gelegentlich auch ausgenutzt wurden. Durch Mitglieder der Gelderländer Gemeinden konnte das freilich kaum geschehen. Schließlich gab es selbst in der größten, der Gemeinde der Kreisstadt, nie mehr als zwei bis drei Dutzend Familien. Die wirtschaftlichen Verhältnisse der Einzelnen waren fast allen bekannt, wenig blieb verborgen. Anders verhielt es sich mit den nicht fest ansässigen, durchziehenden Juden. Diese kamen meist aus dem Osten, aus Polen und Russland, wo der Anteil der jüdischen Bevölkerung wesentlich höher war als im Deutschen Reich. Anders als ihre relativ wohlhabenden und gesellschaftlich arrivierten Glaubensgenossen im Westen lebten sie dort meist isoliert auf dem Land oder eingepfercht in Ghettos, jedenfalls aber in großer Armut. Besonders nach einer Welle von Verfolgungen in den 1880er Jahren, aber auch schon früher, verließen viele polnische und russische Juden ihre Heimat und suchten in den USA oder Westeuropa Zuflucht. In Geldern galten sie als „arme Pollacken" – eine Formulierung, in der gleichzeitig Mitleid und Distanz der einheimischen jüdischen Bevölkerung gegenüber den Hilfe suchenden Glaubensgenossen zum Ausdruck kommt. „Solch ‚armer Pollack' brauchte am Freitag oder Sonnabend z. B. nur in oder vor der Synagoge zu erscheinen, so wurde ihm die Teilnahme am Familientische gern angeboten, ein solches Verhalten galt als ‚Mizweh'".[26]

Das religiöse Gebot, Bedürftigen zu helfen, hatte freilich in der Praxis auch eine recht doppeldeutige Funktion. Die aus dem Osten geflüchteten Juden konnten damit rechnen, Hilfe zu erhalten – aber nur unter der stummen Voraussetzung, dass sie dann auch weiterzogen und sich nicht etwa niederließen und der Gemeinde auf Dauer zur Last fielen. Die Flüchtlinge revanchierten sich dafür dann auch schon einmal auf ihre Art. Einen besonders krassen Fall schildert Heinrich Kempenich: „So erinnere ich mich, dass eines Tages eine Familie erschien und die Bitte vorbrachte, der Ehefrau in den unmittelbar bevorstehenden Kindesnöten zu helfen. Der Augenschein bewies mit Sicherheit die nahe zu erwartende Niederkunft, und so gab denn meine Mutter als Vorsteherin des Frauenvereins sogleich die Mittel für die Anschaffung von Kinderwäsche und dergleichen her. Aber gleich nachher, als die Familie aus Geldern verschwunden war, ergab sich, dass der ‚arme Pollack‘ das Federkissen, welches die Frau zur Vortäuschung hoher Schwangerschaft sich vorgebunden hatte, mitsamt der ihr geschenkten Kindswäsche im nächsten Dorf versilberte."[27]

Aber auch zwischen den lang ansässigen Mitgliedern der eigentlichen Gemeinde gab es gelegentlich Brüche der Solidarität. Die Ursachen waren keine anderen als die in jeder kleinen Gemeinschaft vorkommenden: Streit um Geld und sozialen Status. So beschwerte sich 1876 die Witwe Gompertz in Geldern, sie zahle zuviel Kultussteuer an die Synagogengemeinde. Die Steuer wurde vor allem erhoben, um die jüdische Privatschule zu finanzieren. Da die Kinder von Frau Gompertz bereits erwachsen waren, sah sie keinen Sinn darin, die Ausbildung der Sprösslinge ihrer Glaubensgenossen mitzufinanzieren. 1883 beschwerte sich David Nordheim, sein Beitrag zur Kultussteuer sei zu hoch.[28] In Issum gab es ebenfalls wiederholt Streit um die Finanzierung der Schule. Auch dabei ging es im Kern darum, dass die etwas wohlhabenderen Familien und die mit wenig oder gar keinen Kindern sich nicht in dem Ausmaß an den Gemeindelasten beteiligen wollten, wie das die Ärmeren und Kinderreichen verlangten. Damit verbanden sich alte Auseinandersetzungen, die Jahre oder zum Teil sogar Jahrzehnte zurücklagen. Zum Beispiel wollte 1877 Jacob Bouscher Calmann Hertz die Ausübung des Viehhandels verbieten lassen, weil dieser zwanzig Jahre zuvor einmal als „Wucherer" verurteilt worden sei.[29]

1881 beklagte Bouscher sich über die schon zwei Jahre zurückliegende Schließung der Issumer Schule: Der Gemeindevorsteher Cosmann Lebenstein und Calmann Hertz, deren Kinder nicht mehr schulpflichtig seien, hätten die Schließung betrieben, um nicht weiter Steuern dafür zahlen zu müssen. Die übrigen Eltern müssten ihre Kinder jetzt teuren Privatunterricht bei Lehrer Meiersohn nehmen lassen. Die Differenzen lagen aber noch tiefer. Lebenstein habe 1876 mit Billigung von Hertz seinem Schwiegersohn einen Platz in einer der vorderen Bänke der Synagoge besorgen wollen. Da die Plätze aber nach Alter bzw. Ansässigkeit vergeben wurden, beschwerte Bouscher sich beim Vorstand der Gelderner Synagogengemeinde und bekam recht: Lebensteins Schwiegersohn musste in eine der hinteren Bänke rücken. Nun sei aber er, Jacob Bou-

Christoph Nonn

scher, „fortwährend von dem Sohne von Hertz und Passmann mißhandelt" worden, seine Frau habe „Gustav Hertz gestoßen bis sie bluhtete, jedoch Lebenstein ließ dieses alles gut sein, dieses kann ich durch den Lehrer Meiersohn und den Seidenmacher Adolf Frenkel bezeugen."[30] Die hier sich sogar handgreiflich entladenden Spannungen waren in diesem Fall letztlich Konflikte zwischen der Gruppe der armen und der Partei der besser situierten Mitglieder der Gemeinde. Aber auch unter den Ärmsten selbst kam es zu Statuskonflikten. So richtete sich die 1893 aktenkundig gewordene Klage des Lumpensammlers und Tagelöhners Isaac Spier wegen Zurücksetzung in der Synagoge gegen den ebenfalls am Hungertuch nagenden Lehrer.[31]

Wenn die Dokumentation über solche Konflikte nach der Jahrhundertwende seltener wird, so lag das wohl nicht daran, dass Spannungen nachließen, sondern eher an dem abnehmenden Interesse der Staatsbehörden an den Angelegenheiten der Juden. Was überliefert ist, deutet darauf hin, dass weder die Anlässe - Gemeindeinstitutionen wie vor allem die Schule - noch die Hintergründe - Konflikte über Geld und sozialen Status - sich änderten. So beschwerte sich 1913 der Gelderner Kaufmann Albert David über den Lehrer der jüdischen Privatschule Josef Rosenzweig. Rosenzweig vernachlässige die Volksschüler zugunsten der Gymnasiasten, er unterrichte überhaupt schlecht und gebrauche seine Zeit neben dem Verkaufen von Versicherungen vor allem dazu, Privatstunden für die Kinder der reicheren Gemeindemitglieder zu geben. Hintergrund der Beschwerde war offenbar auch, dass der Lehrer Davids Sohn mit der Bemerkung nach Hause geschickt hatte, er sei schmutzig und solle sich erst einmal waschen. Der Vater beschimpfte Rosenzweig daraufhin auf der Straße als „grünen Jungen", der „selbst nicht erzogen" sei. Der Lehrer konterte mit der Forderung nach einer Entschuldigung und schließlich mit einer Klage. Zudem hatte Rosenzweig als Kultusbeamter angeblich für die Beerdigung eines Verwandten von David außerhalb Gelderns eine zu hohe Rechnung ausgestellt.[32]

Noch einmal: Das Vorkommen solcher offen ausgetragener Konflikte widerspricht nicht unbedingt der Erinnerung Heinrich Kempenichs, nach der das Innenleben der jüdischen Gemeinde Gelderns vor allem durch Solidarität und gegenseitige Hilfe gekennzeichnet war. Gerade die Außergewöhnlichkeit der Auseinandersetzungen war Vorbedingung dafür, dass sie sich in den Akten der Staatsbehörden niederschlugen. Spannungen kamen und kommen auch in christlichen Gemeinden vor – je kleiner die Gemeinschaft, desto heftiger der Streit. Aus seiner offenen Austragung können wir auch nicht auf einen hohen Grad von Integration der jüdischen Gemeinde in die Gesamtgesellschaft rückschließen, die etwa die

Demonstration von Solidarität nach außen hätte unnötig werden lassen. Denn schon in der ersten Hälfte des Jahrhunderts, als die Gelderner Juden noch eine ausgegrenzte und diskriminierte Minderheit waren, mussten sich die Behörden öfter mit ihren internen Querelen befassen. Der Befund, dass es unter Juden heftige Konflikte um Status, Auseinandersetzungen zwischen Arm und Reich gab, kann aber helfen, den Blick auf die Konflikte zwischen Juden und Christen zu schärfen.

Eingliederung in die städtische Gesellschaft: Feste und Vereine

Gewissermaßen am Anfang stand in Geldern und Issum kein Konflikt, sondern im Gegenteil eine Einladung zum gemeinsamen Feiern. Als die Issumer Juden 1865 ihre Synagoge einweihten, veranstalteten sie einen Ball. Mit dem Versprechen, für „ausgezeichnete Musik und Getränke" sei „bestens gesorgt", lud das Festkomitee „zu recht zahlreichem Besuch"

23 Aufruf zur Beflaggung der Häuser anläßlich der Synagogen-Einweihung in Geldern 1875, Zeitungsannonce

Christoph Nonn

ein.[33] Leider wissen wir nichts darüber, wie die Einladung von der christlichen Bevölkerung aufgenommen wurde. Anders in Geldern. Zehn Jahre später weihte auch die jüdische Gemeinde der Kreisstadt ihre neue Synagoge ein. Begleitet wurde der Festakt hier von sich über drei Tage eines Wochenendes hinziehenden „Concerten und Bällen". Auch hier bat das Festkomitee „um zahlreichen Besuch" und machte gleichzeitig bekannt, dass „die Musik von der rühmlich bekannten Musik-Capelle des 57. Infanterie-Regimentes" gespielt werde. „Mehrere Bürger" forderten die Gelderner in einer Zeitungsannonce zudem auf, „zur Verherrlichung der Synagogen-Einweihungsfeier durch Beflaggung ihrer Häuser geflissentlich mit beitragen zu wollen."[34] Wie weit das geschah, ist nicht bekannt. An der Einweihungsfeier selbst nahmen aber jedenfalls „eine große Anzahl christlicher Gäste, der Landrat, der Bezirkskommandant, die Geistlichkeit, der Bürgermeister und viele andere erste Bürger der Stadt" teil.[35]

In Issum feierten 1882 bei einem privaten jüdischen Fest nachweislich auch weniger illustre, einfache Christen, wenn nicht sogar das ganze Dorf mit. Die Geldernsche Zeitung berichtete darüber am 6. September: „Gestern feierten die Eheleute Moses Bouscher von hier das seltene Fest der goldenen Hochzeit (die dritte aus je 3 verschiedenen Confessionen,

24 Goldhochzeit bei Berta und Siegmund Kaufmann auf der Rathausstraße 43 in Rheurdt, März 1932

welche binnen 3 Monaten in Issum gefeiert wurde.) Die Nachbarn der Gefeierten hatten an dem Ehrentage ihr Festgewand angelegt, die Häuser beflaggt, Triumphbogen errichtet und das Haus des Jubelpaares sowie den Eingang der Synagoge mit Girlanden, Kränzen und hübschen Sinnsprüchen verziert. Am Vorabende des Festes wurde den allseitig geachteten Jubilaren von zwei hiesigen Gesangvereinen je ein schönes Ständchen dargebracht. Am Festtage selbst gegen 10 Uhr Morgens wurden die Gefeierten in dem mit Girlanden geschmückten Wagen der Firma Mühlen und Leendertz von hier zur Synagoge geführt, woselbst unter zahlreicher Betheiligung aus den verschiedenen Confessionen die neue Einsegnung der Jubilare stattfand." Die Feier ging dann noch bis tief in den Abend weiter.[36]

Der aus Berichten über solche und ähnliche Feiern entstehende Eindruck einer weitgehenden gesellschaftlichen Integration der Juden[37] verstärkt sich bei einer Betrachtung des Vereinswesens. Außer dem Synagogenchor und dem schon erwähnten Frauenwohltätigkeitsverein gab es in Geldern keine speziell jüdischen Vereine. Juden wurden offenbar ohne weitere Probleme in die allgemeinen Vereine aufgenommen, viele haben dort sogar eine wichtige Rolle gespielt.[38] Im lange Zeit mitgliederstärksten Verein Gelderns, dem 1848 ins Leben gerufenen Schützenverein „Eintracht", war der Jude Bernhard Francken Gründungsmitglied. Zur Feier des 25jährigen Bestehens wurde er 1873 mit einer Verdienstmedaille ausgezeichnet und beim 50jährigen Jubiläum 1897, mittlerweile selbst 72 Jahre alt, erneut besonders geehrt.[39] Dem ebenfalls sehr mitgliederstarken, 1862 gegründeten Turnverein diente der jüdische Kaufmann Daniel Elias jahrzehntelang als zweiter Vorsitzender. Er beteiligte sich auch maßgeblich an der Finanzierung des Turnhallenbaus. Als Daniel Elias 1894 nach Hannover verzog, beklagte der Verein, „eine Hauptstütze" seiner Arbeit zu verlieren, und verabschiedet ihn mit einem Festessen. Zum 50jährigen Vereinsjubiläum 1912 reiste er eigens an und wurde in der Festrede besonders begrüßt.[40] Auch Heinrich Kempenichs Bruder Max war im Gelderner Vereinsleben sehr aktiv. Gerade achtzehnjährig trat er bei der Übernahme des Geschäfts seines früh verstorbenen Vaters 1878 in den Verein junger Kaufleute ein. 1890 beteiligte er sich außerdem an der Wiederbelebung des Historischen Vereins für Geldern und Umgebung.[41]

Es liegt nahe, dass die in Geldern ja überwiegend im Handel tätigen Juden auch in den wirtschaftlichen Vereinigungen eine wichtige Rolle spielten. So begründete um die Jahrhundertwende Isidor Kaufmann den Kaufmännischen Verein mit.[42] Wenig später demonstrierten die jüdischen und christlichen Kaufleute Gelderns ihr Zusammenhalten gegen Konkurrenz von außerhalb mit einer spektakulären Anzeigenkampagne. Ein

Christoph Nonn

25 Turnverein Geldern mit Salomon Nordheim, 1913 (zweiter von links)

Geschäftsmann aus Witten hatte die Konkursmasse eines Gelderner Ladens aufgekauft. Durch Schleuderpreise versuchte er den eingesessenen Händlern Marktanteile abzunehmen und sich in der Stadt zu etablieren. Eine Reihe Gelderner Geschäftsinhaber, darunter neben zahlreichen Christen die jüdischen Inhaber der Kaufhäuser Kempenich und Kaufmann, warnte dagegen in massenhaft geschalteten Anzeigen die Verbraucher vor der niedrigen Qualität der angebotenen Waren. Gegen die frühere Etablierung der ebenfalls mit recht aggressiver, moderner Werbung vorgehenden Läden in jüdischem Besitz, deren Gründer meist schon länger in der Stadt ansässig waren, hatte es eine ähnliche Kampagne der christlichen Gewerbetreibenden nicht gegeben. Der Versuch eines Außenseiters jedoch, auf den Gelderner Markt zu drängen, traf auf den vereinten Widerstand und die Solidarität der eingesessenen christlichen und jüdischen Kaufleute.[43]

Nach 1900 erreichte das jüdische Engagement in den Vereinen der Kreisstadt in der Person von Salomon Nordheim einen Höhepunkt. Schon 1897 spielte er im Männergesangverein eine wichtige Rolle. Als er 1928 starb, war er „eine lange Reihe von Jahren" stellvertretender Vorsitzender des Schützenvereins gewesen, hatte fast ein Vierteljahrhundert als Vorstandsmitglied und seit 1924 als erster Vorsitzender den Turnverein geführt, und seit der Gründung des Haus- und Grundbesitzervereins 1920 als dessen zweiter Vorsitzender gewirkt.[44]

Aber nicht nur in den Vorständen, auch unter den Mitgliedern vieler Vereine waren Juden zahlreich repräsentiert, in dem auch politisch im liberalen Sinn aktiven Gelderner Turn- und Nationalverein sogar überdurchschnittlich. Zwischen den 1860er und 1880er Jahren, als sie zwischen zwei und drei Prozent der Stadtbevölkerung stellten, lag ihr Anteil an der Mitgliedschaft dort um 20 Prozent. Auch im Männergesangverein waren sie weit überdurchschnittlich vertreten. 1907 gehörten ihm knapp 80 aktive Sänger an. Acht davon, also über ein Zehntel, waren Juden.[45]

Die starke Vertretung der jüdischen Gelderner in der Führung und an der Basis der Vereine kann als ein Beleg für ihre Integration in die Gesellschaft der Kreisstadt gesehen werden. Angesichts der gemessen an ihrem Bevölkerungsanteil weit überproportionalen Vertretung in den größten Vereinen könnte man sogar von einer Überintegration sprechen. Gerade dieser Befund wirft allerdings auch weitere Fragen auf, die nicht so leicht zu beantworten sind. Vielleicht drängten Juden gerade deshalb so stark in die Vereine, weil dort eine Integration möglich war, die auf anderen Gebieten ausblieb. Vielleicht ist ihre außergewöhnliche Aktivität dort gerade ein bewusster oder unbewusster Ausdruck von Unsicherheit. Möglicherweise hat der starke jüdische Anteil in den Vereinen aber auch etwas mit deren großbürgerlichem Charakter zu tun. Im 19. und frühen 20. Jahrhundert war das Gelderner Vereinsleben vorwiegend eine Sache der Ober- und der gehobenen Mittelschicht. Hier tummelten sich vor allem höhere Beamte, Kaufleute und wohlhabendere Handwerker, kaum dagegen Arbeiter, kleine Angestellten oder Handwerksgesellen. Da die jüdischen Einwohner zum größten Teil überdurchschnittlich wohlhabend waren, ist es naheliegend, dass sie in den Vereinen überrepräsentiert waren. Wie wir noch sehen werden, müssen sich beide Erklärungen für die hohe Repräsentanz von Juden im Gelderner Vereinsleben – dessen großbürgerlicher Charakter einerseits, ihre Unsicherheit über das Ausmaß der tatsächlich erreichten Integration andererseits – nicht unbedingt ausschließen.

Zweifellos war die jüdische Bevölkerung des Kreises darum besorgt, nicht als „andersartig" aufzufallen. Während besonders die Katholiken ihre religiösen Feste gerne und oft öffentlich und mit lautstarkem Gesang feierten, hielten sich die Juden damit sehr zurück. Wenn sie als Synagogengemeinde in der Öffentlichkeit auftraten, dann sehr leise. So kündigte 1875 der Issumer Kantor dem Bürgermeister an, die jüdische Gemeinde wolle eine neu einzuweihende Torarolle „im feierlichen Zuge" aus dem Haus des Vorstehers zur Synagoge tragen, „jedoch still, ohne Musik und

Christoph Nonn

Gesang".[46] Diese Zurückhaltung, in der Öffentlichkeit den eigenen Kultus zur Schau zu stellen, ging teilweise bis an den Rand der Selbstverleugnung. In Geldern gehörte die Fronleichnamsprozession zu den bedeutendsten Festen in der Stadt, deren überwältigende Mehrheit katholisch war. Heinrich Kempenich erinnert sich daran, dass die Juden dabei mitfeierten: Man hing „mit allen die Fahne aus, pflanzte junge Birken als ‚Maien' vors Haus und gab seinen Taler Beitrag, der von allen Anwohnern des Großen Marktes zur Errichtung und Ausschmückung des prächtigen Altars dort erhoben wurde." Und nicht nur das: „Ich entsinne mich auch noch sehr wohl, dass mein Bruder, der schon bald in jungen Jahren in allerlei Vereinen eine führende Rolle erhielt und in jeder Beziehung sich der größten Beliebtheit erfreute, selbst auch stets mit allen Fröhlichen fröhlich mittat, bei einem Besuche des Bischofs von Münster sich höchst eifrig an der Ausschmückung des Prachtaltars auf dem Markte beteiligte, anordnete und schmückte, worin dann auch von den Katholiken niemand etwas besonderes fand. So etwas verstand sich damals eigentlich von selbst."[47]

Grenzen der Integration: Juden, Protestanten und Katholiken

Es darf zwar nicht vergessen werden, dass kirchliche Feste damals noch den Charakter von allgemeinen Volksfesten hatten. Auch vor den Häusern der wenigen Protestanten in Geldern wurden „Maien" aufgestellt, ohne dass diese zunächst dagegen protestierten. Es gab allerdings auch damals durchaus Leute, die eine solche Praxis absonderlich fanden. 1882 riss der kurz vorher in sein Amt eingeführte junge evangelische Pfarrer Thümmel am Vorabend der Fronleichnamsprozession die von Katholiken vor seinem und dem Haus anderer Protestanten aufgestellten „Maien" aus. Es kam zu einem Auflauf und harten Worten zwischen den Konfessionen, wobei zumindest ein Teil der Evangelischen ihren Pastor unterstützte. Von jüdischer Seite erhielt Thümmel nicht nur keine Unterstützung. Insgeheim wurde sein Verhalten hier sogar mit recht bezeichnenden Worten verurteilt. „Man sollte glauben", so Heinrich Kempenich, „dass ein evangelischer Pfarrer inmitten einer rein katholischen und bestimmt friedliebenden Einwohnerschaft verständigerweise sich jeder Provokation und jeden nutzlosen Streitsuchens enthalten hätte".[48] Selbst hätte man es nie gewagt, die große katholische Bevölkerungsmehrheit so zu verärgern.

Dabei teilte die jüdische Gemeinde mit der evangelischen viel – auch eine gewisse Antipathie gegenüber dem „unmodernen" Teil der Katholiken. Bezeichnend dafür ist etwa, dass offenbar der evangelische Pfarrer

1875 an der Einweihung der Gelderner Synagoge teilnahm, während sein katholischer Kollege fernblieb.[49] Nicht allein die gemeinsame Stellung als Minderheit wirkte in Geldern verbindend zwischen Juden und Protestanten. Auch die Sozialstruktur der beiden kleinen Gemeinden war ähnlich – im Gegensatz zur katholischen Bevölkerung, deren Großteil der Unterschicht angehörte. Die meisten Protestanten waren nach Geldern versetzte höhere Beamte, Kaufleute oder Fabrikanten.[50] Das entsprach, sieht man von den Beamten ab, der Berufsstruktur in der Synagogengemeinde. Der gemeinsame bürgerliche Charakter war Voraussetzung für engere Kontakte. Man kannte sich aus den kaufmännischen Vereinigungen. Man lebte in vergleichbaren, gesicherten finanziellen Verhältnissen. Man traf sich in den den Wohlhabenderen vorbehaltenen Klubs und Vereinen. Man hatte etwa dasselbe Niveau der Bildung, und man teilte ihre hohe Wertschätzung. Und nicht zuletzt standen sich Protestanten und Juden in Geldern sehr nah, was die politischen Überzeugungen anging.

Die liberalen Gruppen wie Turn- und Nationalverein setzten sich lange Zeit mehrheitlich aus Protestanten und Juden zusammen, obwohl beide Konfessionen zusammen in der Stadt nur wenige Prozent der Bevölkerung ausmachten. Wenn die Liberalen in der ersten Abteilung des Stadtrats, wo sie von einer protestantischen Fabrikantenfamilie geführt wurden, dennoch lange Zeit dominierten, so lag das nicht unwesentlich daran, dass diese Abteilung von den wenigen reichsten Bürgern der Stadt gewählt wurde, unter denen wiederum sehr viele Protestanten und Juden waren.[51] Die Liberalen verfochten mit ihrem Einsatz für die Einrichtung weiterführender Schulen in Geldern während der Reichsgründungszeit die Interessen und die Ideale von Protestanten wie Juden. Natürlich gab es auch Katholiken, meist ebenfalls aus bürgerlichen Verhältnissen, die an die Macht der Bildung glaubten. Sie gaben ihren Glaubensgenossen zu bedenken, dass die katholische Bevölkerung im Durchschnitt einen niedrigeren sozialen Status als Protestanten oder Juden hatte. Liberalen Erklärungsmustern folgend behaupteten sie, dass das mit dem Festhalten an autoritären Leitbildern der Erziehung zusammenhänge, und forderten zur Übernahme moderner, offenerer Bildungskonzepte im Katholizismus auf. Je mehr sich aber in den 1870er und 1880er Jahren Konflikte zwischen katholischer Kirche einerseits, Liberalen und protestantisch geprägtem Staat andererseits zu dem in ganz Deutschland auf beiden Seiten mit wachsender Erbitterung geführten „Kulturkampf" hochschaukelten, wurde der Liberalismus zu einer fast rein protestantischen (und jüdischen) Weltanschauung.[52]

Auch nachdem der offen ausgetragene Kulturkampf seit 1887 beendet wurde, blieb das Verhältnis von Protestanten und Katholiken in Geldern

Christoph Nonn

dadurch belastet. Tatsächlich war es immer schon gespannt gewesen. Die katholische Bevölkerungsmehrheit sprach von der evangelischen Minderheit als „Geusen". Das Wort, ursprünglich im 17. Jahrhundert von den Herrschern der damals spanischen Niederlande zur Bezeichnung der aufständischen protestantischen Holländer gebraucht, bedeutet eigentlich „Bettler". Auch aus dem Mund eines katholischen Gelderners trug es „etwas Verächtliches in sich". Heinrich Kempenich glaubte beobachten zu können, „daß eine gewisse Kluft zwischen beiden Konfessionen bestand, die nicht zu überbrücken war."[53] Im Kontrast dazu stellte er fest: „Das Verhältnis der Katholiken zu den jüdischen Mitbürgern war gut, und fast alle standen in einem vom Glaubenshasse ganz fernen Verkehr zueinander." Man habe „in Eintracht und Freundschaft" zusammengelebt.[54] Solche Behauptungen mögen für die 1870er Jahre zutreffend sein. Es gibt wenigstens keine Belege, die ihnen widersprechen. Die Unterschiede in den Beziehungen zwischen katholischer Bevölkerungsmehrheit und protestantischer Minderheit einerseits, der noch kleineren jüdischen Gemeinde andererseits hingen aber wohl auch mit dem oben skizzierten verschiedenen Verhalten beider Minoritäten zusammen. Zumindest ein Teil der Protestanten suchte die Auseinandersetzung. Für die Juden dagegen war offensichtlich das Verhalten von Heinrich Kempenichs Mutter typisch: Sie „wußte sich mit Hoch und Niedrig gutzustellen", wie ihr Sohn berichtet.[55]

Dabei teilte Frau Kempenich insgeheim durchaus die weltanschaulichen Überzeugungen der Liberalen. Wie die protestantischen Kulturkämpfer hegte sie eine Abneigung gegen die mehr traditionell orientierten katholischen Erziehungskonzepte. Als 1877 die Entscheidung anstand, auf welches Gymnasium ihr Sohn Heinrich gehen sollte, entschied sie sich für Wesel, obwohl es in Kempen und Kleve Gymnasien gab, die beide mit der Bahn leichter zu erreichen gewesen wären. Aber „sie waren der Mutter wohl zu katholisch eingestellt."[56] Letztlich blieb den Katholiken diese Abneigung nicht verborgen. Kritisch registrierte etwa das katholische Geldernsche Wochenblatt die Parteinahme der Juden für den protestantischen Staat bei nationalen Gedenktagen während des Kulturkampfs. Auf dem Höhepunkt dieses weltanschaulichen Konflikts verstieg sich das katholische Presseorgan dann sogar zu einer gehässigen öffentlichen Diffamierung. 1882 druckte es einen Artikel, in dem jüdischen Hausierern vorgeworfen wurde, „in höchst raffinierter und zudringlicher Weise ihre Schundware" zu verkaufen. „Leider" sei „in hiesiger Gegend auch der Viehhandel ganz in den Händen der Juden." Letzten Endes wurde der Einfluss „der Juden" auf das „ländliche Volk" als unheilbringend dargestellt.[57]

Solche Ausfälle geisterten mit dem Aufschwung des Antisemitismus in Deutschland seit Ende der 1870er Jahre verstärkt durch die Presse.[58] Der Erfolg antisemitischer Parteien blieb allerdings im katholischen Rheinland noch geringer als im Deutschen Reich, wo erst die NSDAP Ende der 1920er Jahre wirklichen Masseneinfluss gewann. Welche Verbreitung und vor allem welchen Einfluss judenfeindliche Presseerzeugnisse hatten, lässt sich nur vermuten.[59] In Geldern blieb es bei dem einen Ausfall der katholischen Zeitung. Die „Mehrheit der katholischen Bevölkerung" konnte unter den Juden weiter als „friedliebend" gelten. Die jüdische Gemeinde, so Heinrich Kempenich, „hielt aber auch fast durchweg auf Ehrbarkeit und Wohlanständigkeit, so dass kein Anlaß zur feindlichen Gesinnung von seiten der andersgläubigen Bewohner vorlag."[60]

Grenzen der Integration: Jüdisches Bürgertum und katholische Unterschichten

„Ehrbarkeit" und „Wohlanständigkeit" waren typisch bürgerliche Tugenden. Dass sich die Gelderner Juden mit ihnen das Wohlwollen der „Mehrheit der katholischen Bevölkerung" erkauften, könnte demnach ein Fingerzeig dafür sein, wer unter den Katholiken als weniger „friedliebend" erschien. Mit dem gehobenen Bürgertum, den katholischen Kaufleuten und Handwerksmeistern, kam man wie mit den Protestanten in den gewerblichen und geselligen Vereinen zusammen. „Die Bürgerschaft des mittleren Standes war fast wie eine einzige Familie."[61] Anders verhielt es sich aber offenbar mit den Beziehungen zwischen den überwiegend gutbürgerlichen Angehörigen der Synagogengemeinde und dem „unteren Stand" in der katholischen Bevölkerung: den Arbeitern, Gesellen und kleinen Handwerkern.

Schon in den Erinnerungen von Kempenich an die 1870er Jahre wird das deutlich. An einer Stelle erzählt er von den verschiedenen Räumen, in denen der Unterricht der jüdischen Privatschule stattfand, bevor sie das Hinterhaus der 1875 eröffneten Synagoge bezog: „Mir ist als Schule in einem angemieteten Raume noch ein Lokal in einem ganz unwürdigen Arbeiterhause in übler Erinnerung, wo sie sich im ersten Obergeschosse befand. Das Haus war mit dem Lärm von ganz gewöhnlichen Leuten angefüllt, es waren alles Seidenweber, die nicht auf Reinlichkeit, Anstand und Ordnung hielten, die ihnen ganz fremd waren. So erfüllten über Geruch und Lärm das Haus und drangen bis in die Schulstube, gewöhnliche Redensarten und Schimpfereien der Bewohner kamen zu den Ohren der Kinder, und dagegen konnte der Lehrer nichts ausrichten, denn die Seidenweber sind oft von nicht ganz artigem und höflichen Wesen. Einmal erlebten wir Kinder es, dass auf dem Hofe ein Schwein geschlachtet wurde. Das Schreien des Tieres, das Halloh der Hausbewohner kamen störend in unsere Stube, und dann wurde auf dem Hausflure das abgebrühte und von den Borsten befreite Tier aufgehangen, so dass wir Kinder, da wir doch einen grenzenlosen Abscheu und einen inneren Widerwillen empfanden, daran vorbeigehen mußten, als wir die Schule verließen. Diese Erinnerung ist aus meinem Schulleben mir immer die unerfreulichste geblieben."[62]

Auch der heutige Leser kann ansatzweise nachempfinden, welchen Abscheu das Kind allein angesichts des geschilderten Anblicks empfunden haben muss. Hinzu kam freilich noch, dass Schweine in der jüdischen Religion grundsätzlich als unreine Tiere gelten. Die Seidenweber mussten das wissen und schlachteten dennoch, ja sie hängten den Tierkadaver sogar im Hausflur auf, durch den die jüdischen Schüler gehen mussten. Da es offenbar vorher schon zu Zusammenstößen zwischen beiden Gruppen gekommen war, ist es sehr wahrscheinlich, dass es sich dabei um eine bewusste Provokation handelte. Die Wurzel des Konflikts war freilich weniger ein religiöser als ein sozialer, ein Klassengegensatz – auch wenn die Seidenweber die konfessionelle Differenz nutzten, um die Juden zu verletzen. Die jüdische Gemeinde hatte für ihre Schule das erste Obergeschoss angemietet, die vornehme „Beletage". In den übrigen Etagen des – in den Augen des jungen Großbürgers Heinrich Kempenich – „unwürdigen Arbeiterhauses" lebten „ganz gewöhnliche Leute". Den aus besseren Verhältnissen stammenden jüdischen Kindern erschienen die Seidenweber als rauhe Kerle, die unflätige Wörter ohne Rücksicht auf Kinder gebrauchten, Gestank und Lärm verbreiteten und nicht auf die bürgerlichen Tugenden „Reinlichkeit, Anstand und Ordnung" achteten. Welchen Eindruck die Juden auf die Seidenweber machten, können wir nur vermuten. Wahrscheinlich erschienen sie ihnen als Leute, die sich als etwas Besseres dünkten.

Tatsächlich hob sich die jüdische Bevölkerung in ihrer subjektiven Selbsteinschätzung von der Masse ihrer christlichen Mitbürger ab. Auf die fleißigen, arbeitsamen, nach jahrhundertelangem Elend und Diskriminierung nachdrücklich ihren sozialen Aufstieg verfolgenden Juden machte es einen befremdlichen Eindruck, dass die große Mehrheit der Christen viel Zeit scheinbar nutzlos vergeudete. Besonders galt das für die einfachen Katholiken. Hier spielte man „Bögel" oder ging auf die Jagd. „Unglaublich viel Zeit wurde mit Unterhaltungen und nachbarlichem Verkehr vertan, wozu immer Zeit und Gelegenheit vorhanden war." Alle diese Beschäftigungen waren mit reichlichem Alkoholkonsum verbunden.

Im Judentum hatte der maßvolle Genuss von Wein bei Sabbat- und Fest-mählern seinen liturgisch bedingten Platz. Trinkerei darüber hinaus galt den Glaubensgenossen von Heinrich Kempenich aber als „schlimme Unsitte". „Alle diese Leute in der Kleinstadt, die so sorglos in den Tag hin-einlebten, deren Wesen rheinische Lebenslust und holländisches Phleg-ma in sich vereinigte, deren geistigen Horizont von jeher die katholische Kirche und ihre Lehren umgrenzten, fanden einen besonderen Genuß, eine wahre Daseinsfreude im Vertilgen großer Alkoholmengen, vor-nehmlich von Bier. Das war ein so verbreiteter Zustand, dass für uns jüdi-sche Kinder, die in den Familien so etwas doch nie sahen, die Begriffe ‚christlicher Mitbürger' und ‚Trinker' sich fast verschmolzen, denn wir sahen allzu oft, dass diese Mitbürger keine Gelegenheit vorübergehen ließen, die zur Zulegung eines tüchtigen Rausches sich ihnen darbot. Und es fehlte an solchen Anlässen wahrhaftig ganz und gar nicht. In katholi-schen Gegenden sind die kirchlichen Feiertage viel häufiger als anders-wo, die Namenstage wurden gefeiert statt der Geburtstage, aber dann gleich so, dass daraus ein Fest für Verwandte und Freunde wurde. Der Name ‚Joseph' ist in katholischen Gegenden sehr verbreitet, in Geldern hatte fast jede zweite Familie einen Joseph, kein Wunder, dass am Namenstage dieses Heiligen die halbe Stadt feierte und nach einem Scherzworte die ganze Stadt nach Alkohol duftete."[63]

Man mochte darüber lachen, aber hinter dem Gelächter steckte auch Verachtung. Trotz aller auf jüdischer Seite beobachteten Vorsicht konnte diese Verachtung der belächelten katholischen Mehrheit nicht ganz ver-borgen bleiben. Schon daraus musste sich ein Gegensatz ergeben. Daran änderte auch die Tatsache nichts, dass die Juden mit ihrer Interpretation der Dinge wohl nicht ganz Unrecht hatten. Wahrscheinlich bestand ja wirklich ein Zusammenhang zwischen ihrem Arbeitsethos und ihrem Aufstieg zu Reichtum einerseits, der Lethargie, Trunksucht und relativen Armut des Großteils der katholischen Bevölkerung andererseits. Aber Neid schert sich nicht um Ursachen.

Sicherlich waren Juden nicht die einzigen wohlhabenden Bürger in Geldern. Sozialneid traf auch reiche Protestanten und Katholiken. Jüdi-sche Kaufleute und Fabrikanten wurden nicht seine einzigen Opfer. Aber sie konnten sich dem gesellschaftlichen Gegensatz zwischen Hoch und Niedrig, zwischen Oben und Unten nicht entziehen. Durch die Indu-strialisierung, die in Geldern mit der Reichsgründung zwar vergleichs-weise schwach, aber doch merklich einsetzte, gewannen diese traditio-nellen Konflikte als Klassengegensatz eine neue Schärfe und Qualität. Vor 1871 ernährte in der Stadt allein die Seidenweberei größere Zahlen von abhängig Beschäftigten. Sie wurde aber meist in Heimarbeit betrieben.

Christoph Nonn

Die ersten größeren Betriebe, die als Industrie im eigentlichen Sinn bezeichnet werden können, waren zwei von jüdischen Unternehmern 1869 und 1871 eröffneten Schuhfabriken. Vor allem in den 1880er Jahren siedelten sich dann zahlreiche weitere industrielle Niederlassungen in der Kreisstadt an. Dabei handelte es sich hauptsächlich um Betriebe der Textil-, Knopf- und Tabakindustrie. Schon um die Jahrhundertwende gerieten gerade diese Branchen aber in eine Krise. Die Fabriken schlossen ihre Tore oder verlagerten die Produktion an andere Orte. Die vor dem Ersten Weltkrieg einen Aufschwung nehmende Metallindustrie konnte die dadurch verlorenen Arbeitsplätze nicht ersetzen. Allein die in jüdischem Besitz befindlichen Schuhfabriken erwiesen sich als krisenfest und blieben Geldern erhalten.[64]

Das machte die Mitglieder der Synagogengemeinde unter den christlichen Unterschichten der Stadt allerdings nicht beliebter. Eher war das Gegenteil der Fall. Während der verbale antijüdische Ausfall des Gelderschen Wochenblatts als Sprachrohr der gebildeten katholischen Bevölkerung 1882 einmalige Episode blieb, sind für die Zeit danach zwei Vorfälle überliefert, die dem Typus des aktionsbetonten Antisemitismus der Unterschichten zugerechnet werden können. 1887 wurde der jüdische Friedhof geschändet. Unbekannte stürzten dort Grabsteine um. 1910 warfen Jugendliche 93 Fensterscheiben der Synagoge auf dem Nordwall ein. Die Gemeinde verzichtete auf einen Strafantrag.[65] Möglicherweise hatte man keine Hoffnung, die Täter ausfindig zu machen. Vielleicht verfuhr man aber auch nach dem alten Rezept, nicht weiter aufzufallen und antisemitischen Gefühlen in der Bevölkerung keine weitere Nahrung zu geben. Dass es diese gab, beweisen die erwähnten Vorfälle zur Genüge. Wie verbreitet und wie tief verwurzelt sie waren, lässt sich freilich nicht ergründen.

Traditioneller religiöser Antisemitismus: Ritualmordaberglaube in Issum 1898

Im Gegensatz zu Geldern ging die Industrialisierung an Issum weitgehend vorbei. Der Ort blieb eine ländlich strukturierte Gemeinde und die Juden dort relativ arm. Antijüdische Einstellungen konnten daher hier durch Sozialneid kaum verstärkt werden. Sie mussten sich eher aus traditionellen religiösen Quellen speisen. Dass es solchen religiös motivierten Antisemitismus auch in Issum gab, beweist ein Fall aus der Zeit um die Jahrhundertwende, durch den der Ort kurzfristig traurige Berühmtheit über den Niederrhein hinaus erlangte. Im Januar 1898 konnte man in verschiedenen Zeitungen in ganz Deutschland lesen, dass ein neunjähriger

Junge aus Issum der Frau des dortigen Viehhändlers und Hausierers Leopold Hertz vorgeworfen hatte, sie habe ihn schlachten wollen. Es handelte sich dabei nicht um den ersten Fall dieser Art in der Region. 1892 war in Xanten ein Junge ermordet worden, und man hatte einen jüdischen Metzger des Mordes angeklagt, dann aber freigelassen, was zu Ausschreitungen gegen Juden im Kreis Grevenbroich, aber nicht in Issum oder Geldern geführt hatte. Die im Mittelalter entstandene und in antisemitischen Druckschriften seit längerem verbreitete Legende, Juden benötigten für ihre religiösen Rituale das Blut geschlachteter Christen, fand aber in der Folgezeit offensichtlich ein Echo auch hier und am ganzen Niederrhein. 1893 entstand in Kempen das Gerücht von einem versuchten jüdischen Ritualmord, 1901 verbreitete sich eine ähnliche Legende in Kleve. Dazwischen lag der Fall in Issum.[66]

Frau Hertz, deren Mann Gustav nach Ausweis der Wählerlisten zu den ärmsten Mitgliedern der Issumer Synagogengemeinde zählte, hatte den neun Jahre alten Karl Hilb auf dem Weg von der Schule nach Hause angesprochen und gebeten, für sie einen Botengang zu erledigen. Der Junge willigte zunächst ein. Als er im Haus von Hertz auf dem dunklen Flur wartete, während die Frau etwas heraussuchte, bekam er es aber mit der Angst zu tun. Er lief davon und erzählte den Eltern, die Jüdin habe ihn „koschern", also schlachten wollen. Sein Vater, ein Weber, glaubte ihm und brachte die Sache zur Anzeige. Der Bürgermeister erkannte die Geschichte dagegen als das offensichtliche Produkt kindlicher Phantasie, die durch die über die Xantener Affäre umlaufenden Geschichten angeregt worden war. Zwischen dem Bürgermeister und dem Vater kam es zu einem scharfen Wortwechsel, infolgedessen der Bürgermeister später eine Beleidigungsklage erhob. Auch die Redakteure der beiden Lokalzeitungen in Geldern ignorierten den Vorfall zunächst, weil sie „der ganzen Sache keine Bedeutung beilegten und nicht daran glaubten" beziehungsweise „es anfangs für überflüssig hielten, auf die müßige Erfindung eines Schuljungen einzugehen."

Zumindest ein Teil der Bevölkerung schenkte der Geschichte des Jungen aber offenbar Glauben, sodass „eine gewisse Beunruhigung" entstand und bei der Presse „verschiedene Anfragen" einliefen. Daraufhin berichteten auch die beiden Zeitungen „im Interesse der Wahrheit" über die „böswillige Erfindung, vor deren Weiterverbreitung wir ernstlich warnen." Die vom Bürgermeister durchgeführten verschiedenen Verhöre ergaben „solche Widersprüche gegen die Aussagen des Knaben, dass derselbe, hierauf und auf das Unglaubhafte seiner Angaben hingewiesen, schließlich die ganze Sache als erfunden zugab." Sein Vater aber beharrte auf dem Gegenteil und machte eine Eingabe beim zuständigen Staatsanwalt in Kleve. Dieser erschien selbst in Issum und nahm in Anwesenheit des Vaters und des Bürgermeisters ein neues Verhör vor. „Trotz aller gütlichen Zureden des Herrn Staatsanwaltes war jedoch aus dem Jungen nicht das Geringste herauszubringen, er wehrte sich mit Händen und Füßen gegen jedes Verhör" und wurde endlich entlassen. Nach Vernehmung der weiteren Zeugen und einer Hausbesichtigung bei Hertz bezeichnete auch der Staatsanwalt die Geschichte des Weberjungen endgültig als ein Hirngespinst. Dann „erschien nun der Vater mit seinem Sohne wieder auf dem Amte und theilte mit, dass dieser jetzt aussagen wollte, der Staatsanwalt erklärte jedoch die Akten für geschlossen."

An dem Fall sind vor allem die unterschiedlichen Reaktionen der Erwachsenen aufschlussreich. Die Angehörigen der gebildeten Oberschicht, allen voran der Issumer Bürgermeister und die Redakteure der Gelderner Lokalzeitungen, erkannten die Geschichte des Jungen von vornherein als das, was sie war: ein Resultat überhitzter kindlicher Phantasie. Andere glaubten dagegen an sie und bezogen gegen die jüdischen Opfer Stellung. Vor allem der Vater des Jungen, ein einfacher Weber, ließ sich bis zum Schluss der Affäre – und darüber hinaus – durch nichts von dem antisemitischen Ritualmordklischee abbringen. Hier wie auch in Geldern fiel die antisemitische Propaganda offenbar besonders in den Unterschichten auf fruchtbaren Boden. Allerdings wurde diese Anfälligkeit hier nicht durch einen Klassengegensatz verstärkt. Anders als viele ihrer Gelderner Glaubensgenossen konnten die Issumer Juden kaum als reich gelten, und die Familie von Leopold Hertz war definitiv arm. Im Hintergrund des Ritualmordvorwurfs stand religiöser Aberglaube, nicht Sozialneid und Klassengegensätze.

Antisemitismus und Klassengegensatz:
Geldern um die Jahrhundertwende

In Geldern dagegen traten zu den traditionellen religiösen Hintergründen des Antisemitismus zunehmend wirtschaftliche. Die Industrialisierung führte hier zu einer Zuspitzung der Klassengegensätze. Die Gründung eines katholischen Arbeitervereins 1897 war ein Zeichen dafür. Die Arbeiter verlangten eine stärkere Berücksichtigung ihrer Interessen und forderten zunehmend das bisher in der Stadt allein wirtschaftlich und politisch tonangebende Bürgertum heraus. Das richtete sich allerdings nicht allein gegen das jüdische Bürgertum. Die Verschärfung der Klassenbeziehungen führte zunächst einmal zu Auseinandersetzungen innerhalb der katholischen Bevölkerungsgruppe.

In der Politik kam es zu Streit in der in Geldern dominierenden katholischen Zentrumspartei. Zwischen den etablierten bürgerlichen Honoratioren und der aufstrebenden Arbeiterbewegung innerhalb der Partei entwickelten sich Konflikte. Die Arbeiter forderten seit etwa der Jahrhundertwende eine mehr an ihren Interessen orientierte Politik des Zentrums in Reich, Staat und Gemeinde. So drängten sie auch auf die Wahl eigener Vertreter in den noch aus lauter Bürgern bestehenden Stadtrat. Darüber kam es zu heftigen innerparteilichen Auseinandersetzungen im Gelderner Zentrum. Bei den Stadtratswahlen stellten Arbeiterflügel und bürgerlicher Honoratiorenflügel der katholischen Partei vor dem Ersten Weltkrieg zeitweise gegeneinander konkurrierende Kandidaten auf. Dabei wurde der aus dem bürgerlichen Lager stammende Juwelier Heinrich Wedershoven mehr und mehr zum Vermittler.[67] So machte er sich zum Sprecher von Forderungen, die städtischen Finanzmittel stärker für Sozialpolitik im Interesse der Arbeiter zu verwenden. Dafür waren Kürzungen in anderen Bereichen nötig.

Im März 1914 beantragte Wedershoven im Stadtrat deshalb, den städtischen Zuschuss zu der nur noch von wenigen Schülern besuchten israelitischen Privatschule zu kürzen. Bis dahin hatte man sich von dem Gedanken leiten lassen, dass die jüdische Gemeinde ein Anrecht auf diesen Zuschuss habe, weil ihre wohlhabenden Mitglieder recht hohe Steuern zahlten. Jetzt wurde dies aber als Begründung dafür angeführt, dass die Juden ihre Schule selbst finanzieren sollten. Ein Stadtrat wandte sich gegen Wedershovens Antrag mit dem Argument, „man habe solange Toleranz geübt, sie möge auch weiter bei der Beurteilung des Falles ausschlaggebend sein." Dagegen meinte ein anderer, „dass in der ganzen Monarchie wohl kaum ein Fall aufgezählt werden könne, wo ein solches Entgegenkommen gezeigt werde, wie das von der Stadt Geldern gegenüber der israelitischen Gemeinde gegenüber beobachtete. Man könne in Fällen und an anderen Orten, wo gewisse Konfessionen die Mehrheit hätten, noch lange nicht immer dieselbe Toleranz uns gegenüber wahrnehmen." Das war eine Anspielung auf angebliche Diskriminierung von katholischen Schulen in mehrheitlich protestantischen Städten, und es erinnerte zudem an die alten Gegensätze aus dem Kulturkampf, die sich nun mit dem Interessenkonflikt zwischen aufstrebenden Industriearbeitern und wohlhabenden jüdischen Bürgern verband.[68] Der Zuschuss an die jüdische Schule wurde schließlich tatsächlich stark gekürzt.[69]

Parallel zu diesen Entwicklungen auf der kommunalpolitischen Ebene zeichnete sich seit der Jahrhundertwende auch ein mentaler Wandel in den Beziehungen zwischen Arbeitnehmern und – jüdischen wie christlichen – Arbeitgebern ab. Noch um 1900 wurden diese Beziehungen von beiden Seiten als grundsätzlich harmonisch aufgefasst. Diese Auffassung ging auf die sich am traditionellen Handwerk orientierende Sicht des Betriebs als einer „Familie" zurück. Im alten Handwerk kam dem Meister dabei die Rolle des für seine Gesellen und Lehrlinge wie ein Vater treusorgendem „Prinzipals" zu. Die Beschäftigten sollten dafür wie Söhne dankbar und gehorsam sein. Das Leitbild dieser harmonischen Beziehung prägte auch noch die frühen, sich aus dem alten Handwerk entwickelnden Fabrikbetriebe. Es galt zum Beispiel in dem ersten größeren Gelderner Industrieunternehmen, der von dem Juden Carl Cain 1869 gegründeten Schuhfabrik. Als Cain 1883 starb, ließen seine Beschäftigten in der Zeitung statt einer Todesanzeige ein Gedicht auf den Verstorbenen drucken. „Gewidmet von seinen Arbeitern", trug es die Überschrift: „Immortellenkranz, niedergelegt auf das Grab unseres unvergeßlichen Prinzipals". Cain wurde darin als „tatenreich und edel" besungen,

> „das gute Herz geöffnet fremdem Leid...
> und Wohlthun seine höchste Seligkeit.
> Wer so gelebt, der ist uns nicht gestorben,
> Ob auch geendet seines Lebens Traum;
> Sein Nam' ist lieb und theuer uns geworden,
> Lebt fort in uns'rer Herzen stillem Raum."[70]

Auch als 1903 Isidor Kaufmann starb, bestand dieses alte Leitbild einer harmonischen Familienbeziehung zwischen Arbeitgeber und Arbeitnehmer in Geldern noch. „Die Arbeiter der Firma Gebr. Kaufmann" ließen in der Zeitung eine Todesanzeige für Isidor Kaufmann drucken. Ihr Text lautete: „Wir verlieren in ihm einen fürsorglichen Arbeitgeber. Dem Verstorbenen werden wir ein ehrendes Andenken bewahren."[71] Erst danach gingen die Tage dieses überlieferten familiär-harmonistischen, an alten handwerklichen Strukturen orientierten Leitbilds zu Ende.

Als der Besitzer der zweiten großen Schuhfabrik der Stadt, Salomon Nordheim, 1928 starb, gab es in den Zeitungen zwar außer der Todesanzeige der Synagogengemeinde auch Anzeigen mehrerer Vereine, aber nicht der Arbeiter des Betriebes. Schon 1911 zeigte ein Streik bei Nordheim zudem ganz deutlich, dass die Zeit harmonischer Beziehungen im Betrieb vorbei war. Zu diesem Zeitpunkt hatte sich ein Teil der Arbeitnehmer bereits im „Verband christlicher Lederarbeiter" zusammengeschlossen. Zum Konflikt kam es, nachdem manche Arbeiter, noch ganz traditionellen Umgangsformen verhaftet, um eine Lohnerhöhung gebeten hatten. Der Firmeninhaber lehnte das ab, worauf die Verbandsvertreter sich einschalteten. Nordheim erklärte daraufhin, „wenn ein Arbeiter meine, dass er zu wenig verdiene, möge er selber vorstellig werden." Er machte zwar einige Zugeständnisse, begann aber dann, sämtlichen gewerkschaftlich organisierten Arbeitern zu kündigen. Die Gewerkschaft reagierte mit der Erklärung, „dass die fortschrittliche Arbeiterbewegung nicht mehr aufgehalten werden kann und dass die früheren Zeiten vorbei sind." Gleichzeitig forderte sie alle Arbeiter auf, sich solidarisch zu zeigen und keine Arbeit bei Nordheim aufzunehmen, bis die Lohnforderungen bewilligt und die Entlassungen rückgängig gemacht würden. Der Streik hatte Erfolg.[72]

Auch bei der Schuhfabrik Cain kam es kurz darauf zu Arbeitskonflikten. Schon seit 1889 hatte es vereinzelt Streiks in Geldern gegeben, von denen allerdings die bei den zwei jüdischen Schuhfabriken 1911 das bisher größte Ausmaß annahmen. Ab der Jahrhundertwende spielte dabei die Bildung von Gewerkschaften eine immer wichtigere Rolle.[73] Die Tage, als harmonistische Leitbilder das Verhältnis von Arbeitern und Arbeitgebern geprägt hatten, waren damit auch in Geldern gezählt. Die Klassengegensätze kamen jetzt unverhüllt zum Vorschein und wurden ohne Manschetten ausgetragen. Natürlich traf diese Entwicklung nicht allein jüdische Arbeitgeber. Christliche Unternehmer stellten sich ebenso ungern auf die neuen Zeiten ein. Aber Christen gab es auf beiden Seiten der „Tarifparteien". Es gab sowohl christliche Arbeitnehmer wie Arbeitgeber. Die Juden dagegen waren zum größten Teil selbständige Unternehmer. Bei weitem nicht alle Arbeitgeber waren Juden, aber die meisten Juden waren Arbeitgeber. Daher konnten sie besonders zum Symbol und Kristallisationskern für Protest und Abneigung der neuen städtischen Unterschichten werden. Die Integration, auf die Gelderner wie andere niederrheinische Juden in der Reichsgründungszeit gehofft hatten, war so am Ende des Kaiserreichs nicht nur durch überkommene religiöse Gegensätze, sondern auch durch die von der Industrialisierung aufgeworfenen neuen sozialen Konflikte in Frage gestellt.

Anmerkungen

1   Dieser Aufsatz basiert auf: Christoph Nonn, *Zeit der Blüte: Juden in Geldern und Issum 1871–1933*, in: *Juden in der Geschichte des Gelderlandes*, Geldern 2002, S. 68–132. Ich danke den Herausgebern Bernhard Keuck und Gert Halmanns für die freundliche Zustimmung zur Verwendung des Materials.
2   Stadtarchiv Geldern (im folgenden: StAG) Akten B 599.
3   *Geldernsches Wochenblatt* 7.9.1877; vgl. Heinz Bosch, *Illustrierte Geschichte der Stadt Geldern*, Bd. 1, Geldern 1994, S. 86–88.

4 Gemeindevorstand an Bürgermeister 15.6.1916, StAG Akten B 605. Weitere Beispiele von jüdischen Gottesdiensten zu „nationalen" Anlässen bei Bosch, *Geschichte* [Anm. 3], S. 166–168.

5 Visitationsprotokoll vom 23.12.1876 und folgender Briefwechsel zwischen Schulaufsichtsbehörde und Synagogengemeinde, HStAD Landratsamt Geldern 156.

6 Vgl. Nonn, *Zeit* [Anm. 1], S. 69–71; *Geschichte der Juden im Kreis Viersen*, Viersen 1991, S. 376; Israel Nussbaum, *„Gut Schabbes!" Jüdisches Leben auf dem Lande*, Berlin 2002, S. 187f (ebenfalls zu Viersen); Stefan Rohrbacher, *Juden in Neuss*, Neuss 1986, S. 149; Heinrich Linn, *Juden an Rhein und Sieg*, Siegburg 1983, S. 133.

7 Heinrich Kempenich, *Die Stadt Geldern und ihre jüdische Gemeinde in den 1870er Jahren. (Aus den „Erinnerungen")*, in: Gregor Hövelmann (Hg.), *Juden in Geldern*, Geldern 1982, S. 23–53. Vgl. auch die Einführung zu dieser Quelle von Gregor Hövelmann, *Heinrich Kempenich und seine „Erinnerungen"*, in: ebd., S. 9–22.

8 An Max Bodenheimer 6.7.1897, zitiert ebd., S. 16f. Vgl. eine ähnliche Beobachtung zum Kontrast zwischen städtischer „Assimiliation" und ländlicher „Frömmigkeit" am Beispiel der Aachener Gegend bei Eric Lucas, *Jüdisches Leben auf dem Lande*, Frankfurt 1991, S. 71.

9 Kempenich, *Geldern* [Anm. 7], S. 40.

10 Zu der generellen Unmöglichkeit, hier angesichts komplexer und zum Teil gegenläufiger Entwicklung zu einem Pauschalurteil zu gelangen, vgl. Steven M. Loewenstein, *Jüdisches religiöses Leben in deutschen Dörfern: Regionale Unterschiede im 19. und frühen 20. Jahrhundert*, in: Monika Richarz/Reinhard Rürup (Hg.), *Jüdisches Leben auf dem Lande*, Tübingen 1997, S. 219–230.

11 Bürgermeister an Düsseldorfer Regierung 29.4.1912, HStAD Regierung Düsseldorf 46617.

12 Schreiben vom 23.3.1918, ebd.

13 Kempenich, *Geldern* [Anm. 7], S. 46f. Zu den Lokalzeitungen vgl. auch Bosch, *Geschichte* [Anm. 3], S. 373f.

14 Kempenich, *Geldern* [Anm. 7], S. 47.

15 Ebd., S. 37.

16 Ebd., S. 48.

17 *Adreßbuch für den Regierungsbezirk Düsseldorf 1861*, S. 417–419 und 435; *Adreßbuch für Handel und Gewerbe der Kreise Geldern, Cleve und Moers*, Geldern 1897.

18 Nonn, *Zeit* [Anm. 1], S. 81–92; *Geschichte der Juden im Kreis Viersen* [Anm. 5], S. 163f, 257f, 281f, 286, 315–319, 322, 342, 354, 366; Jehuda Barlev, *Juden und jüdische Gemeinde in Gütersloh 1671–1943*, Gütersloh 1988, S. 44; Christine Brade u.a., *Juden in Herford*, Bielefeld 1990, S. 53; Margit Naarmann, *Die Paderborner Juden 1802–1945*, Paderborn 1988, S. 168f. In größeren Städten dominierten dagegen oft schon in der ersten Hälfte des 19. Jahrhunderts wohlhabende Getreide- und Manufakturwarenhändler die jüdischen Gemeinden, so etwa in Neuss, vgl. Rohrbacher, *Juden* [Anm. 6], S. 82, 110–116.

19 Heinrich Aengenheister, *Die Landwirtschaft des Kreises Geldern*, Diss. Leipzig 1901, S. 13f und passim.

20 Vgl. Listen der Synagogengemeindewähler und Verzeichnisse der Steuerzahler in: StAG Akten B 599 und 605; HStAD Landratsamt Geldern 157; HStAD Regierung Düsseldorf 46617.

21 Vgl. auch *Geschichte der Juden im Kreis Viersen* [Anm. 5], S. 169–171 und 195f.

22 Kempenich, *Geldern* [Anm. 7], S. 40.

23 Ebd., S. 36.

24 Ebd., S. 36f.

25 Ebd., S. 38f.

26 Ebd., S. 39. Vgl. auch Nussbaum, *Schabbes* [Anm. 5], S. 165, zu Viersen, und allgemein Jack Wertheimer, *Unwelcome Strangers: East European Jews in Imperial Germany*, Oxford 1987; Steven Aschheim, *Brothers and Strangers: The East European Jew in German and German-Jewish Consciousness 1800–1923*, Madison 1982.

27 Kempenich, *Geldern* [Anm. 7], S. 39.

28 Witwe Gompertz an Synagogenvorstand 11.12. und an Landrat in Geldern 24.12.1876, HStAD Landratsamt Geldern 156; David Nordheim an Landrat 3.1. und 3.3.1883, ebd. 159.

29 HStAD Regierung Düsseldorf 22337.

30 Ebd., abgedruckt bei Bernhard Keuck, *Juden in Issum*, Issum 1990, S. 5–7.

31 Brief vom 29.3.1893 an den Bürgermeister in Issum, StAG Akten B 159.

32 Albert David an Landrat in Geldern 30.5.1913, HStAD Regierung Düsseldorf 46617. Vgl. auch die Beschwerde von Salomon Katz über den Vorsteher der Synagogengemeinde Salomon Nordheim vom 23.3.1918, ebd.

33 *Geldernsches Wochenblatt* 13.12.1865, abgedruckt bei Keuck, *Juden* [Anm. 30], S. 9.

34 *Geldernsches Wochenblatt* 20. und 25.8.1875. Vgl. auch Bosch, *Geschichte* [Anm. 3], S. 160; und ähnliche Berichte in *Geschichte der Juden im Kreis Viersen* [Anm. 5], S. 179 und 194.

35 Kempenich, *Geldern* [Anm. 7], S. 41. Ob auch der katholische Priester teilnahm, was Kempenich offenbar unterstellt, erscheint zweifelhaft, da zwei Monate nach der Synagogeneinweihung am 15.10.1875 das *Geldernsche Wochenblatt* allgemein feststellte: „Katholische Geistliche haben sich unseres Wissens an derartigen Festlichkeiten nie betheiligt."

36 Abgedruckt bei Keuck, *Juden* [Anm. 30], S. 11.

37 Vgl. jedoch die Warnung von Utz Jeggle, *Judendörfer in Württemberg*, Tübingen 1966, S. 204, dass sich ohne weiteres „von jenem Festbereich nicht auf den Alltag zurückschließen" lässt.

38 Ähnliches wird berichtet aus Viersen (Nussbaum, *Schabbes* [Anm. 5], S. 154 und 194–197), bei Naarmann, *Paderborner Juden* [Anm. 18], S. 176f und 123, aus Herford (Brade, *Juden* [Anm. 18], S. 71f) und aus Freudenburg im Regierungsbezirk Trier: Günter Heidt/Dirk Lennartz, *Fast vergessene Zeugen: Juden in Freudenburg und im Saar-Mosel-Raum 1321–1943*, Norderstedt 2000, S. 312f.

39 Ruth Eykmann, *Zur Geschichte der Juden in Geldern und Issum*, Examensarbeit Duisburg 1984, S. 75; Bosch, *Geschichte* [Anm. 3], S. 291f und 224.

40 Lydia Hüskens, *Vereine und Politik – Politische Vereine exemplarisch für den Kreis Geldern in den Reichsgründungsjahren und während des Kulturkampfes*, Diss. Münster 1990, S. 209; Bosch, *Geschichte* [Anm. 3], S. 313–316; *Gelderner Zeitung* 22.6.1894.

41 Hüskens, *Vereine* [Anm. 40], S. 276; Hövelmann, *Juden* [Anm. 2], S. 16; vgl. dazu auch Bosch, *Geschichte* [Anm. 3], S. 294.

42 Bosch, *Geschichte* [Anm. 3], S. 167.

43 Verschiedene Anzeigen in den Gelderner Zeitungen November-Dezember 1902.

44 Todesanzeigen der Vereine in *Niederrheinische Landeszeitung* 7.1.1928; Bosch, *Geschichte* [Anm. 3], S. 291f.

45 Eykmann, *Geschichte* [Anm. 39], S. 75.

46 Meyersohn an Bürgermeister Clemens 25.11.1875, abgedruckt bei Keuck, *Juden* [Anm.30], S. 10. Vgl. ähnlich Nussbaum, *Schabbes* [Anm. 5], S. 145: „Unser Taktgefühl lehnte alles Laute und Aufdringliche ab. Wir bedauerten es, dass auch manchmal eine jüdische Frau durch ihren Putz auffiel. Christliche Frauen taten das auch, aber das belastete nicht die ganze Christenheit, während ein Fehler eines Juden die ganze Judenheit in Mitleidenschaft zieht."

47 Kempenich, *Geldern* [Anm. 7], S. 40; zur Prozession allgemein vgl. auch Bosch, *Geschichte* [Anm. 3], S. 120. Mitwirkung der Juden bei christlichen Festen wird auch erwähnt für Viersen von Nussbaum, *Schabbes* [Anm. 5], S. 196, und bei Heidt/Lennartz, *Zeugen* [Anm. 38], S. 313f. Hugo Rosenthal, *Lebenserinnerungen*, Bielefeld 2000, S. 242, berichtet aus Meschede sogar von seinem dort als Religionslehrer und Vorbeter für die jüdische Gemeinde tätigen Bruder: „Die Kinder des katholischen Städtchens begrüßten ihn auf der Straße mit den Worten, mit denen sie ihren Geistlichen zu grüßen pflegten: ‚Gelobt sei Jesus Christus!' Und er antwortete ihnen in Herzenseinfalt: ‚In Ewigkeit, Amen.'"

48 Kempenich, *Geldern* [Anm. 7], S. 44; zum „Fall Thümmel" ausführlich die lebendige und detailreiche Darstellung bei Bosch, *Geschichte* [Anm. 3], S. 103–105.

49 Vgl. Kempenich, *Geldern* [Anm. 7], S. 41, und *Geldernsches Wochenblatt* 15.10.1875 (abgedruckt bei Keuck, *Juden* [Anm. 30], S. 21).

50 Bosch, *Geschichte* [Anm. 3], S. 147; Kempenich, *Geldern* [Anm. 7], S. 44–46.

51 Hüskens, *Vereine* [Anm. 40]S. 220f. und 259; Bosch, *Geschichte* [Anm. 3], besonders S. 184.

52 Zum Kulturkampf im Kreis Geldern und allgemein Bosch, *Geschichte* [Anm. 3], S. 77–113, sowie vor allem (auch mit weiterführender Literatur) Eleonore Föhles, *Kulturkampf und katholisches Milieu 1866–1890 in den niederrheinischen Kreisen Kempen und Geldern und der Stadt Viersen*, Viersen 1995.

53 Kempenich, *Geldern* [Anm. 7], S. 44.

54 Ebd., S. 38 und 40.

55 Ebd., S. 37.

56 Ebd., S. 58.

57 *Geldernsches Wochenblatt* 7.9.1877 und 22.9.1882, zitiert bei bzw. nach Bosch, *Geschichte* [Anm. 3], S. 86 und 169. Am 20.5. und 30.9.1881 hatte das Wochenblatt bereits zweimal kommentarlos antisemitische Äußerungen konservativer Politiker abgedruckt.

58 Vgl. Naarmann, *Paderborner Juden* [Anm. 18], S. 184–204; Barley, *Juden* [Anm. 18], S. 55.

59 Vgl. dazu Barbara Suchy, *Antisemitismus in den Jahren vor dem Ersten Weltkrieg*, in: Jutta Bohnke-Kollwitz u.a. (Hg.), *Köln und das rheinische Judentum*, Köln 1984, S. 254–285; allgemein Shulamit Volkov, *Juden in Deutschland 1780–1918*, München 1994; Olaf Blaschke, *Katholizismus und Antisemitismus im deutschen Kaiserreich*, Göttingen 1997.

60 Kempenich, *Geldern* [Anm. 7], S. 44 und 38.

61 Ebd., S. 49 und 40. Vgl. ähnlich Nussbaum, *Schabbes* [Anm. 5], S. 148, 153f, 183f, 194–197.

62 Kempenich, *Geldern* [Anm. 7], S. 41.

63 Ebd., S. 48–50.

64 Vgl. Bosch, *Geschichte* [Anm. 3], S. 367–401.

65 Vgl. ebd., S. 169.

66 Vgl. allgemein Stefan Rohrbacher/Michael Schmidt, *Judenbilder*, Hamburg 1991, S. 304–368 und die Beiträge in Rainer Erb (Hg.), *Die Legende vom Ritualmord*, Berlin 1993; speziell zum Niederrhein Suchy, *Antisemitismus* [Anm. 59], S. 254–256 und 274–278; zu Xanten Bernd Kölling, *Blutige Illusionen. Ritualmorddiskurse und Antisemitismus im niederrheinischen Xanten am Ende des 19. Jahrhunderts*, in: Wolfgang Neugebauer und Ralf Pröve (Hg.), *Agrarische Verfassung und politische Struktur*, Berlin 1998, S. 349–382. Das Folgende nach den Berichten im *Geldernschen Wochenblatt* 18. und 25.1.1898, der *Geldernschen Zeitung* 18. und 28.1.1898 und der *Jüdischen Wochenzeitung* 24.1.1898 (teilweise abgedruckt bei Keuck, *Juden* [Anm. 30], S. 22f).

67 Vgl. Bosch, *Geschichte* [Anm. 3], S. 182–191.

68 Sitzung der Stadtverordnetenversammlung Gelderns, in: *Gelderner Zeitung* 2.3.1914.

69 Vgl. Liste über die Finanzierung vom 6.7.1920, StAG Akten B 605.

70 *Gelderner Zeitung* 4.5.1883.

71 Abgedruckt bei Bosch, *Geschichte* [Anm. 3], S. 167.

72 *Niederrheinische Landeszeitung* 20. und 22.4.1911; Bosch, *Geschichte* [Anm. 3], S. 406f.

73 Vgl. ebd., S. 404–408.

Christoph Nonn

Bedrohte Nähe: Alltagsbeziehungen zwischen Juden und Nichtjuden in Köln 1918–1933

Nicola Wenge

Im Sommer 1918 beging die Kölner Ortsgruppe des Central-Vereins deutscher Staatsbürger jüdischen Glaubens ihr 25jähriges Jubiläum in einem Saal der Lesegesellschaft, einem der traditionsreichsten Gesellschaftsvereine Kölns. Auch andere renommierte lokale Organisationen wie der Kölnische Kunstverein und die katholische Bürgergesellschaft vermieteten ihre Räumlichkeiten in den folgenden Jahren ganz selbstverständlich an jüdische Interessenten.[1] Diese alltägliche Praxis der kooperativen Raumvergabe war ein unhinterfragter Bestandteil städtischer Normalität.

Doch sollte sich diese Praxis in der zweiten Hälfte der 1920er Jahre wandeln. An die Stelle selbstverständlicher sozialer Akzeptanz traten immer häufiger Zeichen des erstarkenden Antisemitismus in der Kölner Stadtkultur: 1927 hielt der berüchtigte Borkumer Antisemit Ludwig Münchmeyer einen agitatorischen Hetzvortrag in der Lesegesellschaft. Fortan konnten sich dort zwar die Kölner Nationalsozialisten treffen, aber nicht mehr die Kölner Juden.[2] Und 1929 blieb jüdischen Organisationen auch der Zutritt zu den Räumen der katholischen Bürgergesellschaft verwehrt, was der Aufsichtsrat der Gesellschaft, dem führende lokale Zentrumspolitiker angehörten, damit begründete, dass Plakate jüdischer Einrichtungen in den Räumen der Bürgergesellschaft die Gefühle der katholischen Gesellschaftsmitglieder verletzten.[3] Ebenso irritiert wie empört kommentierte das *Kölner jüdische Wochenblatt* am 28. Juni 1929: „Es war bisher doch stets so, dass gerade in Köln zwischen katholischen und jüdischen Organisationen usw. auf allen Gebieten, wo es möglich war, ein verständnisvolles Einvernehmen herrschte, das von gegenseitiger Achtung und Toleranz getragen war."[4] Auch wenn die Bürgergesellschaft ihren Entschluss daraufhin revidierte, hatte sich das städtische Klima doch nachhaltig geändert.

Dies zeigte sich 1932 darin, dass nunmehr die Raumvergabe an eine jüdische Organisation zur Ausnahme und damit zur berichtenswerten Nachricht geworden war: Am 16. Dezember meldete das *Kölner jüdische Wochenblatt*, dass ein katholisches Gesellenhaus in einem Kölner Vorort einem jüdischen Verein seinen Saal zur Verfügung gestellt hatte, und bewertete dies „als ein besonderes Zeichen, dass zwischen den jüdischen

Familien in Sülz und Klettenberg und ihren christlichen Mitbürgern eine gute Eintracht herrsche.“[5]

Nun lässt sich mit Recht danach fragen, wie aussagekräftig diese Vorfälle für die alltäglichen Beziehungen zwischen Juden und Nichtjuden in der Weimarer Republik sind. Angesichts der kaum überschaubaren Forschung zum Antisemitismus und zur deutsch-jüdischen Geschichte überrascht es zunächst, dass ein Blick in die Literatur zur Beantwortung dieser Frage wenig hilfreich ist. Doch während die Zeit des deutschen Kaiserreiches und selbstverständlich des Nationalsozialismus sehr gut erforscht sind, ist über die Jahre der Weimarer Republik relativ wenig bekannt.[6]

Dies ist besonders erstaunlich, weil die 14 Jahre der ersten deutschen Republik die eigentliche Schlüsselzeit für die Frage nach dem Verhältnis von Integration und Ausgrenzung darstellen. Nie zuvor waren die deutschen Juden so eng in das politische, gesellschaftliche und kulturelle Leben eingebunden. Zugleich wurde ihre gesellschaftliche Integration aber von einem erstarkten und radikalisierten Antisemitismus bedroht. So brachten die Weimarer Jahre neben neuen Partizipationschancen zugleich ein ungekanntes Bedrohungspotenzial.[7]

Wie in dieser aufgeladenen und komplexen Situation Integration im Alltagsleben praktiziert wurde und sich zugleich antisemitische Denk- und Handlungsmuster konkret auf die Beziehungen zwischen Juden und Nichtjuden auswirkten, bedarf noch einer vertieften Analyse. Wir wissen zu wenig darüber, wie sich die „gewöhnlichen Deutschen“ in den 1920er Jahren gegenüber ihren jüdischen Kollegen und Kolleginnen, Nachbarn und Vereinskameraden verhielten, in welchen Situationen sie antisemitische Denkbilder kommunizierten und in soziale Praxis umsetzten.

Solange die positiven und negativen Momente im Verhältnis zwischen Juden und Nichtjuden aber nicht genauer untersucht werden, ist einseitigen Urteilen Tür und Tor geöffnet. Entweder fällt die Bewertung der Weimarer Jahre allzu euphemistisch aus, wenn nur die positiven Momente des Verhältnisses hervorgehoben werden. Aus dieser Perspektive erscheint die Integration der deutschen Juden als eine Erfolgsgeschichte, die 1933 abrupt unterbrochen wurde.[8] Oder es werden nur die negativen Fakten hervorgehoben und eine lineare Geschichte der Ausgrenzung geschrieben, die teleologisch auf den nationalsozialistischen Judenmord zuläuft. Vor diesem Hintergrund erscheinen die Weimarer Jahre durchgängig in einem dunklen Licht.[9]

Diese dichotomische Perspektive zwischen Integration hier und Ausgrenzung dort prägt auch das Bild, das die Forschung von den alltäglichen Beziehungen zwischen Juden und Nichtjuden zeichnet. Die 1920er Jahre bilden für jene Historiker und Historikerinnen, die die Integration der

Nicola Wenge

deutschen Juden als einen bis 1933 im Ganzen gesehen positiven Prozess bewerten, einen positiv besetzten Höhepunkt der Alltagsbeziehungen zwischen Juden und Nichtjuden.[10] Allerdings dominieren heute die integrationskritischen Stimmen in der deutsch-jüdischen Historiographie, die bekräftigen, dass in einer antisemitisch geprägten Atmosphäre kaum enge Sozialkontakte zwischen Juden und Nichtjuden existiert hätten.[11] Und auch die Antisemitismusforschung, die die individuellen Alltagsbeziehungen bisher kaum fokussierte, bestätigt diesen Befund. So stellte etwa Wolfgang Benz fest, dass in der Weimarer Republik die Juden „bei aller äußeren Gleichstellung nicht ins Sozialgewebe der deutschen Gesellschaft" gehört hätten.[12]

In Abgrenzung von beiden Positionen möchte ich im Folgenden am Beispiel Kölns zeigen, wie vielfältig und komplex die Beziehungen waren und darüber hinaus erklären, warum sich die bisweilen eng geknüpften Alltagsbeziehungen im lokalen Raum seit Mitte der 1920er Jahre – zumindest partiell – verschlechterten. Hierzu soll ein Analyseansatz sozialen Handelns vorgestellt werden, der Integrations- und Ausgrenzungsmomente im Alltagsleben gemeinsam diskutiert und ihr Verhältnis als einen dynamischen Prozess begreift, der sich im Wechselspiel der Akteure vor Ort vollzog.[13] Es soll dargestellt werden, dass Integration und Ausgrenzung in einem graduell abgestuften Verhältnis zueinander standen, das viele Facetten hatte.

Als Alltagsbeziehungen werden jene Beziehungen definiert, in denen sich Juden und Nichtjuden in ihren konkreten Lebenszusammenhängen persönlich begegneten und in denen Inklusion und Exklusion vornehmlich auf einer informellen Ebene praktiziert wurden. Doch auch wenn die Erfahrungen und Handlungen der einzelnen Individuen im Mittelpunkt stehen, gilt es, ihre soziale Eingebundenheit ebenso zu berücksichtigen wie die Einflussversuche der städtischen Eliten und Institutionen, der christlichen Kirchen und der Synagogengemeinde, der Parteien und gesellschaftlichen Organisationen. Denn diese kollektiven Akteure prägten die Beziehungen zumindest in den stärker öffentlich und gemeinschaftlich gestalteten Bereichen des Alltagslebens nachhaltig mit.

Im Folgenden werden exemplarisch drei Felder alltäglichen Miteinanders – Nachbarschaft, Ehe/Familie und Vereinsleben – vorgestellt, die sich nicht nur in ihren individuellen und sozialen Funktionen und in ihren Handlungslogiken voneinander unterschieden, sondern auch hinsichtlich der Interventionsbereitschaft der lokalen Eliten und in den Einflussversuchen der radikalen Antisemiten. All diese Faktoren sind für die heterogene, bisweilen sogar widersprüchliche Entwicklung der Beziehungsformen von Bedeutung.

Für eine solche Analyse verspricht die rheinische Großstadt Köln, als ein Zentrum jüdischen Lebens und Sitz der fünfgrößten jüdischen Gemeinde im deutschen Reich, einen besonderen Erkenntnisgewinn.[14] Denn der Integrationsstand der Kölner Jüdinnen und Juden war bis in die 1920er Jahre bemerkenswert hoch, was zunächst mit der besonderen Sozial- und Konfessionsstruktur Kölns zu erklären ist: Im Zuge des umfassenden gesellschaftlichen Wandels des 19. Jahrhundert hatte sich in Köln ein „neues Bürgertum" gebildet, das sich aus alteingesessenen katholischen Familien sowie protestantischen und jüdischen Zugewanderten zusammensetzte. In diesem „neuen Bürgertum" trugen gemeinsame Werte und wirtschaftliche Interessen dazu bei, die konfessionellen Barrieren im gesellschaftlichen Verkehr weitgehend zu überwinden. Diese Traditionslinien des Miteinanders im Kölner Bürgertum hatten über die Jahrzehnte Bestand.[15] Zugleich bekämpften die Spitzen des gesellschaftlich dominierenden Katholizismus, der sich durch ein im Vergleich zu anderen katholisch dominierten Regionen wie Bayern oder Oberschlesien liberaleres Profil auszeichnete, ebenso wie die Führer der Kölner Arbeiterbewegung judenfeindliche Tendenzen im eigenen Milieuzusammenhang. Angesichts dieser „Integrationsfront" aus Bürgertum, Katholizismus und Arbeiterschaft konnten sich judenfeindliche Ausgrenzungsversuche im lokalen Raum zunächst nicht durchsetzen.[16]

Dass in Köln der radikale Antisemitismus auch in der Frühphase der Weimarer Republik 1919–1923 schwächer blieb als im übrigen Reichsgebiet, wo judenfeindliche Hetze und Gewaltdrohung eine ganz neue Dimension annahmen, ist schließlich auf die britische Besatzungspolitik zurückzuführen. Denn die britischen Besatzungstruppen, die auf der Grundlage des Rheinlandabkommens Köln zwischen 1918 und 1926 besetzt hielten, behinderten die Arbeit der deutsch-völkischen Antisemiten massiv. Die Hohe Interalliierte Kommission überwachte rechtsradikale Organisationen, schränkte ihr Versammlungs- und Presserecht ein und schreckte auch vor Verboten nicht zurück. Aufgrund dieser besonderen politischen Rahmenbedingungen waren die Angriffe auf die gewachsenen Beziehungen zwischen Juden und Nichtjuden also zunächst schwächer als in vielen anderen deutschen Städten.[17]

Erst mit dem Abzug der britischen Truppen konnten die Nationalsozialisten auch in Köln ungezügelt ihre antisemitische Agitation betreiben und sich durch ungewöhnlich gewalttätige Aktionen in Szene setzen, um so ihren geringen politischen Einfluss zu kompensieren: Das Spektrum antisemitischer Gewalt in Köln vor 1933 umfasste neben zahlreichen Angriffen auf jüdische Passanten auf der Straße und bewaffneten Überfällen auf Synagogenbesucher auch Friedhofsschändungen und Bombenattentate auf Gotteshäuser.[18] Die Nationalsozialisten versuchten zudem, mit großem propagandistischem Aufwand in Form von Rufmordkampagnen und Skandalinszenierungen antijüdische Stimmungen in der Bevölkerung zu erzeugen. Ob und wie sich in dieser aufgeladenen Situation der 1920er Jahre auch die Alltagsbeziehungen zwischen Juden und Nichtjuden veränderten, soll im Folgenden erörtert werden.

Nachbarschaft

Aus der Wohnkonzentration der deutschen Juden in bestimmten Vierteln und Straßenzügen ist in der Forschung oftmals vorschnell auf ihre erzwungene oder freiwillig gewählte Isolation geschlossen worden, ohne genauer nach den Formen der gelebten Nachbarschaft zwischen Juden und Nichtjuden zu fragen.[19] Auch für Köln würde ein statistisches Wohnprofil eine solche – irreführende – Interpretation nahe legen. Denn 75% der Kölner Juden lebten in nur zwei Stadtbezirken in der Innenstadt.[20] In dieser Wohnkonzentration unterschieden sie sich deutlich von der katholischen Mehrheit, aber auch von der protestantischen Minderheit.[21] Während sich die besser situierten jüdischen Bürger im Viertel um die Synagoge an der Roonstraße niedergelassen hatten, wohnten die ärmeren Glaubensgenossen, insbesondere die aus Osteuropa zugewanderten Immigranten, unter oftmals beengten Wohnverhältnissen vorrangig in der Altstadt, genauer gesagt im Griechenmarktviertel. Beide Viertel boten mit einer Vielzahl jüdischer Geschäfte sowie kulturellen und religiösen Institutionen die entsprechende Infrastruktur, in einem jüdischen Zusammenhang zu leben, einzukaufen, zu beten und dabei vollständig unter sich zu bleiben.[22] Allerdings lässt sich schon allein deshalb kaum von einem rein jüdischen Viertel sprechen, weil die nichtjüdischen Nachbarn selbst in den Straßen mit den höchsten jüdischen Einwohnerzahlen in der deutlichen Mehrzahl waren. Außerdem widerspricht die lebendige nachbarschaftliche Praxis einer solchen Interpretation.[23]

Nahezu übereinstimmend berichten ehemals in Köln lebende Juden und Jüdinnen, dass sie das Verhältnis zu ihren nichtjüdischen Nachbarn positiv in Erinnerung haben. Bisweilen wurde das Verhältnis rückblickend sogar als besonders eng eingestuft: „Mit den nichtjüdischen Nachbarn in der Straße hatten wir immer einen sehr guten Kontakt".[24] Diese tiefe nachbarschaftliche Verbundenheit scheint in Erzählungen über gegenseitige Hilfeleistungen besonders klar auf. So erinnert sich die Tochter einer polnischen Jüdin, dass ihre Mutter von den christlichen Nachbarinnen „bis zum letzten Moment" immer unterstützt worden sei und auch

Nicola Wenge

* Jüdische Betsäle
• Jüdische Wohnungen und
  Geschäfte

■ Einzelhandel
• Handwerk und Gaststätten
▲ Industriebetriebe und
  Großhandlungen
⬟ Verwaltung und sonstige
  Dienstleitungen

27 Blick von Südwesten auf den Königsplatz mit der Synagoge, Foto um 1900

ihre Mutter starke Empathie am Schicksal ihrer Nachbarinnen gezeigt habe, indem sie etwa mit ihrer Tochter eine Nachbarin in der Psychiatrie besuchte.[25] Auch wenn sich die nachbarschaftlichen Beziehungen nicht immer derart herzlich gestaltet haben mögen, wird doch übereinstimmend berichtet, dass man sich Bitten um Leihgaben oder ähnlichem nicht entzog und die nachbarschaftlichen Normen mehr zählten als vorurteilsbedingte Ressentiments oder persönliche Antipathien.[26]

Dabei hingen Form und Intensität der gegenseitigen Unterstützung in starkem Maße davon ab, in welchem Viertel man wohnte. In bürgerlichen Wohngegenden wie dem Rathenauviertel nahe der Synagoge kam es (unabhängig von der Glaubenszugehörigkeit) kaum in Frage, seine Nachbarn um materielle Hilfe zu bitten, hätte dies doch zu sozialem Prestigeverlust führen können. Dagegen war es für die oftmals am Existenzminimum lebenden Frauen in der Altstadt schlichtweg notwendig, einander in Engpässen auszuhelfen; Verstöße gegen dieses Prinzip wurden entsprechend sanktioniert.[27]

Im nachbarschaftlichen Verhältnis in der Altstadt manifestierte sich darüber hinaus auch der kollektive Zusammenhalt des Arbeitermilieus: „Es waren eben ganz arme Leute sowieso. Das waren alles Kommunisten und da wurde kein Mensch angefeindet."[28] Dieses Zusammengehörig-

Nicola Wenge

keitsgefühl bewährte sich nicht zuletzt in den späten 1920er Jahren, als sich die antisemitische Gewaltdrohung der Nationalsozialisten besonders gegen die osteuropäischen Juden richtete und sich die nichtjüdischen Nachbarn auf der Straße schützend vor sie stellten: Aus allen überlieferten Polizei- und Presseberichten geht eindeutig hervor, dass die angegriffenen Personen in der konkreten Gefahrensituation auf Hilfe von umstehenden Passanten, aus der Nachbarschaft und von der Polizei rechnen konnten und bis 1933 nicht allein gelassen wurden.[29]

Eine weitere Dimension positiver Nachbarschaftserinnerungen bildeten gemeinsam begangene religiöse Feste. Die christlichen Kinder erhielten an den jüdischen Feiertagen Mazzen und kleine Geschenke, wenn sie den jüdischen Nachbarn am Sabbat bei den anfallenden Verrichtungen halfen, umgekehrt wurden die jüdischen Kinder zu christlichen Feiertagen, vor allem zu Weihnachten, von den Nachbarn eingeladen.[30] Jedoch werden gerade anhand der gegenseitigen „Feiertagsvergesellschaftung" die generationsbedingten und religiös motivierten Grenzen der Nachbarschaft deutlich. Denn eingeladen wurden nur die Kinder der jeweils anderen Religion. Und gerade die orthodoxen Familien sorgten dafür, dass die eigenen Töchter und Söhne abgeschirmt von den fremden Bräuchen aufwuchsen.[31]

An dieser Stelle sei darauf verwiesen, dass die Erfahrungen der Kinder grundsätzlich von denen ihrer Eltern abwichen. Während die Erwachsenen eine größere „Fluchtdistanz" einhielten, waren enge Freundschaften unter Nachbarskindern keine Seltenheit. Für die ganz überwiegende Mehrheit der jüdischen Kinder besaß das gemeinsame Spiel mit den christlichen Kindern eine nicht hinterfragte Normalität.[32]

Zugleich wurden jedoch alle jüdischen Kinder, unabhängig von ihrem Familienhintergrund und Wohnort, mit antijüdischen Beleidigungen und Beschimpfungen in der Nachbarschaft konfrontiert.[33] Insbesondere auf dem Schulweg wurden sie auch von ihren nichtjüdischen Altersgenossen geschlagen oder mit Steinen beworfen.[34] Aus einzelnen Erinnerungen geht klar hervor, welch nachhaltigen Eindruck solche Gewalterfahrungen hinterlassen konnten. In einem besonders dramatischen Fall wurde etwa ein jüdisches Kind von zwei christlichen Kindern persönlich für den Tod Jesu verantwortlich gemacht und gezwungen, sich auf einen belebten Platz im Stadtzentrum hinzuknien und zu sagen: „Wir Juden haben Christus erschlagen." Der Junge wurde von Panik erfasst, weil er glaubte, dass Gott ihn wegen dieser ungeheuerlichen Beleidigung auf der Stelle durch einen Blitz töten würde.[35]

Jüdische Kinder reagierten auf die Beleidigungen und Gewalttaten aber keineswegs rein defensiv, sondern in Abhängigkeit von der konkreten Situation, den eigenen Handlungsmöglichkeiten und der Schwere der Übergriffe.[36] In der Regel wurden die verbalen Hänseleien und harmloseren Anrempeleien als „normales" Verhalten unter Kindern eingeordnet, das man bisweilen selbst gegenüber anderen Altersgenossen praktizierte und auch zwischen katholischen und protestantischen Kindern beobachtet hatte. Diesem Verhalten maß man wegen der vielen positiven Erfahrungen des Miteinanders keine besondere Bedeutung zu.[37] Dagegen wurden die gewaltsamen Übergriffe durchaus als feindselig und antisemitisch interpretiert. Gerade in den späten 1920er Jahren nahmen diese Übergriffe so zu, dass sich auch jüdische Kinder, die sich zuvor sicher fühlten, nun von der antisemitischen Gewalt bedroht sahen.[38]

Auch in den nachbarschaftlichen Beziehungen der Erwachsenen bildeten diese Jahre einen Einschnitt. Nun wurden nachbarschaftliche Auseinandersetzungen offen antisemitisch aufgeladen, jüdische Vermieter zum „jüdischen Ausbeuter" und jüdische Mieter zum „dreckigen Juden" gestempelt. Beispielsweise zog 1928 eine schriftliche Bewerbung auf ein Wohnungsinserat, die mit einem jüdisch klingenden Namen unterschrieben worden war, folgende Antwort nach sich: „Im übrigen vermieten wir unsere saubere Wohnung an Juden prinzipiell nicht. In Palästina werden bestimmt noch alte Baracken frei sein. Also haut ab!"[39]

An dieser Stelle ist festzuhalten, dass sich das gute nachbarschaftliche Verhältnis seit den späten 1920er Jahren zunehmend verschlechterte. Auch wenn die positiven Momente des Miteinanders im Nachbarschaftsleben nicht verschwanden und die Abwehr gegen die alltägliche Gewalt auf der Straße geschlossen blieb, mehrten sich doch die antisemitischen Zurückweisungen und Zurücksetzungen gerade in den bürgerlichen Wohngegenden in einem bedenklichen Maß.

Ehe und Familie

Seit dem 19. Jahrhundert zeigten die Kölner Juden nicht nur in der Wahl ihres Wohnorts, sondern auch in der Wahl ihres Ehepartners ausgesprochene Präferenzen. Sie bevorzugten eine jüdische Binnenheirat, die durch sorgfältige Arrangements nach konfessionellen und sozialen Kriterien zustande gekommen war.[40] In der Weimarer Republik stieg aber der Anteil der christlich-jüdischen Ehen in Köln rapide von 22,1% (1919) über 31,8% (1927) auf 47,9% (1933).[41] Trotzdem war die Neigung zur jüdischen Binnenehe immer noch deutlich stärker ausgeprägt, als man es angesichts der rein demografischen Verhältnisse erwarten dürfte.

In der deutsch-jüdischen Historiografie wurde die Neigung zur jüdischen Binnenehe häufig auf gruppenspezifische Bedürfnislagen zurückgeführt und der feindseligen Haltung der deutschen Mehrheitsgesellschaft zugeschrieben.[42] Wie ist dann aber die prozentuale Zunahme der christlich-jüdischen Eheschließungen in den späten 1920er Jahren zu erklären? Ist sie als Zeichen einer radikalen Assimilation anzusehen oder ist sie als Ausdruck eines immer selbstverständlicher werdenden Miteinanders zu bewerten?[43]

Tatsächlich lässt die Quote gemischt-konfessioneller Ehen allein überhaupt keine Aussagen auf das Integrations- bzw. Ausgrenzungsverhalten zu, wie die Auswertung der statistischen Jahrbücher der Stadt Köln ergab. Denn die Zahl der christlich-jüdischen Ehen blieb mit durchschnittlich ca. 60 Eheschließungen pro Jahr erstaunlich niedrig, selbst wenn man bedenkt, dass die überwiegende Mehrheit der Eheschließenden sich vor der Ehe auf eine Religionszugehörigkeit geeinigt haben mag, einer der Partner konvertierte und diese Paare in den Statistiken nicht mehr greifbar sind. Darüber hinaus blieb die Zahl der Eheschließungen frappierend konstant unabhängig von gesellschaftlichen Entwicklungen und antisemitischen Konjunkturen. Der prozentual starke Anstieg der „Mischehenquote" in den späten 1920er Jahren – in der antisemitischen Hochphase – ist allein auf den Rückgang der jüdischen Binnenehen zurückzuführen und hängt nicht ursächlich mit dem Verhalten der Mehrheitsbevölkerung zusammen.

Daher kann nur eine qualitative Analyse des „Ehealltags" und der gesellschaftlichen Reaktionen auf die christlich-jüdischen Ehen Auskunft darüber geben, ob und wie sich ein zunehmender gesellschaftlicher Antisemitismus in den 1920er Jahren auswirkte.

Ein Blick auf den Ehe- und Familienalltag zeigt, dass die Heirat mit einem christlichen Partner bzw. Partnerin keineswegs bedeutete, dass der jüdische Partner seine jüdischen Wurzeln aufgab, wie es das zeitgenössische Klischee kolportierte und in der Forschung lange tradiert wurde. Vielmehr gestaltete sich das Ehe- und Familienleben erstaunlich heterogen. Gerade die religiöse Erziehung der rund 500 Kinder aus christlich-jüdischen Ehen, die in Köln in der Weimarer Republik geboren wurden, demonstriert dies sehr anschaulich. Nominell ließ zwar die überwiegende Mehrheit der Familien (ca. 70%) ihre Kinder taufen.[44] Doch war der Familienalltag damit keineswegs im christlichen – und in Köln im katholischen Sinne – vorherbestimmt.

In der „glaubenslosen Mischehe" spielte die Religion keine Rolle, und obwohl die Taufe vollzogen wurde, war sie nicht mehr als ein formaler Akt. Entsprechend berichtet Heinrich Becker, der aus einem kommunistischen Elternhaus stammte: „Religiös eingestellt waren meine Eltern überhaupt nicht, und wir Kinder sind auch nicht religiös erzogen werden. Es kann sein, dass meine Mutter noch in der jüdischen Tradition aufgewachsen ist, aber wir haben davon nichts mehr gespürt. Es wurden bei uns in der Familie jedenfalls keine jüdischen Bräuche berücksichtigt. Und wir wurden auch nicht katholisch erzogen. Mein Vater war so wenig katholisch gläubig wie meine Mutter jüdisch gläubig war."[45] Die „glaubenslose Mischehe" blieb aber wohl selbst im Arbeitermilieu der Weimarer Gesellschaft eine Ausnahme.

In der „katholischen Mischehe" beherrschte die katholische Religion den Familienalltag und verdrängte die jüdischen Traditionen. Erstaunlicherweise fand diese Lebensform aber in der Erinnerungsliteratur und den Zeitzeugeninterviews keine Erwähnung. Dieser Umstand dürfte jedoch eher auf Lücken in der Quellenüberlieferung als auf die historischen Realitäten verweisen. Denn sicherlich war die „katholische Mischehe" gerade in Köln keine Seltenheit.

Über die „christlich-jüdische Ehe" wurde hingegen in den Erinnerungen mit Abstand am häufigsten berichtet. Sie zeichnete sich durch die Verbindung katholischer und jüdischer Familientraditionen, religiöser Riten und sozialer Kontakte aus. Es gehörte dabei durchaus zum Familienalltag, dass die jüdische Mutter oder der christliche Vater weiterhin die Synagoge bzw. die Kirche besuchte, die Familie jüdische und christliche Feste beging oder die Kinder diese bei Verwandten oder Nachbarn mitfeierten.[46] Doch auch die offensten jüdisch-christlichen Familien konnten an die Grenzen dieser gelebten religiösen Pluralität gelangen. Als etwa die katholisch getaufte Tochter eines dem Judentum zugeneigten Elternpaares 1930 konvertieren wollte, erlaubten sie dies nicht.[47] Eine solche, die Zukunft ihrer Kinder betreffende eindeutige Entscheidung für das Judentum zu akzeptieren, zu diesem Schritt waren selbst die aufgeschlossensten Familien in den Krisenjahren der Republik kaum bereit.

Diese Haltung lag nicht zuletzt in der ablehnenden gesellschaftlichen Einstellung gegenüber christlich-jüdischen Ehen begründet. Grundsätzlich verurteilten sowohl die christlichen Kirchen als auch die Synagogengemeinde eine gemischt-religiöse Ehe. Doch nur die Synagogengemeinde nahm die christlich-jüdische Ehe als eine demografische und moralische Bedrohung wahr.[48] Dagegen waren die christlichen Kirchen noch immer stark von dem katholisch-protestantischen „Mischehestreit" okkupiert, der seit der Eingliederung des katholischen Rheinlands in das protestantische Preußen bestand, seinen Höhepunkt in den ersten Jahrzehnten des 19. Jahrhunderts hatte und sich nach der Neukodifizierung des katholischen Kirchenrechts im Mai 1917 erneut verschärfte.[49] In der

Nicola Wenge

Ablehnung des preussisch-protestantischen Eheverständnisses trafen sich katholische Kirche und Synagogengemeinde sogar und gingen eine konservative Interessenallianz auf der lokalen Ebene ein.[50] Doch trotz dieser Konstellation enthielt sich nicht nur die katholische, sondern auch die protestantische Kirche bis 1933 jeder judenfeindlichen Position in der „Mischehenfrage".

Obwohl die Kirchenspitzen die „Mischehenfrage" also nicht antisemitisch aufluden, war sie im Milieuzusammenhang doch durchaus negativ konnotiert. So veröffentlichte das Sprachrohr des Kölner Katholizismus, die *Kölnische Volkszeitung*, 1925 eine Satire, die auf dem antijüdischen Vorstellungsbild vom vermeintlich rein materiell ausgerichteten jüdischen Heiratsverhalten fußte.[51]

Insgesamt wurde die christlich-jüdische Ehe in der lokalen Presse aber zu selten behandelt, als dass man hieraus eine Zunahme antijüdischen Denkens ableiten könnte. Unter den bürgerlichen Blättern verurteilte lediglich die der DNVP nahe stehende *Rheinische Tageszeitung* die gemischtreligiöse Ehe aus „rassenpolitischen" Gründen bereits in den frühen 1920er Jahren als „unheilvolle Verbindung".[52] Auch der *Westdeutsche Beobachter*, das Hetzblatt der Nationalsozialisten im Gau Rheinland, machte die Mischehe nicht zu einem Propagandathema. Lediglich 1931 erschien eine kleine Notiz über die Entwicklung der christlich-jüdischen Ehen in Köln.[53] Selbst die Kölner Nationalsozialisten stilisierten sie also nicht zur Bedrohung der „arischen Rasse".

Obwohl judenfeindliche Stereotypen im Kontext der „Mischehediskussion" also kaum publizistisch verbreitet wurden, waren sie doch in der Bevölkerung präsent und mündeten in ablehnende Verhaltensweisen. So berichtet etwa der im städtischen Leben durchaus integrierte Kaufmann Arthur Joseph in seiner Autobiografie offen, dass er fallen gelassen wurde, „wenn sich freundschaftliche Beziehungen zum anderen Geschlecht" anbahnten und er der Partnerin in spe eröffnete, „mit wem sie sich einlasse."[54]

Mit den erbittertsten Einwänden mussten christlich-jüdische Paare aber in den eigenen Familien rechnen. Diese Negativreaktion war augenscheinlich so weit verbreitet, dass sie in der rückblickenden Erinnerung selbstverständlich erschien.[55] Tatsächlich divergierte der Grad der Ablehnung jedoch in Abhängigkeit verschiedener sozialer Faktoren: Je religiöser und wohlhabender die Familie war, je konservativer in ihrer politischen Einstellung und in ihren Vorstellungen zur Kindererziehung, desto entschiedener fiel die Ablehnung der gemischtkonfessionellen Ehe aus. Allerdings scheint sich das Verhältnis bei vielen Familien gebessert zu haben, wenn die partnerschaftliche Verbindung den Widerständen trotzte und man sich mit der neuen Situation arrangieren musste. Dieser Annäherungsprozess wurde wohl häufiger durch die Geburt von Kindern beschleunigt.[56]

Zusammenfassend bleibt festzuhalten, dass der Befund zur christlich-jüdischen Ehe komplex und ambivalent ist. Er ist keineswegs als eindeutiger Indikator einer zunehmenden Desintegration anzusehen. Es war bis 1933 durchgängig möglich, in der Ehe die „unsichtbare Grenze" zwischen Juden und Nichtjuden zu überwinden. Wer trotz aller Widerstände eine christlich-jüdische Ehe einging, fand genügend Freiraum, neue und innovative Wege des Miteinanders zu gehen. Auch waren die Negativbilder nicht von einem kollektiv verbreiteten Antisemitismus geprägt, der zunehmend rassenantisemitische Züge annahm. Trotzdem blieb die christlich-jüdische Ehe eine Verbindung ohne Reputation und wurde nur von einer verschwindend geringen Minderheit praktiziert. Angesichts dieses Befunds lässt sich daher auch nicht von einem selbstverständlicher werdenden Miteinander reden.

Vereinsleben

Dagegen ist man bei der Analyse des Vereinslebens zunächst von dem hohen Integrationsgrad der Juden in das Kölner Vereinsleben beeindruckt. Schon in der Entstehungsphase des Vereinswesens, in der ersten Hälfte des 19. Jahrhunderts, wurden Juden in Köln bereitwilliger in die neuen bürgerlichen Vereine aufgenommen als anderswo.[57] Und auch in der zweiten Hälfte des 19. Jahrhunderts, als sich die Vereinslandschaft zunehmend ausdifferenzierte und die ersten jüdischen Vereine in Köln gegründet wurden, standen die allgemeinen Vereine jüdischen Mitgliedern überwiegend offen. Kölner Juden und Jüdinnen waren auf vielfältige Weise in das lokale Vereinsnetz eingebunden und übernahmen leitende Funktionen.[58]

Als sich in den 1890er Jahren reichsweit der Ausschluss von Juden aus einer Vielzahl von gesellschaftlichen Vereinen und Verbänden durchsetzte, wurden diese Exklusionsmechanismen in Köln kaum nachvollzogen. Denn die lokalen Eliten verhinderten, dass sich die erstarkten antijüdischen Strömungen, beispielsweise im katholischen Klerus und bei den Studenten, durchsetzen konnten. So drohte 1898 der Kölner Erzbischof Kardinal Fischer, er werde nicht zulassen, dass sich in seiner Diözese die unter dem Pfarrklerus „jetzt grassierende unfreundliche Stimmung gegen die Juden" ausbreite. Fünf Jahre später unterband der Direktor der Handelshochschule, dass die jüdischen Mitglieder eines studentischen Turnvereins an der Kölner Handelshochschule ausgeschlossen wurden.[59]

Nicola Wenge

Bereits im Kaiserreich existierten also antijüdische Tendenzen in der Kölner Stadtgesellschaft, doch waren diese zu schwach, als dass sie sich im Vereinswesen als soziale Norm und Handlungspraxis hätten durchzusetzen können.

Auch für die frühen 1920er Jahre finden sich viele Hinweise auf einen hohen Integrationsgrad der Kölner Juden im Vereinswesen: Zu erwähnen sind neben der eingangs erwähnten Praxis der selbstverständlichen Raumvergabe auch Einladungen jüdischer Referenten und Referentinnen zu Vortragsabenden und Veranstaltungsbeiträgen sowie die Beteiligung allgemeiner und christlicher Vereine an jüdischen Jubiläumsfeiern.[60] Sogar die Wohltätigkeitsarbeit, traditionelles Herzstück konfessioneller Identität, weist Spuren der Gemeinsamkeit auf.[61] Nicht nur das einvernehmliche Miteinander zwischen christlichen, allgemeinen und jüdischen Vereinen gestaltete sich zunächst problemlos, sondern auch die Teilnahme der Kölner Juden am allgemeinen Vereinsleben. Kölner Juden und Jüdinnen nahmen in Krieger- und Turnvereinen, in Frauenvereinen, wissenschaftlichen Zirkeln und Karnevalsgesellschaften führende Positionen ein.[62] Die Traditionslinien der Integration hatten also zunächst Bestand.

Trotzdem nahmen in den frühen Krisenjahren der Republik die antijüdischen Tendenzen im Vereinswesen zu. Die ersten Vorstöße eines offen rassistischen Ausschlusses jüdischer Mitglieder unternahmen 1920 die studentischen Verbindungen an der neu gegründeten Kölner Hochschule, indem sie sich im offiziellen Universitätskalender mit dem in ihren Satzungen verankerten „Arierparagraphen" vorstellten, ohne dass die Universitätsbehörden dagegen Einspruch erhoben.[63] Im selben Jahr begründete die Kölner Ortsgruppe des Bundes Kriegsbeschädigter die Entlassung eines jüdischen Vorstandsmitglieds damit, dass man sich vor dem Eindringen „einer fremden, feindlichen rassischen Minderheit" und „drohenden Verjudung" schützen müsse. Trotz öffentlicher Proteste setzten diese Vereine – ebenso wie die rheinische Sektion des Alpenvereins 1922 – nun erstmalig radikalantisemitische Ausgrenzungspraktiken im gesellschaftlichen Leben Kölns um.[64]

Doch erst in den späten 1920ern gewannen diese antisemitischen Vorstöße eine neue Dynamik, da sie nun auch von Vereinen und Verbänden unternommen wurden, die zuvor eher für ihren Integrationskurs bekannt waren. So kündigte 1929 die Kölner Ortsgruppe des Deutschen Kriegerbunds ihr freundschaftliches Verhältnis zum Reichsbund jüdischer Frontsoldaten und bat diesen, von ihren Veranstaltungen fernzubleiben.[65]

Jetzt wirkten sich partiell auch die Versuche der Nationalsozialisten aus, im städtischen Vereinsleben Fuß zu fassen. Sie konnten zwar im Vergleich zu anderen Regionen das Kölner Vereinswesen nicht großräumig unterwandern, doch auch hier machte sich ihre demagogische Arbeit in den Kriegervereinen, im renommierten Männergesangverein, in einigen Sportvereinen, im Tierschutzverein, im protestantischen Vereinswesen und in der Jugendbewegung dadurch bemerkbar, dass der Stand der Kölner Juden im Vereinsleben erschwert und die Bewegungsfreiheit der jüdischen Vereine eingeschränkt wurde. Nun häuften sich die nationalsozialistischen Bestrebungen, Kölner Juden aus bestimmten Vereinsbereichen – etwa aus dem Rudersport – herauszudrängen oder bestimmte Themen – wie das Schächtverbot in den Tierschutzvereinen – antisemitisch aufzuladen. Die Annäherung an die Nationalsozialisten erfolgte auch von offizieller Seite. So veröffentlichten die evangelischen Vereine seit 1927 ihre Terminankündigungen im nationalsozialistischen Westdeutschen Beobachter.[66] Gerade die organisierten jüdischen Jugendlichen mussten auf ihren Wanderungen und Fahrten seit den späten 1920er Jahren zunehmend mit antisemitischen Überfällen rechnen.[67]

Alle Hinweise deuten darauf hin, dass in den späten 1920er Jahren lediglich die Frauenvereine noch miteinander kooperierten. Gut besucht waren etwa die interkonfessionellen Arbeitskurse, die 1928 unter der Leitung Klara Caros zur Abwehr des Antisemitismus eingeführt worden waren. Im Rahmen dieser Kurse wurden Führungen durch jüdische Einrichtungen, Synagogenbesichtigungen, Vorträge, Volkshochschulkurse und Diskussionsabende angeboten. Sie ließen sich auch von nationalsozialistischen Störungsversuchen hiervon nicht abhalten.[68] Vermutlich hatte das lokale Netzwerk der bürgerlichen Frauenvereine auch noch in den letzten Jahren der Republik Bestand, weil ihre Vertreterinnen bereits seit dem Kaiserreich besonders eng kooperierten, um ihrem Ausschluss aus Macht- und Entscheidungspositionen etwas entgegen zu setzen. Diese engen Traditionslinien bewährten sich auch noch in den späten Krisenjahren der Republik. Insgesamt aber hatten sich die Barrieren zwischen Juden und Nichtjuden drastisch erhöht. Sie verweisen auf eine neue Qualität des Antisemitismus in Köln.

Fazit

Betrachtet man die sozialen Alltagsbeziehungen zwischen Juden und Nichtjuden im Köln der Weimarer Jahre genauer, zeigt sich, dass das bipolare Deutungsschema zwischen erfolgreicher Integration der deutschen Juden einerseits und weitgehender sozialer Isolation andererseits hier nicht greift. Es sollte vielmehr zugunsten der Anerkennung einer vielschichtigen historischen Komplexität aufgebrochen werden.

Nicola Wenge

Denn gerade in den frühen Jahren der Republik waren die Beziehungen erstaunlich eng geknüpft. Persönliche Sympathien, geteilte Vorlieben, Neigungen und Interessen sowie vergleichbare Lebensumstände ließen die sozialen Barrieren nebensächlich erscheinen. Hiervon legen die vielfältigen nachbarschaftlichen Verbindungen ebenso Zeugnis ab wie das selbstverständliche Spiel der Kinder auf der Straße, die Alltagswirklichkeit der christlich-jüdischen Ehe und die gemeinsamen Vereinsaktivitäten. Trotzdem waren die alltäglichen Sozialbeziehungen nicht idyllisch. Kölner Juden und Jüdinnen wurden in allen Bereichen des Alltagslebens auch ausgegrenzt und erlebten antisemitische Übergriffe von verbalen Beleidigungen bis hin zu psychischer und physischer Gewalt.

Die konkrete Gestaltung der Beziehungen hing von einer Vielzahl sozialer Faktoren wie dem Alter, der regionalen Herkunft und der Schichtzugehörigkeit ab. Doch lässt sich aus all diesen Einflüssen kein qualitativer Unterschied, kein Mehr oder Weniger an sozialer Nähe schlussfolgern. Lediglich die Geschlechtszugehörigkeit machte offenbar einen deutlichen Unterschied aus: Frauen waren sowohl in den nachbarschaftlichen Beziehungen als auch im Vereinsleben eher bereit, miteinander zu verkehren als Männer, denn sie waren stärker auf informelle Netzwerke angewiesen, die auch in Krisenzeiten trugen.

Seit den späten 1920er Jahren verschlechterten sich die von Juden und Nichtjuden gemeinschaftlich praktizierten Formen der Nachbarschaft und des Vereinslebens jedoch zunehmend. Die offen praktizierten Ausgrenzungen und rassistisch begründeten Ausschlüsse nahmen gerade in den kollektiven Formen des Miteinanders neue Ausmaße an und wurden auch von gesellschaftlichen Kreisen übernommen, die sich zuvor hiervon distanziert hatten. Nun verschlossen sich die Türen und die soziale Isolation folgte, um die Ausgangserzählung noch einmal aufzugreifen.

Wie lässt sich diese Erosion der Alltagsbeziehungen im lokalen Raum erklären? Die ungezügelte Agitation der Nationalsozialisten war hierfür nicht direkt verantwortlich. Die antisemitische Propaganda machte den Bereich sozialer Alltagsbeziehungen kaum zum Thema, griff weder jüdische Vereinsfunktionäre an noch beutete sie die christlich-jüdischen Ehen für ihre Agitation aus. Und auch die sprunghaft angestiegene antisemitische Gewalt auf der Straße hatte nicht den von den Nationalsozialisten angestrebten Effekt: Ihre Übergriffe stärkten eher den nachbarschaftlichen Zusammenhalt als dass sie ihn schwächten.

Trotzdem wirkte sich die allgemeine Zunahme einer judenfeindlichen Stimmung, die von den Nationalsozialisten in anderen gesellschaftlichen Bereichen geschürt wurde, indirekt auch auf die Gestaltung der alltäglichen Beziehungen aus. Entscheidend war, dass gerade im Vereinswesen die städtischen Eliten ihre integrationsfreundliche Haltung aufgaben. Anders als im Kaiserreich und der frühen Republik setzten sie sich nicht mehr für die Wahrung der Integration ein und bekämpften antisemitische Vorstöße nicht mehr offensiv: Sei es, weil sie befürchteten, dass sich anderenfalls ihre Klientel von ihnen abwenden würde oder weil sie selbst judenfeindliche Überzeugungen pflegten. Damit trugen sie die Mitverantwortung dafür, dass nun ein gesellschaftlicher Antisemitismus erstmalig die alltäglichen Sozialbeziehungen nachhaltig beeinflussen konnte. Denn auch wenn die Eliten nur partiell und situativ den antisemitischen Vorstößen nachgaben, bedeutete dies aufgrund ihrer führenden Stellung in der Stadtkultur, dass sie der offenen Artikulation antisemitischer Haltungen und ihrer Umsetzung in soziale Praxis aus allen gesellschaftlichen Kreisen den Weg ebneten.

Die Kölner Juden und Jüdinnen bemühten sich mit den ihnen zur Verfügung stehenden Mitteln, das zunehmend feindselige Klima zu verbessern, erinnert sei hier nur an die Aktivitäten des interkonfessionellen Arbeitskurses. Doch konnten sie ihren gesellschaftlichen Desintegrationsprozess ohne die Unterstützung der alten Verbündeten nicht aufhalten. Schon vor der nationalsozialistischen Machtübernahme war die Position der Kölner Juden im sozialen Gefüge der Stadt in einer Weise bedroht, die noch zu Beginn der Republik undenkbar gewesen wäre.

Anmerkungen

1 *Im deutschen Reich*, Heft 3, April/Mai 1918. Beispielhaft erwähnt seien hier die Pressenotizen in der *Jüdischen Freien Presse*, 9. Januar 1921 und in der *CV-Zeitung. Organ des Centralvereins deutscher Staatsbürger jüdischen Glaubens*, 28. August 1924.

2 *„Die Lese als Asyl völkischer Hetzer?"*, in: *Kölner Jüdisch-Liberale Zeitung*, 16. Dezember 1927 und *„Ode an Pfarrer Münchmeyer"*, in: *Rheinische Zeitung*, 31. Oktober 1928.

3 *„Antisemitische Regungen im Zentrum?"*, in: *Rheinische Zeitung*, 7. Juli 1929.

4 *„Ein neuer Geist bei der Bürgergesellschaft?"*, in: *Kölner Jüdisches Wochenblatt*, 28. Juni 1929.

5 *„Von der Vorortsgruppe Sülz-Klettenberg"*, in: *Kölner Jüdisches Wochenblatt*, 16. Dezember 1932.

6 Zum Forschungsdefizit vgl. auch Werner Bergmann/Juliane Wetzel, *„Der Miterlebende weiß nichts". Alltagsantisemitismus als zeitgenössische Erfahrung*, in: Wolfgang Benz/Arnold Paucker (Hg.), *Jüdisches Leben in der Weimarer Republik – Jews in Weimar Germany*, Tübingen *1998*, S. 173–196. Vgl. jüngst Christoph Nonn, *Aktivismus und Indifferenz: Antisemitismus in Deutschland 1871–1945*, in: Horst Lademacher u. a. (Hg.): *Ablehnung – Duldung – Anerkennung. Toleranz in den Niederlanden und in Deutschland*, Münster u. a. 2004, S. 639–661.

Wichtige Hinweise zu einzelnen Teilbereichen liefern aber Kerstin Meiring, *Die christlich-jüdische Mischehe in Deutschland 1840–1933*, Hamburg 1998; Ulrich Baumann, *Zerstörte Nachbarschaften. Christen und Juden in badischen Landgemeinden 1862–1940*, Hamburg 1999 und zuletzt Cornelia Hecht, *Deutsche Juden und Antisemitismus in der Weimarer Republik*, Bonn 2003. Noch immer grundlegend sind die einführenden Hinweise bei Monika Richarz (Hg.), *Jüdisches Leben in Deutschland, Bd. 3: Selbstzeugnisse zur Sozialgeschichte 1918–1945*, Stuttgart 1976, 1979.

7 Grundlegend zur Geschichte der deutschen Juden in der Weimarer Republik ist neben der bereits erwähnten Literatur Donald Niewyk, *The Jews in Weimar Germany*, Baton Rouge 1981 und *Deutsch-Jüdische Geschichte in der Neuzeit*, Bd. 4: *Aufbruch und Zerstörung 1918–1945*, hg. im Auftrag des Leo-Baeck-Instituts von Avraham Barkai/Paul Mendes-Flohr, München 1997. Zum Antisemitismus siehe Helmut Berding, *Moderner Antisemitismus in Deutschland*, Frankfurt/Main 1988 und Dirk Walter, *Antisemitische Kriminalität und Gewalt. Judenfeindschaft in der Weimarer Republik*, Bonn 1999.

8 So etwa bei Peter Gay, *In Deutschland zu Hause … Die Juden in der Weimarer Zeit*, in: Arnold Paucker (Hg.), *Die Juden im Nationalsozialistischen Deutschland. The Jews in Nazi Germany 1933–1943*, Tübingen 1986, S. 31–43. Wissenschaftlich kaum mehr haltbar bei Peter Schumann, *Jüdische Deutsche im Kaiserreich und in der Weimarer Republik*, in: *Geschichte in Wissenschaft und Unterricht* 43 (1992), S. 32–40.

9 Beispielhaft etwa Enzo Traverso, *Die Juden und Deutschland. Auschwitz und die „jüdisch-deutsche Symbiose"*, Berlin 1993.

10 Gay, *Deutschland* [Anm. 8], S. 34, Schumann, *Jüdische Deutsche* [Anm. 8], S. 35–38.

11 Richarz, *Jüdisches Leben* [Anm. 6], S. 38; Michael A. Meyer, *Juden – Deutsche – Juden. Wandlungen des deutschen Judentums in der Neuzeit*, LBI Information-Sonderheft, Frankfurt a. M. 1998, S. 12 und Hecht, *Deutsche Juden* [Anm. 6], S. 52.

12 Wolfgang Benz, *Die jüdische Erfahrung. Die Legende von der deutsch-jüdischen Symbiose vor 1933*, in: Ders., *Bilder vom Juden. Studien zum alltäglichen Antisemitismus*, München 2001, S. 44–56, hier S. 50, 52.

13 Zur theoretischen Fundierung dieses Ansatzes vgl. meine Dissertation mit dem Arbeitstitel *„Zwischen Integration und Ausgrenzung. Antisemitismus und jüdisch-nichtjüdische Beziehungen in Köln 1918–1933"*, die 2005 in der Schriftenreihe des Instituts für Europäische Geschichte, Mainz veröffentlicht wird.

14 Insgesamt lebten 1925 in Köln 650.000 Menschen, davon waren 75% Katholiken, knapp 20% Protestanten und 2,3% Juden. Einen ersten Überblick zu den Beziehungen zwischen Juden und Nichtjuden bietet HAStK/NS-Dokumentationszentrum (Ausstellungskatalog), *Jüdisches Schicksal in Köln 1918–1945*, Köln 1988. Leider behandelt Christoph Schank die jüdisch-katholischen Beziehungen nur kursorisch. Vgl. hierzu seine jüngst erschienene Monographie *„Kölsch-katholisch". Das katholische Milieu in Köln 1871–1933*, Köln/Weimar/Wien 2004, S. 303f.

15 Siehe hierzu Shulamith Sharon Magnus, *Jewish Emancipation in a German City. Cologne, 1798–1871*, Stanford 1997.

16 Babara Suchy, *Antisemitismus in den Jahren vor dem Ersten Weltkrieg*, in: Jutta Bohnke-Kollwitz u. a. (Hg.), *Köln und das rheinische Judentum, Festschrift Germania Judaica 1959–1984*, Köln 1984, S. 252–285, hier S. 280–282.

17 Zur englischen Besatzung in Köln vgl. Marie-Luise Recker, *Adenauer und die englische Besatzung*, in: Hugo Stehkämper (Hg.), *Konrad Adenauer. Oberbürgermeister von Köln. Festgabe der Stadt Köln zum 100. Geburtstag ihres Ehrenbürgers am 5. Januar 1976*, Köln 1976, S. 99–121 und Richard von Emden, *Die Briten am Rhein 1918–1926. Panorama einer vergessenen Besatzung*, in: *Geschichte in Köln* 40 (1996), S. 38–60.

18 Die antisemitische Gewalt der Nationalsozialisten in Köln intensivierte sich in Wahlkampfzeiten, was ihren politisch-instrumentellen Charakter unterstreicht. Siehe hierzu auch das Kapitel *„Gestaltungsräume und Gewalt im politischen Leben"* meiner Arbeit [Anm. 13].

19 Vgl. etwa Albert Lichtblau, *Antisemitismus und soziale Spannung in Berlin und Wien 1867–1914*, Berlin 1994, S. 37f. oder Arno Herzig, *Jüdische Geschichte in Deutschland. Von den Anfängen bis zur Gegenwart*, München 1997, S. 18.

20 *„Die Wohnbevölkerung in Köln in den einzelnen katholischen Dekanaten nach der Religion am 16. Juni 1925 (Volkszählung)"*, in: *Statistisches Jahrbuch der Stadt Köln 1926*, S. 33f. sowie *„Einige Ergebnisse der Volkszählung in Köln am 16.6.1933"*, in: Ebd. 1933, S. I–IV. Vgl. auch Esra Bennathan, *Die demographische und wirtschaftliche Struktur der Juden*, in: Werner E. Mosse/Arnold Paucker (Hg.), *Entscheidungsjahr 1932. Zur Judenfrage in der Weimarer Republik*, Tübingen 1965, S. 87–131, hier S. 91f. sowie Schank, *„Kölsch-katholisch"* [Anm. 14], S. 394–405.

21 Anders als die katholische Mehrheitsbevölkerung bevorzugte die protestantische Minderheit zwar auch innerhalb sozial vergleichbarer Viertel bestimmte Wohngebiete und traditionell protestantische Nachbarschaften. Trotzdem verteilte sich die Bevölkerung erstaunlich gleichförmig zu jeweils einem Fünftel in den Villen- und Arbeitervororten, der Alt- und Neustadt und den sozial gemischten Vierteln. Von einer vergleichbaren Wohnkonzentration kann also keine Rede sein.

22 Anne Sass, *Mehr als nur „Kwartier Latäng". Leben am Rathenauplatz*, Köln 1994; Elfi Pracht, *Jüdisches Kulturerbe in Nordrhein-Westfalen, Teil II: Regierungsbezirk Köln*, Köln 1997, S. 246 und jüngst Björn Windmann, *Ostjüdisches Leben in Köln 1880–1938*. Schriftliche Hausarbeit im Rahmen der Magisterprüfung an der Phil. Fak. der Universität zu Köln, Köln 2004, dem ich für die Überlassung seines Kartenmaterials für diesen Aufsatz danke. Seiner Karte liegt die Karte aus: Dorothea Wiktorin u. a. (Hg.), *Köln. Der historisch-topographische Atlas*, Köln 2001, S. 155 zugrunde. Die Markierung der Wohnungen, Geschäfte und Betsäle wurden von Björn Windmann vorgenommen. Die Daten sind entnommen aus: Britta Bopf, *„Arisierung" in Köln*, Köln 2004; *Grevens's Adressbuch von Köln und Umgebung 1930–1938* und Zeitzeugeninterviews aus dem Zeitzeugenbestand des NS-Dokumentationszentrums der Stadt Köln.

23 Die Analyse der nachbarschaftlichen Praxis basiert in erster Linie auf der Erinnerungsliteratur in Form von Zeitzeugeninterviews und Autobiografien, die natürlich einer sorgfältigen quellenkritischen Prüfung bedürfen.

24 Von 28 Zeitzeugen, die sich in den 70 ausgewerteten Interviews des NS-Dokumentationszentrums der Stadt Köln (NS-Dok.) zu den nachbarschaftlichen Beziehungen äußerten, beurteilten diese 22 als positiv (3 sehr gut, 19 gut), 1

als locker und 5 als schlecht (4 kein Kontakt, 1 negativ). Diese Tendenz zeigte sich auch in der veröffentlichten Erinnerungsliteratur.

25 Sarah Ballin, in: Barbara Becker-Jákli (Hg), *Ich habe Köln doch so geliebt, Lebensgeschichten jüdischer Kölner und Kölnerinnen*, Köln 1993, S. 15, S. 304.

26 Auch Baumann berichtet, dass im ländlichen Baden eine offene Verweigerung der Hilfsbitte nur selten vorgekommen und als „komisch" oder „absonderlich" sanktioniert worden sei, Baumann, *Zerstörte Nachbarschaften* [Anm. 6], S. 94.

27 Peter Fröhlich, *Es war ein langer Weg. Erinnerungen eines alten Kölners*, Köln 1976, S. 23.

28 Interview Gertrud Schneider, 28.11.1990, NS-Dok.

29 So das Ergebnis der Auswertung der jüdischen und sozialdemokratischen Presse und der Bestände des Polizeipräsidiums Köln, der Staatsanwaltschaft Köln und der Generalstaatsanwaltschaft Köln im Hauptstaatsarchiv Düsseldorf sowie des Oberpräsidiums der Rheinprovinz im Landeshauptarchiv Koblenz. Dieser Befund steht in deutlichem Kontrast zu den Ergebnissen Hechts, *Deutsche Juden* [Anm. 6], S. 170.

30 Interview Lotti Korn, 21.5.1990, NS-Dok.; Interview Max Siegellack, 10.11.1992, ebd.; Interview Gertrud Schneider, 28.11.1990, ebd. sowie Lore M., in: Becker-Jákli, *Köln* [Anm. 25], S. 289 und Anonyme Zeitzeugin in: Ebd., S. 289 und Zeitzeugenberichte in: Sass, *„Kwartier Latäng"* [Anm. 22], S. 74f.

31 Interview Zvi Miller, 24.06.1991, NS-Dok.; Interview Leo Blau, 9.6.1993, ebd. und Interview Samuel Brückner, 29.6.1992, ebd.

32 Beispielhaft Interview Ilse Pollack, 14.9.1990; NS-Dok., Interview Edith Freundlich, 25.6.1996, NS-Dok. und Interview Korn.

33 Diese kollektive Erfahrung jüdischer Kinder beschreiben auch Bergmann/Wetzel, *Miterlebende* [Anm. 6], S. 85, Hecht, *Deutsche Juden* [Anm. 6], S. 347 und Baumann, *Zerstörte Nachbarschaften* [Anm. 6], S. 92. Für Köln siehe auch Schank, *„Kölsch-Katholisch"* [Anm. 14], S. 304.

34 Eine Ausnahme bildete allerdings der Kölner Soziologe Alphons Silbermann, der sich weder an verbale noch an körperliche Übergriffe erinnerte. Alphons Silbermann, *Verwandlungen. Eine Autobiographie*, 2. Aufl., Bergisch Gladbach 1992, S. 49.

35 Interview Blau [Anm. 31].

36 So aber Bergmann/Wetzel, *Miterlebende* [Anm. 6], S. 185.

37 Es gilt stärker als bisher, diese kindlichen Denkstrukturen und ihre historische Erfahrungskomplexität zu berücksichtigen, um die positiv besetzten Erinnerungen nicht voreilig als Verdrängungs- und Externalisierungsleistungen im Erinnerungsprozess zu beurteilen.

38 Herbert Bluhm, in: Becker-Jákli, *Köln* [Anm. 25], S. 30f. und Henry Gruen, in: ebd., S. 253.

39 *„Blinder Eifer"*, in: *Kölner Jüdisches Wochenblatt*, 13. Januar 1928. Interview Doris Falikmann, 13.5.1997, NS-Dok., Visitationsbericht Decanat Köln-Süd über das Jahr 1927, AEK, CR I, 14.2.7.

40 Vgl. hierzu genauer Marion Kaplan, *Jüdisches Bürgertum. Frau, Familie und Identität im Kaiserreich*, Hamburg 1997 und Shulamit Volkov, *Die Juden in Deutschland 1780–1918*, München 1994.

41 Er war damit zwar höher als im Reichsdurchschnitt, der 1933 bei 41,9% lag, aber wesentlich niedriger als etwa in Berlin (54,3%) oder Hamburg (74,9%).

Als Berechnungsgrundlage dienen die Tabellen „Religion der Eheschließenden" der Statistischen Jahrbücher der Stadt Köln, da die standesamtlichen
Register der Stadt Köln im Zweiten Weltkrieg zerstört wurden.

42 Kaplan, *Jüdisches Bürgertum* [Anm. 40], S. 85.

43 Unter den jüdischen Zeitgenossen wurde die Mischehe vornehmlich als
demographische Bedrohung und Verrat am Judentum interpretiert, vgl. hierzu genauer auch Meiring, *Mischehe* [Anm. 6], S. 70–73. Till van Rahden hat
gezeigt, dass auch die ältere Forschung zur deutsch-jüdischen Geschichte diesem Deutungsmuster verpflichtet war. Ders., *Intermarriages, The „New Woman"
and the Situational Ethnicity of Breslau Jews from the 1870s to the 1920s*, in: Leo
Baeck Institute Yearbook (im folgenden LBIYB) XLVI (2001), S. 125–150.

44 Diese Zahlen wurden aus den Tabellen „*Kinder nach dem Ehestand und der Konfession der Eltern*" aus den Statistischen Jahrbüchern der Stadt Köln und der
Kölner Volkszählung vom 17. März 1939 aggregiert. Der Anteil der Kinder aus
gemischt religiösen Ehen gegenüber Kindern aus rein jüdischem Elternhaus
lag bei gut 10% mit steigender Tendenz.

45 Heinrich Becker, in: Becker-Jákli, *Köln* [Anm. 25], S. 211. Die Klassifizierung
der idealtypischen „Mischehetypen" übernehme ich von Meiring, *Mischehe*
[Anm. 6], S. 129–132.

46 Beispielhaft siehe die Interviews Gertrud Schneiders und Georg Kaufmann,
26.4.1990, NS-Dok.

47 Interview Hilde Reichmeyer, 29.3.1990, NS-Dok.

48 „*Verluste*", in: *Israelitisches Gemeindeblatt*, 1. Juni 1917 und „*Kommentar zur Statistik der Kölner Synagogengemeinde*", in: *Kölner Jüdisches Wochenblatt*, 25. April
1930.

49 Zu diesem Schluss kommt allgemein auch Meiring, *Mischehe* [Anm. 6], S. 33.

50 So protestierten der orthodoxe Rabbiner Dr. Emanuel Carlebach und der Köl-
ner Erzbischof Felix von Hartmann im Juni 1915 gemeinsam gegen die Praxis,
„falsche Kriegerwitwen" nach bürgerlichem Recht wiederzuverheiraten.
Schreiben Carlebachs an Hartmann, 21.7.1915, AEK, Gen. I; 13.2.1. Vgl. zur
Ablehnung der gemischt konfessionellen Ehen im katholischen Milieu auch
Schank, „*Kölsch-katholisch*" [Anm. 14], S. 331–340.

51 „*Herr Rosenthal und die Königin*", in: *Kölnische Volkszeitung*, 23. Oktober 1925.

52 „*Richard Wagners letzte Schrift*", in: *Rheinische Tageszeitung*, 14. Februar 1924.

53 „*Kölsche Klaaf*", in: *Westdeutscher Beobachter*, 5. November 1931.

54 Artur Joseph, *Meines Vaters Haus. Ein Dokument*, Berlin 1970, S. 58.

55 Heinrich Goldschmidt, in: Becker-Jákli, *Köln* [Anm. 25], S. 126, Interview
Harry H., 7.6.1989, NS-Dok., Ruth Pincus-Wieruszowski, Yad Vashem
033/2399.

56 Beispielhaft Marin Doerry (Hg.), „*Mein verwundetes Herz*". *Das Leben der Lil-
li Jahn 1900–1944*, 2. Aufl. Stuttgart/München 2002, S. 56f., 61 und 67.

57 So etwa im gehobenen Gesellschaftsclub des Kölner Casinos und dem Kölner Männer-Gesang-Verein, vgl. hierzu genauer Thomas Mergel, *Zwischen
Klasse und Konfession. Katholisches Bürgertum im Rheinland 1794–1914*, Göttingen 1994, S. 65 und Gisela Mettele, *Bürgertum in Köln 1775–1870. Gemeinsinn
und freie Association*, München 1998, S. 200.

58 Vgl. beispielhaft zur engagierten Arbeit Kölner Jüdinnen wie Klara Caro, Else
Falk und Rosa Bodenheimer in der bürgerlichen Frauenbewegung den Sam-

melband Kölner Frauengeschichtsverein (Hg.), „*10 Uhr pünktlich Gürzenich*".
100 Jahre bewegte Frauen in Köln – zur Geschichte der Organisationen und Verbände, Münster 1995 und zum Engagement namhafter Juden wie Leonhard Tietz in den nationalen Verbänden Ulrich S. Soénius, „*Unsere Bestrebungen sind aber wahrhaftig kein Sport…*". *Nationale Verbände in Köln während des Kaiserreichs*, in: *Geschichte in Köln* 35 (1994), S. 116–130, hier S. 121.

59 Suchy, *Antisemitismus*, [Anm. 16], S. 279.

60 Beispielsweise referierten die Kölner Journalistin Louise Strauss-Ernst bei Versammlungen des Bundes deutscher Frauen, der Synagogen-Chordirigent Benno Sternberg beim „Kölner Verein akademischer Musiklehrer" und Prof. Alfred Ludwig Wieruszewski vor der nationalen Frauengemeinschaft zum Thema „Deutsches Nationalgefühl". Die Reihe ließe sich fortsetzen. Exemplarisch sei ferner die Einweihung der Kriegergedenktafel in der Synagoge Roonstraße erwähnt, an der auch die „Vaterländischen Vereine" Kölns teilnahmen. *CV-Zeitung. Organ des Centralvereins deutscher Staatsbürger jüdischen Glaubens*, 2. Oktober 1924.

61 So berichtet über die großzügigen Spenden bei einer Wohltätigkeitsveranstaltung für das Kölner Israelitische Waisenhaus von „Veranstaltern aus allen Kreisen, ohne Unterschied der Konfession" die *Kölner Jüdisch-liberale Zeitung*, 11. November 1927.

62 Eine beispielhafte Nennung führender Persönlichkeiten in verschiedenen Vereinen kann hier nur einen Eindruck vermitteln, wie breit das Spektrum des Engagements war: Bruno Treumann (Kölner Turnverein), Bruno Kisch (Verein für Natur- und Heimatkunde Köln), Else Falk und Klara Caro (Bund Deutscher Frauen), Ludwig Tietz (Musikalische Gesellschaft und Gesellschaft für neue Musik), Dr. Adolf Kober (Gesellschaft für Rheinische Geschichtskunde) und ein anonymes Vorstandsmitglied (Kölner Bund Kriegsbeschädigter).

63 Vgl. *Kölner Universitätskalender* 1920/21, S. 86–89.

64 Zit. nach einem Artikel im *Israelitischen Gemeindeblatt*, 16. Januar 1920.

65 *Kölner Jüdisches Wochenblatt*, 27. September 1929.

66 Vgl. zur nationalsozialistischen Unterwanderung des lokalen Vereinswesens in Marburg Rudi Koshar, *Social life, local politics and Nazism: Marburg 1880–1935*, Chapel Hill 1986 und im Schwarzwald Oded Heilbronner, *Die Achillesferse des deutschen Katholizismus*, Gerlingen 1998.

67 Suska Döpp, *Jüdische Jugendbewegung in Köln 1906–1938*, Münster 1997, S. 150f.

68 *Kölner Jüdisches Wochenblatt*, 18. November 1932.

Die jüdische Abteilung der Kölner ‚Jahrtausend-Ausstellung der Rheinlande‘ 1925

Planung, Struktur und öffentlich-zeitgenössische Wahrnehmung

Tobias Arand

Die Jahrtausendfeier der deutschen Rheinlande[1]

Die Jahrtausendfeier der deutschen Rheinlande im Jahre 1925 bezog sich, historisch schwach legitimiert[2], auf die tausendjährige Wiederkehr der Einverleibung Lotharingiens und damit auch des Rheinlandes in das ostfränkische Reich durch König Heinrich I. Der Beschluss zu einem groß angelegten, mehrwöchigen ‚Feiermarathon‘ im damals noch alliiert besetzten Rheinland ging am 26. Juni 1924 von den im Provinziallandtag zusammengeschlossenen Kommunen aus.[3] Mit der Organisation der Gedenkveranstaltungen beauftragte der Provinziallandtag den Provinzialausschuss unter seinem Vorsitzenden, dem Kölner Oberbürgermeister Konrad Adenauer, und den Duisburger Oberbürgermeister und vormaligen Innenminister Karl Jarres, den politischen Initiator der Feiern.[4] Die Tausendjahrfeiern hatten insbesondere die Funktion einer offenen Demonstration des kulturell wie historisch selbstbewussten Rheinlandes für die deutsche Nation, gegen die alliierte Besatzung an Rhein und Ruhr sowie gegen französische Annexionsansprüche und Kulturpropaganda im besetzten Rheingebiet.[5] In der aus Anlass der Feiern von dem Historiker Aloys Schulte herausgegebenen Festschrift zur rheinischen Geschichte „Tausend Jahre deutscher Geschichte und deutscher Kultur am Rhein" wurde die Ablehnung der französischen Besatzung unverschlüsselt zum Ausdruck gebracht: „Als vor 130 Jahren die Franzosen ins Rheinland kamen, brachten sie auch große Gedanken mit, die bei den Deutschen fruchtbar wurden. Der Einzug von 1918 brachte nicht einen."[6] Als Reaktion auf derartige Äußerungen und aus Sorge, die Festveranstaltungen könnten zu gewaltsamen Protestaktionen gegen die Besetzung ausufern, verfügte die Interalliierte Rheinlandkommission für die Durchführung der Feierlichkeiten in den besetzten Gebieten strenge Auflagen, ohne sich aber zu einem Verbot entschließen zu können.

Dass die Feiern aber auch mit dem ganz profanen Hintergedanken der Tourismusförderung geplant wurden, darf wohl angenommen werden.[7]

Die Feierlichkeiten sollten aber zumindest vordergründig zur Förderung regionaler Identität dienen, zielten dabei aber tatsächlich vor allem auf das nationale Bewusstsein und den Gedanken der rheinisch-deutschen Einheit, wie in Konrad Adenauers Eröffnungsrede zur Kölner ‚Jahrtausend-Ausstellung' am 16. Mai 1925 deutlich wird: „Nur wer die Stürme mit erlebt hat, die in den letzten Jahren über das rheinische Land dahingegangen sind, nur wer gefühlt hat, wie die Erde unter uns, wie unsere Heimaterde bebte, nur wer empfunden hat, was es heißt, um Heimat, Volkstum und Vaterland zittern zu müssen, nur der kann ganz ermessen und verstehen, was die Jahrtausendfeier uns Rheinländern ist, wie sie uns aus dem Innersten, aus tiefstem Herzen kommt: diese Feier seelischer Vertiefung und Erhebung, die Feier rheinischen Deutschtums."[8] Wenige Jahre nach den vergeblichen rheinischen Unabhängigkeitsbestrebungen von 1923 waren die Jahrtausendfeiern für die Rheinländer und nicht zuletzt für Adenauer auch noch eine gezielt herbeigeführte Gelegenheit, allen weiteren Separationsplänen und -verdächtigungen die Grundlage zu entziehen.[9]

In allen Regierungsbezirken der preußischen Rheinprovinz wurden die Jahrtausendfeiern aufwendig mit Festumzügen, historischen Theaterspielen, Sportveranstaltungen, Heimatabenden und zahlreichen Sonderausstellungen begangen. Neben Köln waren unter anderem Trier, Koblenz, Düsseldorf und Aachen Gastgeber großer Ausstellungen. Außer den Stadtverwaltungen spielten insbesondere die Krieger- und Heimatvereine, aber auch Wirtschaftsunternehmen bei der Planung und Durchführung der lokalen Feierlichkeiten eine Rolle. Zahlreiche zur Jahrtausendfeier erschienene Publikationen zu Geschichte und Kultur des deutschen Rheinlandes taten ein Übriges, das Thema ‚rheinische Identität' verstärkt in den Mittelpunkt zu rücken.[10]

Die jüdische Abteilung der ‚Jahrtausend-Ausstellung der Rheinlande' – Planung und Struktur

Der zentrale Erinnerungsort rheinischer Geschichte und regionaler wie nationaler Selbstfindung während der Feierlichkeiten war jedoch die große ‚Jahrtausend-Ausstellung der Rheinlande', die vom Mai bis August 1925 auf dem 1924 fertig gestellten Köln-Deutzer Messegelände stattfand.[11]

Fachlich übergreifend geplant und koordiniert wurde die Ausstellung durch den Historiker Wilhelm Ewald aus Neuss[12], dem späteren Direktor des Hauses der Rheinischen Geschichte in Köln, und den an der Universität Köln lehrenden Wirtschaftshistoriker Bruno Kuske.[13] Die einzelnen

28 Messegelände Köln-Deutz zur Zeit der „Jahrtausend-Ausstellung", Foto 1925

Themenkomplexe der Ausstellung wurden von einer Reihe bekannter rheinischer Wissenschaftler bearbeitet.

Konrad Adenauer begleitete in seinen Funktionen als Kölner Oberbürgermeister, als Organisator der Rheinland-Feiern und als Ausstellungsvorstand das Gelingen des Projekts mit großem Interesse und politischem Engagement. Für Adenauer verband sich mit der ‚Jahrtausend-Ausstellung' nicht nur der Nachweis stolzer deutsch-rheinischer Kulturkontinuität, sondern auch deutscher Friedensgesinnung wie deutschen Freiheitswillens. Im Beisein des Reichskanzlers Hans Luther und des preußischen Ministerpräsidenten Otto Braun hielt Adenauer anlässlich der offiziellen Eröffnung der rheinischen Jahrtausendfeiern am Abend des 16. Mai 1925 im Kölner Gürzenich eine pazifistische Ansprache, die sich immer wieder auf die am Morgen des Tages eröffnete Kulturschau bezog: " ... das Rheinland ist eines der ältesten Kulturländer Europas. (Zustimmung) Es wird von einer Bevölkerung bewohnt, die auf hoher kultureller Stufe steht. Trotzdem ich Rheinländer bin ... darf ich uns dieses Zeugnis ausstellen, denn die Ausstellung, die wir heute dort drüben eröffnet haben, ist aller Welt ein Beweis dafür, dass schon vor Hunderten von Jahren hier eine Bevölkerung gelebt hat, die die Werke des Friedens und die Werke der Kunst zu schützen ver-

Tobias Arand

stand. (Bravo) Niemand mehr als wir … ist davon durchdrungen, dass die Völker Europas in Zukunft Frieden untereinander halten müssen. Niemand mehr als wir sehnt den Tag herbei, an dem der Friede Europas nicht mehr gegründet ist auf eine möglichst grosse Zahl von Flugzeugen, von U-Booten, von Gaswaffen und wie die Mordinstrumente alle heissen … . Aber gerade diese unsere Ueberzeugung, dieser unser Wille zum Frieden berechtigt uns auch andererseits, vor aller Welt zu sagen, dass wir in Zukunft frei sein wollen wie irgendein Volk in Europa, (Stürmischer Beifall) und dass wir keine, auch gar keine Beeinträchtigung und Fesseln unserer Freiheit auf die Dauer ertragen können."[14]

Die Ausstellung war unterteilt in die Abteilungen ,A' über die „geschichtliche, politische und künstlerische Entwicklung" und ,B' zu den „kommunalpolitischen, wirtschaftlichen und sozialen Tatsachen" des Rheinlandes.[15] Die Abteilung ,A' im Erdgeschoss der Ausstellungshalle gliederte sich wiederum in 29 Unterabteilungen, die in 52 Räumen untergebracht waren. Abteilung ,B' befand sich im 1. Obergeschoss der West- und Südhalle. Die einzelnen Themen, z. B. „Großhandel und Börsen", „Die Steinindustrie", „Frauenvereine" oder „Westerwälder Tonzeug", verteilten sich hier auf 91 Räume.

Während in Abteilung ,B' nur vereinzelt und ohne gesonderten Hinweis Bezüge auf den jüdischen Beitrag zur rheinischen Wirtschafts- wie Sozialgeschichte zu finden waren,[16] widmete Abteilung ,A', über einzelne Bezüge bei anderen Themenfeldern hinaus, dem Bereich ,Juden und Judentum' immerhin drei, wenngleich kleinere, Räume.[17] Verantwortlich für Inhalt und Planung der jüdischen Abteilung waren der Kölner Gemeinderabbiner Adolf Kober und die Assistentin am Kölner Kunstgewerbemuseum Elisabeth Moses. Mit Kober konnte für dieses Projekt nicht nur ein Fachmann zu Fragen der jüdischen Religion, sondern auch ein kenntnisreicher Landes- und Kulturhistoriker gewonnen werden.[18] Der 1879 in Beuthen/Oberschlesien geborene Kober hatte 1903 an der Universität Breslau mit einer Arbeit über die mittelalterliche Geschichte der Juden in Köln promoviert[19] und 1907 zusätzlich das Rabbinerexamen abgelegt. 1918 übernahm Kober in Köln, also in einer der größten jüdischen Gemeinden Deutschlands, die Stelle eines Gemeinderabbiners. Hier gründete er 1928 auch das ,Jüdische Lehrhaus' als Stätte jüdischer Erwachsenenbildung. Im selben Jahr

29   Porträt des Rabbiners
     Dr. Adolf Kober

verantwortete Kober auch die inhaltliche Planung des jüdischen Presse-pavillons auf der großen Kölner Kulturschau ‚Pressa‘.[20] Neben seiner Rabbinertätigkeit widmete sich Kober in zahlreichen wissenschaftlichen Publikationen der Geschichte der rheinischen Juden.[21] In den dreißiger Jahren war Kober Mitherausgeber der „Zeitschrift für die Geschichte der Juden in Deutschland". 1939 emigrierte er in die USA, wo er bis zu seinem Tod 1958 in New York neben seiner Arbeit als Rabbiner weiter wissenschaftlich tätig blieb.[22] Köln besuchte Kober nur noch in den Jahren 1953 und 1957. Im Jahre 1963 benannte die Stadt Köln eine Straße nach Adolf Kober.

Elisabeth Moses, 1894 in Köln als Tochter eines angesehenen jüdischen Arztes geboren[23], war promovierte Kunsthistorikerin[24]. 1928 arbeitete sie wie Kober am jüdischen Pavillon der Pressa. Im Jahre 1929 geriet sie in den Strudel eines von der Kölner Presse begierig aufgenommen Skandalprozesses, der zur ihrer vorläufigen Entlassung aus dem städtischen Dienst führte. Der Vorwurf, sie habe ein „unsittliches Verhältnis" mit dem Leiter des Kunstgewerbemuseums Karl Schäfer gehabt, erwies sich als haltlos und Ergebnis einer Intrige, die aber zur Entlassung des bei der Kölner Stadtverwaltung ohnehin umstrittenen Museumsdirektors führte.[25] Moses wurde zwar wieder in den Museumsdienst übernommen, verlor aber nach der nationalsozialistischen Machtübernahme erneut ihre Anstellung. Elisabeth Moses gelang vermutlich schon 1934 die Flucht in die Vereinigten Staaten. Dort fand sie eine Anstellung im De Young-Museum in San Francisco, für das sie 1949 und 1955 Ausstellungen zum ‚Modern Design‘ organisierte. Ohne die Stadt Köln, mit der sie 1956 einen Prozess um Ruhegeld und Höhe der Wiedergutmachung führte[26], noch einmal besucht zu haben, verstarb Elisabeth Moses 1957 in San Francisco. Neben einer umfangreicheren Darstellung jüdischer Kunstdenkmäler im Rheinland, die aus ihrer Arbeit für die jüdische Abteilung der „Jahrtausend-Ausstellung" resultierte, hinterließ sie der Forschung einige kleinere kunstgeschichtliche Beiträge.[27]

Wenngleich nicht mehr sicher nachzuvollziehen ist, ob bereits bei den ersten Planungen für die Ausstellung, die schon im Jahre 1923 noch etwas unstrukturiert anhoben, an eine jüdische Abteilung gedacht war,[28] begannen die Vorarbeiten für eine solche nachweislich schon im Verlauf des folgenden Jahres. Auf einer Vorschlagsliste für die Besetzung der Ehrenausschüsse und der die Themenfelder koordinierenden Arbeitsausschüsse der „Jahrtausend-Ausstellung" vom 27. September 1924 wurden der Vorsitzende der Synagogengemeinde Emil Blumenau für den Ehrenausschuss und Kober für den Ausschuss V. ‚Geschichte und Politik‘ vorgeschlagen.[29] Allerdings muss Kober bereits zuvor mit den Arbeiten für die jüdische Abteilung begonnen haben, da er mit Schreiben vom 26. Oktober 1924 Oberbürgermeister Adenauer für den Vorschlag dankt, im Ausschuss ‚Geschichte und Politik' mitarbeiten zu können, sich aber gleichzeitig für die nächste Sitzung des Ausschusses entschuldigen lässt, da er „... in Sachen der Jüd. Abteilung der Ausstellung ... verreist ..."[30] sei.

Kobers und Moses' erste Aufgabe bestand darin, ein Konzept der Abteilung und eine Liste der in Frage kommenden Ausstellungsgegenstände zu erarbeiten.[31] Eine erste Liste umfasste eine eindrucksvolle Menge von Ausstellungsgegenständen, die Kober bei Institutionen und Privatbesitzern in über 60 deutschen und europäischen Städten zur möglichen Entleihung vorsah. Für die Synagogengemeinde Mainz etwa wurden unter anderem neun Thoravorhänge, sieben Aufsatzpaare für Thorastangen, drei Deuter zum Lesen der Thora und ein Friedhofslageplan von 1759 aufgelistet und aus Budapest sollte ein wertvoller Mischneh-Thora-Codex entliehen werden.[32] Ausgestattet mit einem Legitimationsschreiben der Stadt Köln, in dem darum gebeten wurde, „Herrn Rabbiner Dr. Kober in seinen Bestrebungen, die jüdische Abteilung durch Heranziehung wertvoller kultur- und kunsthistorischer Gegenstände zur Geschichte des rheinischen Judentums möglichst reichhaltig und umfassend zu gestalten, freundlichst unterstützen zu wollen"[33], reiste Kober in verschiedene rheinische Städte, um mögliche Exponate auszuwählen und zu entleihen. Dass es bei einigen der potenziellen Leihgeber allerdings Bedenken gegen ein Entleihen ihrer zum Teil sehr wertvollen Exponate gab, zeigt ein späteres Schreiben Ewalds an einige Synagogengemeinden vom 12. Dezember 1924, in dem er ausdrücklich auf Versicherungs- und Finanzierungsfragen eingeht: „Wir betonen erneut, daß die Stadt Köln selbstverständlich alle aus Versand und Versicherung der Ausstellungsgegenstände entstehenden Unkosten übernimmt und die Gewähr für vollständig sichere Unterbringung bietet."[34] Dennoch gestalteten sich die Ausleihverhandlungen zuweilen schwierig. Die Israelitische Religionsgemeinschaft Mainz z. B. verweigerte die Entleihung eines Memor-Buches: „... erwidern wir, dass wir zu unserem Bedauern ihrem Ersuchen nicht willfahren können, indem wir das Memor-Buch prinzipiell nicht aus der Hand geben."[35]

Trotz derartiger Schwierigkeiten gelang es Kober und Moses, eine reichhaltige Abteilung zu realisieren, waren doch schließlich die meisten Gemeinden von dem Plan, im Rahmen einer großen überregional wahrgenommenen Ausstellung auch den Beitrag der jüdischen Kultur und Geschichte einem mehrheitlich nichtjüdischem Umfeld präsentieren zu können, mehr als angetan. Letzteres zeigt sich unter anderem daran, dass einige der Angeschriebenen als Antwort auf die Anfrage nach möglichen Exponaten direkt Pläne für den Aufbau der Abteilung zurücksandten. So regte z. B. ein Berliner Leihgeber für die Ausstellung den Nachbau einer

Synagoge an, musste sich jedoch mitteilen lassen, dass dies ohnehin geplant sei.[36]

Der erste Strukturplan der jüdischen Abteilung war noch recht oberflächlich gehalten. In einem vorläufigen Programm der „Jahrtausend-Ausstellung" wird die Abteilung V. ‚Das Judentum und die Synagoge' in grober Gliederung vorgestellt: „1) Die Judenviertel in den rheinischen Städten 2) Die Synagoge (Ritualaltertümer, Judenfriedhöfe, Grabstein (Abgüsse) 3) Urkunden, die in Verbindung mit dem Judentum stehen."[37] In einer Übersicht über die Abteilung, die im Herbst 1924 an die Gemeinden mit der Bitte um Bereitstellung von Exponaten geschickt wurde, hatte die Planung bereits festere Konturen angenommen: „I. Öffentlich-rechtliche Stellung der Juden der Rheinlande ... II. Die jüdischen Gemeinden des Rheinlandes ... III. Inneres Leben ... IV. Bilder, Briefe und Autogramme aus der Geschichte berühmter Familien ... V. Wichtige Handschriften und Drucke ... ."[38]

In die Räume 36 bis 38, die der jüdischen Abteilung vorbehalten waren, gelangte man im Verlauf des geplanten Ausstellungsrundgangs nach dem Besuch der Räume zum rheinischen ‚Bürger- und Bauernhaus'. Beim Verlassen der jüdischen Abteilung gelangte man in die Räume ‚Rheinisches Geistesleben – Universitäten'.[39] Die an die Gemeinden verschickte Strukturübersicht lässt sich aber schließlich in der tatsächlichen umgesetzten Struktur der Abteilung – die anders als ursprünglich geplant, den Titel ‚Juden und Judentum im Rheinland' trug – kaum wiedererkennen. Im namentlich nicht gekennzeichneten Katalogbeitrag zur jüdischen Abteilung, den entweder Adolf Kober oder Elisabeth Moses verfasst haben dürfte, werden die Exponate den Bereichen ‚1. Äußere Geschichte', ‚2. Geistesgeschichte', ‚3. Das religiöse Leben' und schließlich ‚4. Die Synagoge' zugeordnet.[40]

Der Besucher von Raum 36 stieß zu Beginn auf ein „Zimmer am Abend des Osterfestes (Sederabend); darin Sederschüssel, Sedertücher, Haggadas, Schalen, Becher für den Sedertisch ...".[41] Weitere Exponate in Raum 36 sollten den Anteil der jüdischen Gemeinden an Geschichte und Kultur des Rheinlandes betonen.[42] So wurden Bilder von alten jüdischen Friedhöfen, Porträts und Werke bekannter rheinischer Juden oder alte Matrikeleintragungen jüdischer Studenten an rheinischen Universitäten ausgestellt. Den hohen Stand der jüdischen Philosophie und anderer Wissenschaften dokumentierten Vitrinen mit Handschriften und Folianten. Judenverordnungen und Schutzbriefe zeigten den wechselvollen Umgang der Nichtjuden mit der jüdischen Minderheit. Zum anderen sollte in Raum 36 aber auch durch die Präsentation von silbernen Thoraschilden[43], alten Chanukkaleuchtern und Thoravorhängen[44] die künstlerische Qualität des

30 Nachbau einer Synagoge in der „Jahrtausend-Ausstellung", Foto 1925

jüdischen Kultgeräts demonstriert werden. Dass Kober und Moses hier der starken Gewichtung älterer christlich-sakraler Kunst in vielen anderen Räumen der Abteilung ‚A' der ‚Jahrtausend-Ausstellung' selbstbewusst, aber auch in integrativer Absicht die jüdischen Leistungen an die Seite stellen wollten, ist evident.

Raum 37 wurde durch den Nachbau einer Synagoge aus Originalstücken des 17. und 18. Jahrhunderts ausgefüllt.[45] Hier lag die Absicht darin, den vorwiegend nichtjüdischen Besuchern die Praxis der ihnen zumeist fremden Religion näher zu bringen. Gebildet wurde die Synagoge durch drei Thoravorhänge, Bänke und Almemor (Lesepult für die Thorarolle), zwei Beschneidungsbänke, zwei Chanukkaleuchter, Aron Hakodesch (Thoraschrein), Thorarollen mit Silberverzierung, Thoramäntelchen, einen Spendenteller, ein Gitter zwischen Männer- und Frauenabteilung aus der ehemaligen Synagoge Ehrenbreitstein, zwei Kerzenleuchter, ein Deckchen von 1520 und zwei Hängeleuchter, die ebenfalls aus Ehrenbreitstein stammten.

Raum 38[46] schließlich zeigte weitere Fotografien sowie Abgüsse von jüdischen Grabsteinen, Modelle, z.B. der Mikwe, des Ritualbades der jüdischen Gemeinde von Worms[47], und Übersichtskarten jüdischer Siedlungen im Rheinland.

31   Blick in Raum 38 der „Jahrtausend-Ausstellung", Foto 1925

In Vitrinen lagen kaiserliche Privilegien und Schutzbriefe aus. Eine besondere rheinische Identität und nationale Legitimation stiftende Bedeutung kam in diesem Zusammenhang der Großfotografie einer vatikanischen Abschrift des Codex Theodosianus zu, in der für das Jahr 321 zum erstenmal Juden am Rhein erwähnt werden.[48]

Insgesamt waren in den drei Räumen unter 132 Exponatnummern mehrere hundert Ausstellungsstücke zu sehen. Dass sowohl die Fotos aus der jüdischen Abteilung als auch die Aufzählung im Katalog eine für den Besucher kaum zu bewältigende Fülle und angesichts der kleinen Räume 36–38 eine nur wenig übersichtliche Präsentationsstruktur zeigen, kann allerdings kaum Kober und seiner Mitarbeiterin Moses angelastet werden. Ein Blick auf die anderen Abteilungen der Ausstellung und vergleichbare zeitgenössische Projekte in anderen Städten zeigt ein ähnliches Bild. Nicht didaktische Reduzierung, sondern Präsentation eines erschlagenden Überflusses an Exponaten ist das vorherrschende Stilmittel der meisten Ausstellungsmacher jener Zeit.

Die von Kober und Moses zusammengetragenen Exponate sollten den Grundstock für eine jüdische Sammlung des Projekts ‚Rheinisches Museum' bilden, das von Konrad Adenauer aufgrund einer Anregung des Kunsthistorikers Paul Clemen initiiert wurde. Die Versuche, entliehene

Stücke zu diesem Zweck von den Entleihern aufzukaufen, scheiterten jedoch mehrheitlich – viele Entleiher mahnten sogar in etwas ungehaltenen Schreiben die rasche Zurücksendung der Exponate nach Ausstellungsende an.[49] 1963/64 wurden die von Kober und Moses ausgesuchten Exponate zum Teil noch einmal in der großen Ausstellung ‚Monumenta Judaica‘ gezeigt.[50] Die Judaica-Bestände im heutigen Kölnischen Stadtmuseum gehen auf die Sammlungstätigkeit für das im Krieg zerstörte ‚Rheinische Museum‘ zurück.[51]

Von Ergriffenheit bis Ablehnung – Die zeitgenössische Wahrnehmung der jüdischen Abteilung der Jahrtausendausstellung[52]

Wie wurde die jüdische Abteilung der – in der veröffentlichten Meinung überwiegend gefeierten – Jahrtausend-Ausstellung wahrgenommen? In seiner bereits angesprochenen Rede zur Eröffnung der rheinischen Tausendjahrfeiern offenbarte Kölns Oberbürgermeister Adenauer, auf welche Weise er diese Abteilung verstanden wissen und welche Funktion er ihr zukommen lassen wollte: „Alle Konfessionen, die Katholiken, die Protestanten, die Juden, alle Parteien, der Arbeitgeber wie der Arbeitnehmer, alle haben dort in vorbildlicher Einigkeit mitgearbeitet. Diese Einigkeit im rheinischen Volke und darüber hinaus im deutschen Volke erhalten und wachsen zu sehen, das ist der herzlichste draengendste Wunsch gerade des besetzten Gebietes (lebhafter Beifall).“[53]

In einer Pressemitteilung der Veranstalter, die bereits frühzeitig die Bedeutung einer ständigen Präsenz in den regionalen lokalen und überregionalen Zeitungen für den Erfolg des Projekts erkannt hatten[54], erscheint die jüdische Abteilung hingegen als kleiner Anhang im Schatten der künstlerischen Leistungen der christlichen Kirchen: „Das kirchliche Kunstgewerbe mit seinen wundervollen Schreinen, allen voran der Dreikönigenschrein aus dem Dome zu Köln, der Maurinus- und Albinusschrein von St. Pantaleon in Köln, der Suitbertschrein aus Kaiserswerth, der Annoschrein von Siegburg, mit seinen kirchlichen Geräten und Gefässen, der Altarplastik und Tafelmalerei, wird das unübertreffliche Bild der sakralen Kunst vollenden. Auch die evangelische Kirche in ihrer kulturellen Entwicklung ist vertreten durch die einzigartigen Typen ihres Kirchenbaus wie die pfälzischen, die westerwälder, die bergischen und niederrheinischen Gemeindekirchen, sowie das Judentum mit seinen charakteristischen rituellen Kultgegenständen, deren Ursprung teilweise in die graue Vorzeit zurückreicht.“[55]

Dass Paul Clemen, der entscheidend an der kunstgeschichtlichen Vorbereitung der Ausstellung mitgewirkt hatte, bei seinem längeren Einführungsvortrag zur Eröffnung für die präsentierten katholischen und evangelischen Kunsterzeugnisse besonders „packende Worte fand"[56], die Kunstwerke der jüdischen Abteilung jedoch nicht erwähnte, könnte auf eine gewisse Geringschätzung seitens des Redners schließen lassen, verweist aber zugleich auch auf eine Tendenz in der folgenden Berichterstattung vieler nichtjüdischer Rezensenten.[57] So war manchen Berichterstattern die jüdische Abteilung trotz langer und begeisterter Passagen über „Reichtum und unerschöpflich scheinende Zahl der hier (in der ‚Jahrtausend-Ausstellung', d. Vf.) gezeigten Kulturgüter" oder über „Meisterwerke" und „Wunder" rheinischer Kunst keine Erwähnung wert.[58] Andere Zeitungen, die ebenfalls in geradezu hymnischen Elogen von der Kulturschau berichten, nennen die jüdische Abteilung nur in äußerster Kürze und werten diese so im Verhältnis zu den ausführlich dargestellten anderen Abteilungen deutlich ab: „Eine Stellung für sich nahm im Mittelalter das Judentum ein, und dementsprechend ist es auch mit reichem historischen Material versehen."[59] Eine offene, antisemitisch motivierte Ablehnung ist bei den bürgerlich-nichtjüdischen Berichten jedoch nicht zu finden. Explizit antisemitische Äußerungen waren Mitte der zwanziger Jahre ohnehin noch nicht mehrheitsfähig.

Doch selbst Rezensenten nichtjüdischer Publikationsorgane konnten manchmal einen anderen Blick auf die jüdische Abteilung einnehmen, wie ein Bericht des Kölner Stadt-Anzeigers mit einer Übersicht über die einzelnen Ausstellungsabteilungen zeigt: „Die rheinischen Judengemeinden sind die ältesten auf deutschem Boden, daher hat die jüdische Abteilung der Ausstellung … ein besonders umfangreiches Material aufzuweisen. … Eine große Anzahl interessanter alter Urkunden, mit prächtigen Siegeln versehen, veranschaulicht die mannigfachen Schicksale der rheinischen Juden in den folgenden Jahrhunderten … . Die wundervolle, vierbändige rheinische Maimondes-Handschrift des 14. Jahrhunderts aus Budapest kann sich den schönsten gotischen Pergamenten an die Seite stellen."[60] Ein Zeugnis der aufklärerischen Wirkung der Abteilung, die zu den meistbesuchten der Jahrtausend-Ausstellung gezählt haben soll[61], auf viele nichtjüdische Besucher ist die auf der Tagung des Jüdischen Lehrerverbandes gehaltene Rede des Kölner Bürgermeisters und Schuldezernenten Kaspar Linnartz: „Wir wußten gar nicht, daß sie eine so alte Kultur in unserer Mitte haben … . Ich habe die feste Überzeugung und den Wunsch, daß gerade diese Ausstellung den Stein legen möge zu einem künftigen idealen Mit- und Nebeneinander im Dienste unseres Vaterlandes."[62]

Die beabsichtigte Wahrnehmung der Abteilung aus jüdischer Sicht dokumentierten Adolf Kober und Elisabeth Moses in zwei kurzen Beiträgen zur ‚Jahrtausend-Ausstellung'. Kober, der seinen Aufsatz in der C.-V.-Zeitung, dem Periodikum des mehr als die Hälfte der deutschen Juden institutionell vertretenden national gesinnten, bildungsbürgerlichen Central-Vereins deutscher Staatsbürger jüdischen Glaubens, veröffentlichte, nennt die Funktion seiner Abteilung deutlich und begründet ihren Erfolg in der beobachteten positiven Wirkung auf die ‚andersgläubigen' Besucher: „Jedenfalls scheint durch die jüdische Abteilung, wenn man auf die Urteile der Andersgläubigen hört, die zu vielen Tausenden die Abteilungen besucht haben, auch dem Judentum ein Dienst erwiesen worden zu sein, da sie das Recht der deutschen Juden auf den rheinischen Heimatboden unwiderleglich beweist."[63] Ähnlich äußerte sich Elisabeth Moses: „Alle Gesichtspunkte der Jahrtausendausstellung werden beherrscht von der politischen, der deutschen Tendenz … . Was ihr aber die eigene Note verleiht, das ist der hier gelieferte Beweis, dass jüdische Kultur am Rhein zwar Dienerin gewesen ist, jüdischen Glaubens und jüdischer Religionsübung, daneben aber Mitbegründerin und Mitträgerin rheinischer und damit deutscher Kultur."[64] Doch auch jüdische Besucher, die nicht mit der Organisation der Abteilung vertraut waren, äußerten sich begeistert. Manche von ihnen drückten ihre Ergriffenheit aus[65], andere werteten im Sinne der Organisatoren, wie der Berliner Central-Vereins-Syndikus Artur Schweriner: „In einer gewaltigen, der deutschen Geschichte geweihten Ausstellung – eine ‚Jüdische Abteilung'. Kein ‚Fremdkörper' inmitten herrlicher Wahrzeichen der Entwicklung deutschen Volkstums. Jeder, ob christlicher oder jüdischer Deutscher, der den Messepalast mit unbefangener Anteilnahme besucht, wird sagen müssen, daß die Jüdische Abteilung ein organischer Bestandteil der Jahrtausendausstellung ist, mit ihr verwachsen wie die Geschichte der rheinischen Juden mit der deutschen Kultur selbst."[66]

Die innerjüdische Begeisterung war jedoch nicht ungeteilt. ‚Der Schild', Publikationsorgan des ‚Reichsbundes Jüdischer Frontsoldaten', veröffentlichte eine Kritik der Ausstellung, die zwar die weihevolle Atmosphäre der rekonstruierten Synagoge lobte, aber zugleich ein Informationsdefizit für nichtjüdische Besucher bemängelte: „Man empfängt Ahnung, wo man Wissen haben sollte, Wissen besonders für die, der nach Zehntausenden zählenden Ausstellungsbesuchern [sic!], in deren Blut nichts spricht von jüdischer Tradition und Kultur, und die doch deren befruchtenden Keim für deutsches Leben und deutsche Entwicklung erkennen lernen sollten."[67] Härter fiel die Kritik von Erich Toeplitz aus, dem Kustos des Museums jüdischer Altertümer in Frankfurt a. M. Toeplitz kritisierte zum einen Mängel der Ausstellungspräsentation. So kamen ihm die Modelle zu wenig zur Geltung, bei den Urkunden vermisste er Zusammenfassungen, andere Exponate erschienen ihm nur unzureichend platziert, in der Synagoge fehlten ihm künstlerisch wertvolle Ausstellungsstücke und die Zusammenhänge in Raum 36 waren ihm wegen der Materialfülle für den Besucher kaum nachvollziehbar. Zum anderen widersprach er als Konsequenz aus den beobachteten Mängeln scharf der von Kober behaupteten Wirkung der jüdischen Abteilung: „Auch über den Erfolg des leitenden Gesichtspunkts, ‚das Recht der deutschen Juden auf ihren rheinischen Heimatboden zu beweisen‘, könnte man verschiedener Meinung sein. Der Abteilungsleiter sagt, daß sie es unwiderleglich beweist, trotzdem sich so etwas nicht in der wenig repräsentativen Form beweisen läßt."[68] Doch trotz derartiger Kritiken stellte Kober in einer 1929 formulierten Rückschau auf die jüdische Abteilung der ‚Jahrtausend-Ausstellung‘ befriedigt fest, dass diese „… erwiesenermaßen den Sinn für Heimatgeschichte gefördert und in manchen Städten mitunter zur Eröffnung eines heimatlichen jüdischen Museums geführt hat."[69]

Im Zusammenhang der mit Verve ausgetragenen Auseinandersetzungen zwischen national gesinntem Central-Verein, den Zionisten und anderen, auch internen Kritikern über die Frage des Verhältnisses von deutschen Juden zu Deutschland geriet die jüdische Abteilung aber auch zum Streitfall und zum politischen Argument. Die zionistische Presse ignorierte die Ausstellung und ihre jüdische Abteilung weitgehend – die Jüdische Rundschau aus Berlin erwähnte sie z. B. nur in einem knapp siebenzeiligen Veranstaltungshinweis.[70] Vom seit 1923 bestehenden Kölner Jüdischen Wochenblatt, das dezidiert zionistische Positionen einnahm und sich kritisch mit der jüdischen Abteilung der ‚Jahrtausend-Ausstellung‘ beschäftigt haben dürfte, liegt der Jahrgang 1925 leider nicht mehr vor.[71]

Auch eventuell kritische Stellungnahmen der Adass Jeschurun, einer orthodoxen Abspaltung von der Kölner Synagogengemeinde, konnten nicht über die Zeit des Nationalsozialismus hinweg gerettet werden. In der überregionalen Zeitung Der Israelit – Centralorgan für das orthodoxe Judentum findet sich jedoch eine begeisterte Kritik der jüdischen Abteilung. Die Rezensentin bezeichnet die Ausstellung als „wunderbar" und „einzigartig", nennt es „ein Wunder", „… daß man in unserer Zeit der jüdischen Abteilung auf rheinischer Erde den gebührenden Anteil gegeben hat" und folgert schließlich: „Kein Jude sollte es versäumen, sie zu besuchen."[72]

Dass sich sogar manche Zionisten in den zwanziger Jahren von jüdischen Abteilungen auf großen deutschen Ausstellungen einen aufklärerischen Nutzen versprachen, zeigen die Äußerungen Max Bodenheimers, Mitglied im Kölner Synagogenvorstand und prominenter Vertreter der zionistischen Bewegung. Er stellte im Hinblick auf den von ihm mitverantworteten jüdischen Pavillon der ‚Pressa‘ fest: „Die Sonderschau wurde von mehr als 100.000 Menschen besucht, und wir konnten hoffen, dadurch einen wichtigen Beitrag zur Bekämpfung des Vorurteils gegen die Juden geleistet zu haben."[73]

Der schon erwähnte Artur Schweriner nutzte die jüdische Abteilung hingegen als Argument der Auseinandersetzung mit Kritikern innerhalb wie außerhalb des Central-Vereins: „Die rheinische Jahrtausendausstellung sei gesegnet, daß sie in diesen Tagen unfruchtbaren Diskutierens um den notwendigen deutschen und jüdischen Prozentgehalt im C.V. Gelegenheit gab, Gefühlschemiker und Verstandsmathematiker intra et extra muros als mehr oder weniger ernst zu nehmende ‚Theoretiker' erscheinen zu lassen. Köln hat weithin leuchtend gezeigt, daß wir im C.V. auf dem richtigen Wege sind … ."[74]

In einem politischen und kulturellen Umfeld, in dem auf der einen Seite eine Zunahme antisemitischer Agitationen radikaler Stimmen beobachtet werden konnte, die aber noch in der Minderheit waren, gleichzeitig aber auch eine stärkere Hinwendung deutscher Regionalmuseen zur Frage des jüdischen Anteils an der deutschen Geschichte zu beobachten war[75], bedeutete die Tatsache einer jüdischen Abteilung in einer großen, explizit politisch und deutsch-patriotisch angelegten Ausstellung zwar keine Sensation, aber auch keine Selbstverständlichkeit.[76] Mit Kober und Moses konnten zwei jüdische Wissenschaftler weitgehend eigenständig und selbstverantwortlich eine Abteilung nach ihren Vorstellungen und Interessen gestalten. Dass für diese Aufgabe allerdings Wissenschaftler herangezogen wurden, an deren deutsch-patriotischer Gesinnung es keinen Zweifel geben konnte, ist wenig überraschend.

Ungeachtet aller zeitgenössischen, das Lob aber keineswegs übertönenden Kritik und ungeachtet der präsentatorischen Mängel stellt die jüdische Abteilung der Jahrtausend-Ausstellung den Planern der Ausstellung und damit auch den nichtjüdischen politischen und kulturellen Entscheidungsträgern der Rheinlandes zur Mitte der zwanziger Jahre ein positives Zeugnis aus. Für die häufig vertretene These, dass das Rheinland resistenter gegen den wachsenden Antisemitismus der Weimarer Zeit gewesen sei als andere Regionen, ist die Jahrtausend-Ausstellung zumindest ein möglicher Beleg.

Bedenkt man, dass gerade von dem Messegelände, auf dem ein solcher Beitrag zum deutsch-jüdischen Verständnis unternommen wurde, nicht einmal zwanzig Jahre später die Züge mit Kölner Juden in die Vernichtungslager abfahren sollten, bekommen die euphorischen Worte des jüdischen Fraktionsführers der Deutschen Demokratischen Partei im preußischen Landtag Bernhard Falk einen beklemmenden Beigeschmack: „Mit

Bewunderung sieht der Nichtjude die Jüdische Abteilung der Ausstellung … . Zusammen mit unseren Glaubensbrüdern im übrigen Deutschland werden wir beweisen, daß uns niemand im Dienst an Volk und Vaterland übertreffen kann."[77]

Anmerkungen

1   Zur Jahrtausendfeier vgl. Wolfgang Cilleßen, *Die Jahrtausendfeier der Rheinlande 1925 – Die Heimatmuseen in der Weimarer Republik*, in: Wolfgang Cilleßen (Hg.), *Heimatliebe & Vaterlandstreue. Niederrheinische Museen vom Kaiserreich bis zum Nationalsozialismus*, Wesel 2000, S. 165–168; Tilmann Koops, *Die rheinische Tausendjahrfeier*, in: Tilmann Koops/Martin Vogt (Hg.), *Das Rheinland in zwei Nachkriegszeiten*, Koblenz 1995, S. 91–102; Franziska Wein, *Deutschlands Strom – Frankreichs Grenze. Geschichte und Propaganda am Rhein 1919–1930*, Essen 1992, S. 123–142; zuletzt Tobias Arand, *Die Museumsgründungen im Umfeld der Jahrtausendfeier der deutschen Rheinlande 1925 – Ein Beitrag zur Identitätsstiftung im rheinisch-bergischen Raum? Die Beispiele der Heimatmuseen in Mettmann, Königswinter und Remscheid*, in: *Geschichte im Westen* 17 (2002), S. 182–201.

2   Rüdiger Haude, *Das Rheinland als ,Krongeschmeide auf dem mütterlichen Haupte Germaniens'. Die ,Aachener Krönungsausstellung 1915' und die ,Jahrtausend-Ausstellung Aachen 1925'*, in: Mario Kramp (Hg.), *Krönungen. Könige in Aachen – Geschichte und Mythos*. Bd. II, Mainz 2000, S. 811, spricht gar von einem „Sachverhalt von geringer Offenkundigkeit." Auch zeitgenössische Stimmen kritisierten die Wahl des historischen Ereignisses der Einverleibung Lotharingiens ins ostfränkische Reich 925 als Jubiläumsanlass, da so der in patriotischen Augen irreführende Eindruck geweckt worden sei, das Rheinland habe vorher nicht zum deutschen Kulturraum gehört, vgl. Wein, *Deutschlands Strom* [Anm. 1], S. 123 und Koops, *Tausendjahrfeier* [Anm. 1], S. 92.

3   Vgl. Wein, *Deutschlands Strom* [Anm. 1], S. 126 und Koops, *Tausendjahrfeier* [Anm. 1], S. 93.

4   Vgl. Koops, *Tausendjahrfeier* [Anm. 1], S. 93. Von wem das Jubiläumsjahr 925 zuerst als möglicher Feieranlass angeregt wurde, ist unklar; vgl. ebd, S. 92.

5   Auf den Zusammenhang von Jahrtausendfeier und Locarno-Politik verweist Karl-Heinrich Pohl, *Rheinische Jahrtausendfeier und deutsche Locarno-Politik*, in: *Rheinische Vierteljahrsblätter* 43 (1979), S. 289ff.

6   Aloys Schulte (Hg.), *Tausend Jahre deutscher Geschichte und deutscher Kultur am Rhein*, Düsseldorf 1925, S. 524.

7   Hiervon zeugen insbesondere die zahlreichen Werbebroschüren, die die Kommunen und Städte meist gleich mit Hotel- und Gaststättenhinweisen herausgaben, vgl. z. B. Kölner Verkehrsamt (Hg.), *Praktische Winke für die Reise zur Jahrtausend-Ausstellung und den Aufenthalt in Köln*, Köln 1925.

8   Zitiert nach Adenauers handschriftlichem Redemanuskript mit Hervorhebungen: HAStK 902.287.1. S. 475. Vgl. auch Arand, *Museumsgründungen* [Anm. 1], S. 191.

9   Eine spöttische Kritik an diesem Aspekt der Feierlichkeiten findet sich in der schöngeistigen Zeitschrift *Das Tagebuch der Zeit*, 23.5.1925, S. 738f.

10 Neben Schulte, *Tausend Jahre* [Anm. 5] nur ein weiteres wichtiges Beispiel: Heribert Reiners, *Tausend Jahre rheinischer Kunst*, Bonn 1925.

11 Vor der Errichtung der Messegebäude war das Gelände bis 1922 Standort des Remont-Depots der britischen Rheinarmee. Für die ‚Pressa‘ 1928 wurde das Gelände erneut baulich verändert und erweitert. Die heutige Außenansicht des alten Teils des Kölner Messegeländes stammt aus dem Jahr 1928. Zur Entwicklung des Köln-Deutzer Messegeländes vgl. Wolfram Hagspiel, *Bauwerke und Ausstellungsgestaltung internationaler Kölner Ausstellungen*, in: Wulf Herzogenrath (Hg.), *Frühe Kölner Kunstausstellungen. Sonderbund 1912 – Werkbund 1914 – Pressa USSR 1928*. Kommentarband zu den Nachdrucken der Ausstellungskataloge, Köln 1981, S. 68ff.

12 Zu Wilhelm Ewald vgl. Johannes Puhl, *Professor Wilhelm Ewald. Museumsdirektor zwischen Frieden und Krieg*, in: *Jahrbuch für den Kreis Neuss 2001*, Neuss 2000, S. 132–145; Max Tauch, *Wilhelm Ewald und die Jahrtausendfeier der Rheinlande 1925*, in: *Jahrbuch für den Kreis Neuss 2001*, Neuss 2000, S. 146–149. Sehr kritisch zu Ewald und den Darstellungen bei Puhl und Tauch: Beatrix Alexander, *Im eigenen Interesse. Nachforschungen über den Erwerb und Verbleib von Kunstgut in den Jahren 1938–1945*, Köln 2001, S. 23.

13 Zu Bruno Kuske vgl.: Walther Herrmann, *Kuske, Bruno*, in: *Neue Deutsche Biographie Bd. 13*, Berlin 1982, S. 341f.; N. N., *Kuske, Bruno*, in: *Deutsche Biographische Enzyklopädie Bd. 6*, München 1999, S. 181.

14 Redeprotokoll, HAStK 902.287.1, S. 497ff. Vgl. auch Kurt Düwell, *Universität, Schulen und Museen. Adenauers wissenschafts- und bildungspolitische Bestrebungen für Köln und das Rheinland (1917–1932)*, in: Hugo Stehkämper (Hg.), *Konrad Adenauer. Oberbürgermeister von Köln*. Festgabe der Stadt Köln zum 100. Geburtstag ihres Ehrenbürgers am 5. Januar 1976, Köln 1976, S. 197f.

15 *Jahrtausend-Ausstellung der Rheinlande*. Ausstellungskatalog, Köln 1925, S. V.

16 Was Anlass zu jüdischer Kritik bot. N. N., *Deutsch-jüdische Leistungen in der Allgemeinen Abteilung*, in: *C.-V.-Zeitung. Organ des Centralvereins deutscher Staatsbürger jüdischen Glaubens*. Rheinland-Nummer, 26.6.1925, S. 448: "Aber auch die Abteilung B weist manches gute segensreiche Werk jüdischer Köpfe und Hände auf. Nur trägt es kein Schild dieser Herkunft. Und oft hat der Vollbringer des Werks, öfter noch die Nachfahren [sic!], den verlockenden Weg zur anderen Religion gefunden, so daß der jüdische Einschlag nach außen unkenntlich geworden ist."
An bedeutenden jüdischen Wirtschaftspionieren finden sich in Abteilung ‚B‘ unter anderem der Warenhaus-Gründer Leonhard Tietz oder der Gründer der Gutehoffnungs-Hütte in Oberhausen Gottlob Julius Jacoby.

17 Zum Folgenden vgl. insbesondere Jens Hoppe, *Jüdische Geschichte und Kultur in Museen. Zur nichtjüdischen Museologie des Jüdischen in Deutschland*, Münster/New York/Berlin/München 2002, S. 293ff; Katharina Rauschenberger, *Jüdische Tradition im Kaiserreich und in der Weimarer Republik. Zur Geschichte des jüdischen Museumswesens in Deutschland*, Hannover 2002, S. 205ff.

18 Zur Biografie Adolf Kobers vgl. Alwin Müller-Jerina, *Adolf Kober (1879–1958). Versuch einer Bio-Bibliographie anläßlich seines 30. Todestages*, in: *Menora* 1 (1990), S. 278–296. Zu Kober vgl. weiterhin HAStK/NS-Dokumentationszentrum (Ausstellungskatalog), *Jüdisches Schicksal in Köln 1918–1945*, Köln 1988, S. 24–26; N. N., *Kober, Adolf*, in: *Deutsche Biographische Enzyklopädie. Bd. 5*, München

1999, S. 635 und Rauschenberger, *Museumswesen* [Anm. 17], S. 208f.

19 Adolf Kober, *Studien zur mittelalterlichen Geschichte der Juden in Köln am Rhein, insbesondere ihres Grundbesitzes*, (Diss.) Breslau 1903.

20 Plan der ‚Pressa' mit jüdischem Pavillon in Hagspiel, *Bauwerke* [Anm. 11], S. 82f. Zu Kobers Funktion bei der Planung des jüdischen Pavillons der ‚Pressa' vgl. Johannes Valentin Schwarz, *„Es geht um die jüdische Ehre" – Zur Organisation und Präsentation der jüdischen Sonderschau auf der Internationalen Presseausstellung ‚Pressa' in Köln 1928*, in: *Menora* 12 (2001), S. 144f.

21 Es seien nur einige größere Beiträge genannt: Adolf Kober, *Grundbuch des Kölner Judenviertels 1135–1425. Ein Beitrag zur mittelalterlichen Topographie, Rechtsgeschichte und Statistik der Stadt Köln*, Bonn 1920; ders.: *Aus der Geschichte der Juden im Rheinland*, in: *Rheinischer Verein für Denkmalpflege und Heimatschutz* 24 (1931), S. 11–98. Eine vollständige Bibliographie bei Müller-Jerina, *Kober* [Anm. 18], S. 283ff.

22 In seine amerikanische Zeit fallen unter anderem eine umfangreiche Darstellung zur Geschichte der jüdischen Gemeinde in Köln sowie eine Dokumentation jüdischer Grabsteine im Rheinland: Adolf Kober, *Cologne*, Philadelphia 1940; ders., *Jewish Monuments of the Middle Ages in Germany. One Hundred and Ten Tombstone Inscriptions from Speyer, Cologne, Nuremberg and Worms (1085-c. 1428)*, Teil 1, in: *Proceedings of the American Academy for Jewish Research 14* (1944), S. 149–220, Teil 2, in: Ebd. 15 (1945), S. 1–91. Vgl. zu Kobers Schriften aus der amerikanischen Zeit Müller-Jerina, *Kober* [Anm. 18], S. 287ff.

23 Zur Biografie Elisabeth Moses vgl. Bettina Mosler, *Elisabeth Moses, Kunsthistorikerin der Adenauerzeit in Köln*, in: *Kölner Museums-Bulletin 4/13* (1999), S. 33–37 und Falk Wiesemann (Hg.), *Zur Geschichte und Kultur der Juden im Rheinland*, Nachdruck der Ausgabe von 1931 mit einer Einleitung von Falk Wiesemann, Düsseldorf 1985, S. VIIff.

24 Elisabeth Moses, *Pflanzendarstellungen in der deutschen Kunst des 14. und 15. Jahrhunderts, ihre Form und Bedeutung*, (Diss.) Bonn. Das genaue Jahr der von Paul Clemen betreuten Dissertation ist nicht mehr ermittelbar; vgl. HAStK Acc. 277.71, Nr. 1075, Dr. Elisabeth Moses, S. 6 und Mosler, *Elisabeth Moses* [Anm. 23], S. 34f.

25 Zum ‚Schäfer-Moses-Skandal' vgl. Gerhard Dietrich, *Museum für Angewandte Kunst. Chronik 1888–1988. Museum, Kunst und Stadt im Spiegel der Presse*, Köln 1988, o. S. unter ‚1929', Mosler *Elisabeth Moses* [Anm. 23], S. 36f. und Klaus Pabst, *Konrad Adenauers Personalpolitik und Führungsstil*, in: Stehkämper, *Adenauer* [Anm. 14], S. 721, Anm. 210 und 211.

26 Wobei ihr Anwalt der bekannte Kölner Jurist und Entschädigungsspezialist Carl Hermann war. In dem Verfahren sollte nach Beschluss des Landesverwaltungsgerichts Köln sogar Adenauer, zu diesem Zeitpunkt mittlerweile Bundeskanzler, aussagen. Vgl. zum Vorgang HAStK Acc. 277.71, Nr. 1075, Dr. Elisabeth Moses. Die Klage ‚Moses gegen die Stadt Köln' endete mit einem Vergleich.

27 Elisabeth Moses, *Der Schirm. Kulturhistorische Studie*, Köln 1924; dies., *Caspar Benedikt Beckenkamp*, in: *Wallraf-Richartz-Jahrbuch 2* (1925), S. 44–77; dies., *Eine Kölner Mischneh Thora des Maimonides*, in: *Zeitschrift für Bildende Kunst 26* (1926), S. 71–76; dies., *Der Schmuck der Sammlung W. Clemen*, Köln 1928; dies., *Brauchen wir Museen?*, in: *Festschrift zur Feier des 25jährigen Bestehens der Gymnasialen Studienanstalt in Köln am Rhein*, Köln 1928, S. 69–77; dies., *Jüdische Kult- und Kunst-*

denkmäler, in: *Rheinischer Verein für Denkmalpflege und Heimatschutz* 24 (1931), S. 99–201; dies., *Three Centuries of European and American Domestic Silver.* Ausstellungskatalog De Young-Museum, San Francisco 1938; dies., *A Gothic tapestry in the M. H. De Young Museum*, in: *The Pacific Art Review 1* (1941/42), S. 3–4. Teilbibliografie in Mosler, *Elisabeth Moses* [Anm. 23], S. 37.

28 Anders Hoppe, *Museen* [Anm. 17], S. 292.

29 HAStK 609.8. Jahrtausendausstellung 1925, Ausschußangelegenheiten und deren Sitzungsberichte, S. 2 und 9.

30 Schreiben Kober an Oberbürgermeister Adenauer vom 26.10.1924, HAStK 609.8. Jahrtausendausstellung 1925, Ausschußangelegenheiten und deren Sitzungsberichte, S. 54.

31 Vgl. Wiesemann, *Geschichte* [Anm. 23], S. XIV.

32 Exponatsliste, HAStK 609.13. Jahrtausendausstellung 1925, Schriftwechsel betr. der jüdischen Abteilung A-G, 1924–1926, o. S. Der Codex konnte tatsächlich aus Budapest entliehen werden und wurde ein besonders bestauntes Ausstellungsstück der jüdischen Abteilung, vgl. *Jahrtausend-Ausstellung* [Anm. 15], Tafel 89 und Moses, *Mischneh Thora* [Anm. 27], S. 71ff.

33 Entwurf Legitimationsschreiben, HAStK 609.1. Jahrtausendausstellung 1925, Allgemeines 1923–1932, S. 20.

34 Entwurf Schreiben an Synagogengemeinden, HAStK 609.13. Jahrtausendausstellung 1925, Schriftwechsel betr. der jüdischen Abteilung A-G, 1924–1926, o. S.

35 Schreiben der Israelitischen Religionsgemeinschaft Mainz, 10.12.1924, HAStK 609.14. Jahrtausendausstellung 1925, Schriftwechsel betr. der jüdischen Abteilung H-Z, 1924–1926, o. S.

36 Schreiben Salli Kirschstein, Berlin 20.1.1925, Antwort Ewald 30.1.1925, HAStK 609.13. Jahrtausendausstellung 1925, Schriftwechsel betr. der jüdischen Abteilung A-G, 1924–1926, o. S.

37 HAStK 609.1. Jahrtausendausstellung 1925, Allgemeines 1923–1932, o. S.

38 HAStK 609.13. Jahrtausendausstellung 1925, Schriftwechsel betr. der jüdischen Abteilung A-G, 1924–1926, o. S.

39 Vgl. *Jahrtausend-Ausstellung* [Anm. 15], Anhang I, Ausstellungsplan.

40 N. N. (Adolf Kober/Elisabeth Moses?): *Juden und Judentum im Rheinland*, in: *Jahrtausend-Ausstellung* [Anm. 15], S. 315ff.

41 Ebd., S. 324. Abbildungen von Raum 36 befinden sich in: Kölnisches Stadtmuseum (Hg.), *Juden in Köln von der Römerzeit bis ins 20. Jahrhundert.* Foto-Dokumentation, Köln 1984, S. 248ff.

42 Zum Folgenden vgl. *Jahrtausend-Ausstellung* [Anm. 15], S. 324ff.

43 Vgl. ebd., Tafel 91, Thoraschild aus Friedberg.

44 Vgl. ebd., Tafel 90, Thoravorhang aus Mainz.

45 Zum Folgenden ebd., S. 333.

46 Zum Folgenden ebd., S. 334ff

47 Zur Sammlung jüdischer Altertümer in Worms vgl. Jens Hoppe, *Das jüdische Museum in Worms. Seine Geschichte bis 1938 und die anschließenden Bemühungen um die Wiedererrichtung der Wormser Synagoge*, in: *Der Wormsgau* 21 (2002), S. 81–101.

48 Vgl. *Jahrtausend-Ausstellung* [Anm. 15], S. 315 und 337, Vitrine Nr. 36 und Wiesemann, *Geschichte* [Anm. 23], S. 11.

49 HAStK 609.13.–14., Jahrtausendausstellung 1925, Schriftwechsel betr. der jüdischen Abteilung A-G, H-Z, 1924–1926.

50 Vgl. Konrad Schilling (Hg.), *Monumenta Judaica. 2000 Jahre Geschichte und Kultur der Juden am Rhein. Katalog*, Köln 1963.

51 Vgl. Liesel Franzheim, *Judaica*, Kölnisches Stadtmuseum, Köln 1980, S. 9.

52 Zum Folgenden vgl. insbesondere Hoppe, *Museen* [Anm. 17], S. 293; Rauschenberger, *Museumswesen* [Anm. 17], S. 205ff. und Wiesemann, *Geschichte* [Anm. 23], S. IX

53 Redeprotokoll, HAStK 902.287.1., S. 501ff. Vgl. auch Rauschenberger, *Museumswesen* [Anm. 17], S. 206.

54 Vgl. Rundschreiben an die sämtlichen Herren Bearbeiter zur Vorbereitung der Jahrtausend Ausstellung vom 30.12.1924, HStAK 609.1., Jahrtausendausstellung 1925, Allgemeines 1923–1932, o. S.: „Es ist unbedingt notwendig, dass die Presse fortlaufend über den Fortgang der Arbeiten zur Vorbereitung der Jahrtausend Ausstellung unterrichtet wird."

55 Was bringt die Jahrtausend-Ausstellung der Rheinlande in Köln 1925? HAStK 609.1, o. S., undatiert.

56 N. N., *Die Jahrtausendausstellung – Zur Eröffnung der Jahrtausend-Ausstellung der Rheinlande*, in: *Kölner Stadt-Anzeiger*, 16.5.1925, Abendausgabe, o. S.

57 Dokumentation der Eröffnungsrede mit dem Titel ‚Die rheinische Kunst als Symbol' in: *Zwei Reden des Vorsitzenden des Denkmalrates der Rheinprovinz Geheimen Regierungsrates Prof. Dr. Paul Clemen*, Sonderdruck aus der Zeitschrift des Rheinischen Vereins für Denkmalpflege und Heimatschutz, o. O. (Düsseldorf?) 1926, S. 1–6. Zu Paul Clemen vgl. Albert Verbeek, *Paul Clemen (1866–1947)*, in: *Rheinische Lebensbilder* 7 (1977), S. 181–201.

58 Hermann Müller-Schlemmin, *Die Jahrtausendausstellungen und ihre Bedeutung*, in: *Essener Allgemeine Zeitung*, 30.6.1925, o. S., ebenso N. N., *Vorschau auf die Kölner Jahrtausend-Ausstellung*, in: *Rheinisch-Westfälische Zeitung*, 15.5.1925, o. S.

59 N. N., *Eine Wanderung durch die Jahrtausend-Ausstellung*, in: *Kölnische Volkszeitung*, Sondernummer zur Jahrtausendfeier vom 16.5.1925.

60 N. N., *Ein Gang durch die Ausstellung*, in: *Kölner Stadt-Anzeiger*, 16.5.1925, Abendausgabe, o. S.

61 M. Rosenfeld, *Die jüdische Ausstellung in Köln*, in: *Bayerische Israelitische Gemeindezeitung*, 6.7.1925, S. 94.

62 Zitiert nach Rosenfeld, *Ausstellung* [Anm. 62], S. 94, der irrtümlich von einem „Dr. Linartz" spricht. Dass die Äußerungen des Bürgermeisters und Schuldezernenten mehr als nur Lippenbekenntnisse waren, lässt der Umstand vermuten, dass der Zentrumsmann Linnartz bereits 1933 aufgrund des ‚Gesetzes zur Wiederherstellung des Berufsbeamtentums' aus dem öffentlichen Dienst entlassen, 1946 aber wieder zum Beigeordneten gewählt wurde. Vgl. hierzu Everhard Kleinertz/Klaus Pabst, *Die Kölner Beigeordneten 1906–1933 (Biographische Daten)*, in: Stehkämper, *Adenauer* [Anm. 14], S. 632.

63 Adolf Kober, *Von der Jahrtausendausstellung des Rheinlandes in Köln*, in: *C.-V.-Zeitung. Organ des Centralvereins deutscher Staatsbürger jüdischen Glaubens*, Rheinland-Nummer, 26.6.1925, S. 448. Vgl. Hoppe, *Museen* [Anm. 17], S. 293; Rauschenberger, *Museumswesen* [Anm. 17], S. 206, S. 293 und Wiesemann, *Geschichte* [Anm. 23], S. XV

64 Elisabeth Moses, *Die Abteilung ‚Juden und Judentum im Rheinland' auf der Jahrtausendausstellung in Köln Juni-August 1925*, in: *Soncino-Blätter 1* (1925/26), S. 87f.

Vgl. auch Hoppe, *Museen* [Anm. 17], S. 293 und Wiesemann, *Geschichte* [Anm. 23], S. Xf.

65 Z. B. der Trierer Rabbiner Adolf Altmann; vgl. Hoppe, *Museen* [Anm. 17], S. 293.

66 Artur Schweriner, *Köln – ein Markstein in der Geschichte des C.-V. Glänzender Verlauf der Kundgebung und Verbandstagung*, in: *C.-V.-Zeitung*, 3.7.1925, S. 469. Schweriner, gelernter Journalist redigierte ab 1929 die vom C.V. finanzierte antifaschistisch-jüdische Arbeiterzeitschrift „Alarm', die mit Mitteln der Sensationspresse versuchte, der zunehmenden antisemitischen und nationalsozialistischen Propaganda entgegenzusteuern. Nach dem Verbot des „Alarm' 1933 gelang Schweriner die rechtzeitige Flucht ins Ausland.

67 Margarete Caemmerer, *Jüdische Altertümer auf der Jahrtausend-Ausstellung*, in: *Der Schild*, 31.7.1925, S. 270; vgl. auch Hoppe, *Museen* [Anm. 17], S. 293.

68 Erich Toeplitz, *Die Jahrtausend-Ausstellung der Rheinlande*, in: *Menorah* 3 (1925), S. 194; vgl. auch Hoppe, *Museen* [Anm. 17], S. 293f., Rauschenberger, *Museumswesen* [Anm. 17], S. 212f. und Wiesemann, *Geschichte* [Anm. 23], S. XIV.

69 Adolf Kober, *Die Geschichte der deutschen Juden in der historischen Forschung der letzten 35 Jahre*, in: *Zeitschrift für die Geschichte der Juden in Deutschland* N.F. 1/1 (1929), S. 23.

70 *Jüdische Rundschau*, 22.5.1925, o. S.

71 Zur Kölner jüdischen Presse der Zwischenkriegszeit vgl. Ursula Reuter, *Jüdische Zeitungen in Köln 1919–1938,* in: *Geschichte in Köln* 29 (1991), S. 83–117, zum ‚Kölner Jüdischen Wochenblatt‘, S. 100ff.

72 Betty Stern, *Die Jüdische Abteilung in der Jahrtausend-Feier zu Köln*, in: *Aus Welt und Leben. Beilage zu ‚Der Israelit – Ein Centralorgan für das orthodoxe Judentum‘,* 2.7.1925, S. 17. Der Protest eines orthodoxen Professors gegen die vermeintlich entweihende Ausstellung einer Thorarolle im jüdischen Pavillon der ‚Pressa‘ 1928 lässt allerdings auch Rückschlüsse auf die mögliche Haltung zumindest einiger besonders strenger Mitglieder der ‚Adass Jeschurun‘ zu. Vgl. Max Bodenheimer, *So wurde Israel. Aus der Geschichte der zionistischen Bewegung*, Frankfurt a. M. 1958, S. 260.

73 Bodenheimer, *Israel* [Anm. 73], 1958, S. 259.

74 Schweriner, *Markstein* [Anm. 67], S. 469.

75 Vgl. hierzu Margrethe Brock-Nannestad, *Jüdische Museologie. Entwicklung der jüdischen Museumsarbeit im deutschen Kulturraum*, in: *Jüdische Kultur in Museen und Ausstellungen bis 1938*, Wien 1994, S. 66ff.

76 In den kleineren regionalen kulturgeschichtlichen Ausstellungen zur Jahrtausendfeier wurden Judaica bestenfalls am Rande thematisiert. In der ‚Jahrtausend-Ausstellung des Kreises Düren‘ auf Burg Nideggen wurden z. B. nur eine „besonders große rituelle Judenschüssel", eine „jüdische Sederschüssel", ein „gepunzter Judenteller" und „3 gepunzte rituale Judenschüsseln aus Zinn und Zinnschüssel mit geschweiftem Rand" gezeigt. Vgl. N. N., *Verzeichnis der in der Jahrtausend-Ausstellung des Kreises Düren auf Burg Nideggen ausgestellten Gegenstände*, Düren 1925, S. 17 und 27.

77 Bernhard Falk, *Der deutsche Jude auf rheinischer Erde*, in: *C.-V.-Zeitung. Organ des Centralvereins deutscher Staatsbürger jüdischen Glaubens*. Rheinland-Nummer vom 26.6.1925, S. 445; vgl. auch Wiesemann, *Geschichte* [Anm. 23], S. IXf.

„Arisierung" in Köln im „Dritten Reich"

Britta Bopf

Die jüdische Gemeinde in Köln

Die Gemeinde in Köln stellte 1933 mit ihren 14.816 Mitgliedern[1] zahlenmäßig die fünftgrößte Gemeinde im Deutschen Reich.[2] Zu diesem Zeitpunkt hatte sich der Anteil der Juden an der Kölner Stadtbevölkerung, der 1885 mit 3,7% seinen Höhepunkt erreicht und 1925 noch 2,3% betragen hatte, auf 2% reduziert.[3]

In Köln lebten in den zwanziger Jahren rund 3.000 bis 4.000 so genannte Ostjuden[4], die damit rund 15-20% der ansässigen jüdischen Bevölkerung stellten.[5] Insgesamt waren 1933 rund 31,5% der Kölner Juden nicht „einheimisch", d.h. sie waren außerhalb des Deutschen Reichs oder außerhalb der abgetrennten Reichsgebiete geboren und später zugewandert.[6] Da die Neigung zur interkonfessionellen Ehe bei den mehrheitlich orthodox ausgerichteten Ostjuden[7] weniger ausgeprägt war, mag der hohe Anteil der Zugewanderten auch dafür verantwortlich sein, dass die Zahl der nach nationalsozialistischen Kategorien eingestuften „Mischlinge" in Köln im Jahr 1939 mit 28,1 pro 100 „Volljuden" deutlich unter dem Reichsdurchschnitt von 35 lag.[8] Wie viele Menschen nach den rassistischen Definitionen des NS-Regimes als „Volljuden" eingestuft wurden, ohne sich als zum Judentum zugehörig zu bezeichnen, lässt sich nicht eindeutig rekonstruieren. 1938 kamen in Köln auf hundert „Glaubensjuden" nochmals rund 5,4 Personen, die von den Nationalsozialisten als „Volljuden" eingestuft wurden.[9]

Die wirtschaftliche Betätigung der Kölner Juden in der Weimarer Republik war von einer deutlichen Überrepräsentanz des Sektors Handel und Verkehr gekennzeichnet, in dem mehr als die Hälfte von ihnen tätig waren. Gleichwohl war die Berufsstruktur der Juden in Köln weniger einseitig als im Reichsdurchschnitt. Dementsprechend lässt sich für den Wirtschaftssektor Industrie und Handwerk, in dem 22% der jüdischen Erwerbstätigen in Köln ihr Auskommen fanden, eine Unterrepräsentanz konstatieren. Der Anteil aller Kölner, die sich in diesem Sektor betätigten, war mit 47,5% mehr als doppelt so hoch.[10]

Noch deutlicher unterschieden sich Juden und Nichtjuden in ihrer beruflichen Stellung. Während 1925 von den Juden in Köln 44,8% selbst-

32 Abordnung von Mitgliedern der Ortsgruppe Köln des „Vereins selbständiger Handwerker jüdischen Glaubens" bei der Einweihung des Ehrenmals für die jüdischen
Gefallenen in Köln-Bocklemünd, 8. Juli 1934, Foto

ständig waren, lag der vergleichbare Anteil an der Kölner Gesamtbevöl-
kerung nur bei 13,7%. Dennoch blieb die Selbstständigenrate der Juden in
Köln noch unter dem reichsweiten Durchschnitt.[11] Die Mehrzahl der jüdischen Selbstständigen in Köln stand Mittel- und Kleinbetrieben vor.[12]

Hier waren zum einen Familienmitglieder tätig, zum anderen gaben
sie einem großen Teil der jüdischen Beschäftigten, meist als Angestellte
im Handelssektor, Arbeit. Der Arbeiteranteil unter den Juden in Köln war
dementsprechend sehr gering und erreichte mit 8,6% nicht einmal ein
Sechstel des Kölner Gesamtdurchschnitts von 53,1%. Diese Berufsstruktur der jüdischen Bevölkerung, insbesondere die hohe Selbstständigen-
quote, war reichsweit zu beobachten und hatte ihren Ursprung in der traditionellen Reaktion auf die jahrhundertealten Berufsbeschränkungen.

Das Phänomen „Arisierung"

Unter dem Schlagwort „Arisierung" vollzog sich in den Jahren des Nationalsozialismus einer der größten Besitzwechsel der neuzeitlichen
Geschichte in Deutschland, in dessen Verlauf die jüdische Bevölkerung[13]
ihr gesamtes Vermögen, d. h. ihre Gewerbebetriebe, ihren Grundbesitz,

ihr Geldvermögen sowie Wertpapiere und Kunstgegenstände bis hin zum Hausrat verloren. Beginnend mit der Verdrängung aus dem Berufsleben setzte sich die „Ausschaltung" der Juden in der Wirtschaft durch die Übernahme ihrer Unternehmen und zeitverzögert ihrer städtischen Immobilien fort. Gesetzliche Maßnahmen führten seit 1938 schrittweise zur Einziehung des jüdischen Geldvermögens, der Renten- und Versicherungsansprüche und schließlich des Hausrates und der privaten Habe. „Arisierung" wurde zum Synonym für jeglichen Eigentumstransfer von jüdischem in nichtjüdischen Besitz und für die Verdrängung der Juden aus dem Wirtschafts- und Erwerbsleben. Der letzte Akt der „Arisierung" vollzog sich in den Vernichtungslagern, in denen Leichen der Ermordeten geschändet wurden, um Zahngold, Haare oder Seife für „arischen" Besitz zu gewinnen.[14]

Bei der „Arisierung" in Deutschland lassen sich grob zwei Phasen vor und nach 1938 unterscheiden. In den Anfangsjahren waren die Nationalsozialisten im Zuge ihrer Machtkonsolidierung gezwungen, wirtschaftliche und außenpolitische Rücksichten zu nehmen, sodass sie kaum gesetzliche Maßnahmen zur Ausgrenzung der Juden aus der freien Wirtschaft ergriffen. Stattdessen fungierten die lokalen Parteiinstanzen, die unteren Verwaltungsbehörden und die regionalen Wirtschaftsverbände durch kontinuierliche Diskriminierung jüdischer Bürger in Verwaltung und Rechtsprechung und durch organisierte Boykotte als Motor der „Arisierung" vor Ort. Angesichts der Ende des Jahres 1936 erreichten Vollbeschäftigung und der internationalen Bestätigung durch die Olympischen Spiele in Berlin sah sich das Regime seit 1937 der Hemmschuhe entledigt. Erstmals tauchte nun auch in der offiziellen Regierungspropaganda das Ziel der „völligen Entjudung" auf, dessen gesetzliche Umsetzung ab 1937 systematischer geplant und ab 1938 verwirklicht wurde.

Die schleichende Ausschaltung in Köln (1933–1937)

Der Einzug der NSDAP als stärkste politische Kraft ins Kölner Rathaus bei den Kommunalwahlen im 12. März 1933 markierte den Beginn einer vergleichsweise umfangreichen personellen Gleichschaltung, in deren Folge die NSDAP-Mitglieder Fuß in der Stadtverwaltung, den öffentlichen Einrichtungen und in den Wirtschaftsvertretungen fassten. Der antisemitische Kampfbund des gewerblichen Mittelstandes gewann u. a. durch seinen Kölner Mitbegründer Karl Georg Schmidt, der 1933 Gauwirtschaftsberater und IHK-Geschäftsführer wurde, an Einfluss. Diese personelle Präsenz der NSDAP schuf die Voraussetzungen, um die Verdrängung der Kölner Juden aus Wirtschaft und Gesellschaft zukünftig auch auf dem Verwaltungswege voranzutreiben.

Bereits in der zweiten Märzwoche 1933 kam es in Köln zu umfangreichen Aktionen gegen jüdische Selbstständige. SA- und SS-Mitglieder behinderten gewaltsam den Geschäftsbetrieb von jüdischen Unternehmern, schikanierten jüdische Metzger am Schlachthof und misshandelten jüdische Kleingewerbetreibende.

Den offiziellen Auftakt zur „Arisierung" bildete jedoch der von der NSDAP reichsweit proklamierte Boykott am 1. April 1933, dessen Umsetzung lokal unterschiedlich ausfiel. Von einem nationalsozialistischen „Aktionskomitee" vor Ort organisiert, erprobten die verschiedenen Parteigliederungen in Köln erstmals einen Großteil ihrer illegalen, später ausgeweiteten Repressionen gegen jüdische Wirtschaftstreibende. Neben publizistischen Verleumdungen und Boykottwachen vor jüdischen Geschäften, Arztpraxen, Apotheken und Kanzleien griffen insbesondere SS- und SA-Mitglieder gegenüber Kölner Juden zur Gewalt.

Sie fuhren Juristen auf offenen Müllwagen durch die Stadt und trieben jüdische Gewerbetreibende durch die Straßen. Die Kölner Polizei verhaftete im Gefolge des Boykotts gezielt einzelne Unternehmer.

Die Bevölkerung reagierte auf den Boykott größtenteils indifferent; Kölner IHK-Repräsentanten äußerten sich zustimmend. Die Aussetzung antijüdischer Aktionen erfolgte schließlich durch die Reichsregierung, die nach kritischen Reaktionen im Ausland weitergehende außenwirtschaftliche und außenpolitische Komplikationen vermeiden wollte.

Mit dem „Gesetz zur Wiederherstellung des Berufsbeamtentums" (BBG), das eine Woche nach dem Boykott verabschiedet wurde, leitete die nationalsozialistische Regierung in Berlin die Verdrängung jüdischer Arbeitnehmer aus dem öffentlichen Dienst ein. In Köln begann Oberbürgermeister Günther Riesen mit der Entlassung städtischer Bediensteter jüdischer Herkunft, bevor das BBG die gesetzliche Grundlage dafür bot. Zusätzlich dehnte er den Kreis der Betroffenen auf die „arischen" Ehepartner von Juden aus.[15] Auch handhaben die städtischen Beamten in Köln die Durchführung des BBG, zumindest im Vergleich mit Hamburg, strikt. Da zahlreiche Firmen, Organisationen, Verbände und einzelne Einrichtungen wie das evangelische Krankenhaus in Köln den „Arierparagraphen" übernahmen, vergrößerte sich rasch der Kreis der Juden, die bereits im ersten Jahr der nationalsozialistischen Herrschaft ihrem Beruf nicht mehr nachgehen konnten.

In der Phase vom Sommer 1933 bis zum Ende des Jahres 1934 wählte die nationalsozialistische Regierung in Berlin statt offensichtlicher legislativer Beschränkung den Weg der partiellen Verdrängung durch die Entscheidungsträger vor Ort, die diesen Spielraum je nach Region variierend auf vielfache Art nutzten.

Obwohl Reichswirtschaftsminister Hjalmar Schacht in den Jahren bis 1937 wiederholt anmahnte, dass Juden keinerlei Beschränkungen in der Wirtschaft unterworfen seien, bestimmten ungesetzliche antisemitische Anordnungen der Städte und Gemeinden in den folgenden Jahren den Alltag der jüdischen Bürger. Die Stadtverwaltung Köln benachteiligte jüdische Firmen, indem sie bei ihren Bedarfsscheinen frühzeitig zur Auflage machte, dass diese für bestimmte Waren geltenden Gutscheine nicht für den Einkauf in jüdischen Geschäften gültig seien.[16] Auf diesem bürokratischen Weg wurden auch jüdische Arzneimittelhersteller und Ärzte ausgeschlossen. Der Runderlass der Stadtverwaltung Köln vom 27. März 1933, „jüdische Firmen in Zukunft weder zur Abgabe von Angeboten heranzuziehen, noch bei der Erteilung von Aufträgen usw. zu berücksichtigen", blieb unverändert in Kraft, obgleich er im dezidierten Widerspruch zu offiziellen Regierungsverlautbarungen stand.[17]

Ähnlich verhielt es sich mit der eigenmächtigen Verordnung des Kölner Polizeipräsidenten im April 1934, die den Ausschluss der Juden vom Kölner Viehmarkt wegen ihrer angeblichen politischen „Unzuverlässigkeit" erlaubte. Obwohl das Oberverwaltungsgericht in Berlin entschied, dass die Kölner Polizeiverordnung als nicht rechtsgültig anzusehen sei und anderslautende Urteile des Kölner Bezirksgerichtes aufhob[18], fanden die ausgeschlossenen jüdischen Viehhändler keinen Schutz vor Drangsalierung. Entweder wurden die Beschlüsse oder Mahnungen von den zuständigen Stellen vor Ort ignoriert oder ihre Umgehung mit anderen Mitteln erreicht. So mussten zahlreiche jüdische Vieh- und Fleischwarenhändler nach breiten publizistischen Pressekampagnen wegen angeblicher Unhygiene auf Anordnungen der Gewerbeüberwachung 1935 ihr Geschäft aufgeben.[19]

Der stark reglementierte Groß- und Einzelhandel mit Nahrungsmitteln mit seinen wechselseitigen Abhängigkeiten bildete einen guten Nährboden für ruinöse Diskriminierungen durch regionale Autoritäten, auch ohne dass der Gesetzgeber eine direkte Handhabe zur Entziehung der Zulassung anbot. So war der jüdische Getreidehändler Mansbacher mit dem lapidaren Hinweis auf seine „Unzuverlässigkeit" vom Getreidewirtschaftsverband Rheinland ausgeschlossen worden. Erst nach seiner Beschwerde beim Reichswirtschaftsministerium im Februar 1936 ließ ihn der Verband wissen, dass er angeblich mit Getreide und Säcken spekuliert habe. Die zuständige IHK in Düsseldorf hatte den Ausschluss abgesegnet, ohne dass eine Untersuchung über das Verhalten von Mansbacher eingeleitet worden wäre oder dieser die Gelegenheit zu einer Stellungnahme bekommen hätte. Als direkte Folge ihres Ausschlusses vom Getreidewirtschaftsverband Rheinland verlor die jüdische Firma nun die Zulassung zu den Rheinischen Getreide- und Futtermittelmärkten in Köln, Krefeld, Essen und Düsseldorf. Mangels Absatzmöglichkeit war Mansbacher damit ruiniert.[20]

Die antisemitische Abdrängung auf regionaler Ebene und lokale Initiativen ergänzten sich. So berücksichtigte die für das Rheinland zuständige Schlachtviehverwertungsstelle in Essen jüdische Fleischer im Verlauf des Jahres 1936 bei der Zuteilung nur noch sehr mangelhaft oder gar nicht mehr. Eingehende Beschwerden ließ der zuständige Viehwirtschaftsverband unbeantwortet.[21] Parallel dazu wirkte die Fleischwaren-Kontingentierungspolitik der Kölner Marktvereinigung.[22] Die unvorhersehbaren, oft wöchentlich erfolgenden Kürzungen der Zuteilungen am Verkaufsort verringerten den Umsatz und machten das Geschäft für jüdische Großhändler zunehmend unkalkulierbar.[23] Parallelen hierzu wies das Vorgehen der Kölner Landesbauernschaft auf, die, wie das Reichsministerium für Ernährung und Landwirtschaft nach einer von ihr durchgeführten Untersuchung ausdrücklich feststellte, auch nach dem Herbst 1935 „mit allen Mitteln" bestrebt war, den Handel mit Juden zu unterbinden.[24] Unter den vielfältigen Boykottarten erwies sich die „schwarze Liste", die sowohl jüdische Händler als auch ihre Kunden von der Futtermittelzuteilung ausschloss, als sehr wirksam. Auf Druck der Verbände weigerten Fachzeitschriften sich, Anzeigen jüdischer Firmen zu veröffentlichen.[25] Herausragend in seinem Bemühen, sich der jüdischen Konkurrenz zu entledigen, war auch der Kampfbund des gewerblichen Mittelstandes, dessen Vorgehen zumeist mit dem städtischen NSDAP-Propagandaamt abgestimmt war.[26] Auch die Deutsche Arbeitsfront (DAF), die einzige im Nationalsozialismus zugelassenen Arbeitnehmervertretung, arbeitete in den Betrieben systematisch auf die Kündigung jüdischer Mitarbeiter und auf die Diskreditierung der jüdischen Arbeitgeber hin.[27]

Der Teufelskreis aus gesellschaftlicher, wirtschaftlicher und behördlicher Diskriminierung trieb auch jüdische Immobilienbesitzer in die Verschuldung und zwang sie oftmals noch vor 1938 zur unvorteilhaften Abgabe ihres Besitzes. Anträgen auf Mietsenkung, die mit dem Hinweis auf den „jüdischen Hausbesitzer" gestellt wurden, gab die Kölner Behörde für Preise und Mieten meist statt. Die Weigerung mancher Bewohner, die Miete zu entrichten, verringerte die Einnahmen jüdischer Hausbesitzer. Da die örtlichen Steuerbehörden Juden häufig die bei Mietausfall gesetzlich vorgesehene Steuersenkung verweigerten, vergrößerte sich die Schere zwischen Einnahmen und Belastung. Eine Zwischenfinanzierung scheiterte oftmals an den Kreditinstituten, die Juden nach 1934 nur selten oder nur zu schlechten Konditionen Kredite vergaben. Auch private Gläubiger kündigten Juden zunehmend – häufig ohne Einhaltung der gesetzlichen Frist – Kreditverträge. Zahlte der finanziell geschwächte jüdische Hauseigentümer seine Steuern nicht pünktlich, musste er damit rechnen, dass das städtische Steueramt wegen geringer Rückstände die Pfändung der Mieten beantragte oder die Zwangsversteigerung beim Amtsgericht vorantrieb. Dieses verwehrte jüdischen Hausbesitzern häufig den für konjunkturbedingte Verschuldung vorgesehenen Vollstreckungsschutz, sodass Juden ihre durchaus sanierungsfähigen Häuser zwangsverkaufen mussten. Die „arischen" Käufer erwarben die Immobilien meist zu einem sehr günstigen Preis. Sie konnten im Gegensatz zu den jüdischen Vorbesitzern die Hausbewohner zur Mietzahlung zwingen, die Behörden zu Steuersenkungen veranlassen und bei Banken einen günstigen Kredit aufnehmen.

Wenn auch die Zahl der „Immobilien-Arisierungen" in den Jahren vor 1938 im Vergleich zu den Jahren danach gering blieb, kann die Zeit bis 1938 als Phase der „Reifmachung" bezeichnet werden. Vor diesem Hintergrund erstaunt es auch nicht, dass jüdische Immobilien 1938 durchschnittlich rund in der Höhe von drei Viertel ihres Einheitswertes hypothekarisch belastet waren.[28] Als die nationalsozialistische Regierung 1938 erstmals auf gesetzlicher Basis jüdische Grundbesitzer benachteiligte und umfassende Maßnahmen zur wirtschaftlichen Ausschaltung und Enteignung der Juden einleitete, versetzte sie den finanziell Ausgebluteten oftmals nur den letzten Schlag.

Die Kooperation von Partei, Wirtschaftsverbänden und städtischen Behörden zur „Arisierung" nahm im Laufe der Jahre an Intensität und Einfallsreichtum zu. Die Gauwirtschaftsberater, die auf lokaler Parteiebene für die Durchsetzung der wirtschaftlichen Judenpolitik zuständig waren, legten seit dem Jahreswechsel 1935/36 umfangreiche Akten über Firmen und Geschäfte an, von denen man mutmaßte, dass sie in jüdischem Besitz waren oder mit jüdischem Kapital arbeiteten.[29] Diese umfassenden Erhebungen bildeten für die lokalen Parteieinheiten eine solide Informationsgrundlage, um Boykott und „Arisierung" zu intensivieren. Eingeschleuste „V-Männer" und Konkurrenten, aber auch die Industrie- und Handelskammern und die Finanzämter lieferten den Gauwirtschaftsberatern bereitwillig die nötigen Informationen.[30] Immer häufiger gesellten sich Erpressung und Drangsalierung durch „einfache" Bürger hinzu, die begriffen hatten, dass die Ausschaltung der Juden ihnen nicht nur so genannte „völkische Visionen", sondern auch handfeste individuelle Gewinnmöglichkeiten bot.

Seit der Vorweihnachtszeit 1934 störten SA und HJ wieder vermehrt gewaltsam den jüdischen Einzelhandel in Köln, wogegen die herbeigerufene Polizei häufig nicht einschritt.[31] Gauleiter Josef Grohé konstatierte in seinen Berichten eingeschlagene Fensterscheiben und Transparente an jüdischen Häusern.[32] Auch der Oberpräsident der Rheinprovinz vermeldete im Sommer 1935 wieder vermehrt Vorfälle von Misshandlungen und Boykottmaßnahmen im Rheinland.[33]

Die Reichsbehörden traten dem Antisemitismus im Wirtschaftsleben, abgesehen von seinen allzu offensichtlichen Auswüchsen, nicht effektiv entgegen. Vielmehr tolerierten sie trotz gegenteiliger Beteuerungen mit ihren widersprüchlichen und oftmals unklaren Anordnungen die lokale Verdrängungspraxis. Dieser Dualismus in der Judenpolitik bewirkte in den ersten beiden Jahren des NS-Regimes besonders erste Ausschaltungen von jüdischen Selbstständigen, die sich wirtschaftlich oder gesellschaftlich in einer prekären Lage befanden. Zu diesen Risikogruppen zählten Vertreter des finanziell geschwächten Kleingewerbes, Wirtschaftstreibende osteuropäischer Herkunft sowie Unternehmer in exponierter Stellung, wie Warenhausbetreiber. Seit dem Sommer 1935 kam es nun auch zunehmend zu Geschäftsaufgaben und -verkleinerungen bei größeren Betrieben.[34] Im industriellen Bereich machte sich der Ausschluss von öffentlichen Aufträgen mittel- und langfristig bemerkbar, da der Staat zunehmend als Nachfrager auftrat, um die Konjunktur anzukurbeln. Der „Westdeutsche Beobachter" berichtete Ende Juni 1935, dass aufgrund der „Aufklärung" der Umsatz der „arischen" Kaufleute im Gau Köln-Aachen in verschiedenen Branchen gestiegen sei. Eine Reihe jüdischer Geschäfte sei bereits geschlossen worden oder stehe kurz vor der Schließung.[35] Besonders bei den Kleinhändlern, unter denen der jüdische Anteil überproportional hoch war, führten die antisemitischen Aktionen zu einem drastischen Rückgang. Ihre Zahl nahm 1935 trotz des allgemeinen wirtschaftlichen Aufschwungs in Köln um 15% ab.[36]

Eine beschleunigte Verdrängung des jüdischen Einzelhandels war auch im Kölner Umland festzustellen. Dies lag nicht zuletzt daran, dass, wie der folgende Vorfall zeigt, die soziale Kontrolle und Abhängigkeiten hier ausgeprägter als in der Stadt waren. In Porz-Ensen[37] hing am 11. August 1935 frühmorgens am Haus Gilgaustraße 39 ein Plakat mit der Aufschrift: „Ehepaar Bender kaufte den Hochzeitsbraten beim Juden". Wie die NSDAP-Ortsgruppe dem Porzer Bürgermeister mitteilte, habe Bender nicht nur den Braten beim ansässigen jüdischen Metzger Tobias gekauft. Letzterer habe außerdem den Hochzeitszug beim Verlassen der katholischen Kirche in Ensen fotografiert, was unter der Bevölkerung eine große Erregung hervorgerufen habe. Die eigentliche Zielrichtung der

Beschwerde über den „judenfreundlichen" Bürger Bender offenbart die abschließende Aufforderung, dass die Gemeinde diese Tatsache bei der Vergabe der Arbeiten am Bau der Pionierkasernen in Porz-Westhoven entsprechend berücksichtigen möge.[38]

Die antisemitische Kontrolle im Kölner Umland ging im März 1937 so weit, dass sich die Bürgermeister mehrerer Orte aus dem Gau Köln-Aachen entschlossen, denjenigen Bürgern, die weiterhin mit Juden verkehrten oder mit ihnen Handel trieben, das Gemeindenutzungsrecht zu entziehen.[39] Derartige Sanktionen lösten einen verstärkten Exodus der geächteten jüdischen Gewerbetreibenden in die Rheinmetropole aus, da sie hofften, dort ungehinderter ihrem Erwerb nachgehen zu können.[40]

Die Eingliederung der Zugewanderten in die Großstadt gestaltete sich jedoch problematisch. Die Stadt Köln hatte bereits 1935 bei der ersten starken Landfluchtwelle auf den unerwünschten Zuwachs mit einer Kürzung der Unterstützungsleistungen für Zugezogene auf 60% des üblichen Satzes reagiert. Zudem stigmatisierte die nationalsozialistische Presse in Köln die Neuankömmlinge als arbeitsscheu und als zusätzliche Belastung angesichts der angespannten Wohnraumsituation.[41] Die Chancen, als zugezogener Jude eine Anstellung zu finden, sanken wegen der abnehmenden Zahl jüdischer Unternehmen stetig. Angesichts dieser Arbeitsmarktsituation vergrößerte sich das Heer der jüdischen Hausierer. Aber auch in diesem Bereich der Selbstständigkeit konnten sich im Verlauf des Jahres 1935 wegen der im März 1934 vom Kölner Regierungspräsidenten eingeführten Zulassungskontrolle immer weniger Juden betätigen. Überproportional betroffen von dieser Maßnahme waren die Juden osteuropäischer Herkunft, die damit verstärkt vom sozialen und beruflichen Abstieg bedroht waren.[42]

Seit September 1935 sahen sich die Befürworter antisemitischer Politik durch die „Nürnberger Gesetze" bestätigt.[43] Obwohl diese nicht grundsätzlich die wirtschaftliche Handlungsfähigkeit der Juden beschränkten[44], bedeuteten sie doch den „legalen" Ausschluss der Juden aus der „deutschen Volksgemeinschaft" und degradierten sie zu Menschen zweiter Klasse. Die Verdrängung aus der Wirtschaft und sonstigen Bereichen des öffentlichen Lebens wurde nun durch das „gesunde Volksempfinden" sanktioniert. Zugleich lieferte die unter Strafe gestellte „Rassenschande" einen Verleumdungsvorwand, der sich gegen Juden instrumentalisieren ließ, um Konditionen und Tempo der „Arisierung" zu beeinflussen. Neben der materiellen Not, die sich in der jüdischen Bevölkerung Kölns durch die antisemitische Ausschaltungswelle des Jahres 1935 erneut vergrößert hatte, war die offene gesellschaftliche Deklassierung mittels der „Nürnberger Gesetze" sicherlich ein Grund dafür, dass

Britta Bopf

sich die Selbstmordrate innerhalb der jüdischen Gemeinde in Köln bei abnehmender Mitgliederzahl 1935 gegenüber dem Vorjahr mehr als verdoppelte.[45]

Nach Verabschiedung der „Nürnberger Gesetze" verstärkte sich die Tendenz der Kölner Justiz, die vielschichtigen Diskriminierungen, denen Juden in Wirtschafts- und Eigentumsfragen ausgesetzt waren, als mit geltendem Recht vereinbar abzusegnen. Im April 1936 musste der Reichsjustizminister den Oberlandesgerichtspräsidenten in Köln explizit darauf hinweisen, dass noch keine gesetzlichen Regelungen für das „Wirtschaftsrecht der Juden" existierten und diese deshalb keinerlei Beschränkungen unterlägen. In deutlicher Form mahnte der Reichsminister an, dass es nicht Aufgabe einzelner Stellen im Lande sei, durch eigene Entscheidungen die „Lösung der Judenfrage" den politischen Instanzen vorwegzunehmen.[46] Letzteres versuchten auch die städtischen Behörden, die sich weigerten, Juden Steuernachlässe und Stundungen jeglicher Art zu gewähren, und deren willkürliche Entscheidungen zunahmen. Auch Kölner Finanzämter und Devisenstellen gingen 1936 verstärkt dazu über, zukünftige Reichsfluchtsteuerforderungen und die angebliche Gefahr der Kapitalverschiebung als Vorwand zur Sperrung und Einziehung jüdischen Vermögens zu nutzen. Spätestens seit 1935 wurde „Arisierung" zum feststehenden Begriff und etablierte sich in den folgenden zwei Jahren unter wieder zunehmenden Boykotten und Repressalien als öffentlicher Vorgang. Angebote jüdischer Unternehmen und Kaufgesuche, die ungeniert „rassische" Gründe angaben, mehrten sich ebenso wie Werbeanzeigen „erfolgreich arisierter" Geschäfte. Ende Oktober vermerkte der „Westdeutsche Beobachter", dass seit einigen Wochen „in größerem Umfang von Nichtariern Käufer für Einzel-, Großhandels- und, allerdings nur vereinzelt, auch für Fabrikbetriebe und Haus- und Grundbesitz gesucht" würden.[47] Auch Aktienpakete, die die Kontrolle über das betreffende Unternehmen sicherten, wurden nun vermehrt von jüdischen Inhabern und Geschäftsführern angeboten.[48]

Den Ablauf der „Arisierung" beeinflusste spätestens ab 1935 eine sehr heterogene Gruppe, die als „Arisierungsmakler" im weiteren Sinne bezeichnet werden können. Einen Schwerpunkt dieser Nutznießer der zweiten Kategorie stellten die Kredit- und Versicherungsinstitute dar. Während bei der „Arisierung" des Grundbesitzes häufig Sparkassen und Versicherungen über ihre Hypothekengewährung stärker involviert waren, so machten die Großbanken bevorzugt beim Verkauf jüdischer Großunternehmen ihren Einfluss geltend. Dabei übernahmen sie, abgesehen von jüdischen Privatbanken, seltener direkt jüdische Unternehmen, wie bei der Leonhard Tietz AG geschehen. Häufiger traten sie als Finanziers und Vermittler von „Arisierungen" in Erscheinung und verdienten so mehrfach an der Ausschaltung der Juden.[49]

Schätzungen gehen davon aus, dass bis Mitte 1935 reichsweit bereits 20 bis 25% aller jüdischen Betriebe entweder liquidiert oder verkauft waren.[50] Bereits Ende 1937 war der größere Teil der jüdischen Unternehmen nicht mehr in jüdischen Händen oder befand sich in Auflösung.[51]

Unter welchen Umständen und zu welchen Preisen dieser Prozess vor sich ging, wird aus einer Meldung des „Westdeutschen Beobachters" ersichtlich, der zufolge wegen des großen Angebots zahlreiche Juden keine Käufer für ihre Besitztümer finden könnten.[52] Das Überangebot und die politische und wirtschaftliche Zwangssituation, in der sich auswanderungswillige oder verschuldete Juden befanden, machten sie zu idealen Opfern der Übervorteilung durch die Käufer.

Auch immer mehr jüdische Arbeitnehmer verloren ihre Arbeit ohne Aussicht auf eine andere Verdienstmöglichkeit. Bereits 1935 musste fast ein Drittel der deutschen Juden dauernd oder zeitweise, z. B. im Winter, auf irgendeine Weise unterstützt werden.[53] Dabei gewannen in Köln die Selbsthilfeorganisationen der jüdischen Gemeinde immer größere Bedeutung. Die Jüdische Wohlfahrt, die 1935 begründete Jüdische Winterhilfe und die zahlreichen Einrichtungen, wie Alters- und Kinderheime, Waisen- und Krankenhäuser, Ausbildungs- bzw. Umschulungszentren, Suppenküchen und Initiativen wie die „Jüdische Nachbarschaftshilfe" mussten trotz der sich ständig verschlechternden finanziellen Lage der Gemeinde zügig ausgebaut werden.[54]

Seit den „Nürnberger Gesetzen" bildete die Förderung der Auswanderung einen neuen Schwerpunkt in der Gemeindearbeit. 1936 wurde in Köln die Auswanderungsberatungsstelle eingerichtet, die neben Beratung und Organisation ca. 40% der jüdischen Emigranten ganz oder teilweise die Auswanderung finanzierte.[55]

Eine große Hemmschwelle, Deutschland zu verlassen, bildete für viele Juden neben der restriktiven Einwanderungspolitik der potenziellen Aufnahmeländer die so genannte „Reichsfluchtsteuer"[56], gemäß der 25% des Auswanderervermögens an das Reich abgeführt werden mussten. Als Berechnungsgrundlage diente der zuletzt geschätzte Steuerwert der Vermögensobjekte, unabhängig vom meist wesentlich geringeren tatsächlich erzielten Verkaufserlös. Hinzu kam, dass der Emigrant verpflichtet war, sein Geld auf ein „Auswanderersperrmark-Konto" zu überweisen und es dort zu erheblichen Kursverlusten in Devisen umzutauschen. Bis zu Beginn des Jahres 1935 zahlte die Reichsbank die Hälfte des offiziellen Markkurses aus, danach wurde die Quote auf 30% herabgesenkt, um

Britta Bopf

JÜDISCHE WINTERHILFE
KÖLN, Rubensstrasse 33 · Fernsprech-Sammelnummer 2105 41 · Postsch.-Konto Köln 618

KÖLN, 15. Dezember 1939.

An alle Gemeindemitglieder!

Gross ist die Not

aller derjenigen, die sich täglich an uns wenden, um wenigstens in den kalten Wintermonaten eine zusätzliche Unterstützung zu erhalten.

Das tägliche Brot

fehlt diesen armen Menschen! Was dies bedeutet, weiß mancher sicherlich noch nicht, der unseren Sammler mit einer kleinen Geldspende abfertigt, obwohl selbst große Beträge bestimmt noch kein Opfer für ihn wären.

Gross ist die Not

viel größer als diese Spender sich vorstellen können! Ist es nicht traurig, wenn Mütter nicht wissen, wo sie für ihre Kinder

Das tägliche Brot

hernehmen sollen! Wissen diese Spender, was es heißt, sich in ungeheizten, kalten Räumen aufhalten zu müssen? So

Gross ist die Not

bei hunderten unserer Gemeindemitgliedern, und das ist der Grund, warum wir Sie immer wieder bitten und Ihnen immer wieder zurufen müssen

Jeder Will Helfen  **Jedem Wird Hilfe!**

Also nicht nur spenden, sondern opfern!

Jüdische WinterHilfe

Nächste Sammlung Sonntag, den 17. Dezember

33 Bitte um Unterstützung der Jüdischen Winterhilfe, 15. Dezember 1939

schließlich bis auf 4% im September 1939 zu sinken. Bei Kriegsausbruch wurde jeder Kapitaltransfer unterbunden.[57]

Die Gewissheit, bei der Emigration zwangsläufig dem ausgefeilten Ausbeutungsinstrumentarium des „Dritten Reiches" unterworfen zu sein und sich schließlich mit nur geringen Mitteln in einem fremden Land eine neue Existenz aufbauen zu müssen, ließ viele, besonders ältere Menschen vor diesem Schritt zurückschrecken. Deshalb wanderten anfangs aus Köln in erster Linie jüngere und oftmals vermögendere Juden ab, die Geschäfts- oder Familienverbindungen ins Ausland hatten. Dem stand der Zuzug zahlreicher, oft unbemittelter Juden aus ländlichen Gebieten nach Köln gegenüber, die in der Anonymität der Großstadt Zuflucht und Arbeit suchten.[58] Deren Aussicht auf eine Erwerbsmöglichkeit schwand jedoch zusehends, insbesondere als der jüdische Arbeitsnachweis, der sich in Köln als ein wichtiges Standbein der jüdischen Selbsthilfe bewährt hatte, zum 1. Januar 1937 schließen musste[59], und sich erwerbslose Juden nun den Diskriminierungen durch die öffentlichen Arbeitsämter ausgesetzt sahen. 1938 war bereits die Hälfte aller jüdischen Arbeiter und Angestellten arbeitslos.[60]

Die fortschreitende Pauperisierung der Kölner Juden führte dazu, dass 1936 über ein Drittel des Gemeindeetats für Leistungen des Wohlfahrts-amtes ausgegeben werden musste, eines Etats, der insgesamt nur ein Drittel der Höhe von 1928 erreichte. Im Winter 1936/37 unterstützte die Kölner Einrichtung rund 2.500 Personen bzw. 900 Familien.[61] Diese Zahl blieb trotz abnehmender Gemeindegröße und sinkender Einnahmen im folgenden Jahr konstant.[62] Rund ein Fünftel der Gemeindemitglieder wurde 1937/38 mit Grundnahrungsmitteln, Kleidung und Brennmaterial versorgt.[63] Bereits Ende 1937, noch bevor der Staat offiziell ihre wirtschaftliche Ausschaltung legalisiert hatte, stellten die Juden in demografischer und wirtschaftlicher Hinsicht eine zermürbte und geschwächte Gruppe dar.

Die offene „Arisierung" in Köln (1938–1945)

Im Jahr 1938 wurde die wirtschaftliche und gesellschaftliche Isolierung der Juden in Deutschland zunehmend durch Ausschreitungen auf lokaler Ebene vorangetrieben und durch eine Flut von Maßnahmen rechtlich fixiert. Damit nun der Staat selbst sich systematisch das jüdische Vermögen einverleiben konnte, wurde im April 1938 dessen genaue Registrierung angeordnet.[64] Die offizielle „Arisierungskontrolle" des Gauwirtschaftsberaters, wenn auch bemäntelt durch den bürokratischen Forma-

Britta Bopf

lismus des genehmigten Verkaufsaktes, leitete die Ära der offenen Entmündigung der deutschen Juden und der faktischen Beschlagnahme ihres Besitzes ein, deren Natur nach dem Novemberpogrom 1938 endgültig offen zu Tage trat.

Vor 1938 war die Ausschaltung der jüdischen Bevölkerung aus dem Erwerbsleben in erster Linie inoffiziell mittels Repressionen oder auf bürokratischem Wege erfolgt. Mit der Änderung der Gewerbeordnung im Juni 1938 wurde erstmals die Ausübung ganzer Erwerbszweige untersagt.[65] Im Verlauf des Jahres 1938 trat eine Flut von neuen Gesetzen in Kraft, die Juden die Betätigung in noch erlaubten Erwerbsbereichen endgültig verbot. Offen rassistische Aktionen im ganzen Reich im Sommer 1938 begleiten diese Entrechtung.[66]

Die Zahl der jüdischen Firmenaufgaben war bereits seit dem Frühjahr 1938 drastisch angestiegen. Die „Westdeutsche Wirtschafts-Zeitung" in Köln diagnostizierte im Juni eine „förmliche Arisierungswelle".[67] Auch Bastionen jüdischer Wirtschaftstätigkeit, wie renommierte Privatbanken oder größere Unternehmen mit Auslandskontakten, wurden nun in Köln unter dem neuen Druck vermehrt von ihren Gründern verkauft. Anfang Oktober 1938 meldete der „Westdeutsche Beobachter" eine starke Verkaufstendenz bei jüdischen Immobilien.[68] Schon im Juli 1938 hatte der Kölner Regierungspräsident „unerfreuliche Konkurrenzerscheinungen" bei den Erwerbern der „zu Schleuderpreisen" angebotenen jüdischen Geschäfte registriert.[69] Erpressung und Repressalien jedweder Art gegen die Kölner Juden verstärkten sich. Aufmerksame Beobachter konstatierten, dass das Denunziantenwesen in Köln solche Formen annehme, dass sich „die Parteidienststellen vor Angebern nicht mehr retten können".[70]

Eine Typologie der Erwerber, die die „Arisierung" offensiv durch Repressionen vorantrieben, ist aus den untersuchten Fällen nur ansatzweise ersichtlich. Es handelte sich bei ihnen nicht nur um exponierte Funktionäre, sondern häufig um so genannte kleine Parteimitglieder und Volksgenossen, die als ehemalige Angestellte oder Geschäftspartner mit ihren Fach- und Unternehmenskenntnissen und informellen Beziehungen als Käufer eine günstige Ausgangsposition hatten. Oftmals war ein politischer Hintergrund vorhanden, der es leicht machte, das Vorgehen weltanschaulich zu verklären. Trotzdem zeichneten sich die meisten Erwerber nicht durch fanatische antisemitische Gesinnung, sondern einfach durch ihre Skrupellosigkeit aus, die Rechtlosigkeit des Verkäufers so weit wie möglich auszunutzen. Nachkriegsaussagen der Beteiligten in den Restitutionsprozessen zeigen jedoch, dass antisemitische Vorurteile beim Großteil der Käufer zumindest unterschwellig eine Rolle spielten. Das

Stereotyp vom listigen und schachernden Juden, das die Nationalsozialisten ständig propagierten, hatte bereits seit langem innerhalb der deutschen Gesellschaft seinen festen Platz.[71]

Ihren gewaltsamen Höhepunkt erreichte die antisemitische Welle am 9. und 10. November 1938 mit der im Volksmund so betitelten „Reichskristallnacht". Bürger nutzten die von der Partei organisierten Zerstörungen jüdischer Geschäfte und Wohnungen, um zu plündern und zu erpressen. In den frühen Morgenstunden beschlagnahmten Gestapobeamte Wertgegenstände und Unterlagen der Synagogen in der Roonstraße und Glockengasse, bevor sie später in Brand gesetzt wurden.[72] Die Synagoge Adass Jeschurun, die Deutzer und die Mülheimer Synagoge, die wegen der großen Gefahr für die Nachbarschaft nicht vollständig angezündet worden waren, wurden nachmittags demoliert. Die Mülheimer Synagoge erlitt dabei erhebliche Schäden.

Die Aggression beschränkte sich keineswegs wie angeordnet auf jüdischen Besitz. Zahlreich sind die Berichte von gewalttätigen Übergriffen auf Juden,[73] die in Köln neben zahlreichen Verletzten mindestens ein Todesopfer forderten.[74] Die Folgen des Rechtsvakuums erlebten rund 400 in „Schutzhaft" genommene Kölner Juden, die schließlich ins Konzentrationslager Dachau abtransportiert wurden.[75]

Die reichsweit stattfindenden Massenverhaftungen sollten gezielten „Arisierungsdruck" ausüben. Diese Intention zeigt die Anweisung der Gestapo Berlin, „vor allem vermögende Juden" festzunehmen, deren „Schutzhaft" eventuelle „Arisierungsverhandlungen" jedoch nicht stören dürfe. Gleiches galt für Auswanderungen.[76] Die Chance, durch schnellen Verkauf des Besitzes weiterem Terror in den überfüllten Lagern zu entgehen, bewog viele Inhaftierte, ihren Firmen- oder Hausbesitz zu unvorteilhaften Konditionen zu veräußern.

Am 18. November ordnete die Reichsregierung reichsweit die Schließung der noch existierenden jüdischen Betriebe und am 3. Dezember ihre „Zwangsveräußerung" oder „Liquidation" an.[77] Repressionen der Erwerber und restriktive Praktiken der lokalen Entscheidungsträger, wie die Kaufpreissenkung, bestimmten zu diesem Zeitpunkt immer deutlicher die Modalitäten der Vermögensabgabe. Für das Jahr 1938 kann für Köln auch die These Raul Hilbergs bestätigt werden, dass die Käufer jüdischer Unternehmen kaum mehr als 75% und häufig weniger als 50% des realen Wertes zahlen mussten.[78]

Waren im November 1938 in Köln noch schätzungsweise 1.100 jüdische Betriebe registriert, so vermeldete der IHK-Geschäftsführer Paul Heinen im Februar 1939 zufrieden, dass die „Entjudung im Gau Köln-Aachen mit wenigen Ausnahmen in verhältnismäßig kurzer Zeit soweit

Britta Bopf

durchgeführt [wurde], dass heute die gesamte Wirtschaft des Gaues ...
dem Führer für seine großen Aufgaben zur Verfügung steht".[79]

Anfang 1939 hatten bis auf wenige Ausländer alle Juden ihre Unternehmen abgeben müssen, der Großteil ihrer Immobilien stand zum Verkauf. Wer hatte von dieser Entwicklung vor allem profitiert? Die kleinen und mittleren jüdischen Firmen, besonders im Einzelhandel, waren häufig auf Drängen der Wirtschaftsverbände liquidiert worden. Die Marktanteile der „arischen" Konkurrenz hatten sich dadurch im Einzelhandel, im Landwarengroßhandel, in der Konfektion und anderen Einzelbranchen maßgeblich vergrößert. Die großen Unternehmen, wie auch die Kaufhäuser, wurden meist von etablierten, kapitalstarken Branchenvertretern und von einflussreichen Persönlichkeiten übernommen. Beim Grundbesitz hatten häufig die Kreditgeber von der Gelegenheit eines günstigen Kaufes profitiert. Neben Sparkassen und Hypothekenbanken waren dies Versicherungen oder auch private Geldgeber. Die Stadt Köln, die bei rückständigen Steuerzahlungen die Zwangsversteigerung betrieb, konnte ihren Grundbesitz abrunden. Es muss davon ausgegangen werden, dass sich auch heute noch eine unbekannte Zahl nicht rückerstatteter Immobilien aus jüdischem Besitz in der Hand zahlreicher deutscher Städte und Gemeinden befindet.[80]

Angesichts der Gewinnpotenziale, die der häufige Billigverkauf jüdischer Besitztümer barg, ordnete die nationalsozialistische Regierung im Februar 1939 an, bei allen „Arisierungen" so genannte „ungerechtfertigte Entjudungsgewinne" zugunsten des Staates einzuziehen. Die überlasteten Verwaltungsinstanzen, die die „Arisierung" seit Ende 1938 überwachen sollten, erhoben die so genannte „Ausgleichsabgabe" von den Käufern jedoch nur in sehr geringem Maße.[81]

Den direkten Zugriff auf das Vermögen aller deutschen Juden sicherte sich der nationalsozialistische Staat durch die nach dem Pogrom verhängte so genannte Sühnekontribution, bei der 20%, später 25% des im April 1938 angemeldeten Vermögens eingezogen wurden. Da die meisten Juden über kein Einkommen und keine Ersparnisse mehr verfügten, waren sie gezwungen, massenweise ihre Habe, nun auch verstärkt Haus- und Grundbesitz, zu Niedrigpreisen zu verkaufen.

Die Entwicklungen des Jahres 1938 ließen die Zahl der Ausreisewilligen rapide ansteigen. Bereits im Februar, noch bevor im Sommer die antisemitischen Übergriffe wieder zunahmen, hatte die Kölner Gemeindezeitung deutlich angemahnt, dass für Juden in Deutschland keinerlei Alternative zur Auswanderung mehr bestehe.[82] Obwohl, wie der Kölner Regierungspräsident im Sommer 1938 für seinen Bezirk berichtete, die [Zu-]Wanderungsbewegung der Juden insbesondere durch den

Anschluss Österreichs offenbar wieder in großem Umfang zugenommen hatte, sank die Zahl der in Köln lebenden Juden von Anfang August 1937 bis Mitte Juli 1938 um rund ein Viertel.[83] In den Jahren nationalsozialistischer Herrschaft bis 1937 hatte sich die Mitgliederzahl der Kölner Synagogengemeinde aufgrund des starken Zuzugs nur um insgesamt 27% verringert.[84] Von Juli 1938 bis zum Mai 1939 sank die Zahl der offiziell als Juden eingestuften Kölner erneut um mehr als ein Viertel auf 8.406.[85] Trotzdem sprachen Kölner Gemeinderepräsentanten bereits einen Monat vor dem Novemberpogrom im Gemeindeblatt offen aus, dass die erhoffte Emigration vielen verwehrt bleiben würde.[86]

Neben der fortgeschrittenen Ausplünderung prägten nun Isolierung und umfassende Entrechtung das Leben der zurückgebliebenen Juden. Die immer zahlreicheren, auch die letzte Privatsphäre betreffenden Verordnungen nahmen neben ihren räuberischen Zügen einen extrem schikanösen und schließlich existenzbedrohenden Charakter an. Bereits im Dezember 1938 hatten die Machthaber die Deponierung von Bargeld, Wertpapieren und anderen Wertgegenständen auf Sperrkonten angeordnet; jegliche Verfügung darüber war genehmigungspflichtig und wurde nur in sehr eingeschränktem Maße gewährt.[87] Sondersteuern und Abgaben schmälerten den ohnehin schon gering bemessenen Auszahlungssatz. Das tägliche Überleben wurde seit Dezember 1939 durch regelmäßige Kürzungen und Streichungen der Rationen für Juden zur Mühsal.[88] 1940/41 konnte nur noch ein Viertel bis ein Drittel der deutschen Juden von den Resten ihres eigenen Vermögens oder den immer häufiger aus Arbeitseinsätzen stammenden kärglichen Bezügen leben. Die anderen waren in erster Linie auf die Unterstützung der jüdischen Kultusgemeinden angewiesen.[89]

Die einsetzende Welle von gesetzlichen Anordnungen raubte den deutschen Juden schrittweise nun auch jegliche persönliche Habe. Schmuck und andere Edelmetallgegenstände mussten seit Februar 1939 gegen eine minimale Entschädigung bei den städtischen Pfandanstalten abgegeben werden. Im September 1939 wurden Radios, im Juli 1940 Telefonanschlüsse, im November 1941 Fahrräder, im Februar 1942 Haustiere, im Januar 1942 die warme Kleidung bis hin zu Handschuhen und Schals beschlagnahmt.[90] Schikanen, wie das Verbot, Bücher aus den Leihbüchereien zu beziehen, öffentliche Fernsprechzellen, Verkehrsmittel oder Bänke zu benutzen und schließlich sogar Zeitungen und Zeitschriften zu kaufen, waren systematische Schritte, um der jüdischen Bevölkerung ihr Leben so unerträglich wie möglich zu machen.[91]

Die Ausbeutung jeder jüdischen Arbeitskraft ab März 1941 und die parallel forcierte Konzentration im Barackenlager „Fort V" in Köln-Müngersdorf[92] diente zugleich als organisatorische Vorbereitung für die „Gesamtlösung der Judenfrage" und kennzeichneten den Übergang von der Enteignung der Kölner Juden zu ihrer Vernichtung.

Der erste Transport nach Osten verließ den Bahnhof Deutz-Tief am 21. Oktober 1941 mit 1.018 Juden. Einen Monat später legten die Nationalsozialisten fest, dass jegliches noch existentes jüdisches Vermögen, wie beispielsweise Versicherungs- oder Rentenansprüche, automatisch dem Staat zufiel, sobald die Besitzer die ehemalige Reichsgrenze überschritten.[93]

Mit Beginn der Deportation vergrößerte sich noch einmal die Verwaltungsmaschinerie zur Aufdeckung, Erfassung und Verwertung der jüdischen Habe in Köln, die eine große Zahl von Menschen bei Gestapo, Finanzverwaltung, Banken und Versicherungen und verschiedensten städtischen Stellen bis hin zu Speditionen beschäftigte. Auffällig ist der fast schon schizophren wirkende Gegensatz zwischen der Aufmerksamkeit, mit der die Bürokraten das Material einerseits und die Menschen andererseits verwalteten. Wurde beim Vermögen jedes Taschentuch genauestens in mehrfacher Ausführung registriert und seine Verwendung dokumentiert, so findet sich über den Verbleib seines jüdischen Besitzers in den Akten nur der lapidare Vermerk „nach dem Osten ausgewandert" oder „unbekannt verzogen". Mit dieser unbestimmten Aussage wurde bei der finanztechnischen Abwicklung des Vermögens durch einen kurzen Federstrich nebenbei die Existenz des Enteigneten bürokratisch abgewickelt.

Mindestens in die Zehntausende ging die Zahl der einzelnen Erwerber, die auf den fast täglich stattfindenden Versteigerungen und Verkäufen wissentlich den Hausrat deportierter Juden aus Deutschland und aus den besetzten Nachbarländern in der Kölner Messe, in einzelnen Gastronomiebetrieben oder direkt in den von ihren jüdischen Bewohnern verlassenen Wohnungen zu Niedrigstpreisen erwarben.[94] Als Kompensation der Bombenschäden und sicherlich auch zur „Befriedung" der zunehmend unter den Angriffen leidenden Bevölkerung wurden Güter, die man in Prag, Holland, Belgien und Frankreich bei deportierten Juden beschlagnahmt hatte, mit der Eisenbahn und per Schiff auf dem Rhein nach Köln, Mannheim, Hamburg und in andere deutsche Städte gebracht. Dadurch vergrößerte sich der Kreis der Personen, die direkt von der Ermordung der Juden profitierten, erheblich. Vordergründig diente die Umverteilung der Beute der moralischen Unterstützung der bombengeschädigten „Heimatfront". Tatsächlich trat hier erneut die stärkste Triebfeder der „Arisierung" und der antisemitischen Ausschaltungspolitik zu Tage: das materielle Interesse des Einzelnen. An diesem letzten großen antisemitischen Enteignungsfeldzug ließen die Nationalsozialisten bewusst möglichst große Teile der Bevölkerung partizipieren, um das System zu stabilisieren. Die Begünstigten wurden zu Mitverschworenen, die die immer menschenverachtendere, brutale Judenpolitik und den auch für sie täglich sichtbaren Repressionsapparat nicht in Frage stellten. Noch ausgeprägter war diese moralische Korrumpierung unter den Partei- und Finanzverwaltungsmitarbeitern, die die Verwertung der jüdischen Habe vor Ort organisierten. Die systematische Bereicherung, Vetternwirtschaft und Korruption auf allen Ebenen waren die regimeimmanenten Elemente, die die reibungsfreie Realisierung des Rassenwahns erst ermöglichten. Von der Enteignung, Entmenschlichung und Konzentrierung der Juden in ihrer Heimatstadt bis zu ihrer physischen Vernichtung in den Lagern und Ghettos des Ostens war es schließlich nur noch ein kleiner Schritt.[95]

Im November 1942, als die Synagogengemeinde Köln offiziell aus dem Vereinsregister gestrichen wurde, war der Großteil der Juden aus dem Rheinland bereits deportiert worden. In Köln lebten nun fast ausschließlich noch Juden mit nichtjüdischen Ehepartnern und „Mischlinge".[96] Der letzte bekannte Deportationszug verließ Köln am 1. Oktober 1944. Insgesamt wurden etwa 11.000 Juden von Köln aus in die osteuropäischen Vernichtungslager und Ghettos transportiert.[97] Ende 1944 lebten in der Stadt mit der ältesten jüdischen Gemeinde in Deutschland, abgesehen von den ungefähr 30–40 Untergetauchten,[98] keine Juden mehr.

Anmerkungen

1 Die Zahl bezieht sich auf die Juden, die im Kölner Stadtgebiet lebten. Die Kölner Synagogengemeinde, deren Bezirk erheblich größer war, zählte am Jahresanfang 1933 18.281 Mitglieder; *Gemeindeblatt der Synagogengemeinde zu Köln a. R.*, 2.2.1934.

2 *Statistik des Deutschen Reiches*, Bd. 451, H. 5, Berlin 1936, S. 10.

3 Statistisches Amt (Hg.), *Kölner Statistisches Handbuch*, Köln 1958, S. 64f.

4 Zum Begriff „Ostjude" vgl. Trude Maurer, *Ostjuden in Deutschland 1918–1933*, Hamburg 1986.

5 Alexander Carlebach, *Adass Yeschurun of Cologne. Life and Death of a Kehilla*, Belfast 1964, S. 79.

6 *Statistik des Deutschen Reiches*, Bd. 451, H. 5, Berlin 1936, S. 15, 50f.

7 Vgl. zum Thema Alexander Carlebach, *Die Orthodoxie in der Kölner jüdischen Gemeinde der Neuzeit*, in: Jutta Bohnke-Kollwitz u.a. (Hg.), *Köln und das rheinische Judentum. Festschrift der Germania Judaica 1959–1984*, Köln 1984, S. 341-358.

8 *Wirtschaft und Statistik*, Berlin, Bd. 552, H. 4, Berlin 1944; Von den „Mischlingen" in Köln wurden rund zwei Drittel als „Mischlinge ersten Grades" und rund ein Drittel als „Mischlinge zweiten Grades" eingestuft.

9 Vgl. die Angaben in Anm. 10.

10 Vgl. für alle Zahlen der Erwerbstätigen in Köln: *Kölner Statistisches Jahrbuch. Sonderausgabe der Statistischen Mitteilungen der Stadt Köln aus Anlaß des 75jährigen Bestehens des Statistischen Amtes,* Köln 1958, S. 217; Jüdische Erwerbstätige in Köln: Heinrich Silbergleit, *Die Bevölkerungs- und Berufsverhältnisse der Juden im Deutschen Reich,* Bd. I (Freistaat Preußen), Berlin 1930, S. 265f; Jüdische Erwerbstätige im Deutschen Reich: Ina Lorenz, *Die Juden in Hamburg zur Zeit der Weimarer Republik. Eine Dokumentation,* Hamburg 1987, S. 61f.

11 Im Deutschen Reich lag der Anteil der jüdischen Selbstständigen 1925 bei 50,5% der Erwerbstätigen; Hans Lamm, *Über die innere und äußere Entwicklung des deutschen Judentums im Dritten Reich,* Diss. Erlangen 1951, S. 12f, in Preußen bei 48,3%.

12 Wolfgang Scheffler, *Judenverfolgung im Dritten Reich,* Berlin 1960, S. 34.

13 Im Folgenden werden jene Personen als „Jude" bzw. „jüdisch" bezeichnet, die im Nationalsozialismus nach der Klassifikation der „Nürnberger Gesetze" als „Juden" galten und dementsprechend diskriminiert wurden. Ebenso ist im Folgenden ein „jüdisches Unternehmen" dadurch definiert, dass sein Besitzer im Nationalsozialismus als „Jude" eingestuft wurde.

14 Vgl. Raul Hilberg, *Die Vernichtung der europäischen Juden,* Frankfurt/Main ²1990.

15 HAStK, Best. 610/2, Bl. 275.

16 Bundesarchiv Berlin (im Folgenden: BA), 31.01/1386, Bl. 496 ff.

17 HAStK, Best. 610/45 und *Widerstand und Verfolgung in Köln 1933–1945. Ausstellung des Historischen Archivs der Stadt Köln,* Köln 1974, S. 150.

18 Horst Schorn, *Der Richter im Dritten Reich,* Frankfurt/Main 1959, S. 147, 156f.

19 Vgl. die in den Akten des Reichswirtschaftsministeriums dokumentierten Diskriminierungen gegen jüdische Gewerbetreibende: BA, 36.01/13862, Bl. 317-325, 36.01/2225, Bl. 301, 36.01/1859, Bl. 28, 35 u.v.a.

20 BA, R 3601, Nr. 1946, Bl. 173 u. 181.

21 BA, R 3601, Nr. 1859, Bl. 28 u. 35.

22 Am Fleischwarengroßmarkt war es üblich, dass die Marktvereinigung jedem Großhändler wöchentlich bestimmte Verkaufskontingente zuwies, um ein gleichbleibendes und ausgewogenes Angebot sicherzustellen.

23 BA, R 3601, Nr. 1859, Bl. 136, 138, 144.

24 Ebd., Bl. 99, Schreiben des Reichsministers für Landwirtschaft und Ernährung an Kanzlei R. Walther Darré vom 1.5.1937.

25 HStAD, Rep. 266/14858.

26 Helmut Genschel, *Die Verdrängung der Juden aus der Wirtschaft im Dritten Reich,* Göttingen 1966, S. 67f.

27 Avraham Barkai, *Vom Boykott zur „Entjudung",* Frankfurt/Main 1988, S. 74, 79.

28 Zahl gilt für 1938; *Der Deutsche Volkswirt,* 29.7.1938, S. 2142f.

29 „*Schachts Einfluß nimmt ab",* in: *Prager Mittag,* 2.1.1936.

30 Avraham Barkai, *Die deutschen Unternehmer und die Judenpolitik im „Dritten Reich",* in: *Geschichte und Gesellschaft,* 15 (1989), S. 233.

31 BA, R 3101, Nr. 13862, Bl. 417–421.

32 BA, NS 22, Nr. 716, Stimmungs- und Lagebericht des Gauleiters Grohé vom 8.6.1935.

33 HStAD, RW 18, Nr. 4, 114, Erlass des Oberpräsidenten der Rheinprovinz vom 8. Juni 1935.

34 Vgl. HStAD, Rep. 266/12371 (27Rü1319/51).

35 Zitiert nach *Jüdische Rundschau*, 2.7.1935.

36 Die Zahl der Kölner Kleinhändler hatte in den beiden Jahren zuvor nur unwesentlich geschwankt (1933 Zunahme 1%, 1934 Rückgang um 3,2%); *Statistische Jahrbücher der Stadt Köln*: 19. Jg. (1929), S. 46, 22. Jg (1932), S. 21, 24. Jg. (1934), S. 21, 26. Jg. (1936), S. 21.

37 Ensen gehört zum rechtsrheinischen Porz, heute Stadt Köln.

38 Reinhard Rieger, *Die Zündorfer Judengemeinde*, in: *Unser Porz. Beiträge zur Geschichte von Amt und Stadt Porz*, H. 12 (1970), S. 1–50, hier S. 33.

39 BA, NS 25, Nr. 247, Tätigkeitsbericht des Gauamtes Köln-Aachen vom 15.4.1937 für den Monat März 1937. Das Gemeindenutzungsrecht gab Ansässigen die Möglichkeit, bestimmte gemeindlichen Anlagen und Grund, meist Wiesen, Felder oder Wald, unentgeltlich zu nutzen.

40 So verzeichnete die Kölner Gemeinde 1936 bei 2.049 Abwanderungen 1.234 Neuzugänge; Margarete Edelheim, *Köln – Bild einer Gemeinde*, in: *Central Verein Zeitung*. Organ des Centralvereins deutscher Staatsbürger jüdischen Glaubens (im Folgenden: *CV*), 2. Beiblatt, Nr. 6, 11.2.1937.

41 *Westdeutscher Beobachter* (im Folgenden: WB), 28.06.1935.

42 Anordnung über den ambulanten Gewerbebetrieb in den Städten Köln und Bonn des Regierungspräsidenten Köln vom 24.3.1934, in: *Westdeutsche Wirtschaftszeitung* (im Folgenden: *WWZ*), 28.6.1934, S. 589; Interview mit anonymer Zeitzeugin vom 7.1.1989, in: Barbara Becker-Jákli (Hg.), *„Ich habe Köln doch so geliebt…". Lebensgeschichten jüdischer Kölnerinnen und Kölner*, Köln 1993, S. 285-301, hier S. 292.

43 Das „Reichsbürgergesetz" entzog Juden das Stimmrecht in allen politischen Bereichen und die Möglichkeit, ein öffentliches Amt zu bekleiden. Das „Gesetz zum Schutz des deutschen Blutes und der deutschen Ehre" verbot Ehen und außereheliche sexuelle Beziehungen zwischen Juden und „Staatsangehörigen deutschen oder artverwandten Blutes" als „Rassenschande". Zur Handhabung der Gesetze vgl. Hilberg, *Vernichtung* [Anm. 14], S. 166–170.

44 Die Ausführungsbestimmungen zu den „Nürnberger Gesetzen" schlossen nun allerdings ausnahmslos alle jüdischen Beschäftigten vom öffentlichen Dienst aus und beinhalteten Berufsbeschränkungen für jüdische Ärzte und freiberufliche Juristen; Bruno Blau (Bearb.), *Das Ausnahmerecht für die Juden in Deutschland*, Düsseldorf ²1954, S. 34f

45 *„Einsamkeit – Geborgenheit"*, in: *Gemeindeblatt für die jüdischen Gemeinden in Rheinland und Westfalen* (im Folgenden: GB), 6.3.1936; „Die Synagogengemeinde Köln 1935", in: GB, 28.2.1936.

46 BA, R 58, Nr. 276, Schreiben RJM an OLG-Präsident in Köln vom 27.4.1936; Auslöser für diese Stellungnahme war die anscheinend am Kölner Oberlandesgericht eingeführte Praxis, Juden den Erwerb von Grundstücken zu verwehren.

47 *„Juden wollen ihre Betriebe verkaufen"*, in: WB, 30.10.1935.

48 *Kölnische Zeitung*, 13.10.1935.

49 Vgl. HStAD, Rep. 266/815 (27Rü375/50).

50 Barkai, *Boykott* [Anm. 27], S. 80.

51 Barkai, *Unternehmer* [Anm. 30], S. 237.

52 WB, 30.10.1935.

53 Barkai, *Boykott* [Anm. 27], S. 104.

54 Zur finanziellen Lage und zu den Wohlfahrtsorganisationen der jüdischen Gemeinden vgl. Salomon Adler-Rudel, *Jüdische Selbsthilfe unter dem Nazi-Regime 1933–1939*, Tübingen 1974.

55 Zvi Asaria, *Die Juden in Köln von den ältesten Zeiten bis zur Gegenwart*, Köln 1959, S. 344.

56 Die „Reichsfluchtsteuer" war ursprünglich 1931 zur Verhinderung der Kapitalflucht in der Weltwirtschaftskrise eingeführt worden und erfasste bis Mai 1934 nur Vermögen über 200.000 RM, dann bereits solche ab 50.000 RM; Hilberg, *Vernichtung* [Anm. 14], S. 140f.

57 Ebd., S. 149f.

58 Bruno Hoffmann, *Die Ausnahmegesetzgebung gegen die Juden von 1933–1945 unter besonderer Berücksichtigung der Synagogengemeinde Köln*, Diss. Köln 1962, S. 110.

59 Zentralausschuß der deutschen Juden für Hilfe und Aufbau (Hg.), *Informationsblätter*, Berlin 1936, Nr. 12, S. 128.

60 Avraham Barkai, *„Schicksalsjahr 1938". Kontinuität und Verschärfung der wirtschaftlichen Ausplünderung der deutschen Juden,* in: Ursula Büttner (Hg.), *Das Unrechtsregime. Festschrift für Werner Jochmann*, Hamburg 1986, Bd. 2, S. 45–68, hier S. 55.

61 Edelheim, *Köln* [Anm. 40].

62 Fritz Becker, *Von Osten nach Westen*, in: GB, 29.10.1937.

63 Mitteilungen der Jüdischen Winterhilfe in Köln, zitiert nach HAStK/NS-Dokumentationszentrum (Ausstellungskatalog), *Jüdisches Schicksal in Köln 1918–1945*, Köln 1988, S. 196. Die Winterhilfe teilte mit, dass als Sachspenden u.a. rund 20 000 Pfund Brot zur Verteilung gelangt waren.

64 Die Verordnung ist abgedruckt bei: Blau, *Ausnahmerecht* [Anm. 44], S. 43–45, Nr. 154.

65 Reichsgesetzblatt I 1938, S. 823f.

66 Klaus Behnken (Hg.), *Deutschland-Berichte der Sozialdemokratischen Partei Deutschlands 1934–1940* (im Folgenden: Sopade), 7 Bde., Frankfurt/Main 1980, Bd. 5, S. 754.

67 *Jüdische Betriebe*, in: WWZ, 30.6.1938.

68 *Starker Anlagebedarf für Grundbesitz*, in: WB, 1.10.1938.

69 HStAD, Regierung Aachen Präsidialbüro/1070, Bericht des Regierungspräsidenten Köln vom Juli 1938.

70 *Sopade*, Bd. V, S. 775, Juli 1938.

71 Vgl. zur Einstellung der Erwerber jüdischer Unternehmen und zu den häufigsten Erwerbergruppen: Britta Bopf, *„Arisierung" in Köln*, Köln 2004, S. 229-241 bzw. S. 212-216.

72 HStAD, Rep. 266/593 (27Rü106/50), Rep. 266/2243 (27Rü2166/50).

73 Vgl. u.a. Bericht von S. Lundner, in: HAStK/NS-Dokumentationszentrum (Ausstellungskatalog), *Jüdisches Schicksal* [Anm. 63], S. 322f.

74 Ein Kölner Parteimitglied verletzte am Nachmittag des 10. November den Frisör Moritz Spiro tödlich, nachdem er dessen Laden zerstört hatte. Anselm Faust (Bearb.), *Die »Kristallnacht« im Rheinland. Dokumente zum Judenpogrom im November 1938*, Düsseldorf 1987, S. 175–180; N. N., *Im Hause eines Kölner Arztes*, in: Gerhard Schoenberger (Hg.), *Zeugen sagen aus. Augenzeugenberich-*

te *über die Judenverfolgung im Dritten Reich*, Wiesbaden 1988, S. 48–52.

75 Bericht des Britischen Generalkonsuls in Köln J. E. Bell vom 14. November 1938, in: *Papers concerning the Treatment of German Nationals in Germany 1938–1939*. Presented by the Secretary of the State for Foreign Affairs to Parliament by Command of His Majesty, London 1939, S. 17–19.

76 BA, R 58, Nr. 276, Bl. 149, Anordnung des Chefs der Sicherheitspolizei Heydrich vom 16.11.1938.

77 Am 6. Juli wurde Juden untersagt, Maklergeschäfte, Heiratsvermittlungen, Hausverwaltungen, Hausiererhandel und Auskunfteien zu betreiben. Am 25. Juli erging ein generelles Berufsverbot für alle jüdischen Ärzte, am 27. September für jüdische Rechtsanwälte u. v. a., vgl. Joseph Walk (Hg.), *Das Sonderrecht für die Juden im NS-Staat*, Heidelberg ²1996, II, 500, 510, 547, III, 19.

78 Hilberg, *Vernichtung* [Anm. 14], S. 140. Genschel geht davon aus, dass der Kaufpreis zwischen 40 und 70% (und in extremen Fällen noch weniger) des Verkehrswertes lag, den ein „Arier" bekommen hätte; Genschel, *Verdrängung* [Anm. 26], S. 156.

79 Heinen, Paul, *Die Entjudung der Wirtschaft im Gau Köln-Aachen*, in: WWZ, 16.2.1939, S.141–144, hier S. 143f. Bereits im November 1938 hatte IHK-Präsident von Schröder in einer Beiratssitzung den „weit fortgeschrittenen Stand der Arisierung" im Kölner Bezirk hervorgehoben; WWZ, 10.11.1938, S. 1004.

80 Wolf Gruner, *Die Grundstücke der Reichsfeinde: Zur „Arisierung" von Immobilien durch Städte und Gemeinden 1938–1945*, in: Fritz Bauer Institut (Hg.), *„Arisierung" im Nationalsozialismus. Volksgemeinschaft, Raub und Gedächtnis*, Frankfurt/Main 2000, S. 125–156, hier S. 148.

81 Bopf, *„Arisierung"* [Anm. 71], S. 219–222.

82 GB, 18.2.1938: „Die Juden in Deutschland sind sich über ihr Schicksal durchaus im klaren. Sie wissen, daß sie auswandern müssen, und sie wollen so schnell es geht auswandern."

83 Am 1.8.1937 wurden im Stadtgebiet Köln nach Rassenkriterien 15.256 Juden, am 15.7.1938 noch 11.459 Juden erfasst; HStAD, Regierung Aachen Präsidialbüro/1070, Bericht des Regierungspräsidenten Köln vom Juli 1938.

84 Die Mitgliederzahlen von 17.998 (1933) und 13.054 (1937) beziehen sich auf den Erhebungsbereich der Synagogengemeinde Köln ohne die Gemeinde Adass Jeschurun; Asaria, *Juden*, [Anm. 55], S. 349f.

85 Zur jüdischen Konfession gehörten 7.975 von ihnen. Weitere 1.541 Kölner wurden als „Mischlinge ersten Grades", zudem 819 als „Mischlinge zweiten Grades" erfasst; *Wirtschaft und Statistik*, Berlin, Bd. 552, H. 4, Berlin 1944.

86 Dr. Cahen im GB, 7.10.1938. Neben der laufenden Verschlechterung der Devisenbestimmungen zeigten sich Visaprobleme und zahlreiche andere bürokratische Hindernisse dafür verantwortlich, dass nur eine sehr begrenzte Zahl der Emigrationswünsche realisiert werden konnte, vgl. Thalmann, Rita, *Die Kristallnacht*, Frankfurt/Main 1988, S. 29.

87 Walk, *Sonderrecht* [Anm. 77], III 46.

88 Ebd., IV 47, 57, 67, 82, 113 u.v.a.

89 Barkai, *Boykott* [Anm. 27], S. 186.

90 Walk, *Sonderrecht* [Anm. 77], IV 16, 115, 308, 295.

91 Ebd., IV 219, 287, 241, 310.

92 Asaria, *Juden* [Anm. 55], S. 386.

93 11. Verordnung zum Reichsbürgergesetz vom 25.11.1941, Walk, *Sonderrecht* [Anm. 77], IV 272.

94 Oberfinanzdirektion (Archiv), Akte „M-Aktion, Feldkommandantur 520“, Schreiben der Oberfinanzdirektion vom 23.4.1959.

95 Bopf, *„Arisierung"* [Anm. 71], S. 299–307.

96 HStAD, Rep. 145/470, Bl. 16; HStAD, Rep.145/635.

97 *Die jüdischen Opfer des Nationalsozialismus aus Köln.* Gedenkbuch, Köln/Weimar/Wien 1995, S. 551.

98 Diese Zahl nennt Asaria, *Juden* [Anm. 55], S. 401. Wie viele Juden sich in Köln verstecken konnten und so den Deportationen entgingen, lässt sich heute kaum noch genau ermitteln. Vgl. dazu: Monika Grübel, *Nach der Katastrophe. Jüdisches Leben in Köln 1945 bis 1949,* in: Günther Bernd Ginzel/Sonja Güntner (Hg.), *„Zuhause in Köln…" Jüdisches Leben 1945 bis heute,* Köln/Weimar/Wien 1998, S. 42.

Jüdisches Leben in Düsseldorf und Nordrhein 1945–1949

Die Politik von britischer Militär- und nordrhein-westfälischer Landesregierung – Hilfe oder Hindernis beim Wiederaufbau?*

Donate Strathmann

Mitte Mai 1945, knapp einen Monat nach der Besetzung durch die 97. U.S.-Division, zog die britische Rheinarmee in Düsseldorf ein.[1] In den folgenden Monaten fanden sich 57 Jüdinnen und Juden, die im Versteck oder in Konzentrationslagern überlebt hatten, wieder in Düsseldorf ein. Das entsprach etwa einem Prozent der Mitgliederzahl der Gemeinde von 1933. Viele dieser Juden stammten ursprünglich nicht aus Düsseldorf.[2] Im Spätsommer 1945, der genaue Termin lässt sich nicht mehr ermitteln, gründeten Rudolf Braunschweig, Philipp Auerbach, Julius Dreifuß, Arthur Asch und Gustav Baum die Synagogengemeinde Düsseldorf neu.[3]

Die Vorstandsmitglieder der ersten Jahre nach der Befreiung repräsentierten die drei Hauptgruppen deutsch-jüdischer Überlebender: Rückkehrer aus den Konzentrationslagern und aus dem Exil und Juden, die im Versteck überlebt hatten. Mehrere Repräsentanten der Gemeinde waren mit nichtjüdischen Ehefrauen verheiratet.[4]

Ein Komitee, d. h. eine eigenständige Organisation jüdischer Displaced Persons (DPs)[5] aus Osteuropa gab es in Düsseldorf nach 1945 nicht, ebensowenig in Köln – im Gegensatz zu anderen Nachkriegszentren jüdischen Lebens in Deutschland, wie etwa Hannover (1945–1954) oder Frankfurt/M. (1945–1948). Gleichwohl ließen sich auch in Düsseldorf bald Juden aus Osteuropa nieder und schlossen sich der Synagogengemeinde an. Durch Zuzug von Rückkehrern aus dem Exil, von jüdischen DPs aus den Lagern und von Flüchtlingen aus Osteuropa sowie Rückwanderern aus Israel wuchs die Mitgliederzahl der Synagogengemeinde stetig an. Im Januar 1946 waren von 348 in Düsseldorf lebenden Juden 219 Mitglied der Gemeinde. Bis März 1948, kurz vor der Gründung des Staates Israel, stieg die Mitgliederzahl auf knapp 300 an, fiel bis Januar 1949 auf 247, um dann langsam wieder anzusteigen. Im Oktober 1955 zählte die Düsseldorfer Gemeinde bereits 522 Mitglieder. Was die Zahlen nicht zeigen, ist die starke Fluktuation unter den Mitgliedern. Anfang 1949 hatte die Gemeinde 247 Mitglieder. Im

Laufe des Jahres verließen 33 Personen Düsseldorf, 11 starben und 53 wanderten neu zu. [6]

Für jedes einzelne Gemeindemitglied waren die Briten im Sommer 1945, nach zwölf Jahren der Verfolgung, des Hungers und vor allem der ständigen Lebensgefahr, die langersehnten Befreier und Hoffnungsträger. Doch die Dinge entwickelten sich anders. Im November 1946 schrieb eine mit einem Juden verheiratete nichtjüdische Düsseldorferin an Regional Commissioner William Asbury, den Chef der Militärregierung der Nord-Rheinprovinz in Düsseldorf: „Mit grossem Erstaunen und grenzenloser Bestürzung las ich in der ‚Rheinischen Post‘, ... es werde kein Unterschied zugunsten von Juden oder Insassen der früheren KZ-Lager gemacht. ... Ich habe den Eindruck, dass es 2 Sorten Engländer geben muß, und zwar die, die in England sind und uns im Rundfunk Mut und Hoffnung gaben und die Engländer, die hier in Deutschland als Besatzung sind, die voller Verständnis sind für die armen Nazis und wenig Verständnis für uns haben. Wir haben die Alliierten begrüßt als unsere Befreier und die Retter aus grosser Not, nicht als die Sieger, wir haben Gott gedankt, daß sie kamen und wir frei wurden und wieder in Ruhe leben konnten und jetzt merken wir, daß ja um Gotteswillen [sic!] zwischen Nazis und uns kein Unterschied gemacht werden darf.“[7]

Aufbau und Politik der britischen Militärregierung

Auf ihrer Konferenz in Potsdam hatten sich die alliierten Siegermächte auf „Entwaffnung, Entmilitarisierung, Entnazifizierung (und) Wiederaufbau des politischen Lebens und der lokalen Selbstverwaltung (in Deutschland) nach ‚demokratischen‘ Grundsätzen“[8] geeinigt. Die Militärregierung baute daraufhin in ihrer Besatzungszone eine umfangreiche britische Parallel-Verwaltung auf, deren Struktur derjenigen der sich re-etablierenden deutschen Verwaltung angeglichen wurde. Oberste Instanz war der Alliierte Kontrollrat in Berlin, bestehend aus den vier alliierten Militärgouverneuren. Da die Bildung einer Zentralverwaltung zur einheitlichen Umsetzung der Kontrollratsbeschlüsse in allen vier Zonen am Widerstand Frankreichs scheiterte, lagen die politischen und administrativen Entscheidungen bei den zonalen Militärregierungen.

In der britischen Zone lag der Oberbefehl bei der Control Commission for Germany, British Element (CCG BE), unter Militärgouverneur Field Marshall Bernard L. Montgomery. Dem auf mehrere Kleinstädte in Ostwestfalen verteilten Zonenhauptquartier unterstanden die Provinzial-bzw. Ländermilitärregierungen, denen wiederum die Bezirks- und Kreis-militärregierungen untergeordnet waren. Insgesamt umfasste die britische Verwaltung in Deutschland zeitweise über 20.000 Personen.[9]

„Their position is to a certain extent worse than that of the Jewish DPs. ... As far as the German Jews are concerned, ... they are still in great need." [10] (Ihre Position ist in gewisser Weise schlimmer als die der jüdischen DPs. ... Soweit die deutschen Juden betroffen sind, sind sie immer noch in großer Not.) So beschrieb Adolph Brotman vom britischen Jewish Committee for Relief Abroad (JCRA) im März 1946 die Situation der deutschen Juden in der britischen Zone. Viele deutsche Juden hatten als einzige ihrer Familien überlebt. Umso wichtiger waren für sie die wieder gegründeten Gemeinden. Stärker als andere Verfolgte waren sie zudem auf staatliche Unterstützung und internationale jüdische Hilfsorganisationen angewiesen.

Bereits Anfang Mai 1945 hatte jedoch ein Vertreter der britischen Abteilung der Control Commission gefordert, die deutschen Juden sollten sich schnellstmöglich assimilieren, um nicht Zielscheibe von Antisemitismus zu werden.[11] Daraus folgte für die Briten die Behandlung der deutschen Juden auf der Basis ihrer Nationalität, nicht ihrer Religion. Die britische Regierung zielte auf eine konsequente Gleichbehandlung der deutschen Juden mit der übrigen deutschen Bevölkerung. Die Notwendigkeit, den Opfern der NS-Verfolgung zu helfen, wurde lange Zeit ignoriert. Folglich fehlten Anweisungen für die Militärregierungen und die deutschen Zivilverwaltungen, wie Unterbringung, Versorgung und ärztliche Betreuung der überlebenden deutschen Juden zu gewährleisten waren.[12]

Die etwa 7.800 deutschen Juden in der britischen Zone waren bereits im Oktober 1945 der Zuständigkeit der deutschen Zivilverwaltung überlassen. Zwar unterstand diese der Militärregierung, aber die weigerte sich, für Fälle antisemitischer Praktiken deutscher Verwaltungsbeamter gegenüber deutschen Juden eine Berufungsinstanz einzusetzen, denn das hätte dem Grundsatz der Nichteinmischung in die deutsche Politik widersprochen.[13]

Die Politik der Briten beinhaltete einen Grundwiderspruch: Einerseits sollten die deutschen Juden zur Re-Integration in die deutsche Gesellschaft ermutigt werden, andererseits wurden ihnen alle Anreize dazu mit der Begründung verweigert, jede Privilegierung könne den latenten deutschen Antisemitismus neu entfachen und eine Spaltung zwischen Juden und Deutschen herbeiführen.[14] Die Briten ignorierten, dass die Mehrheit der überlebenden deutschen Juden dem Leben in Deutschland mit tiefstem Misstrauen gegenüberstand und viele ihren Aufenthalt als Übergangsphase bis zur Auswanderung betrachteten.

Donate Strathmann

Unterdessen hatten einzelne Vertreter der Militärregierung selbst antisemitische Stereotype verinnerlicht. In einem „Paper on Jewish Welfare" hieß es im Mai 1946, dass die jüdische Gemeinschaft, indem sie sich vor Beginn der Naziherrschaft in prominente gesellschaftliche Positionen „gedrängt" habe, mitschuldig sei am Aufstieg des NS-Regimes.[15]

Die Nichtanerkennung einer jüdischen Nationalität wurde ferner damit begründet, dass das die Fortsetzung der NS-Rassenpolitik bedeutet hätte. Die Konsequenz war für die Juden in den Gemeinden fatal: Sie waren nach jahrelanger Verfolgung besonders auf eine zusätzliche Lebensmittel- und Brennstoffversorgung durch deutsche Behörden angewiesen und erhielten doch zunächst keinerlei derartige Vergünstigungen.[16] Erst im Dezember 1945 erließ die Militärregierung mit der ‚Zone Policy Instruction No. 20' (ZPI 20) konkrete Anweisungen für den Umgang mit den Verfolgten. Rassisch, religiös und politisch Verfolgte sollten Sonderhilfen erhalten, sofern sie in einem KZ inhaftiert gewesen waren und nicht in einem DP-Camp lebten. Von besonderer Bedeutung war 1946/47 der Anspruch auf erhöhte Lebensmittelrationen, d.h. 500 Kalorien pro Tag zusätzlich. Außerdem hatten die Verfolgten Anspruch auf mindestens sieben Quadratmeter Wohnraum pro Person und bevorzugte Arbeitsvermittlung.[17]

Die Umsetzung der Instruktion scheiterte allerdings häufig an der Realität: Wohnraum stand nicht in ausreichendem Maß zur Verfügung und oft konnten nur 200 Kalorien zusätzlich gewährt werden, da mehr Lebensmittel nicht zur Verfügung standen.[18] Manche lokale Militärregierungen betrachteten die Instruktion nur für die deutsche Verwaltung als bindend, da sie im Verordnungsblatt der Rheinarmee nicht veröffentlicht worden war. Viele Probleme blieben ungelöst: Hilfen zum Wiederaufbau selbständiger Existenzen waren nicht vorgesehen. Hinterbliebene von Verfolgungsopfern blieben unberücksichtigt, ebenso Verfolgte, die nicht in Lagern gewesen, aber dennoch materiell und gesundheitlich geschädigt worden waren.

Im September 1946 plante deshalb die britische Abteilung der Control Commission die Ausdehnung der Vergünstigungen auf einen größeren Personenkreis, scheiterte dabei jedoch an der Wiedereinsetzung der deutschen Behörden Ende 1946. Die Militärregierung beschränkte sich fortan auf die Kontrolle der deutschen Verwaltung.[19]

In der Folge versuchten einzelne Landesregierungen, die ‚Zone Policy Instruction No. 20' auf Hinterbliebene und Invaliden des NS-Regimes auszuweiten, aber es vergingen Monate, bis deutsche und britische Stellen die Einzelheiten ausgehandelt hatten. Erst am 3. Oktober 1947 wurde das nordrhein-westfälische Wiedergutmachungsgesetz von den Briten

34 Enthüllung der Gedenktafel am Platz der zerstörten Synagoge in der Kasernenstraße am 9. November 1946. Oberbürgermeister Karl Arnold spricht vor Vertretern von Militärregierung, Synagogengemeinde und Stadtverwaltung

genehmigt. Langwierige Entscheidungsprozesse und die Inkonsequenz der getroffenen Maßnahmen waren typisch für die Politik der Militärregierung gegenüber den NS-Opfern, und die Hinzuziehung deutscher Beratungsgremien verstärkte diese Tendenz noch.

Die Gründe für die Ineffizienz der britischen Politik gegenüber den Verfolgten bis Ende 1946 sind komplex: Die Struktur der Militärverwaltung war kompliziert. Die Zuständigkeit für die britische Zone lag in rascher Folge bei verschiedenen Londoner Ministerien: dem Foreign Office, dem War Office, dem Control Office und schließlich wieder dem Foreign Office.[20] Gleichzeitig hatten die britischen Kommandeure vor Ort ihrerseits viel Entscheidungsfreiheit. Julius Posener, deutsch-stämmiger Jude und bis Ende 1946 als britischer Offizier in Nordrhein-Westfalen stationiert, kritisierte die Kreis-Militärregierungen, die im Herbst 1945 „an hundert selbständige Republiken gebildet" hätten.[21] Schon ab September 1945 kehrten die qualifiziertesten Offiziere nach Großbritannien zurück. Damit rückten viele ab, die als Augenzeugen der Befreiung der KZs den überlebenden Juden besonderes Verständnis entgegengebracht hatten.[22] Hinzu kam das Streben der Briten nach einheitlichen Regelungen für alle vier Zonen, die oft am französischen oder sowjetischen Widerstand scheiterten.[23] Ferner war die britische Politik von dem Versuch geprägt, briti-

Donate Strathmann

sche Wirtschaftsinteressen zu wahren, denn Großbritannien war durch den Krieg zum größten Schuldner der USA geworden. Lebensmittel mussten in Großbritannien erstmals rationiert werden, während hohe Aufwendungen für die Versorgung der Bevölkerung in der britischen Zone den britischen Staatshaushalt schwer belasteten.[24] Ein weiterer Faktor war die britische Palästina-Politik: Die rasche Auswanderung aller Juden aus Deutschland nach Palästina scheiterte am Colonial Office, das versuchte, den Zustrom in das britische Mandatsgebiet einzudämmen. Jüdischen Flüchtlingen aus Osteuropa blieb im Sommer 1946 die Britische Zone so gut wie verschlossen, da man sie als potenzielle Auswanderer nach Palästina ansah, wo sie den Anspruch auf einen jüdischen Staat untermauert hätten. Auch aus diesem Grund sollten deutsche Juden in Deutschland bleiben und als Deutsche behandelt werden.[25] Dass es vielen von ihnen nach der Shoah unmöglich erschien, im Land der Täter zu bleiben, wurde nicht berücksichtigt.

Viele deutsche Juden sahen sich als Vertreter eines nichtnazistischen, demokratischen Deutschland und an der Seite der Alliierten und reagierten verbittert auf die britische Politik. Philipp Auerbach als Vorsitzender des Landesverbandes der Jüdischen Gemeinden der Nord-Rheinprovinz sagte im Februar 1946 vor einer Konferenz jüdischer Organisationen in London, der einzige Wunsch der deutschen Juden sei ein Leben unter würdigen Bedingungen. Gleichbehandlung mit den Deutschen könne man allenfalls *nach* Wiedergutmachung des geschehenen Unrechts akzeptieren.[26]

Eine Resolution der Arbeitsgemeinschaft der Jüdischen Gemeinden bezeichnete es im Oktober 1947 als Diskriminierung, dass die jüdische Gemeinschaft bezüglich Reparationen, Steuern und Beschlagnahmung von Eigentum durch die Militärregierung behandelt werde wie die Deutschen. Die wiederholten antisemitischen Aktionen gegen religiöse oder private jüdische Einrichtungen wurden als Fortsetzung der NS-Verbrechen betrachtet, aber deutsche Gerichte, so beklagte man, seien immer seltener bereit, Beleidigungen und Angriffe gegen Juden zu ahnden.[27]

Auch auf die Arbeit der jüdischen Hilfsorganisationen wirkte sich die britische Politik verheerend aus. Da die Kontrollkommission in Berlin unter General Robertson gegen den Willen des Londoner Control Office auf der Trennung zwischen deutschen Juden und mehrheitlich osteuropäischen Displaced Persons bestand, kamen die Hilfsgüter von American Jewish Joint Distribution Committee (JOINT) und Jewish Relief Unit vorwiegend den DPs, kaum aber den deutschen Juden zugute.[28] Anders als in der US-Zone wurden deutsche Juden und DPs nicht gleich-

35 Ernst G. Lowenthal, Senior Area Representative der in Düsseldorf stationierten 92nd
    Jewish Relief Unit und Leo Baeck während Baecks Deutschlandbesuch im Oktober
    1948

gestellt. Allerdings setzten sich die in der Britischen Zone tätigen jüdischen Hilfsorganisationen im Laufe der Zeit zunehmend über das Verbot hinweg und dehnten ihre Arbeit auf die Gemeinden aus.[29]

Selbst die Wiederaufnahme des religiösen Lebens war schwierig. Es fehlten Räume für Gottesdienste und Kultusgeräte. Vorschläge Robertsons aus den Jahren 1946 und 1947, die Jewish Relief Unit solle je fünf Rabbiner und Sozialarbeiter für die deutschen Juden in die britische Zone entsenden, scheiterten an der Finanznot der britisch-jüdischen Hilfsorganisationen und London lehnte die Übernahme der Kosten ab.[30] Der Besuch von sieben Rabbinern zu den hohen Feiertagen 1946 wurde nicht genehmigt, da er als Bevorzugung der deutschen Juden hätte missverstanden werden können.[31]

Es gab jedoch auch Kritik in der Militärregierung selbst: Im September 1946 schlug der Leiter der Finanzabteilung der Kontrollkommission die Schaffung einer ,German Jewish Affairs Section' vor, die sich sowohl um die deutschen Juden als auch um die jüdischen DPs kümmern sollte. Die Kontrollkommission lehnte die Bildung einer solchen Abteilung als überflüssig ab.[32]

Auch in Rückerstattungs- und Wiedergutmachungsfragen waren die deutschen Juden gegenüber den DPs benachteiligt. Die Befriedigung ihrer Ansprüche wurde von den Briten, die eine einheitliche Regelung für alle

Westzonen anstrebten, auf eine Weise verzögert, die viele deutsche Juden in Existenznot brachte: Konten und Vermögenswerte deutscher Juden waren von den Briten gesperrt und dem Zugriff ihrer Eigentümer entzogen worden. Proteste internationaler jüdischer Organisationen blieben erfolglos. Das Rückerstattungsgesetz für Nordrhein-Westfalen wurde erst im Mai 1949 verabschiedet, und seine Umsetzung ging sehr zögerlich vonstatten.

Auch in den britisch-amerikanischen Konflikt um die Rückerstattung spielte die britische Palästina-Politik hinein. Während die USA wünschten, dass erbenlose Vermögen der Unterstützung mittelloser Verfolgter in aller Welt dienen sollten, fürchtete Großbritannien, solche Gelder könnten der illegalen Ansiedlung von Juden in Palästina und der dortigen jüdischen Untergrundbewegung zufließen. Die Bedürfnisse der Überlebenden mussten hinter diesen Erwägungen zurückstehen.[33] So wirkten britische Interessen in Palästina wiederholt negativ auf die Lebensbedingungen der Juden in Deutschland und liefen dem Ziel der Briten zuwider, die deutschen Juden im Land ihrer Herkunft wieder zu integrieren. Es ist folglich kein Zufall, dass das Rückerstattungsgesetz für die britische Zone erst nach der israelischen Staatsgründung verabschiedet wurde, als britische Interessen in Palästina keine Rolle mehr spielten. Ferner fürchteten die Briten, mit den brisanten Verhandlungen um die Rückerstattung die junge deutsche Demokratie zu sehr zu belasten.

Folgen der Besatzungspolitik für die Synagogengemeinde Düsseldorf und den Landesverband der Jüdischen Gemeinden Nordrhein

Da die Briten ab Dezember 1946 große Teile der Verwaltung wieder in deutsche Hände gelegt hatten, lassen sich die direkten Auswirkungen britischer Politik in Düsseldorf bzw. der Nord-Rheinprovinz nur vor diesem Zeitpunkt beobachten. Für die Folgezeit beschränkten sich die Briten auf Prüfung und Kontrolle deutscher Gesetze und Verordnungen. Gleichwohl konnte auch die Nichtgenehmigung eines Gesetzes gravierende Folgen haben.

In den ersten Monaten nach Kriegsende spielte in Düsseldorf der Oberbürgermeister, der direkt der Militärregierung unterstand, eine zentrale Rolle, da noch kein Stadtparlament existierte und die Stadtverwaltung noch nicht wieder funktionierte. An der Spitze der für Kreis und Stadt Düsseldorf zuständigen Militärregierung stand ein Kreis Resident Officer mit einem Stab von sechs oder sieben Mitarbeitern.[34]

Die Darstellung der Politik der Militärregierung in Düsseldorf ist kompliziert, da hier die Hauptquartiere für Stadt und Kreis, den Regierungsbezirk und die Nord-Rheinprovinz bzw. das spätere Land Nordrhein-Westfalen angesiedelt waren.

„Wir haben nicht den Eindruck, daß die Militärregierung uns wirklich helfen will"[35] – Hilfsmaßnahmen für Verfolgte bis zum Erlass der ‚Zone Policy Instruction No. 20'

Bis zum Erlass der ‚Zone Policy Instruction No. 20' Anfang Dezember 1945 gab es in der britischen Zone keine Pläne für besondere Hilfen für NS-Opfer. Bei vielen Verfolgten entstand der Eindruck, dass die Militärregierung ihnen nicht wirklich helfen wolle. Die von den Briten eingesetzten Leiter der deutschen Zivilverwaltung waren auf sich gestellt. Im Juli 1945 ordnete der Düsseldorfer Regierungspräsident Eduard Sträter eine Sammlung für ehemalige KZ-Insassen an. Sie sollte v.a. von Personen durchgeführt werden, die zuvor für NS-Organisationen gesammelt hatten. Landräte und Bürgermeister sollten Privatleute und Firmen zu großzügigen Spenden aufrufen. Die Sammlung stieß in der Bevölkerung auf so heftige Ablehnung,[36] dass Sträter im September eine zweite Sammlung von den neugegründeten politischen Parteien durchführen ließ.[37] Der Ertrag von ca. 2 Millionen Reichsmark floss in einen ‚Central Special Fund'.[38] Daraus stellte die Stadt Düsseldorf 500 Reichsmark für jeden ehemaligen KZ-Häftling bereit und nochmals 3.000 RM für Möbel und andere Anschaffungen. Ferner erhielten bedürftige Verfolgte eine monatliche Sonderrente von 150 Reichsmark. Damit ging es den Verfolgten in Düsseldorf deutlich besser als in anderen Städten.[39]

Die ‚Zone Policy Instruction No.12' der Militärregierung vom November 1945 regelte die Bildung von Wohlfahrtskomitees auf Provinz-, Kreis- und Gemeindeebene.[40] Sie sollten Vertreter der Verbände der freien Wohlfahrtspflege und der städtischen Wohlfahrtsämter umfassen und deren Arbeit koordinieren. In den Provinzial-Wohlfahrtskomitees sollte je ein jüdisches Mitglied vertreten sein, da es noch keine jüdische Zentralorganisation gab. Alle Beschlüsse bedurften der Genehmigung der Militärregierung.

Darüber hinaus gab es Eigeninitiativen der Verfolgten. Mitte August 1945 regte Philipp Auerbach als Vorsitzender der Synagogengemeinde Düsseldorf bei der Düsseldorfer Militärregierung die Gründung eines ‚Central Committee' für NS-Verfolgte an, dessen Ziele die ‚Resozialisierung' der Opfer, die Bereitstellung von Wohnraum, eine Verdopplung

Donate Strathmann

der Lebensmittelzuteilung und die Versorgung mit Kleidung und Heiz-material sein sollten. [41] Das Komitee nahm die Arbeit auf und Auerbach erreichte eine Erhöhung der Lebensmittelration um 500 auf 2.000 Kalorien und andere Sonderzuteilungen, während die allgemeine Versorgungslage zu diesem Zeitpunkt besonders schlecht war. Die Synagogengemeinde Düsseldorf ließ für ihre Mitglieder Gemüse in Gewächshäusern anbauen, die auf freien Grünflächen auf dem Friedhof in der Ulmenstraße errichtet worden waren. [42]

Die berufliche Re-Integration der Verfolgten sollte v.a. von der ,Betreuungsstelle für rassisch und politisch Verfolgte' geleistet werden, die im November 1945 beim Düsseldorfer Arbeitsamt eingerichtet wurde. Diese sollte arbeitslose Verfolgte vermitteln und dafür sorgen, dass in den Betrieben der Stadt politisch belastete Personen durch ehemalige Verfolgte ersetzt wurden. [43]

Rose Henriques vom Jewish Committee for Relief Abroad kam im Februar 1946 zu dem Schluss, dass die Verfolgten in Düsseldorf gut organisiert seien und deutlich mehr Hilfe erführen als im übrigen Regierungsbezirk Düsseldorf und den Regierungsbezirken Aachen und Köln. [44]

Arbeit der Kreissonderhilfsausschüsse in Düsseldorf und Nordrhein

Während die Wohlfahrtskomitees für alle Verfolgten arbeiten sollten, sollte die ,Zone Policy Instruction No. 20' (ZPI 20) vom 4. Dezember 1945 v. a. ehemaligen KZ-Häftlingen helfen, also besonders auch den jüdischen Opfern zugute kommen. Die Einrichtung der hierfür zuständigen Kreissonderhilfsausschüsse verzögerte sich jedoch — auch in Düsseldorf. Die Verzögerungen beruhten v.a. auf Defiziten der Verordnung. Ende Dezember 1945 unterbreitete der Kommandeur der Bezirks-Militärregierung Düsseldorf der Provinz-Militärregierung Nordrhein die Verbesserungsvorschläge des Düsseldorfer Regierungspräsidenten Sträter. Seine Forderungen zeugen vom Bewusstsein für die Not der Verfolgten über die Kerngruppe der KZ-Häftlinge hinaus. Er bat, Witwen und Waisen von Personen, die im KZ oder Gefängnis umgekommen waren, in die Betreuung einzubeziehen. Ferner sollten Menschen, die sich der Inhaftierung entzogen und dennoch schweren gesundheitlichen und/oder materiellen Schaden erlitten hatten, ebenfalls einbezogen werden können. Sträter forderte außerdem die Einrichtung einer Berufungsinstanz bei der lokalen Militärregierung. [45]

Anfang März 1946 fügte Mary Wise als Vertreterin der Jewish Relief Unit in Düsseldorf dem Bericht an ihren Londoner Vorgesetzten folgende Tabelle bei.

Ort	Gemeinde	Empfänger von Zusatzrationen (500 Kalorien)	Ehemalige KZ-Häftlinge
Aachen	62	6	22
Mönchengladbach	53	24	24
Krefeld	70	0	70
Duisburg	26	0	24
Cologne	620	380	380
Mulheim	22	0	16
Düsseldorf	**240**	**240**	**101**
Wuppertal	128	?	?
Bonn	85	?	?
Essen	146	?	?

Umsetzung der ‚Zone Policy Instruction No 20' in der Nord-Rheinprovinz nach Erhebungen der 92nd Jewish Relief Unit vom 5. März 1946.[46]

Die Zahlen spiegeln die uneinheitliche Auslegung der Bestimmungen: In Düsseldorf wurden alle 240 Gemeindemitglieder in die Sonderbetreuung einbezogen, obwohl nur 101 von ihnen in KZs gewesen waren. Dagegen wurden in Köln von 640 Gemeindemitgliedern nur die 380 ehemaligen KZ-Insassen betreut, während in Aachen von 62 Mitgliedern 22 im KZ gewesen waren, von denen aber nur 6 betreut wurden.[47] Dieses Ergebnis erstaunt, da die Militärregierung in Berlin bis dahin von ihrer Absicht, nur ehemalige KZ-Häftlinge zu betreuen, nicht abgerückt war. Im Amtsblatt für den Stadt- und Landkreis Bonn erschien im Februar 1946 sogar eine Anweisung der Militärregierung zur ZPI 20, die alle Vorschriften und Verordnungen, die eine Bevorzugung aufgrund von Rasse, Nationalität oder Religion nach sich zogen, verbot.[48]

Die großzügige Auslegung der Verordnung in Düsseldorf geht auf eine Eingabe des Oberpräsidenten der Nord-Rheinprovinz, Dr. Robert Lehr (CDU), beim Zonen-Hauptquartier der Militärregierung in Bünde zurück. Darin hatte Lehr die Einbeziehung ehemaliger politischer Gefangener, Juden, nichtjüdischer Ehepartner von Juden sowie aus rassischen oder politischen Gründen emigrierter Personen gefordert.[49] Außerdem sollten auch Hinterbliebene dieser Personen bzw. ihre Angehörigen insgesamt betreut werden. Lehrs Antrag wurde von den Regierungspräsidenten von Köln,

Donate Strathmann

Aachen und Düsseldorf, den freien Wohlfahrtsverbänden und der Jewish Relief Unit mitgetragen.[50] Im Regierungsbezirk Düsseldorf verfügte die Militärregierung daraufhin am 20. März 1946, dass grundsätzlich alle Verfolgten für die Betreuung gemäß ZPI 20 in Frage kämen.[51]

Trotz aller Bemühungen der Bezirks-Militärregierung Düsseldorf blieb die Arbeit der Kreissonderhilfsausschüsse aber schwierig, da nicht ausreichend Wohnraum vorhanden war und die Lebensmittel nicht ausreichten, um die erhöhte Lebensmittelration von 1.452 Kalorien pro Tag sicherzustellen. Mit 1.200 Kalorien pro Tag erhielten die Verfolgten deutlich weniger als die DPs in den Lagern.[52]

Abschließend ist festzustellen, dass viele mögliche positive Wirkungen der ZPI 20 im Kompetenzwirrwarr der lokalen Militär- und Zivilverwaltungen ‚verpufften‘. Auch im Regierungsbezirk Düsseldorf kam es nie zu einer einheitlichen, alle Opfergruppen umfassenden Auslegung. Die Antragsteller waren der Willkür des Kreissonderhilfsausschusses ausgeliefert: Vor allem ausländische Juden wurden häufig abgewiesen[53], wofür vor allem die unteren Ebenen der deutschen Verwaltung und die höchsten Instanzen der Militärregierung verantwortlich waren.

Dagegen setzten sich Regierungspräsident, Oberpräsident sowie Bezirks-Militärregierung für eine alle Opfergruppen umfassende Auslegung ein. Das darf aber nicht darüber hinwegtäuschen, dass selbst bei anerkannten Sonderbetreuten der Anspruch auf erhöhte Lebensmittelzuteilung nur für jeweils ein halbes Jahr galt.

Versorgungslage der deutschen Juden in Düsseldorf und Nordrhein

Die Ernährungslage der Düsseldorfer Bevölkerung im Frühjahr 1946 war katastrophal. Laut Bericht des Regierungspräsidenten waren von 1.000 Antragstellern auf Lebensmittel-Zulagen 500 stark untergewichtig. Erste Hungertote waren zu beklagen und immer mehr Menschen starben an Tuberkulose. Betriebe konnten Arbeitszeiten nicht einhalten, da Arbeiter an den Maschinen zusammenbrachen.[54] Die normale Tagesration der deutschen Bevölkerung beinhaltete Anfang August 1946 in Düsseldorf 286g Kartoffeln, 178g Brot, 80g Nährmittel, 70g Gemüse, 50g Fisch, 18g Zucker, 16g Marmelade, 15g Fleisch, 8g Margarine, 4g Kaffee-Ersatz, 2g Käse und 1 Zigarette.[55]

Die deutschen Juden sollten entsprechend dem Schwerarbeitersatz wöchentlich 70g Butter, 200g Fleisch und 800g Brot zusätzlich erhalten.[56] Im August 1946 drohte schließlich eine Kürzung der Fett- und der

Fleischration um die Hälfte.[57] „Hunger sieht man nicht auf der Straße,“ schrieb Julius Posener, „aber in Düsseldorf kann man ihn schon sehen. Die Kinder sehen nicht einmal am schlimmsten aus; aber die Mütter; oder ältere Leute. Die Mütter geben ihre Ration den Kindern. Die Sorgen dagegen behalten sie für sich, und das gibt ihnen jene aschfahlen Gesichter und den leicht schwankenden Gang, auch jenen wie verweinten Blick, an den man sich in Düsseldorf gewöhnt.“[58] Bis Ende März 1947 verschlechterte sich die Versorgungslage weiter. In einem Appell der Ortsgruppen der Gewerkschaften hieß es, eine Schneedecke von ungekannten Ausmaßen habe ganz Deutschland und auch Düsseldorf „wie unter einem Leichentuch“ begraben. Hungernd und frierend seien die Menschen durch die Ruinen geschlichen und hätten nach verwertbaren Abfällen gesucht. Auch die Hoffnung auf eine Besserung der Lage im Frühjahr sei enttäuscht worden. Man stehe „vor einem Zusammenbruch …, der alles in den Abgrund zu stürzen droh(e).“[59]

Im Juni 1947 konstatierte die Militärregierung für Düsseldorf, Duisburg, Krefeld, Wuppertal und Essen eine allgemeine Verbesserung der Ernährungslage. Brot und Fleisch erreichten annähernd die offizielle Ration, die allerdings weit unter dem Bedarf einer ausreichenden, gesunden Ernährung lag. Zudem gab es starke Schwankungen von Stadt zu Stadt. Obst und Gemüse waren sehr knapp bzw. auf den Märkten nicht vorhanden und Kartoffeln waren gar nicht im Verkauf. Die Bevölkerung war überzeugt, dass es die wohlkalkulierte Politik Großbritanniens sei, die Deutschen langsam verhungern zu lassen,[60] und die offizielle Festsetzung der Normalverbraucher-Ration auf 1550 Kalorien täglich lediglich den Versuch darstelle, vor der Weltöffentlichkeit das Gesicht zu wahren. Eine allmähliche Verbesserung der Lage beobachtete die Militärregierung erst ab Februar 1948. Im August 1948 schließlich lag in Düsseldorf mit 2.180 Kalorien die Tagesration um fast 350 Kalorien über der offiziellen Ration für die Bevölkerung der Bi-Zone.[61]

Angesichts dieser Situation schien die ZPI 20 unzulänglich. Zwischen März 1946 und September 1947 gab es zahlreiche Beschwerden der Synagogengemeinde und des Landesverbandes Nordrhein bei der Militärregierung und der Stadtverwaltung Düsseldorf. Gegenstand waren v. a. zu geringe Zuteilungen von Strom und Gas. Fast alle der 300 Gemeindemitglieder, so Julius Dreifuß, bedürften „ständiger medizinischer Betreuung … und verbrauchten deshalb mehr Strom und Gas.“[62] Dreifuß bezeichnete es Ende November 1946 gegenüber Stadtkommandant Parker als Widerspruch zur demokratischen Grundüberzeugung der Briten, dass die jüdischen Verfolgten weit schlechtere Lebensbedingungen hätten als die meisten Deutschen und kein normales Leben führen könnten.

Donate Strathmann

Man dürfe nicht vergessen, dass die Überlebenden nicht nur materielle Not gelitten, sondern in dauernder Lebensgefahr geschwebt und oft sämtliche Familienangehörigen verloren hätten.[63] Dreifuß forderte von den Briten zusätzliche Nahrungsmittel und Heizmaterial für die Gemeindemitglieder. Mit den zusätzlichen Lebensmittelkarten, die die Gemeinde vom Kreissonderhilfsausschuss erhielt, zeigte er sich angesichts der allgemeinen Not zufrieden, bemängelte aber, dass angesichts der guten Ernte auch eine Zusatzlieferung Kartoffeln hätte möglich sein müssen.[64] Dasselbe gelte für die Kohlenversorgung. Eine umfangreiche Kohlenlieferung wurde von den Briten noch am gleichen Tag zugesagt. Bezüglich der übrigen Punkte bat Parker um Geduld.

Die Berechtigung der Klagen von Dreifuß wird unterstrichen durch die im März 1946 von Vertretern jüdischer Hilfsorganisationen geäußerte Befürchtung, die Lage der deutschen Juden werde sich gravierend verschlimmern, sollte die tägliche Kalorienzahl für die deutsche Bevölkerung tatsächlich von 2.000 auf 1.800 Kalorien täglich gesenkt werden. Das werde auch die Gesundheit derjenigen Verfolgten schädigen, die sich bereits auf dem Wege der Besserung befänden. Man beklagte, dass die deutschen Behörden die kleinen Mengen zusätzlicher Lebensmittel, die vom JOINT bereitgestellt wurden, auf die offizielle Lebensmittelration anrechneten, obwohl sie die offizielle Ration aufbessern sollten. Die Versorgung mit Kleidung sei, abgesehen von Unterwäsche und Schuhen, dank der Lieferungen des JOINT zufriedenstellend. Es sei jedoch leichter, Bezugsscheine für Kleidung zu erhalten als die Kleidung selbst.[65] Eine deutliche Verbesserung trat erst mit der Währungsreform im Juni 1948 ein.

Beschlagnahmung von Möbeln und Wohnungen durch die Militärregierung

Direkt betroffen waren die Gemeindemitglieder auch von der Beschlagnahmung von Wohnraum und Möbeln für Zwecke der Militärregierung[66] oder für ehemalige Parteigenossen. Auch hier wurden deutsche Juden behandelt wie die übrige Bevölkerung, als ‚besiegte Feinde‘.[67] Im ersten halben Jahr der Besatzung bekamen zurückgekehrte Parteigenossen in Düsseldorf stets ihre Möbel zurück, weshalb jüdische Familien wiederholt ohne jegliche Möbel waren. Erst ab Januar 1946 gestattete die Bezirks-Militärregierung den Wohnungsämtern, zugunsten deutscher Juden und anderer Verfolgter zu entscheiden.[68] Gleichwohl lebten die deutschen Juden weiter in ständiger Angst vor Beschlagnahmungen. In Nordrhein und Westfalen mussten sie der Militärregierung für die Möbel eine Miete von 20 bis 50 Reichsmark pro Monat zahlen und waren doch nicht sicher, wenn die ehemaligen Eigentümer zurückkehrten. Im März 1946 fürchteten 40 jüdische Familien in Düsseldorf, ihre Möbel zurückgeben zu müssen, einige waren bereits zum drittenmal betroffen. [69] Zugleich drohte 15 jüdischen Familien in Düsseldorf die Beschlagnahmung ihrer Wohnungen. Für sie setzte sich der Gemeindevorsitzende Dreifuß bei Oberbürgermeister Karl Arnold (CDU) und Oberstadtdirektor Walter Kolb ein. Dreifuß beklagte wiederholt die Rücksichtslosigkeit der städtischen Behörden bei der Ausführung der Anweisungen der Militärregierung. Häufig hätten Gemeindemitglieder ihre Wohnungen für ehemalige NS-Funktionäre räumen müssen und seien behandelt worden, als seien sie selbst die Verfolger und die ehemaligen ‚Nazis‘ diejenigen, denen „ungeheuerliches Unrecht" geschehen sei. Die Forderung von JOINT und Jewish Relief Unit, deutsche Juden von Beschlagnahmungen auszunehmen oder ihnen sofort Ersatz zu beschaffen und auf die Mietzahlungen zu verzichten, wurde aber von der Militärregierung abgelehnt.[70]

Schließlich erklärte im Mai 1946 der Regional Commissioner für Nordrhein, William Asbury, ehemalige Verfolgte könnten nicht gezwungen werden, Möbel zurückzugeben.[71] Das weckte große Hoffnungen,[72] doch klagten weiterhin ehemalige NSDAP-Mitglieder erfolgreich auf Rückgabe.[73] Die regionalen Militärregierungen beschlagnahmten noch bis November 1946 Wohnungen und Möbel von Verfolgten, obwohl sie aus London Anweisung hatten, dies nur zu tun, wenn ganze Gebäudekomplexe vom Militär benötigt würden und sofort Ersatz bereitgestellt werden konnte. Die Verunsicherung unter den deutschen Juden schlug in Empörung um, als Asbury Ende Oktober 1946 seine Erklärung vom Mai zurücknahm.[74] Julius Dreifuß konstatierte schon Anfang November, die negativen Folgen dieser Äußerungen für die jüdische Bevölkerung seien bereits zu beobachten.[75]

Die Frage der Beschlagnahmungen blieb weiter ungeklärt. Am 16. Oktober 1947 wandte sich das Regional Governmental Office Nordrhein-Westfalen an Asbury und legte seine Position dar. Konflikte seien vor allem im Zuge der Entnazifizierungsverfahren entstanden, wenn als minderbelastet eingestufte ehemalige NSDAP-Mitglieder ihre beschlagnahmten Möbel zurückgefordert hätten. In einigen Fällen hätten daraufhin deutsche Behörden Mietverträge für Möbel mit ehemaligen jüdischen Verfolgten gekündigt und die Rückgabe angeordnet. Probleme hätten sich ferner ergeben, da Asbury im Mai 1946 zugesagt habe, Verfolgte könnten zur Rückgabe von Möbeln nicht gezwungen werden.[76] Diese Anordnung war im Jüdischen Gemeindeblatt veröffentlicht, nicht aber im Amtsblatt abgedruckt worden. Daraus ergab sich die Frage der Verbindlichkeit der Verfügung Asburys, weshalb Entscheidungen in entsprechenden Fällen aufgeschoben worden waren. Ferner musste geklärt werden, ob die Verfügung nur auf den in der ZPI 20 genau definierten Personenkreis zutraf. Dann hätten deutsche Juden, die nicht im KZ waren, ihre Möbel zurückgeben müssen. Würde aber, so das Regional Governmental Office Nordrhein Westfalen, entschieden, dass alle Verfolgten die ihnen zugewiesenen Möbel behalten dürften, wie sollte dann mit den Ansprüchen der als „minder oder unbelastet" eingestuften Personen umgegangen werden?

Das Regional Governmental Office sah die beste Lösung in entsprechenden Gesetzen der deutschen Landesregierungen und stellte am 17. Oktober 1947 klar, die Anweisung Asburys vom Mai 1946 gelte nur für die im Zuge der ZPI 20 betreuten Personen, also für ehemalige KZ-Häftlinge. Man wies die deutschen Verwaltungen an, Juden, die keine ehemaligen KZ-Häftlinge waren, zur Rückgabe der ihnen zur Verfügung gestellten Möbel aufzufordern. Ferner sollten als gänzlich unbelastet eingestufte ehemalige NSDAP-Mitglieder ihre Möbel auch dann zurückerhalten, wenn sie von ehemaligen Verfolgten genutzt wurden.[77]

In Düsseldorf, Köln und Dortmund kam es noch bis Ende 1947 zur Beschlagnahmung von Möbeln und Wohnungen deutscher Juden durch die Militärregierung oder zu Räumungen zugunsten zurückgekehrter Besitzer. Julius Dreifuß empfand das als Fortsetzung der NS-Verfolgung, da gleichzeitig ehemalige Nazis von Beschlagnahmungen verschont blieben.[78] Für Unruhe in den Gemeinden sorgte ferner die unterschiedliche Praxis in den drei Regierungsbezirken in Nordrhein. Während in Aachen die Rückgabe von Möbeln erst nach Beschaffung von geeignetem Ersatz durch die deutschen Behörden verlangt werden durfte und in Köln Streitfälle an die Militärregierung weitergeleitet werden mussten, waren in Düsseldorf kaum diesbezügliche Aktivitäten der Militärregierung zu verzeichnen.

Hilfen zum Existenzaufbau für Juden in Deutschland

Für Akademiker und Geschäftsleute unter den deutschen Juden war die Aussicht auf berufliche Re-Integration schlecht.[79] Für Umschulungen und Weiterbildungsmaßnahmen waren die meisten zu alt. Hinzu kamen zahlreiche Fälle, in denen Anträge deutscher Juden auf Wiederzulassung ihrer früheren Geschäfte oder Betriebe entweder abgelehnt wurden oder ihnen Rohstoffe und Waren nicht oder in zu geringem Umfang zugeteilt wurden. Die Zuteilung erfolgte auf der Basis der Vorkriegsproduktion bzw.

des Vorkriegsumsatzes, was eine krasse Benachteiligung für jüdische Antragsteller war, deren Ausschluss aus der Wirtschaft schon bald nach 1933 begonnen hatte. Die Hilfsorganisationen äußerten Verständnis für die jüdische Forderung nach bevorzugter Behandlung, ohne die kaum zu erwarten sei, dass jüdische Geschäftsleute sich eine neue Existenz aufbauen könnten. Ferner fürchtete man, die derzeitige Praxis werde den Wunsch deutscher Juden, in Deutschland neu anzufangen, schwächen oder ganz zerstören.[80]

Die Kontroll-Kommission stellte eine bevorzugte Behandlung jüdischer und anderer Verfolgter bei Eröffnung von Geschäften und Betrieben erst für die Zeit gesicherter Rohstoffversorgung der deutschen Grundindustrien in Aussicht und beklagte im Gegenzug den Mangel an Facharbeitern unter den deutschen Juden. Die Arbeit für den Wiederaufbau Deutschlands sollte ihrer Meinung nach für die deutschen Juden genügend Anreiz zur Arbeit sein.[81] Eine Klage des Landesverbandes der jüdischen Gemeinden Nordrhein über die Benachteiligung jüdischer Kaufleute beantwortete Regional Commissioner Asbury im Juli 1946 – vermutlich gegen besseres Wissen – mit dem Hinweis auf die ZPI 20, die auch die Wiedereingliederung der jüdischen Verfolgten in das Wirtschaftsleben regele[82], und sprach sich gegen jede Bevorzugung von Juden bei Geschäftsgründungen aus[83], was sich auch in den Entscheidungen der Bezirksmilitärregierung niederschlug.[84] Auch die von Philipp Auerbach im August 1946 vorgeschlagene steuerliche Begünstigung ehemaliger KZ-Häftlinge und NS-Verfolgter, die jüdischen Geschäftsleuten zugute gekommen wäre, lehnte die Militärregierung strikt ab.[85]

Angesichts dieser Situation kamen die Mitarbeiter der Jewish Relief Unit im Oktober 1946 zu dem Fazit, in vielen Fällen hätten Deutsche Genehmigungen für die Eröffnung von Geschäften und Betrieben erhalten, da die ehemaligen jüdischen Besitzer oder deren Erben aufgrund ihrer KZ-Haft sich nicht rechtzeitig hätten bewerben können. All das habe verheerende Auswirkungen auf die Moral der ehemaligen Verfolgten, die ohne Arbeit kein neues Leben anfangen könnten und zusehen müssten, wie ihre ehemaligen Betriebe von Deutschen geführt wurden. Viele Anträge auf Rückgabe von Betrieben seien zudem gar nicht erst an die Control Commission weitergeleitet worden.[86]

Bis 1948 wandten sich Synagogengemeinde und Landesverband Nordrhein immer wieder mit Bitten und Protesten jüdischer Geschäftsleute und Firmeninhaber an den Stadtkommandanten und die Bezirksmilitärregierung. Dabei ging es um Baugenehmigungen zur Instandsetzung während der Pogromnacht 1938 zerstörter Geschäfte,[87] um Unterstützung bei der Übernahme von Geschäften ehemaliger Nationalsozialisten[88] sowie um Proteste gegen die Beschlagnahmung von Geschäftsräumen.[89]

Im Juni 1948 berichtete Dreifuß von durch die Währungsreform bedingten Problemen jüdischer Geschäftsleute. Da sie vor 1945 keine Waren hätten horten können und nicht über größere finanzielle Rücklagen verfügten, stünden sie jetzt vor dem Ruin und bräuchten dringend Überbrückungskredite der Landesregierung.[90] Einen Monat später schrieb er, die Hilfen des Kultusministeriums hätten den Gemeinden über die erste Not nach der Währungsreform hinweggeholfen. Die laufenden Zuschüsse seien jedoch zu gering, um die Etats der Gemeinden zu decken, da die meisten Mitglieder von Fürsorgeleistungen lebten und keine Gemeindebeiträge zahlen könnten.[91]

Statt eines Fazits: Repräsentanten der Düsseldorfer Gemeinde und des Landesverbandes Nordrhein über die britische Besatzungspolitik

Die britische Politik gegenüber den deutschen Juden zeigte Folgen. Schon Anfang 1946 war Philipp Auerbach vor dem Anglo-American Jewish Committee in London scharf mit dem Demokratieverständnis der Briten ins Gericht gegangen, als dessen Konsequenz er die Gleichbehandlung von Deutschen und deutschen Juden verstand.[92] Ohne einen grundlegenden Wandel der britischen Politik könne trotz jahrhundertelanger Tradition jüdischen Lebens in Deutschland kein Jude mehr dort leben. Wenn die Militärregierung die Rechte der deutschen Juden nicht anerkenne und schütze, sei sie zudem mitverantwortlich für den fortdauernden Antisemitismus in Deutschland.[93]

Wichtigstes öffentliches Forum für die Auseinandersetzung mit der britischen Politik war ab Herbst 1946 das in Düsseldorf von Karl Marx herausgegebene Jüdische Gemeindeblatt. Marx selbst warf Ende 1946 der Militärregierung vor, die deutschen Juden nach der Befreiung ihrem ‚Schicksal‘, d. h. den Deutschen, überlassen zu haben. Nur vorübergehend seien sie von den deutschen Behörden bevorzugt behandelt worden, aber niemand habe Pläne für ihre Wiedereingliederung in die Gesellschaft entwickelt. Grundsätzlich teilte Marx die britische Auffassung, Gesetze zugunsten der deutschen Juden sollten von der deutschen Politik ausgehen. Er warf den Briten jedoch vor, nach Ausbleiben solcher Initiativen nicht eingegriffen zu haben. Scharf kritisierte er die Gleichbehandlung deutscher Juden mit der übrigen Bevölkerung bei den Wohnungsbeschlagnahmungen. Man habe nichts gegen Gleichbehandlung als demokratisches Prinzip, vorausgesetzt, das deutsche Volk begleiche seine materielle Schuld gegenüber den deutschen Juden.[94] Diese Ansicht hatte kurz zuvor auch der Gemeindevorsitzende Dreifuß gegenüber Stadtkommandant Parker geäußert.[95]

Anfang Januar 1947 stellten Marx und Dreifuß fest, die meisten deutschen Behörden wüssten nicht, was sie in Juden betreffenden Fragen zu tun hätten oder seien froh über das Fehlen eindeutiger Direktiven der Militärregierung.[96] Man kritisierte ferner, dass die Aufhebung der so genannten ‚Nürnberger Gesetze‘ und aller damit verbundenen Erlasse durch die Alliierten[97] bisher nicht zu entsprechenden Änderungen im Straf- und Bürgerlichen Gesetzbuch geführt hatte. Noch immer gebe es keine Möglichkeit, Beleidigungen gegen Juden oder die Verteilung antisemitischer Flugblätter strafrechtlich zu verfolgen. Juden seien „nach wie vor gewissermaßen Freiwild."[98] Offenbar warteten die deutschen Behörden auf Befehle der britischen Militär-Regierung. Dreifuß und Marx beklagten weiter, deutsche Juden müssten die deutschen Reparationen mitbezahlen, obwohl sie zwischen 1938 und 1944 50 Millionen Reichsmark ‚Judenabgaben‘, d. h. Sondersteuern, gezahlt hätten. Bislang habe aber kein Oberfinanzpräsidium Juden von der Steuerzahlung befreien wollen. Marx und Dreifuß schlossen mit der Frage an die Militärregierung „als Vollstreckerin des Willens der großen demokratischen Völker",[99] ob diese Behandlung der Juden im Sinne der Wiedergutmachung sei. Im Februar 1947 stellte Marx eine direkte Verbindung her zwischen der Rückgabe des Großteils der Verwaltung in deutsche Hände im Dezember 1946 und der Häufung antisemitischer Zwischenfälle in Öffentlichkeit und Verwaltung und kritisierte die Passivität der Militärregierung als inhuman.[100]

Kritik an der britischen Politik wurde immer dann besonders deutlich formuliert, wenn diese in eine neue Phase eintrat: Bei der Übergabe der Verwaltung in deutsche Hände Ende 1946, vor dem Ende der Militärregierung und anlässlich der Gründung der Bundesrepublik im Mai 1949 und der damit verbundenen Einführung des Besatzungsstatuts.

Ein schlechtes Zeugnis stellte auch Hendrik George Van Dam, Legal Adviser der Jewish Relief Unit, den Briten Ende April 1949 aus: Sie seien mit ihrer 1945 in Potsdam erklärten Absicht der demokratischen Umerziehung auf ganzer Linie gescheitert. Die Schrecken des Nationalsozialismus seien durch das Zögern der Briten bei der Entnazifizierung und der Verfolgung der NS-Verbrecher verblasst, während die Ereignisse der jüngsten Vergangenheit lebhaft erinnert und von der Bevölkerung den Briten angekreidet würden. Folge der falschen Politik seien die „Verelendung der deutschen Massen in der Reichsmarkzeit, völliger Zusammen-

Donate Strathmann

bruch des Verteilungssystems ..., ein ungeahntes Absinken der wirtschaftlichen Moral, Korruption, Rückkehr der Nationalsozialisten in ihre alten Dienststellen, Ausschaltung von Antinazis, erfolgreiche Rückgabeprozesse von Nationalsozialisten, Ausbleiben bzw. Verzögerung der Wiedergutmachung. Hand in Hand hiermit geht die Umkehrung der Rollen von Angeklagten und Klägern in den großen Menschlichkeitsverbrecherprozessen."[101] All das müsse in der Bevölkerung den Eindruck erwecken, Hitler habe doch recht gehabt. Ursache all dessen sei, dass die Briten eine Parallelverwaltung zur deutschen Verwaltung aufgebaut hätten, statt die Spitzenfunktionäre der deutschen Verwaltung effektiv zu kontrollieren. Der „gewaltige und kostspielige Beamtenapparat" der Kontrollkommission habe seine Kräfte zersplittert und sich zu einer Art Nebenregierung entwickelt, die die demokratische Politik der deutschen Landesregierung eher gelähmt als gefördert habe.[102]

In der Folgezeit bauten die Briten ihren Verwaltungsapparat ab. Schwerpunkte der die in Deutschland lebenden Juden betreffenden Kontrolltätigkeit der Alliierten Hohen Kommission nach Gründung der Bundesrepublik waren fortan die Kontrolle der Ländergesetzgebung über den Status jüdischer Gemeinden und Verbände sowie die Beobachtung antisemitischer Aktivitäten.[103] Letzteres erstaunt, da die höheren Instanzen der Militärregierung im Zusammenhang mit den wiederholten Friedhofsschändungen in und um Düsseldorf und den Streitigkeiten um die Instandsetzung und Pflege der Friedhöfe zuvor nie aktiv geworden waren. Beides hielt man für ‚innerdeutsche Angelegenheiten', in die man sich aus Prinzip nicht einmischte. Antisemitismus war nur indirekt Gegenstand britischer Politik gewesen, indem man vorgab, nicht durch Bevorzugung der deutschen Juden vor den übrigen Deutschen neuem Antisemitismus Vorschub leisten zu wollen. Erst mit Gründung der Bundesrepublik wurde der Antisemitismus in den Westzonen für die Briten zum Thema.

Anmerkungen

* Dieser Aufsatz ist die überarbeitete und gekürzte Fassung der in meiner Dissertation enthaltenen Kapitel über die die jüdischen Gemeinden betreffende Politik der britischen Militärregierung in Deutschland in den Jahren 1945 bis 1949. Vgl. Donate Strathmann, *Auswandern oder Hierbleiben? – Jüdisches Leben in Düsseldorf und Nordrhein 1945–1960*, Essen 2003, S. 50–93.
Zur Nachkriegsgeschichte der Juden in Deutschland nach 1945 erschien in den letzten Jahren eine Reihe von Monografien und Aufsätzen. Exemplarisch seien genannt: Michael Brenner, *Nach dem Holocaust. Juden in Deutschland nach*

1945–1950, München 1995; Ursula Büttner, *Not nach der Befreiung. Die Situation der deutschen Juden in der britischen Besatzungszone 1945–1948*, Hamburg 1986; Jael Geis, *Übrig sein – Leben ,danach'. Juden deutscher Herkunft in der britischen und amerikanischen Besatzungszone Deutschlands 1945–1949*, Berlin 2000; Anke Quast, *Nach der Befreiung. Jüdische Gemeinden in Niedersachsen seit 1945 – das Beispiel Hannover*, Göttingen 2001; Juliane Wetzel, *Trauma und Tabu. Jüdisches Leben in Deutschland nach dem Holocaust*, in: Hans Erich Volkmann (Hg.), *Ende des Dritten Reiches – Ende des Zweiten Weltkrieges*, München 1995, S. 419–456.

1 Vgl. Andreas Kußmann, *Sieben Wochen in der Front. Kriegsende in Düsseldorf*, in: Stadtmuseum Düsseldorf und Rheinische Post (Hg.), *1946 Neuanfang: Leben in Düsseldorf*, Düsseldorf 1986, S. 16–33.

2 Ernst Gottfried Lowenthal, *Werden – Vergehen – Wiedererstehen*, in: *Die Neue Synagoge in Düsseldorf. Zur Einweihung am 7. September 1958*, o. O., o. J., S. 3f.

3 Donate Strathmann, *Auswandern oder Hierbleiben? – Jüdisches Leben in Düsseldorf und Nordrhein 1945–1960*, Essen 2003, S. 33.

4 Ebd., S. 35.

5 Displaced Persons (DPs) sind Personen, die aufgrund von Kriegseinwirkungen ihre Heimatländer verlassen mussten und aufgrund der politischen Umstände nicht dorthin zurückkehren konnten oder wollten. Die jüdischen DPs, die nur einen kleinen Teil der anfangs 6–7 Millionen DPs im Nachkriegsdeutschland ausmachten, stammten mehrheitlich aus Osteuropa und waren entweder aus den Konzentrationslagern befreit worden oder vor Pogromen geflohen, z. B. im polnischen Kielce im Sommer 1946.

6 Strathmann, *Auswandern oder Hierbleiben?* [Anm. 3], S.36f.

7 Public Record Office, Foreign Office (PRO FO), 1013/1948: CCG (BE) BERLIN; Jewish Affairs; General Office of the Regional Commissioner; 1946–1947: Brief Elisabeth Z. an Regional Commissioner Asbury vom 12.11.1946.

8 Rolf Steininger, *Deutsche Geschichte 1945–1961*, Bd. 1, Frankfurt/M. 1996, S. 91.

9 Vgl. Michael Balfour, *Vier-Mächte-Kontrolle in Deutschland 1945–1946*, Düsseldorf 1959, S. 176.

10 PRO FO 1050/1491: A. Brotman, JCRA, Meeting on Jewish Survey held at Bünde am 19.3.1946.

11 Vgl. PRO FO, 1049/85: Memorandum der Political Division betr. In Deutschland lebende Juden vom 7.6.1945.

12 Vgl. PRO FO, 1049/367, Brief vom 27.4.1946; PRO FO 1049/195, General Robertson an Sir Eric B. Speed, Under Secretary of State for War am 6.10.1945 und PRO FO 1049/85, Brief vom 24.7.1945.

13 Vgl. PRO FO 1049/195, Robertson an Speed am 6.10.1945.

14 Vgl. PRO FO 1050/1491, King, Deputy Chief, Political Division, Main HQ, CCG BE, Lübbecke an HQ IA&C–Division, 2.5.1946.

15 Ebd., Paper on Jewish Welfare in the British Zone, Mitte Mai 1946.

16 Vgl. PRO FO 945/384: Adolph Brotman an Control Office for Germany and Austria, London, am 4.12.1945.

17 Vgl. Ursula Büttner, *Not nach der Befreiung. Die Situation der deutschen Juden in der britischen Besatzungszone 1945–1948*, Hamburg 1986, Dokument 2, S. 42.

18 Vgl. PRO FO 1050/1491: Meeting on Jewish Survey held at Bünde vom

       Donate Strathmann

19.3.1946 und PRO FO 1050/643: Dietary Report No. 4 vom 10.10.1946.
19 Vgl. Ulrich Reusch, *Deutsches Berufsbeamtentum und britische Besatzung. Planung und Politik 1943–1947*, Stuttgart 1985, S. 358–365.
20 Vgl. Büttner, *Not nach der Befreiung* [Anm. 17], S. 379ff.
21 Vgl. Julius Posener, *In Deutschland 1945–1946*, Jerusalem 1947, S. 13.
22 Vgl. Anke Quast, *Nach der Befreiung. Jüdische Gemeinden in Niedersachsen seit 1945 – das Beispiel Hannover*, Göttingen 2001, S. 257.
23 Vgl. PRO FO 945/384, General Brownjohn, HQCCG BE, an Maurice Dean, Deputy Secretary im COGA, London, am 1.11.1946.
24 Vgl. Donald C. Watt, *Hauptprobleme der britischen Deutschlandpolitik 1945–1949*, in: Claus Scharf und Hans-Jürgen Schröder (Hg.), *Die Deutschlandpolitik Großbritanniens und die Britische Zone 1945–1949*, Wiesbaden 1979, S. 15–28.
25 Vgl. PRO FO 945/626: Cabinet Overseas Reconstruction Committee. Memorandum von Deutschlandminister Hynd vom 10.4. 1947.
26 ZA B1/15, Nr.521: Rede Auerbachs in London, Mitte Februar 1946.
27 Vgl. PRO FO 1049/1316: Summary of the resolutions and suggestions of the 2nd meeting of the Working party of the Jewish Communities in Germany held from October 19.–22.1947 in Berlin.
28 Vgl. Wiener Library London, Henriques Archive (im Folgenden: WLL HA), 6E, Box 1, File 7: Auerbach an Jewish Relief Unit-Field Director Henry S. Lunzer sowie ZA B1/5, Nr.83: Dreifuß an Dr. B. Mosheim, London, am 2.9.1946.
29 Vgl. PRO FO 945/399: Lt. General Brian Robertson, HQ CCG BE Berlin, an Sir Gilmour Jenkins, COGA, London, 14.2.1947.
30 Vgl. PRO FO 1049/890: Secretariat HQs, CCG BE Berlin an COGA am 14.12.1947.
31 Vgl. PRO FO 1050/1491: R.C.L. Brayne, Deputy Chief HQs IA&C Division, Berlin, an R.A.A. Chaput de Saintonge, COGA, London, am 29.10.1946.
32 Vgl. CCG BE HQs, IA&C Division an Deputy Military Governor (Berlin) im September 1946.
33 Vgl. Büttner, *Not nach der Befreiung* [Anm. 17], S. 384f.
34 Vgl. Johannes-Dieter Steinert, *Tür an Tür mit dem Bürgermeister*, in: *1946 Neuanfang: Leben in Düsseldorf* [Anm. 1], S. 155.
35 PRO FO 945/378: General Department; Jewish Matters: General, Displaced Persons Section, 1946–1947, Artikel von Philipp Auerbach in Jewish Telegraphic Agency vom 3.3.1946.
36 Vgl. PRO FO 1013/2104: RP Sträter an Oberbürgermeister und Landräte des Regierungsbezirks Düsseldorf am 12.7.1945.
37 Vgl. ebd., RP Düsseldorf an HQ Military Government Düsseldorf am 13.9.1945.
38 Vgl. WLL HA, 6A, Box 2, File 9; Report on North Rhine Region (81 HQ Jewish Relief Unit).
39 Vgl. Büttner, *Not nach der Befreiung* [Anm. 17], S. 391.
40 Vgl. PRO FO 1013/2105: OStD Düsseldorf an HQ Military Government Düsseldorf am 18.3.1946.
41 Vgl. PRO FO 1013/2104: Auerbach an HQ Military Government Düsseldorf am 15.8.1945.
42 Vgl. ZA B1/5, Nr. 82: Synagogengemeinde Düsseldorf an Gemeindemitglied L., Inhaber einer Holzbaufirma, am 20.11.1945.

43 Vgl. ZA B1/5, Nr. 74: Dienstverfügung des Arbeitsamtes Düsseldorf vom 26.11.1945.

44 Vgl. WLL HA, 6A, Box 2, File 9: Report on North Rhine Region (81 HQ Jewish Relief Unit).

45 Vgl. PRO FO 1013/2105: HQ Military Government Düsseldorf, Commander Military Government Regierungsbezirk Düsseldorf an Military Government Nordrhein am 27.12.1945.

46 WLL HA, 6E, Box 1, File 7: Wise an Lunzer am 5.3.1946.

47 Die sehr unterschiedliche Umsetzung der ZPI 20 bestätigt Henriques in ihrem Monatsbericht für Februar 1946. Vgl. WLL HA, 6A, Box 2, File 9: Report on North Rhine Region (81 HQ JRU).

48 PRO FO 1050/1491: Brotman/Viteles-Report vom 29.3.1946; Annexe 5: Notiz aus dem Amtlichen Mitteilungsblatt des Stadt- und Landkreises Bonn vom 14.2.1946.

49 Vgl. PRO FO 1013/1952: Lehr an HQ CCG BE Bünde am 20.2.1946.

50 Vgl. ebd. Lehr an HQ Military Government North Rhine Region Düsseldorf, 1.3.1946.

51 Vgl. PRO FO 1013/2105: HQ Military Government Düsseldorf an alle Departments der Militärregierung Düsseldorf im Regierungsbezirk am 20.3.1946.

52 Vgl. PRO FO 1050/1491: Meeting on Jewish Survey held at Bünde am 19.3.1946.

53 Vgl. PRO FO 1013/1948: Auerbach als Vorsitzender des Landesverbandes Nordrhein an HQ Military Government Welfare Department, North Rhine Regional Welfare Officer Geikie, am 1.7.1946.

54 Vgl. PRO FO 1013/1921: Bericht des Düsseldorfer Regierungspräsidenten vom 6.5.1946.

55 Gerda Kaltwasser, *Tausend Kalorien für Otto Normalverbraucher. Das tägliche Überleben im Hungerjahr 1946*, in: *1946 Neuanfang: Leben in Düsseldorf* [Anm. 1], S. 41–48.

56 Zur Versorgungslage der jüdischen Bevölkerung vgl. auch Jael Geis, *Übrig sein – Leben ‚danach‘. Juden deutscher Herkunft in der britischen und amerikanischen Besatzungszone Deutschlands 1945–1949*, Berlin 2000, S. 51–73.

57 Vgl. Hilfsappell Auerbachs als Präsident des ‚Zonenausschusses der Jüdischen Gemeinden der Britischen Zone‘ *„An unsere Brüder und Schwestern in aller Welt"* in: *Gemeindeblatt*, I/9, 6.8.1946.

58 Posener, *In Deutschland* [Anm. 21], S. 35.

59 Vgl. PRO FO 1013/93: Antrag des Ortsausschusses der Gewerkschaften Düsseldorf an die Landesregierung Nordrhein-Westfalen, Stadtverwaltung Düsseldorf und den Stadtkommandanten vom 28.3.1947.

60 Vgl. PRO FO 1013/ 1923: Report on availability of foodstuffs in Düsseldorf, Neuss und Obercassel: 3rd week of 108th Ration Period 1947, 24–29.11.1947.

61 Vgl. PRO FO 1050/681: Report on Household Dietary Investigation in Düsseldorf vom 2.–12.8.1948. Zur Versorgungslage der Bevölkerung vgl. auch Rainer Gries, *Die Rationen-Gesellschaft. Versorgungskampf und Vergleichsmentalität: Leipzig, München und Köln nach dem Kriege*, Münster 1991.

62 Vgl. ZA B1/5, Nr. 83: SGD-Vors. Dreifuß an Maly am 16.9.1946.

63 Vgl. ebd., Dreifuß an Stadtkommandant Parker am 24.11.1946. Der von Jael Geis zitierte Eli A. Cohen geht davon aus, dass die jüdische Bevölkerung jah-

Donate Strathmann

relang mit 1.000 bis 2.000 Kalorien täglich auskommen musste, in den Jahren
1944 und 1945 sogar nur mit 500 bis 800 Kalorien. Vgl. Geis, ‚*Übrig sein*' –
Leben danach [Anm. 56], S. 51, Anmerkung 32.

64 Vgl. ZA B1/5, Nr. 83: Dreifuß an Parker am 24.11.1946.

65 Vgl. WLL HA, 6E, Box 1, File 9: Report on Jews of North Rhine Region vom
24.10.1946.

66 Zwecks Unterbringung der drei in Düsseldorf ansässigen Hauptquartiere der
Militärregierung wurden bis 1949 5.427 Wohnräume und 1.495 Gewerberäu-
me beschlagnahmt. Vgl. Stadtarchiv Düsseldorf, Verwaltungsbericht der Landeshauptstadt Düsseldorf vom Zeitpunkt der Besetzung der Stadt bis zum
März 1949, Düsseldorf 1950.

67 Vgl. PRO FO 945/379: Comment of IA&C Division on Brotman/Viteles-
Report vom 23.6.1946.

68 Vgl. PRO FO 1013/1948: OB Düsseldorf, Amt 26, Dr. Tüffers, an HQ Military
Government, Regierungsbezirk Düsseldorf am 3.1.1946.

69 Vgl. PRO FO 1050/1491: Jewish Survey Meeting, I. German Jewish Welfare,
am 1.4.1946.

70 Vgl. ebd.

71 Vgl. WLL HA, 6A, Box 2, File 9: Monatsbericht der 92 JRU Düsseldorf an 81
HQ JRU, Juni 1946.

72 Vgl. ZA B1/5, Nr. 111: Vollzugsausschuß für politisch, rassisch und religiös
Verfolgte für den Regierungsbezirk Düsseldorf an die Synagogengemeinde
Düsseldorf, z. Hd. Hans Frey als Herausgeber des Jüdischen Gemeindeblatts,
am 23.10.1946.

73 Vgl. ZA B1/5, Nr. 84: OStD Düsseldorf, i. A. Dr. Tüffers, an Synagogengemeinde Düsseldorf.

74 Vgl. ZA B1/5, Nr.82: Brief der Düsseldorferin Z. an Asbury am 12.11.1946.

75 Vgl. WLL HA, 6E, Box 1, File 7: Dreifuß als Vorsitzender des Landesverbandes Nordrhein an JRU Düsseldorf am 4.11.1946.

76 Vgl. PRO FO 1013/1948: Regional Governmental Office Land NRW an Office of the Regional Commissioner am 16.10.1947.

77 Vgl. ebd., Regional Governmental Office Land NRW an Office of the Regional Commissioner am 17.10.1947.

78 Vgl. u. a. ebd., Auerbach an Bezirks-Militärregierung am 7.5.1946; ZA B1/5,
Nr.81: Dreifuß an Wohnungsamt Düsseldorf am 22.10.1946.

79 Vgl. auch Geis, *Übrig sein – Leben ‚danach*'[Anm. 56], S. 85–89.

80 Vgl. PRO FO 945/379: Brotman/Viteles Report vom 29.3.1946.

81 Vgl. ebd., Office of Deputy Military Governor, Zonal Executive Officer, CCG
BE, Lübbecke, an COGA, London, betr. Comment on Brotman/Viteles-
Report vom 23.6.1946.

82 Vgl. PRO FO 1013/1948: Besprechung des Regional Commissioner mit Dele-
gierten des Landesverbandes Nordrhein am 10.7.1946.

83 Vgl. ebd. Draft about Conference on Jewish Matters raised with the Regional
Commissioner vom 25.7.1946.

84 Vgl. PRO FO 1050/1491: Brotman/Viteles Report vom 29.3.1946, Annexe 8.

85 Vgl. WLL HA, 6E, Box 1, File 7: Auerbach als Vorsitzender des Zonenausschusses der jüdischen Gemeinden in der britischen Zone an alle Gemeinden am 20.8.1946.

86 Vgl. WLL HA, 6E, Box 1, File 9: Report on Jews of North Rhine Region vom 24.10.1946.

87 Vgl. ZA B1/5, Nr. 75: Die Synagogengemeinde Düsseldorf unterstützte am 13.3.1946 mit einem Empfehlungsschreiben den 1945 in Theresienstadt befreiten Gustav B. bei seinem Gesuch um eine Baugenehmigung zwecks Instandsetzung seines von den Nazis am 9.11.1938 zerstörten Ladenlokals.

88 Vgl. ZA B1/5, Nr. 94: Synagogengemeinde Düsseldorf an Bezirksmilitärregierung, z. Hd. Captain Thomas, am 25.7.1946.

89 Vgl. ZA B1/5: Nr. 85: Dreifuß als Vorsitzender der Synagogengemeinde Düsseldorf an OStD Düsseldorf, Abt. Wohnungsamt, am 8.7.1948.

90 Vgl. ZA B1/15, Nr. 125: Dreifuß als Vorsitzender des Landesverbandes Nordrhein an Sozialministerium Düsseldorf am 9.7.1948.

91 Vgl. ebd., Dreifuß an Sozialministerium Düsseldorf am 9.8.1948.

92 Vgl. ZA B1/15, Nr. 521: Rede Auerbachs vor der Versammlung der internationalen jüdischen Organisationen in London Mitte Februar 1946.

93 Vgl. PRO FO 945/378: Stellungnahme Auerbachs in einem Interview mit der Jewish Telegraphic Agency am 3.3.1946.

94 Vgl. *Gemeindeblatt*, I/16, 27.11.1946, S. 1: „Wir, die deutschen Juden".

95 Vgl. ZA B1/5, Nr. 83: Dreifuß an Parker am 24.11.1946.

96 Vgl. *Gemeindeblatt*, I/19, 6.1.1946: „Fragen an die Militärregierung".

97 Vgl. Analyse der einzelnen ‚Rassengesetze' und der für die deutsche Justiz vorgeschlagenen Maßnahmen in PRO FO 1046/434: Legal Division (Advanced HQ), CCG BE Berlin, an Secretariat for COS (BZ) am 1.12.1945.

98 Vgl. *Gemeindeblatt* [Anm. 96].

99 Ebd.

100 Vgl. *Gemeindeblatt*, I/22, 21.2.1947, S. 1–2: „Und neues Leben blüht aus den Ruinen" und Glosse „Ein offenes Wort".

101 Vgl. *Gemeindeblatt*, IV/3, 23.4.1949, S. 1–2: „Zwischen Besatzungsstatut und Friedensstatut".

102 Vgl. *Gemeindeblatt*, IV/24, 23.9.1949: „Das Ende der Militärregierung".

103 Vgl. PRO FO 1013/1948: Foreign Office, London, an General Sir Brian Robertson, HQ Frankfurt/M. am 11.10.1949. Bericht über Treffen zwischen MP Lord Henderson und Vertretern des Board of Deputies of British Jews am 29.9.1949.

Von der „Liquidationsgemeinde" zur Aufbaugemeinde? Jüdisches Leben in Dortmund und Düsseldorf in den 1950er Jahren[1]

Jürgen Zieher

Der Wiederaufbau jüdischen Lebens nach Ende des Zweiten Weltkrieges erfolgte in Dortmund und Düsseldorf wie in anderen deutschen Städten unter den denkbar schwierigsten Bedingungen. Im Jahr 1933 hatten der Jüdischen Religionsgemeinde Dortmund 4.108 Mitglieder angehört, die Synagogengemeinde Düsseldorf hatte 5.052 Angehörige gezählt.[2] Im Sommer 1945 hielten sich in beiden Städten jeweils nur noch ungefähr 50, zumeist deutsche Juden auf, die entweder als Überlebende der Konzentrationslager zurückgekehrt waren oder versteckt überlebt hatten.[3] Aus praktischen und religiösen Motiven gründeten sie im August 1945 in Dortmund und einen Monat später in Düsseldorf wieder jüdische Gemeinden. Deren Hauptaufgaben waren zunächst die sozialfürsorgerische Betreuung ihrer Not leidenden Mitglieder und die Vertretung der Gemeindeinteressen gegenüber Stadtverwaltung und Militärregierung. Die völlig mittellosen Kultusgemeinden erhielten alsbald von den Stadtverwaltungen Räume für ein Gemeindebüro und einen provisorischen Betsaal zugewiesen. Die zumeist älteren und schwer kranken Gemeindeangehörigen waren oft jahrelang von der staatlichen Wohlfahrt abhängig. Lange Zeit galten die Zusammenschlüsse der Überlebenden in der Geschichtsforschung als „Liquidationsgemeinden", weil deren Ende durch Auswanderung oder Ableben ihrer Mitglieder absehbar schien.[4] Dennoch ist es nicht angemessen, jüdische Gemeinden im Nachkriegsdeutschland generell als „Liquidationsgemeinden" zu bezeichnen. Vielmehr muss für jede einzelne Gemeinde untersucht werden, ob es vom jeweiligen Gründungszeitpunkt an eine bestimmte Anzahl von Mitgliedern gab, die ihre lokale Gemeinschaft als „Aufbaugemeinde" verstanden – ungeachtet des Holocausts und seiner Folgen. Eine „Aufbaugemeinde" sollte im Unterschied zur „Liquidationsgemeinde" für unbestimmte Zeit bestehen bleiben.[5] Eine Emigration aus Deutschland war unmittelbar nach Kriegsende wegen rigider Einwanderungsbestimmungen potenzieller Aufnahmeländer nahezu unmöglich. Juden waren daher gezwungen, sich vorerst so gut wie möglich im vermeintlichen „Wartesaal" Deutschland einzurichten. Ab 1946 kehrten Jüdinnen und Juden deutscher Herkunft, die während der NS-Zeit emigriert waren, nach Deutschland zurück und traten den Kultusgemeinden bei. Zur gleichen Zeit kamen zahlreiche jüdische Flüchtlinge aus Osteuropa in die westlichen Besatzungszonen Deutschlands und schlossen sich vereinzelt den Kultusgemeinden an. Die Gründung des Staates Israel im Mai 1948 und die Verabschiedung eines neuen Einwanderungsgesetzes durch den amerikanischen Kongress im Juni des gleichen Jahres boten den Auswanderungswilligen die Chance, das „Transitland" zu verlassen. Davon wollten 1948/49 aber jeweils nur wenige Dortmunder und Düsseldorfer Gemeindemitglieder Gebrauch machen. Ebenso wie der Entschluss zur Rückwanderung war auch die Absicht, in Deutschland zu bleiben, letztlich eine individuelle Entscheidung etwa aufgrund des Alters, des Gesundheitszustandes oder persönlicher Bindungen. Zur Legitimation des vorläufigen Verweilens im Land der Täter entstand die Fiktion vom vermeintlich befristeten „Leben auf gepackten Koffern".

Im Laufe der 1950er Jahre musste sich zeigen, ob die weitere Entwicklung der Kultusgemeinden in Dortmund und Düsseldorf zu ihrer fortschreitenden Konsolidierung führen oder ob der jeweilige Zusammenschluss den Charakter eines Provisoriums beibehalten würde. Entscheidend für die Frage nach dem Selbstverständnis waren sowohl gemeindeinterne Faktoren als auch die veränderten politisch-gesellschaftlichen Rahmenbedingungen seit Gründung der Bundesrepublik. Nachfolgend werden zunächst die interne Entwicklung der beiden Gemeinden und anschließend deren Beziehungen zur jeweiligen Kommune und dem Land Nordrhein-Westfalen skizziert. Dabei geht es vorrangig darum, die spezifischen lokalen Verhältnisse für jüdisches Leben in den 1950er Jahren zu verdeutlichen.

Entwicklung des Gemeindelebens in den 1950er Jahren

Am Anfang der 1950er Jahre befanden sich die jüdischen Gemeinden in einer schwierigen Situation. Einerseits bejahten Juden noch nicht explizit ein dauerhaftes Bleiben in Deutschland. Andererseits war in den Gemeinden seit Kriegsende eine gewisse Infrastruktur für die Mitglieder geschaffen worden.

Die Entwicklung der Mitgliederzahlen der beiden Kultusgemeinden

	1949	1952	1.4.1955	1.1.1958	1.4.1960
Jüdische Kultusgemeinde Groß-Dortmund[6]	160	209 (Sept.)	277	364	410
Synagogengemeinde Düsseldorf	260	ca. 400 (Okt.)	497	746	921

Innerhalb eines Jahrzehnts kam es bei der Dortmunder Kultusgemeinde zu einer Verdoppelung, bei der Düsseldorfer gar zu einer Verdreifachung der Mitgliederzahl. Diese Entwicklung ist primär auf die anhaltende Rück- bzw. Zuwanderung von Juden in die beiden Städte zurückzuführen. Die Anzahl von neuen Gemeindeangehörigen, die aus dem Ausland gekommen waren, lag zwischen 1949 und 1960 fast ständig über der Anzahl von Juden, die aus Deutschland emigrierten oder die Gemeinde aus anderen Gründen verließen. Im Unterschied zu Dortmund wuchs die Synagogengemeinde Düsseldorf in dieser Zeit zweimal durch die kollektive Integration von Juden. Im ersten Halbjahr 1953 nahm sie eine unbekannte Anzahl von aus der DDR geflüchteten Juden als neue Mitglieder auf.[7] In den Jahren 1956/1957 zogen insgesamt 73 Männer, Frauen und Kinder aus dem Displaced Persons-Lager Föhrenwald[8] nach Düsseldorf und schlossen sich mehrheitlich der Synagogengemeinde an.[9] Die Stadt Düsseldorf hatte sich zuvor bereit erklärt, 91 Personen aus Föhrenwald aufzunehmen und für sie Wohnungen zu bauen.[10]

Das Selbstverständnis der Gemeinden in Dortmund und Düsseldorf blieb zunächst von Widersprüchlichkeiten geprägt. Für beide Zusammenschlüsse finden sich für die erste Hälfte 1950er Jahre Belege, die sie zur gleichen Zeit einerseits als „Liquidationsgemeinden" und andererseits als Aufbaugemeinden erscheinen lassen.

Lange Zeit warnten Vertreter der beiden Kultusgemeinden vor einer Rückwanderung bzw. wollten sie nicht ausdrücklich befürworten. Eine explizite Unterstützung der Gemeindevorstände für rückkehrwillige Juden hätte die in der ersten Hälfte der 1950er Jahre offenkundig noch nicht vollständig aufgegebene Vorstellung von einer „Liquidationsgemeinde" ad absurdum geführt. Aus Sicht der Gemeindevertreter gab es bis etwa Mitte der 1950er Jahre mehrere Gründe, die eine Rückkehr von Juden nach Deutschland als nicht ratsam erscheinen ließen. Dazu zählten die weiterhin schwierigen Lebensverhältnisse vieler Gemeindeangehörigen. Außerdem schien die politische Situation noch immer bedenklich. Neben dem latenten Antisemitismus lösten auch das Engagement bundesdeutscher Politiker für NS-Kriegsverbrecher und Wahlerfolge der rechtsextremistischen Sozialistischen Reichspartei Besorgnis unter den Gemeindemitgliedern aus. Im September 1950 wollte sich der Dortmunder Gemeindevorsitzende Siegfried Heimberg weder für noch gegen eine Rückkehr eines in Kanada lebenden Juden deutscher Herkunft in die Bundesrepublik aussprechen: „Die augenblickliche Situation ist aber so, dass man keinen Rat erteilen kann. Es muss letzten Endes jeder selbst wissen, was er unternehmen bzw. beginnen will."[11]

Seit Anfang der 1950er Jahre entwickelte sich Düsseldorf zu einem Zentrum jüdischen Lebens in der Bundesrepublik. Bereits seit 1946 erschien in der Stadt das *Jüdische Gemeindeblatt für die Nordrhein-Provinz*, aus dem 1949 die *Allgemeine Wochenzeitung der Juden in Deutschland* hervorging. Seit 1952 befand sich in Düsseldorf das Sekretariat des im Juli 1950 gegründeten Zentralrats der Juden in Deutschland. Weitere zentrale jüdische Organisationen, wie zum Beispiel der Jüdische Frauenbund, nahmen in jenen Jahren ebenfalls in der nordrhein-westfälischen Landeshauptstadt ihren Sitz. Insbesondere in Düsseldorf zeigte sich spätestens Mitte der 1950er Jahre, dass Strukturen und eine Mitgliederzahl entstanden waren, die im Widerspruch zu den Vorstellungen von einer „Liquidationsgemeinde" standen. Ähnliches gilt für die Jüdische Kultusgemeinde Groß-Dortmund, die seit Kriegsende die mitgliederstärkste Gemeinde Westfalens war.

Aber erst um 1957/58 schätzten Gemeindevertreter in Dortmund und Düsseldorf die Rückkehr von Juden nach Deutschland ausdrücklich positiv ein.[12] Der grundlegende Wandel wird besonders deutlich in einem Antwortschreiben des Düsseldorfer Gemeindevorstands vom November 1958 auf die Anfrage einer in Israel lebenden Jüdin deutscher Herkunft: „Was Ihre weitere Frage betrifft, ob die Düsseldorfer Gemeinde daran interessiert ist, neue Mitglieder aufzunehmen, dazu können wir Ihnen nur sagen, dass wir selbstverständlich an Mitgliedern, insbesondere an solchen, die schon früher in der Düsseldorfer Gemeinde gelebt haben, interessiert sind."[13] Dieser Wunsch verdeutlicht einen Wandel im Selbstverständnis. Allerdings war den Gemeindevertretern durchaus bewusst, dass die bisherigen Trends nicht unbedingt anhalten mussten bzw. umkehrbar waren. Dementsprechend beurteilte der Vorstand der Synagogengemeinde Düsseldorf im September 1958 die künftige Entwicklung relativ zurückhaltend: „Wir hoffen …, dass sie [die Gemeinde] weiter wachsen, blühen und gedeihen wird und dass wir Verhältnisse, wie wir sie hier in Deutschland während der Hitlerzeit mitmachen mussten, nicht wieder erleben werden."[14] Düsseldorfer Juden blieben also „unter Vorbehalt" in der Bundesrepublik.

Jürgen Zieher

Die soziale Lage der Gemeindemitglieder

Am Ende der 1940er Jahre handelte es sich bei den Dortmunder und Düsseldorfer Gemeindeangehörigen überwiegend um Renten- und Wohlfahrtsempfänger. Im November 1949 waren beispielsweise etwa 75 bis 80 Prozent der Mitglieder der Synagogengemeinde Düsseldorf über 60 Jahre alt, krank und arbeitsunfähig.[15] Durch jahrelange Verfolgung und Haft war die Gesundheit vieler Mitglieder derart ruiniert, dass sie keiner normalen Beschäftigung mehr nachgehen konnten. Da sich an dieser Situation zumindest bis Mitte der 1950er Jahre kaum etwas änderte, spielte die soziale Betreuung der Überlebenden weiterhin eine wichtige Rolle. Darüber hinaus mussten zu dieser Zeit wegen der schweren Kriegszerstörungen in Dortmund und Düsseldorf Mitglieder der Kultusgemeinden noch immer in provisorischen Unterkünften leben. Ende 1955 erklärte Alfred Sieradz, Vorstandsmitglied der Synagogengemeinde: „Wir haben heute noch eine ganze Anzahl Personen hier wohnen, welche seit Jahr und Tag in Düsseldorf leben und nur ganz notdürftig zum Teil in Kellern leben, … da bisher keine Wohnungen beschafft werden konnten.“[16]

Im Zuge der Rück- und Zuwanderung nahm in den 1950er Jahren die Anzahl unterstützungsbedürftiger Gemeindemitglieder eher noch zu. Viele, zumeist ältere Remigranten waren praktisch mittellos aus dem Ausland zurückgekehrt. Infolgedessen waren sie zunächst von der staatlichen Wohlfahrt, aber auch von der Fürsorge seitens der Kultusgemeinden abhängig. Die Gemeinden fungierten dabei weiterhin als Mittler zwischen ihren Angehörigen und internationalen jüdischen Hilfsorganisationen wie dem American Joint Distribution Committee (JOINT). Die für ehemalige Verfolgte außerordentlich beschämende jahrelange Abhängigkeit von der Wohlfahrt endete erst mit der bundesweiten gesetzlichen Regelung der materiellen Entschädigung durch das In-Kraft-Treten des Bundesergänzungsgesetzes für NS-Verfolgte (BErG) im Oktober 1953.[17] Das neue Gesetz schloss in der ehemaligen britischen Zone gravierende Lücken in der Entschädigungsgesetzgebung für Individuen. Im Juni 1956 verabschiedete der Bundestag schließlich das „Bundesgesetz zur Entschädigung für Opfer der nationalsozialistischen Verfolgung“ (BEG). Durch diese Novelle zum BErG wurde der Kreis der Berechtigten und ihre Ansprüche erweitert.

Das religiöse Leben

Zu Beginn der 1950er Jahre amtierten zeitweise sowohl in Dortmund als auch in Düsseldorf insbesondere anlässlich der wichtigsten jüdischen Feiertage noch immer Gastrabbiner aus dem Ausland. Meist handelte es sich bei ihnen um Juden deutscher Herkunft, die während der NS-Herrschaft nach Großbritannien emigriert waren. Fand sich einmal kein ausländischer Rabbiner, predigten Mitglieder des jeweiligen Vorstandes oder der Gemeindevertretung bei den Gottesdiensten zum Neujahrs- und Versöhnungsfest, wie zum Beispiel Siegfried Heimberg 1951 in Dortmund. Die Kultusgemeinden in Dortmund und in Düsseldorf beschäftigten seit 1948 bzw. 1952 jeweils einen Kantor, zu dessen Aufgaben die Leitung der Gottesdienste und die Erteilung des Religionsunterrichts zählten. Im Laufe der 1950er Jahre erfuhr das religiöse Leben in den beiden Gemeinden einen spürbaren Aufschwung. Dies war unter anderem auf die wachsende Zahl von observanten Juden osteuropäischer Herkunft zurückzuführen. Sie waren vorwiegend der Orthodoxie zuzurechnen und unterschieden sich dadurch von den meist liberal orientierten deutschen Juden. Im November 1951 nahm Rabbiner Paul Holzer seine Tätigkeit als Landesrabbiner für die gesamte frühere britische Besatzungszone auf und wohnte fortan in Dortmund. Die gleichzeitige seelsorgerische Betreuung aller Gemeinden war sehr schwierig, daher konnte Holzer nur in größeren Abständen bei den Gottesdiensten der jeweiligen Gemeinde amtieren. Nach knapp dreieinhalb Jahren beendete er im April 1955 seine Tätigkeit in Deutschland und kehrte vorübergehend nach Großbritannien zurück. Im Januar 1956 nahm Holzer seine Tätigkeit in Dortmund erneut auf. Nunmehr war er nur noch für die Gemeinden in Nordrhein-Westfalen zuständig. Ende März 1958 gab er aus Altersgründen sein Amt auf und ging endgültig nach Großbritannien zurück. Nach dem Ausscheiden Paul Holzers im Frühjahr 1958 gab es keinen Seelsorger mehr, der für das gesamte Land Nordrhein-Westfalen zuständig war. Stattdessen engagierten die beiden Landesverbände jeweils einen eigenen Rabbiner. Neuer Landesrabbiner für Westfalen mit Sitz in Dortmund wurde Ende 1958 Hans Chanoch Meyer. Im September 1959 trat Ludwig Salomonowicz sein Amt als Landesrabbiner für Nordrhein mit Sitz in Düsseldorf an.

Jürgen Zieher

Der Bau von Synagogen

Im Zuge der steigenden Mitgliederzahlen wuchs in den Gemeinden Dortmund und Düsseldorf der Wunsch nach einem angemessenen und würdigen religiösen Zentrum. Die in Dortmund 1946 und in Düsseldorf 1948 eingeweihten Betsäle entsprachen Anfang der 1950er Jahre nicht mehr den Bedürfnissen der größer werdenden Gemeinden. Während die Betsäle noch als Provisorien deklariert werden konnten, würde eine solche Charakterisierung für künftige Synagogen nicht mehr zutreffen. Die Diskussion über einen Synagogenbau war daher eng mit der Frage nach dem Selbstverständnis der Gemeinden verknüpft. Die Projektierung und der Bau von Synagogen waren nur mit Unterstützung der Kommune und des Landes Nordrhein-Westfalen zu realisieren. In diesem Kontext sollte sich zeigen, inwieweit Kommunal- und Landespolitiker die von Bundeskanzler Adenauer im September 1951 vor dem Bundestag proklamierte „materielle und moralische Wiedergutmachung"[18] an Juden auch in der Realität umsetzten.

Im August 1953 signalisierte das nordrhein-westfälische Kultusministerium seine prinzipielle Bereitschaft zur finanziellen Unterstützung beim Synagogenbau. Daraufhin nahmen mehrere jüdische Gemeinden Verhandlungen mit den Stadtverwaltungen auf bzw. forcierten bereits laufende Beratungen wegen entsprechender Grundstücke. Bereits im Sommer 1950 hatten die Stadt Dortmund und die jüdische Gemeinde Gespräche wegen eines Austauschgrundstücks begonnen, die sich über mehrere Jahre hinzogen. Im September 1953 plante die damals 260 Mitglieder umfassende Kultusgemeinde den Bau eines Gemeindehauses mit Synagoge, Aufenthalts-, Büro- und Wohnräumen. Ein Wiederaufbau der ehemaligen Synagoge am Hiltropwall kam zu diesem Zeitpunkt nicht mehr in Frage. Zur Regelung der Rückerstattungsansprüche auf das jüdische Vermögen in Westdeutschland waren zwischen 1947 und 1950 in den drei westlichen Besatzungszonen jeweils Treuhandgesellschaften – so genannte Nachfolgeorganisationen – entstanden. Sie hatten die Aufgabe, zumeist erbenloses jüdisches Vermögen zu ermitteln, Ansprüche darauf zu erheben und es nach erfolgter Übertragung zu verwalten sowie zu veräußern. Im Januar 1952 hatten die Stadt Dortmund und die für die ehemals britische Zone zuständige Nachfolgeorganisation Jewish Trust Corporation (JTC) in dem Restitutionsverfahren für das frühere Synagogengrundstück am Hiltropwall einen Vergleich geschlossen. Die Stadt Dortmund hatte sich dabei zur Zahlung von 800.000,- DM an die Nachfolgeorganisation verpflichtet und im Gegenzug das Eigentum an dem ehemaligen Synagogengrundstück sowie zwei weiterer Grundstücke übertragen bekommen. Gleichzeitig hatte die Jewish Trust Corporation etwaige Schadensersatzansprüche an die Kommune abtreten müssen.[19] Die Dortmunder Kultusgemeinde hatte zuvor aus nicht bekannten Gründen auf den Wiederaufbau einer Synagoge an der Stelle des Vorkriegsbaus verzichtet. Erst nachdem die Jüdische Kultusgemeinde Groß-Dortmund und die Synagogengemeinde Düsseldorf am 18. Mai 1953 wieder den Status einer Körperschaft des öffentlichen Rechts erhalten hatten, konnten sie selbst Wiedergutmachungs- und Rückerstattungsansprüche geltend machen.

Ab März 1954 bemühten sich Vorstand und Gemeindevertretung bei der Kommunalverwaltung um den Erwerb des aus ihrer Sicht „außerordentlich günstig gelegenen und ausreichend großen Grundstück[s] Prinz-Friedrich-Karl-Str. 9"[20] – gegebenenfalls im Rahmen eines Grundstücksaustauschs. In ihrer Sitzung vom 5. Oktober 1954 genehmigte die Ratsversammlung der Stadt Dortmund die Übereignung dieses Trümmergrundstücks an die Jüdische Kultusgemeinde Groß-Dortmund.[21] Auf diesem Grundstück sollten die neue Synagoge, das Gemeindehaus und ein Altersheim für ca. 25 Personen untergebracht werden. Die Kultusgemeinde verpflichtete sich gegenüber der Stadt, als Gegenleistung das Grundstück Arndtstraße 55 im Wert von 27.000,- DM zurückzugeben und ihre Ansprüche im Restitutionsverfahren gegen den Eigentümer des Gebäudes Schwanenwall 29 an die Kommune abzutreten.[22] Bei der Übereignung des künftigen Synagogengrundstücks wurden außerdem 10.000.- DM aus dem zuvor zwischen der Stadt und der JTC geschlossenen Vergleich wegen des alten Synagogengebäudes zugunsten der Kultusgemeinde verrechnet.[23] Darüber hinaus gewährte die Stadt Dortmund der Gemeinde auf deren Antrag hin im November 1956 eine einmalige Beihilfe in Höhe von 20.000,- DM für den Synagogenbau.[24]

Verglichen mit Dortmund vollzogen sich die Verhandlungen zwischen der Stadt Düsseldorf und der lokalen Kultusgemeinde mit zweijähriger Verzögerung. Im Oktober 1953 plante die Synagogengemeinde „den Neubau einer den heutigen Verhältnissen der Gemeinde angepassten Synagoge"[25] und bat die Stadtverwaltung um Mithilfe bei der Suche nach einem geeigneten Grundstück. Nach Beginn des Zweiten Weltkrieges war auf dem ehemaligen Synagogengrundstück Kasernenstraße ein unterirdischer Luftschutzbunker entstanden, der nach Kriegsende zu einem Hotel umfunktioniert worden war. Ein Neubau der Synagoge in einer – von der Gemeinde gewünschten – verhältnismäßig zentralen Lage war im Herbst 1953 jedoch nicht mehr möglich, da die Kommune sämtliche für diesen Zweck in Frage kommenden Grundstücke für „Neuordnungsmaßnahmen" benötigte.[26] Im Dezember 1953 regte die Synagogenge-

36 Grundsteinlegung für die neue Düsseldorfer Synagoge in der Zietenstraße am 9. November 1956. Ansprache von Vorstandsmitglied Alfred Sieradz

meinde bei der Stadt den Erwerb von insgesamt fünf, aus ihrer Sicht günstig gelegenen Trümmergrundstücken an der Zietenstrasse Ecke Mauerstrasse, an. Die Kultusgemeinde ging zu diesem Zeitpunkt also ganz offensichtlich bereits davon aus, dass der Neubau nicht an der Stelle der alten Synagoge entstehen würde. Im Oktober 1956 betonte der Düsseldorfer Oberstadtdirektor Walter Hensel die Unterstützungsbereitschaft der Kommune: „Soweit eine Möglichkeit dazu besteht, werden sowohl die Stadtverwaltung Düsseldorf als auch ich persönlich alles tun, was zu einem guten Gelingen des Baues beitragen kann, um auch in dieser Hinsicht das Unrecht jener unseligen 12 Jahre der Gewaltherrschaft wieder gutzumachen."[27]

Nach mehrmonatigen Verhandlungen erwarb die Stadt zwischen Mai 1954 und Januar 1955 die von der Synagogengemeinde gewünschten Grundstücke. Kommune und Gemeinde hatten dabei vereinbart, dass die hierfür von der Stadtverwaltung aufgewendeten 173.000.- DM mit den Ansprüchen der Kultusgemeinde aus dem laufenden Rückerstattungsverfahren für die frühere Synagoge Kasernenstraße erfolgen sollte.[28] Eine solche Lösung lehnte jedoch die Jewish Trust Corporation Ende 1955 ab, sodass sich Stadtverwaltung und Synagogengemeinde Anfang 1956 untereinander auf den Verkauf der Grundstücke an die Kultusgemeinde einigten. Im Februar 1956 schlossen die Stadt Düsseldorf und die Jewish Trust Corporation vor der Wiedergutmachungskammer des Landgerichts Düsseldorf einen Vergleich im Rückerstattungsverfahren für das ehemalige Synagogengrundstück in der Kasernenstraße. Die Kommune blieb Eigentümerin der Immobilie, musste sich aber verpflichten, an die JTC 600.000,- DM zur Abgeltung von Rückerstattungsansprüchen zu zahlen. Darüber hinaus verzichtete die Stadtverwaltung gegenüber der Synagogengemeinde auf eine Mietforderung in Höhe von 37.000.- DM für das von der Gemeinde seit Ende 1948 genutzte Gebäude Arnoldstr. 6.[29] Die Übertragung der von der Stadt erworbenen Immobilien auf die Kultusgemeinde verzögerte sich bis April 1957, da die Gemeinde wiederum erst nach längerer Zeit von der JTC die für den Grundstückserwerb notwendigen Mittel erhielt. Innerhalb der städtischen Liegenschaftsverwaltung war man sich der politischen Bedeutung der Angelegenheit bewusst und gewährte der Kultusgemeinde mehrfach Zahlungsaufschübe. Auf Vorschlag des Ältestenrats der Ratsversammlung beschlossen die Düsseldorfer Ratsherren am 3. Juni 1957, der Synagogengemeinde 100.000.- DM als Zuschuss für die Ausgestaltung der Inneneinrichtung der Synagoge zu gewähren.[30] Parallel zu den Verhandlungen mit der Stadt bemühten sich die beiden Kultusgemeinden bei der Landesregierung um eine finanzielle Unterstützung ihres jeweiligen Bauvorhabens.

Ministerpräsident Karl Arnold maß dem Bau von Synagogen in Nordrhein-Westfalen einen hohen Stellenwert bei. In einem Schreiben vom 7. November 1955 wandte er sich in dieser Angelegenheit an Kultusminister Werner Schütz: „Ich bitte, dafür Sorge zu tragen, dass seitens der Landesrcgierung im vertretbaren Rahmen alles geschieht, um den Wiederaufbau [von Synagogen] zu ermöglichen."[31] Ein Motiv Karl Arnolds bei der Unterstützung der Baumaßnahmen der jüdischen Gemeinden geht aus einem Schreiben des Düsseldorfer Regierungschefs an Kultusminister Schütz vom 28. September 1955 hervor. Arnold führt darin unter anderem „allgemeine politische Gründe" an, die für den zu diesem Zeitpunkt bereits begonnenen Neu- bzw. Wiederaufbau von Synagogen sprächen.[32] Was der Ministerpräsident konkret darunter verstand, ist aus den Akten nicht ersichtlich. Möglicherweise meinte Arnold damit die aufmerksame Beobachtung des Verhältnisses zwischen Nichtjuden und Juden durch das Ausland, wie sie vom amerikanischen Hochkommissar John McCloy im Sommer 1949 vorgegeben worden war. Demnach sollte die Behandlung der in der Bundesrepublik lebenden Juden einer der Prüfsteine für die Demokratiefähigkeit der Deutschen sein.[33] Daher spielten außenpolitische Gesichtspunkte auch auf Landesebene von Anfang an eine sehr wichtige Rolle bei der Politik gegenüber der jüdischen Gemeinschaft in

Deutschland. Von der Synagogengemeinde Düsseldorf erwartete die Landesregierung, „Baulichkeiten zu schaffen, welche der Landeshauptstadt würdig sind".[34] Damit diente zumindest der Synagogenbau in der Landeshauptstadt ganz offensichtlich politischen Prestigezwecken. Die Höhe der finanziellen Unterstützung war unterschiedlich. Während die Jüdische Kultusgemeinde Groß-Dortmund für ihr Bauvorhaben 480.000,- DM vom Land erhielt[35], bekam die Synagogengemeinde Düsseldorf zwei Millionen DM.[36] Zuvor hatten sich die jüdischen Gemeinden allerdings verpflichten müssen, ihre Ansprüche an die Wiedergutmachungsämter – sofern sie 75.000,- DM überstiegen – an das Land Nordrhein-Westfalen abzutreten.[37] Mit dieser Regelung konnte die nordrhein-westfälische Landesregierung nach außen ihre Bereitschaft zur „Wiedergutmachung" demonstrieren. Zugleich war der Landeshaushalt nicht auf Dauer belastet, da die von Nordrhein-Westfalen zunächst bereitgestellten Finanzhilfen später in Form von Bundesmitteln zurückflossen.

Die Einweihungen der Synagogen Dortmund und Düsseldorf

In den Dortmunder Lokalzeitungen erschienen im Zusammenhang mit der Synagogeneinweihung am 2. September 1956 – verglichen mit den entsprechenden Artikeln in der Düsseldorfer Lokalpresse – recht kurze Meldungen, die sich auf Fakten wie die Struktur des Gemeindezentrums und die Mitgliederentwicklung nach dem Krieg konzentrierten. Detaillierte Hintergrundinformationen, wie beispielsweise ein Abriss der Geschichte der Dortmunder Juden vor 1945 sucht man dagegen vergeblich. Auch bei ihrer Berichterstattung über die Einweihungsfeier selbst beschränkte sich die Lokalpresse zumeist auf die bloße Darstellung des Ablaufs der Veranstaltung und die Wiedergabe kurzer Zitate aus Reden der Vertreter aus Politik und der jüdischen Gemeinde.[38]

Im Unterschied dazu finden sich in den Düsseldorfer Lokalblättern sowohl Berichte über das Schicksal der Juden während des Nationalsozialismus als auch Kommentare anlässlich der Synagogeneinweihung am 7. September 1958. Die Düsseldorfer Lokalzeitungen veröffentlichten zum Teil sehr ausführliche Artikel zur Geschichte und Gegenwart der Gemeinde. Vereinzelt wurde auch das zeitgenössische Verhältnis zwischen Juden und Nichtjuden thematisiert. Einem Bericht der *Rheinischen Post* vom 6. September 1958 zufolge sei mit der Einweihung der Synagoge am darauf folgenden Tag „die Freveltat der Kristallnacht von 1938 … wenigstens äußerlich gesühnt."[39] Die Synagoge symbolisiere zugleich den Beginn eines neuen Zeitabschnitts: „Über die Not der Vergangenheit,

37 Vor dem Einheben der Tora-Rollen bei der Einweihung der Dortmunder Synagoge in der Prinz-Friedrich-Karl-Straße am 2. September 1956. In der Mitte Rabbiner Dr. Paul Holzer

über alle Zweifel des Tages weist das Gotteshaus in eine bessere Zukunft." Die *Neue Rhein Zeitung* berichtete in ihrer Ausgabe vom 8. September 1958 unter der Überschrift „Die jüdische Gemeinde hat ihre Seele wieder" über die Einweihung. Dieser Titel gab die Worte des Gemeindevorstands Adolf Weinberg aus seiner Begrüßungsansprache wieder. Offenkundig von der Rede Weinbergs beeinflusst, warb der Journalist in einem anschließenden Kommentar bei den nichtjüdischen Düsseldorfern um Toleranz und „billigendes Verstehen" gegenüber den Mitgliedern der Synagogengemeinde. Zugleich erteilte er dem „Ungeist der Vergangenheit" eine scharfe Absage.[40]

Der Dortmunder Bürgermeister Ewald Görshop hob in seiner Ansprache im September 1956 die Bedeutung der Synagogeneinweihung im Kontext der Wiedergutmachung hervor. Er sprach von der Freude des Rates und der Stadtverwaltung, „bei dem Aufbauwerk etwas gutzumachen, was einst am Hiltropwall von einem Machtregime zerstört wurde."[41] Für den Düsseldorfer Oberstadtdirektor Walter Hensel war die Synagogeneinweihung nicht nur Anlass zur Freude, sondern für Nichtjuden auch Grund zur Besinnung. In einem Grußwort für die anlässlich der Einweihung erschienene Festschrift schrieb er: „Dieser Tag ist für die Synagogengemeinde in Düsseldorf ein Festtag. Doch darüber hinaus soll er für alle unsere Mitbürger, ohne Unterschiede des Glaubens, ein Tag der Besinnung sein. Niemals wieder dürfen Rassenhass, Untermenschentum und Barbarei triumphieren."[42]

Die Vertreter der jüdischen Gemeinden erinnerten in ihren Grußworten bzw. Ansprachen an die NS-Vergangenheit und äußerten sich zur Zukunft jüdischen Lebens in der jeweiligen Stadt. Die Perspektiven ihrer Gemeinden schätzten sie dabei recht unterschiedlich ein. Der Dortmunder Gemeindevorsitzende Siegfried Heimberg zeigte sich im September 1956 beispielsweise zuversichtlich, „dass dieses Haus lange Zeit zum Segen der Gemeinde bestehen möge."[43] Zurückhaltender und nachdenklicher äußerte sich Adolf Weinberg angesichts des Antisemitismus vor und nach 1945: „Wir dürfen über die Vergangenheit und die schon wieder spürbaren Auswirkungen dieser Vergangenheit nicht hinwegsehen."[44] Der Vorstand der Düsseldorfer Gemeinde machte gegenüber der Presse darauf aufmerksam, „dass das Haus jedem offen steht."[45] Ein wirklicher Austausch mit der nichtjüdischen Bevölkerung erfolgte in den ersten Jahren nach der jeweiligen Einweihung in Düsseldorf und Dortmund aber nur in geringem Ausmaße. Die Zurückhaltung und mitunter auch Ablehnung unter Nichtjuden waren zumindest anfangs offensichtlich größer als die Scheu der Gemeindevertreter, mit Nichtjuden in Kontakt zu treten. Im Mai 1956 konstatierte Heimberg, dass die westfälischen Juden „noch immer ein gewisses Gefühl der Einsamkeit haben".[46]

Beim Bau von Synagogen in der Bundesrepublik in den 1950er Jahren ergab sich eine Übereinstimmung von Interessen. Neue Synagogen waren aus jüdischer Sicht ein Zeichen für die gewollte dauerhafte Existenz einer lebendigen jüdischen Gemeinschaft in Deutschland und dienten zugleich auf nichtjüdischer Seite als Symbol für eine tolerante und demokratisierte bundesdeutsche Gesellschaft.

Friedhofspflege und Friedhofsschändungen

Im Unterschied zu christlichen Friedhöfen ist eine jüdische Begräbnisstätte für die Ewigkeit gedacht. Mit zunehmender Dauer der NS-Herrschaft waren die jüdischen Gemeinden allerdings immer weniger in der Lage gewesen, die Begräbnisstätten in dem erforderlichen Maße zu unterhalten. Vielfache gezielte Schändungen und Schäden infolge alliierter Bombenangriffe bewirkten, dass die Friedhöfe bei Kriegsende ein Bild der Verwüstung boten. Die stark dezimierten Kultusgemeinden waren weder personell noch finanziell in der Lage, die Grabstätten instand zu setzen und zu pflegen. Die entsprechenden Arbeiten konnten nur mit Unterstützung deutscher Behörden durchgeführt werden. Seit Sommer 1945 waren die Städte und Gemeinden im heutigen Nordrhein-Westfalen von den Provinzial- und Landesregierungen angewiesen worden, auf eigene Kosten die Verwüstungen auf den jüdischen Friedhöfen zu beseitigen. Die Wiederherstellungsarbeiten gingen in den meisten Kommunen – darunter auch in Dortmund und Düsseldorf – in den ersten Nachkriegsjahren nur schleppend voran. Appelle von Vertretern der Kultusgemeinden an die zuständigen (Ober-)Bürgermeister blieben ohne nachhaltige Wirkung, da für die Kommunen – neben der Linderung der allgemeinen sozialen Not – die Frage der Kostenübernahme im Vordergrund stand. Viele Städte und Gemeinden, darunter Düsseldorf, versuchten die Kosten auf das Land abzuwälzen.

Im Juni 1949 verpflichtete Kultusministerin Christine Teusch die Kommunen per Erlass zur Instandsetzung der geschlossenen jüdischen Friedhöfe. Zudem waren die lokalen Verwaltungen nunmehr für die Pflege dieser Begräbnisstätten verantwortlich.[47] Unter geschlossenen Friedhöfen waren Grabstätten zu verstehen, die nicht mehr zu Beerdigungen genutzt wurden. Die Kultusgemeinden waren nunmehr ausschließlich für die Pflege der so genannten offenen jüdischen Friedhöfe zuständig, auf denen noch Beisetzungen stattfanden. Im September 1949 schändeten unbekannte Täter den geschlossenen Friedhof „Alt-Israel" in Düsseldorf-Gerresheim. Die Stadt Düsseldorf lehnte die Ausführung der notwendigen Instandsetzungsarbeiten – offenbar aus Kostengründen – ab, obwohl sie durch den genannten Erlass dazu verpflichtet war. Ungeachtet der neuen Rechtslage glaubte die Kommune noch im Oktober 1949, keine Verpflichtungen mehr gegenüber den geschlossenen jüdischen Friedhöfen zu haben.[48] Gegen diese Auffassung protestierte der Vorsitzende des Landesverbandes der jüdischen Gemeinden Nordrhein, Julius Dreifuß, Anfang November 1949 beim nordrhein-westfälischen Innenminister Walter Menzel: „Wir sind der Ansicht, dass die Spuren einer Schändung von der zuständigen politischen Gemeinde beseitigt werden müssen, und dass es nicht angeht, dass die jüdischen Gemeinden auch noch zu materiellem und moralischem Schaden die Kosten zu tragen haben."[49]

Ende 1949 genehmigte der Finanzausschuss der Landeshauptstadt schließlich doch die für die Instandsetzung der geschändeten Begräbnisstätte notwendigen 1.000.- DM.[50] Möglicherweise hatte der Innenminister sich in dieser Angelegenheit mit der Kommune in Verbindung gesetzt und Druck ausgeübt. In den Jahren von 1949 bis 1951 blieben auch die Anstrengungen vieler anderer nordrhein-westfälischer Städte und Gemeinden bei der Instandsetzung der jüdischen Friedhöfe nur halbherzig. Im September 1951 erneuerte Innenminister Adolf Flecken deshalb in einem Runderlass an die Regierungspräsidenten die Pflicht der Kommunen zu entsprechenden Maßnahmen. Der Innenminister sah sich zu einem solchen Vorgehen angesichts „berechtigte[r] Klagen über die Verwahrlosung jüdischer Friedhöfe" gezwungen und verlangte, „dass der Zustand der genannten Friedhöfe zu Beanstandungen keinen Anlass gibt".[51]

Die Stadt Düsseldorf war in den folgenden Jahren durchaus zur Wiederherstellung und Pflege der jüdischen Begräbnisstätten bereit. Allerdings musste nach wie vor die lokale Synagogengemeinde gelegentlich die Kommune zur Ausführung der Arbeiten auffordern. Zudem erfolgte die Pflege der geschlossenen jüdischen Begräbnisstätten nicht immer in dem von jüdischer Seite gewünschten Sinne. Im Mai 1955 drängten Vertreter der Synagogengemeinde beispielsweise darauf, dass ein geschlossener Friedhof „überhaupt in eine tadellose Verfassung kommt".[52] Das Verhalten der Stadt Dortmund bei der Pflege der jüdischen Friedhöfe in den 1950er Jahren lässt sich aufgrund der schlechten Überlieferung kaum beurteilen. So liegt nur für die Situation im November 1958 eine Stellungnahme der lokalen Kultusgemeinde vor. Zu diesem Zeitpunkt waren aus Sicht der Kultus-Kommission drei Friedhöfe im Wesentlichen in Ordnung, eine geschlossene Begräbnisstätte dagegen nicht.[53]

Die Schändungen jüdischer Friedhöfe haben eine jahrhundertealte Tradition. Bereits im Mittelalter zerstörten und profanierten Christen jüdische Begräbnisstätten. Unter Schändungen sind in erster Linie Beschädigungen und Zerstörungen von Grabsteinen und Grabbegrenzungen sowie von Umfriedungen zu verstehen. In Düsseldorf ereigneten sich im Sommer 1946 die ersten beiden Schändungen jüdischer Friedhöfe nach Kriegsende.[54] Im Sommer 1947 kam es in der Stadt innerhalb von einem Vierteljahr dreimal zu Verwüstungen geschlossener jüdischer Begräbnisstätten. Am meisten Aufsehen erregte die Schändung des Friedhofs im Stadtteil Gerresheim im August 1947, bei dem die unbekannten Täter 40 erst kurz zuvor wieder aufgestellte Grabsteine umwarfen.[55] In Dortmund ereigneten sich bis Anfang der 1950er Jahre weniger und geringere Zerstörungen jüdischer Friedhofe als in Düsseldorf. Bei den drei nachweisbaren Schändungen im März und Juli 1948 sowie im Juni 1950 wurden insgesamt sechs Grabplatten umgeworfen bzw. einmal eine Bronzekuppel von einem Grabstein entfernt. Die Täter blieben jeweils unbekannt.[56] Für die folgenden Jahre bis 1957 sind keine weiteren Zerstörungen auf jüdischen Friedhöfen in Dortmund bekannt. In Düsseldorf kam es sechs Jahre nach der bereits erwähnten Schändung vom September 1949 zu einer weiteren Verwüstung der Begräbnisstätte im Stadtteil Gerresheim. Bei der ersten Schändung wurden fünf, beim zweiten Vorfall im

Mai 1955 zehn Grabsteine von unbekannten Tätern umgeworfen.[57] Gemeindevertreter und führende Repräsentanten der Kommunen bewerteten die Friedhofsschändungen sehr unterschiedlich. Aus Sicht von Juden waren sie symptomatisch für das Fortbestehen des Antisemitismus in weiten Teilen des deutschen Volkes. Dagegen sahen Kommunalpolitiker die Verwüstungen als Einzelfälle, die keine Rückschlüsse auf die Einstellung breiter Bevölkerungskreise zuließen. Einig war man sich aber, dass die Schändungen dem Ansehen des deutschen Volkes schweren Schaden zufügten.

Die Synagogenschändungen in Düsseldorf und Köln 1959

In der Nacht vom 16. auf den 17. Januar 1959 beschmierten unbekannte Täter die Eingangstüren der wenige Monate zuvor eingeweihten Düsseldorfer Synagoge sowie die Gedenktafel für die frühere Synagoge in der Kasernenstraße mit Hakenkreuzen.[58] Die Mitglieder der Synagogengemeinde reagierten mit großer Bestürzung auf die beiden Schändungen. In einem Schreiben des Gemeindevorstands an Ministerpräsident Franz Meyers wird die Furcht vor neuem Nazismus und Antisemitismus deutlich: „Die jüdische Gemeinschaft in Düsseldorf und anderwärts ist über diese Vorkommnisse auf das äußerste bestürzt. Uns ist es klar, dass es sich ganz offensichtlich um erneut aufkommende nazistische Strömungen handelt und die traurige Erinnerung an die Zeiten von 1932 und 1933 wird wieder sehr lebhaft wach."[59]

Die Reaktionen von Politikern auf die Synagogenschändung in Düsseldorf waren einerseits von Scham, andererseits von der Angst um einen Ansehensverlust für Düsseldorf bzw. die Bundesrepublik geprägt. Der Düsseldorfer Oberbürgermeister Georg Glock erklärte beispielsweise: „Ich halte die Beschmutzung der Synagoge für verwerflich und in höchstem Grade beschämend."[60] Er zeigte sich mit Oberstadtdirektor Hensel davon überzeugt, „dass diese Untaten von der gesamten Bevölkerung unserer Stadt auf das schärfste missbilligt werden."[61] Glock und Hensel wollten also die Schändungen relativieren, indem sie hervorhoben, dass es sich bei den Tätern nur um Angehörige einer Minderheit handele. Dagegen distanziere sich die übrige Bevölkerung vom Antisemitismus und verurteile solche Taten.

Der nordrhein-westfälische Innenminister Josef Hermann Dufhues tendierte in einer Rede im Landtag am 28. Januar 1959 zur Annahme, die Schändung sei von kommunistischer Seite zur Schädigung des Ansehens der Bundesrepublik gesteuert worden. Eine solche Vermutung ergab sich aufgrund der erwiesenen früheren KPD-Mitgliedschaft eines wenige Tage zuvor unter dringendem Tatverdacht verhafteten 25jährigen Mannes.[62] Da dem Beschuldigten keine Beteiligung nachgewiesen werden konnte, wurde er im Mai 1959 gegen Zahlung einer Kaution aus der Haft entlassen. Die Tat konnte nicht aufgeklärt werden.

Die Synagogenschändung rief auch unter Einwohnern Düsseldorfs Empörung hervor. Zahlreiche Bürger meldeten sich in den folgenden Tagen bei der Gemeinde und distanzierten sich von dem Vorfall. In einem Dankschreiben der Gemeinde an einen Düsseldorfer Zahnarzt für dessen schriftliche Solidaritätsbekundung heißt es: „Zuschriften dieser Art, auch telefonische Anrufe, die wir von den verschiedensten Seiten erhielten, sind eine große Beruhigung für uns [sic!] daraus zu entnehmen, dass ein sehr großer Teil der Bevölkerung von derartigen Handlungen völlig abrückt. Es ist ja auch kaum zu verstehen, dass nach all den Jahren des schweren Leides, welches die Hitlerzeit nicht nur über die Juden, sondern über die gesamte Bevölkerung in Deutschland gebracht hat, immer noch Menschen wieder existieren, welche in diesem Fahrwasser weiter segeln möchten.“[63]

Tatsächlich sollte die von Einzelpersonen bekundete Anteilnahme aber nicht darüber hinwegtäuschen, dass eine indifferente, befangene und mitunter auch offen ablehnende Haltung gegenüber Juden noch immer weit verbreitet war. Dies hing nicht zuletzt mit der aus Sicht der Gemeinde unverständlichen Kontinuität antisemitischer und nazistischer Einstellungen in Teilen der deutschen Bevölkerung zusammen.

Die Schändung der Düsseldorfer Synagoge war der Höhepunkt einer Welle antisemitischer Vorfälle in Nordrhein-Westfalen zwischen Oktober 1958 und Juli 1959. In dieser Zeit kam es in diesem Bundesland zu insgesamt 67 antisemitischen und neonazistischen Straftaten. Davon konnten lediglich 17 aufgeklärt werden, bei den übrigen Vorfällen blieben die Täter unbekannt.[64] Nur wenige Monate später, an Weihnachten 1959, setzte mit der Schändung der wieder eingeweihten Kölner Synagoge eine neue Antisemitismuswelle in der Bundesrepublik ein. In zahlreichen anderen Ländern der Welt, darunter in Australien und in Israel, ereigneten sich ebenfalls antisemitische Vorfälle. Unter den Angehörigen der jüdischen Gemeinschaft in Deutschland riefen diese Vorgänge tiefe Erschütterung hervor. Manches Mitglied mag sich um den Jahreswechsel 1959/60 ernsthaft gefragt haben, ob die Entscheidung, nach 1945 in Westdeutschland zu bleiben bzw. nach dorthin zurückzukommen, richtig gewesen war.

Vom 25. Dezember 1959 bis 18. Februar 1960 kam es im Bundesgebiet und West-Berlin zu insgesamt 618 antisemitischen und neonazistischen

Vorfällen, die meisten davon in Nordrhein-Westfalen.[65] Auch in Dortmund wurden Anfang Januar 1960 zwei antisemitische bzw. neonazistische Straftaten verübt. Unbekannte Täter schmierten Hakenkreuze auf die Friedenskirche und schrieben antisemitische Parolen auf ein Wohn- und Geschäftshaus in der Stadt. Am 11. Januar 1960 verabschiedeten die Mitglieder des Dortmunder Stadtrats eine „Erklärung des Rates gegen nazistische und antijüdische Vorkommnisse in Dortmund". Darin heißt es unter anderem: „Mit diesem Protest gegen das schmähliche Geschehen bringe der Rat der Stadt Dortmund seine unbedingte Solidarität den jüdischen Mitbürgern gegenüber zum Ausdruck."[66] Im Unterschied zu Dortmund finden sich in den Sitzungsprotokollen des Düsseldorfer Rates vom Januar 1960 keine Erklärungen zu den antisemitischen Vorfällen.

Schlussbetrachtung

Die Entscheidung zum Weiterbestehen der Kultusgemeinden in Dortmund und Düsseldorf in den 1950er Jahren war weniger das Ergebnis einer bewussten Entscheidung für die Bundesrepublik, als vielmehr die Konsequenz aus Fakten sowie unvorhersehbaren und kaum steuerbaren Prozessen, insbesondere hinsichtlich der Mitgliederentwicklung. Erst in der zweiten Hälfte des Jahrzehnts kam es zu einem Wandel im Selbstverständnis und die beiden Gemeinden sahen sich nach außen nicht mehr als Übergangseinrichtungen. Insofern unterschied sich das Selbstverständnis der Gemeinden am Ende der 1950er Jahre deutlich von demjenigen ein Jahrzehnt zuvor. Im individuellen Bewusstsein von Gemeindemitgliedern blieb trotzdem eine innere Distanz zur Bundesrepublik und zu nichtjüdischen Deutschen bestehen. Der Wunsch nach einer gesellschaftlichen Reintegration von Juden ging einher mit den fortwährenden psychischen Belastungen aufgrund des Antisemitismus vor und nach 1945. Juden wurde eine hohe Frustrationstoleranz abverlangt, um in der Bundesrepublik leben zu können. Hinzu kam die fortgesetzte Notwendigkeit, für das Bleiben in Deutschland rechtfertigende Motive benennen zu müssen.

Regierungen und Parlamente in Bund und Ländern schufen mit ihrer Politik Rahmenbedingungen für eine fortgesetzte Existenz der Kultusgemeinden. Ein Mindestmaß an Unterstützung beim Aufbau ihrer Infrastruktur und an individueller Hilfe kam den Gemeinden bzw. ihren Mitgliedern auch von den Kommunen zu. Dabei schöpften die Stadtverwaltungen in Dortmund und Düsseldorf ihre Möglichkeiten allerdings nicht voll aus. Kommunalpolitiker erkannten zunehmend die politische Bedeutung einer jüdischen Gemeinde in ihrer Stadt. Ein Fortbestehen der Kultusgemeinde bot den Kommunen die Möglichkeit, sich von der NS-Vergangenheit abzugrenzen und ihre demokratische Entwicklung vor dem In- und Ausland öffentlich unter Beweis zu stellen. Dies trug dazu bei, dass die Städte Dortmund und Düsseldorf erhebliche finanzielle Hilfen für den Bau einer Synagoge gewährten.

Gegen Ende der 1950er Jahre hatten sich Grundstrukturen im Verhältnis zwischen Juden und nichtjüdischen Deutschen entwickelt. Die Existenz jüdischer Gemeinden in der Bundesrepublik stellte weiterhin keine Selbstverständlichkeit dar.

Die Zukunft jüdischen Lebens im einstigen „Transitland" hing nun vor allem von zwei Faktoren ab: Einerseits von dem Verhalten der nichtjüdischen Umwelt und andererseits von der religiösen Entwicklung innerhalb der jeweiligen Gemeinde. An der politischen Bedeutung der Kultusgemeinden änderte sich in den folgenden Jahren nichts. Das religiöse Moment gewann aber innerhalb der Gemeinden deutlich an Gewicht.

Anmerkungen

1 Dieser Beitrag ist eine Zusammenfassung wichtiger Ergebnisse meiner 2002 an der Technischen Universität Berlin eingereichten Dissertation über die Geschichte der Beziehungen zwischen Kommunen und jüdischen Gemeinden in Dortmund, Düsseldorf und Köln von 1945 bis 1960. Die überarbeitete und gekürzte Studie wird 2005 unter dem Titel *„Im Schatten von Antisemitismus und Wiedergutmachung"* im Berliner METROPOL Verlag erscheinen. Dortmund und Düsseldorf bieten sich für einen Vergleich an, da sie bis heute die bedeutendsten Gemeinden innerhalb der beiden nordrhein-westfälischen Landesverbände sind. Zum jüdischen Leben in Köln während der 1950er Jahre siehe: Jürgen Zieher, *Im Schatten von Antisemitismus und Wiedergutmachung. Jüdisches Leben in Köln in den fünfziger Jahren*, in: Jost Dülffer (Hg.), *Köln in den 5oer Jahren. Zwischen Tradition und Modernisierung*, Köln 2001, S. 277–304.

2 Ulrich Knipping, *Die Geschichte der Juden in Dortmund während der Zeit des Dritten Reiches*, Dortmund 1977, S. 100; Angela Genger, *Juden in Düsseldorf. Eine Einführung*, in: Mahn- und Gedenkstätte (Hg.), *Aspekte jüdischen Leben. In Düsseldorf und am Niederrhein*, Düsseldorf 1997, S. 9.

3 In Sommer 1945 lebten in Dortmund ca. 40 bis 50 Juden und in Düsseldorf 57 Juden. Siehe: *Die neue Synagoge in Düsseldorf. Zur Einweihung am 7. September 1958*, Düsseldorf o. J., S. 3–4; Siegfried Heimberg, *Von 1945 bis 1961 – ein kurzer Rückblick*, in: Hans Chanoch Meyer (Hg.), *Aus Geschichte und Leben der Juden in Westfalen*, Frankfurt a. M. 1962, S. 138.

4 Als Beispiel sei genannt: Wolfgang Benz, *Zwischen Hitler und Adenauer. Studien zur deutschen Nachkriegsgesellschaft*, Frankfurt a. M. 1991, S. 71.

5 Zur Diskussion über die Frage "Gehen oder Bleiben" siehe auch: Jael Geis, *Übrig sein – Leben „danach". Juden deutscher Herkunft in der britischen und amerikanischen Zone Deutschlands 1945–1949,* Berlin 2000, S. 409–437.

6 Der offizielle Name „Jüdische Kultusgemeinde Groß-Dortmund" entstand in den 1950er Jahren, da das Einzugsgebiet der Gemeinde nunmehr auch die bis dahin selbständigen Gemeinden in Hamm, Witten und Siegen umfasste.

7 Zentralarchiv zur Erforschung der Geschichte der Juden in Deutschland, Heidelberg (im Folgenden: ZA), Bestand B. 1/5, Nr. 130: Schreiben der Synagogengemeinde Düsseldorf an das Sozialamt der Stadt Düsseldorf vom 16.6.1953.

8 Zum DP-Lager Föhrenwald siehe: Angelika Königseder/Juliane Wetzel, *Lebensmut im Wartesaal. Die jüdischen DP's (Displaced Persons) im Nachkriegsdeutschland,* Frankfurt a. M. 1995, S. 99–172.

9 Ausführlicher hierzu: Johannes Menke, *Die soziale Integration jüdischer Flüchtlinge des ehemaligen Regierungslagers „Föhrenwald" in den drei westdeutschen Großstädten Düsseldorf, Frankfurt und München,* Hamburg 1960. Die Zahl der in Düsseldorf untergebrachten früheren Bewohner Föhrenwalds findet sich ebenda, S. 75.

10 ZA, Bestand B. 1/5, Nr. 11: Schreiben des American Joint Distribution Committee, Frankfurt a. M. an die Synagogengemeinde Düsseldorf vom 3.2.1955.

11 ZA, Bestand B. 1/2, Nr. 235: Schreiben der Jüdischen Kultusgemeinde Groß-Dortmund an Herrn M. S., Hamilton, Kanada, vom 6.9.1950.

12 Spätestens im Mai 1957 riet zum Beispiel der Düsseldorfer Gemeindevorstand nicht mehr davon ab, sich in Deutschland niederzulassen. Allerdings wurde nicht versäumt, eine potenzielle Rückwandererin auf die bürokratischen Probleme und den angespannten Düsseldorfer Wohnungsmarkt hinzuweisen. Siehe: ZA, Bestand B. 1/5, Nr. 11: Schreiben der Synagogengemeinde Düsseldorf an Frau M. B., Jerusalem, vom 31.5.1957. Der Dortmunder Gemeindevorsitzende hatte bereits in der ersten Hälfte der 1950er Jahre nicht explizit von einer Rückkehr abgeraten. Spätestens im November 1958 unterstützte Heimberg die Rückwanderung ausdrücklich. Einem in Kanada lebenden Juden deutscher Herkunft signalisierte der Gemeindevorsitzende beispielsweise seine Bereitschaft, ihn für eine Wohnung anzumelden und zeigte sich zuversichtlich, dass der Mann als „Maler und Anstreicher" auch bald eine Arbeit fände. Siehe: ZA, Bestand B. 1/2, Nr. 349: Schreiben der Jüdischen Kultusgemeinde Groß-Dortmund an Herrn H. K., Toronto, Kanada, vom 10.11.1958.

13 ZA, Bestand B. 1/5, Nr. 12: Schreiben der Synagogengemeinde Düsseldorf an Frau G. K., Schikun Zfat, vom 12.11.1958.

14 Ebd.: Schreiben der Synagogengemeinde Düsseldorf an die jüdische Gemeinde Kaum Agama Israelit, Sourabaya, vom 22.9.1958.

15 ZA, Bestand B. 1/5, Nr. 167: Schreiben der Synagogengemeinde Düsseldorf an Frau L. T., London, vom 8.11.1949.

16 ZA, Bestand B. 1/5, Nr. 11: Schreiben der Synagogengemeinde Düsseldorf an Herrn O. A., Amsterdam, vom 14.12.1955.

17 Am 1. Oktober 1953 trat das „Bundesergänzungsgesetz zur Entschädigung für Opfer der nationalsozialistischen Verfolgung" (abgekürzt: BErG) in Kraft. Es basierte auf dem Grundsatz, NS-Opfern keinen Rechtsanspruch auf eine Ent-

schädigung, sondern einen Anspruch auf staatliche Versorgungsleistungen zuzugestehen.

18 Der vollständige Text der Rede findet sich in: Presse- und Informationsamt der Bundesregierung (Hg.), *Deutschland und das Judentum. Die Erklärung der Bundesregierung über das deutsch-jüdische Verhältnis*, Bonn 1951, S. 3–5.

19 Stadtarchiv Dortmund (im Folgenden: StADO), Bestand 130, Nr. 595: Schreiben von Oberstadtdirektor Walter Kliemt an die Jewish Trust Corporation, Mülheim/Ruhr, vom 23.9.1959.

20 Landesverband der Jüdischen Gemeinden Westfalen-Lippe (LVWL), Archiv, Mappe „Sitzungen des Vorstandes und der Gemeindevertretung der Kultusgemeinde Groß-Dortmund": Protokoll vom 25.3.1954.

21 StADO, Best. 90 Nr. 2: Niederschrift über die Sitzung der Ratsversammlung am 5.10.1954.

22 Ebd.

23 StADO, Bestand 130, Nr. 596: Schreiben des Amtes 24 der Stadt Dortmund an die Jüdische Kultusgemeinde Groß-Dortmund vom 16.7.1955. Aus der Vergleichssumme von 800.000.- DM erhielt die Gemeinde letztlich 30.000.- DM für den Bau ihres Altersheims und 10.000.- DM für den Erwerb des neuen Synagogengrundstücks. Einer solchen Regelung hatte die JTC zugestimmt.

24 StADO, Best. 90 Nr. 3: Niederschrift über die Sitzung der Ratsversammlung am 28.11.1956.

25 Stadtarchiv Düsseldorf (im Folgenden: StAD), IV 38 864: Schreiben der Synagogengemeinde Düsseldorf an den Direktor der städt. Liegenschaftsverwaltung, Düsseldorf, vom 29.10.1953.

26 Ebd.: Schreiben der städtischen Liegenschaftsverwaltung an die Synagogengemeinde Düsseldorf vom 16.11.1953.

27 ZA, Bestand B. 1/5, Nr. 9: Schreiben von Oberstadtdirektor Hensel an den Vorstand der Synagogengemeinde Düsseldorf vom 23.10.1956.

28 StAD, IV 38 864: Vermerk der städtischen Liegenschaftsverwaltung vom 2.12.1955.

29 ZA, Bestand B. 1/5, Nr. 217: „Vermerk: Betr.: Synagogengemeinde Düsseldorf ./. Stadtgemeinde Düsseldorf" [ohne Datum].

30 StAD, IV 38 864: Abschrift eines Schreibens des Düsseldorfer Oberstadtdirektors Hensel an Oberbürgermeister Glock vom 9.4.1957 und Vermerk der Liegenschaftsverwaltung vom 8.6.1957.

31 HStAD, NW 125, Nr. 357: Schreiben von Ministerpräsidenten Karl Arnold an Kultusminister Werner Schütz vom 7.11.1955.

32 Ebd.: Schreiben von Ministerpräsidenten Karl Arnold an Kultusminister Werner Schütz vom 28.9.1955.

33 Michael Brenner, *Nach dem Holocaust. Juden in Deutschland 1945–1950*, München 1990, S. 114.

34 ZA, Best. B. 1/5, Nr. 56: Schreiben der Synagogengemeinde Düsseldorf an den NRW-Ministerpräsidenten vom 6.8.1958.

35 HStAD, NW 125, Nr. 357: Entwurf eines Schreibens des Kultusministers an den Ministerpräsidenten vom 22.6.1955. Daraus geht hervor, dass die Jüdische Kultusgemeinde Groß-Dortmund zur Finanzierung ihres Bauvorhabens im gleichen Jahr bei der Landesregierung einen Zuschuss in Höhe von 480.000,- DM beantragt hatte.

36 ZA, Best. B. 1/5, Nr. 56: Schreiben der Synagogengemeinde Düsseldorf an den Düsseldorfer Regierungspräsidenten vom 4.3.1959.

37 LVWL, Archiv: Mappe „Sitzungen des Vorstandes und der Gemeindevertretung der Kultusgemeinde Groß-Dortmund". Protokoll der gemeinsamen Sitzung des Vorstandes und der Gemeindevertretung am 16.3.1956.

38 „Zahlreiche Juden kamen wieder. Auswanderungswelle geht zurück", in: Ruhr-Nachrichten, 30.8.1956; „Zehn Gebote sind in Stein gemeißelt", in: Westdeutsches Tageblatt, 1.9.1956; „Erste Synagoge in NRW eingeweiht", in: Ruhr-Nachrichten, 3.9.1956; „Synagoge in Feierstunde eingeweiht", in: Westdeutsches Tageblatt, 3.9.1956.

39 „Neue Synagoge verpflichtendes: Dennoch", in: Rheinische Post, 6.9.1958.

40 „Die jüdische Gemeinde hat ihre Seele wieder", in: Neue Rhein Zeitung, 8.9.1958.

41 „Am Gemeinwohl mitwirken", in: Bekanntmachungen. Amtliches Organ der Stadt Dortmund, 7.9.1956.

42 Neue Synagoge [Anm. 3], S. 20.

43 „Zeichen einer Renaissance. Synagogeneinweihungen in Dortmund, Offenbach und München", in: Allgemeine Wochenzeitung der Juden in Deutschland (AWJD), 5.9.1956.

44 „Die jüdische Gemeinde hat ihre Seele wieder" in: Neue Rhein-Zeitung, 8.9.1958.

45 „Synagoge – Bau voll Farben und Licht", in: Düsseldorfer Nachrichten, 6.9.1958.

46 „Verpflichtet und zugehörig", in: AWJD, 18.5.1956.

47 HStAD, NW 125, Nr. 366: Schreiben der nordrhein-westfälischen Kultusministerin an die Regierungspräsidenten, u. a. vom 20.6.1949. Zur Instandsetzung und Pflege jüdischer Friedhöfe in Nordrhein-Westfalen siehe auch: Jürgen Zieher, Die Grenzen der Wiedergutmachung auf der lokalen Ebene. Die Beispiele Dortmund, Düsseldorf und Köln, in: Geschichte im Westen 17 (2002), S. 165–181.

48 Gemäß eines Erlasses des NRW-Innenministers vom Februar 1949 hatte die Stadt Düsseldorf im Mai 1949 die Pflege- und Unterhaltpflicht von vier geschlossenen jüdischen Friedhöfe im Stadtgebiet der Synagogengemeinde übergeben. Zuvor hatte die Kommune die Begräbnisstätten instand gesetzt. Siehe: HStAD, NW 125, Nr. 368: Schreiben des Düsseldorfer Oberstadtdirektors, Dr. Hensel, an den Regierungspräsidenten Düsseldorf, Abt. Kirchen und Schulen, vom 21.10.1949.

49 ZA, Bestand B. 1/15, Nr. 246: Schreiben des Landesverbandes der jüdischen Gemeinden von Nordrhein (Landesverband Nordrhein) an den NRW-Innenminister vom 2.11.1949.

50 Ebd.: Schreiben des NRW-Innenministeriums an den LV Nordrhein vom 3.1.1950.

51 Ebd.: Abschrift eines Schreibens des Düsseldorfer Innenministeriums an die sechs Regierungspräsidenten in Nordrhein-Westfalen vom 29.9.1951.

52 ZA, Bestand B. 1/5, Nr. 98: Schreiben der Synagogengemeinde Düsseldorf an den Direktor des städtischen Garten- und Friedhofsamtes vom 2.6.1955.

53 LVWL, Archiv, Mappe „Kultus-Kommission": Bericht vom 28.11.1958 über den Besuch folgender Friedhöfe … . Über die Situation auf den fünf anderen jüdischen Friedhöfen ist nichts bekannt.

54 ZA, Bestand B. 1/5, Nr. 80: Schreiben der Synagogengemeinde Düsseldorf an das Central Jewish Committee, Lübeck, vom 27.11.1947.

55 Ebd.: Schreiben der Synagogengemeinde Düsseldorf an Oberbürgermeister Gockeln, Düsseldorf, vom 13.8.1947.

56 HStAD, NW 308, Nr. 278: Liste „Schändung jüdischer Friedhöfe und Grabstätten im Lande Nordrhein-Westfalen seit 1948".

57 Ebd.

58 *„Düsseldorfer Synagoge beschmiert"*, in: *Rheinische Post*, 19.1.1959.

59 HStAD, Bestand NW 215, Nr. 78: Kopie eines Schreibens der Synagogengemeinde Düsseldorf an den Ministerpräsidenten vom 19.1.1959.

60 Zitiert nach: *„Stadt verurteilt Schändung der Synagoge."* in: *Neue Rhein-Zeitung*, 20.1.1959.

61 Ebd.

62 Wenige Tage nach der Schändung hatte die Polizei einen 25jährigen Tatverdächtigen aus Düsseldorf festgenommen. Der Mann – KPD-Mitglied bis zu deren Verbot 1956 – leugnete die Tat. Siehe: *„Erste Verhaftung. Unter Verdacht der Synagogenschändung"*, in: *Rheinische Post*, 26.1.1959. Zu den polizeilichen Ermittlungen siehe: HStAD, Bestand NW 215, Nr. 78: Schreiben des Leiters der Abteilung IV des Innenministeriums an den NRW-Innenminister vom 29.5.1959.

63 ZA, Bestand B. 1/5, Nr. 39: Schreiben der Synagogengemeinde Düsseldorf an Zahnarzt Dr. G. S., Düsseldorf, vom 23.1.1959.

64 HStAD, NW 296, Nr. 120: Vermerk des NRW-Innenministeriums, Abteilung IV A 3 vom September 1959.

65 Bundesregierung (Hg.), *Die antisemitischen und nazistischen Vorfälle in der Zeit vom 25. Dezember 1959 bis zum 28. Januar 1960*, Bonn 1960, S. 15; *„Die antisemitischen und nazistischen Vorfälle"*, in: *Bulletin des Presse- und Informationsamtes der Bundesregierung*, Nr. 35 vom 20.2.1960, S. 341.

66 StADO, Best. 90, Nr. 6: Niederschrift über die Sitzung des Rates der Stadt Dortmund am 11.1.1960.

„Normalisierung" unter Polizeischutz?

Die Entwicklung der jüdischen Gemeinden in Deutschland und Nordrhein-Westfalen von 1945 bis heute – ein Essay*

Micha Guttmann

2004

„Jedes Mal, wenn ich mein Kind in den Jüdischen Kindergarten bringe, habe ich Angst" (Mutter eines fünfjährigen Jungen in Köln)

Eine gepflegte Seitenstraße in Düsseldorf, eine Hauptverkehrsstraße mit gegenüberliegendem Park in Köln oder ein interessanter Neubau in der Aachener Innenstadt: Wo auch immer die Synagoge und das jüdische Gemeindezentrum liegen, sieht die unmittelbare Umgebung ähnlich aus. Vor der Tür parkt ein gepanzerter Polizeiwagen, Kameras sind auf Straße und Vorplatz gerichtet und teilweise ist die Sicht auf die Gebäude durch Mauern verborgen. Wer hinein will, muss sich in einer Sicherheitsschleuse durchleuchten und von Sicherheitsexperten abtasten lassen. Jüdische Gemeindezentren wirken heute wie Hochsicherheitstrakte. Viele Besucher schrecken die Kontroll-Prozeduren ab. Viele Nachbarn haben Angst, dass ein Anschlag auf die Synagoge auch ihr Leben gefährden könnte.

Juden in Deutschland haben sich über Jahre an die konkrete Gefährdung ihrer Sicherheit gewöhnt. Doch der psychische Druck hinterlässt auch Spuren. Viele Familien haben Angst um ihre Kinder, die einen jüdischen Kindergarten besuchen. Viele Gemeindemitglieder haben Angst, den Gottesdienst in ihrer Synagoge zu besuchen. Und leider sind Gemeindezentren nur noch selten offene Begegnungsstätten mit der nichtjüdischen Umwelt. Kontrollen und Sicherheitsmaßnahmen schrecken ab, lassen kaum Platz für unbeschwertes Miteinander.

Und dennoch: Juden in Nordrhein-Westfalen fühlen sich in überwiegender Zahl in ihren Gemeinden zu Hause. Sie halten sich nicht für eine Außenseiter-Gruppe der Gesellschaft, auch wenn sie zur Zeit zunehmenden Antisemitismus beklagen. Die Kriminalstatistik verzeichnet einen steten Anstieg antisemitischer Delikte, vor allem aber eine steigende Gewaltbereitschaft bei den Tätern mit rechtsextremistischem und – eine neue Entwicklung – mit islamistischem Hintergrund.

38 Öffentliches Chanukka-Fest auf dem Kölner Rudolfplatz 1996

Juden in Nordrhein-Westfalen engagieren sich in allen Gesellschaftsbereichen außerhalb der Gemeinden. Vor allem aber erleben sie eine Renaissance jüdischen Lebens in Deutschland, die vor zehn Jahren noch undenkbar erschien. Die Zahl der Jüdischen Gemeinden und ihrer Mitglieder hat dramatisch zugenommen. Heute leben in Deutschland weit über 100.000 Jüdinnen und Juden, die sich öffentlich zu ihrem Judentum bekennen, während es vor zehn Jahren nur etwa 30.000 waren.

In Nordrhein-Westfalen verzeichnen die 19 Gemeinden ein stetiges Wachstum auf heute über 30.000 Mitglieder. Hinzu kommen zahlreiche nichtjüdische Ehepartner, um die sich die Gemeinden insbesondere bei den Zuwanderern aus Osteuropa ebenfalls kümmern. Die Zahl der von den Gemeinden Betreuten liegt daher nach Experten-Schätzung um 40% höher als die Mitgliederzahl.

Die Gemeinden würdigen dabei nicht nur die finanziellen Hilfen des Landes Nordrhein-Westfalen. Als der Landtag am 2. Juli 2003 einen Entschließungsantrag einstimmig verabschiedete, der eine stärkere Förderung des Zusammenlebens von Juden und Nichtjuden zum Ziel hat, sprach Paul Spiegel, der Präsident des Zentralrats der Juden in Deutschland, von einem „historischen Tag für die jüdischen Gemeinden".

Bereits 1992 hatte die Landesregierung in Düsseldorf einen Staatsvertrag mit den drei jüdischen Landesverbänden Nordrhein, Westfalen und Köln abgeschlossen, in dem sich die Landesregierung verpflichtete, „die Jüdischen Gemeinden bei der Erfüllung ihrer Aufgaben, besonders bei ihren integrativen Aufgaben und bei ihren Aufgaben zur Erhaltung und zur Pflege jüdischen Kulturlebens, zu unterstützen."

Zu dieser Unterstützung zählen vor allem finanzielle, aber auch ideelle Förderung kultureller und sozialer Projekte.

Heute können in allen Gemeinden Gottesdienste stattfinden, da fast jede Gemeinde am Schabat zum Beispiel den Minjan zusammenbringt, also die mindestens zehn Männer, die nötig sind, damit ein Gottesdienst nach bestimmten Regeln begangen werden kann. Über Jahrzehnte war dies wegen der geringen Anzahl der Gemeindemitglieder oft nicht möglich. Außerdem kann jede Gemeinde heute Feste feiern anlässlich von Hochzeiten, Geburten und Beschneidungen, Batmitzwa und Barmitzwa, also den Anlässen, zu denen Mädchen und Jungen nach Vollendung ihres 12. bzw. 13. Lebensjahres das Recht verliehen bekommen, alle religiösen Pflichten ausüben zu können. Auch dies waren in den vergangenen 50 Jahren nur seltene Ereignisse, da die Alterspyramide in den Gemeinden auf dem Kopf stand und die Zahl der Kinder nur sehr gering war.

Vor allem aber hat sich die Situation in den Familien „normalisiert". Kinder wachsen heute auf mit ihren Eltern, Großeltern, Onkeln, Tanten, Cousinen und Cousins, während meine Generation, die kurz nach der Shoa geboren wurde, ohne diese familiären Bindungen auskommen musste. Ich habe meine Großeltern, die Geschwister meiner Eltern oder deren Kinder nie kennen gelernt. Sie waren Opfer des Holocaust. In diesem Sinne bleibt meine Generation, die erste Nach-Shoa-Generation, auch heute noch geprägt von ganz konkreten Folgen der Shoa. Und diese Erfahrungen haben natürlich Auswirkung auf politische Diskussionen über die NS-Zeit, ihre Folgen und die Schlüsse, die wir heute aus diesen Ereignissen ziehen müssen.

Um „jüdische" Positionen in heutigen gesellschaftspolitischen Diskussionen zu verstehen, ist es hilfreich, kurz zurückzublicken auf die Entwicklung innerhalb der Jüdischen Gemeinden von 1945 bis heute.

Die Jahre 1945 bis 1950
„Die Epoche der Juden in Deutschland ist ein für allemal vorbei"
(Leo Baeck, New York, 1945)

Nur etwa 15.000 deutschen Juden war es in den Jahren der Verfolgung und der Shoa gelungen, in Deutschland außerhalb der Konzentrations- und Vernichtungslager zu überleben. Verheiratet mit einem nichtjüdischen

Partner oder einer nichtjüdischen Partnerin oder auch versteckt im Untergrund, mit gefälschten Papieren und mit Hilfe nichtjüdischer Freunde waren sie der deutschen Mordmaschinerie entkommen. So trafen sich in den bereits befreiten Gebieten des heutigen Nordrhein-Westfalen, in Köln, Düsseldorf und Aachen, die aus dem Untergrund aufgetauchten Juden bereits vor dem offiziellen Kriegsende am 8. Mai 1945. Die ersten Berichte hierüber finden sich in Aufzeichnungen amerikanischer und britischer Besatzungsdienststellen, die den Überlebenden provisorische Unterkünfte und Verpflegung zur Verfügung stellten. Alle Opfer des deutschen Rassenwahns waren krank und unterernährt. Sie litten unter traumatischen Erinnerungen an ihre Verfolgungszeit. Ihre Eltern, Geschwister, Verwandte und Freunde waren der Shoa zum Opfer gefallen. Oft waren ihre ehemaligen Wohnungen von Bomben zerstört oder noch von „NS-Parteigenossen" bewohnt, die Haus und Grundstück für wenig Geld von den jüdischen Eigentümern „übernommen" hatten, falls sie überhaupt bezahlt hatten.

Der Lebenswille der zurückgekehrten Juden war zwar trotz ihres Schicksals ungebrochen. Viele konnten es allerdings kaum ertragen, dass sie überlebt hatten, während ihre Angehörigen ermordet worden waren. So verzeichneten die internationalen jüdischen Hilfsorganisationen, die mit den Alliierten nach Deutschland gekommen waren, eine Reihe von Selbstmorden. Gesprächsrunden in den Büros der Hilfsorganisationen hatten, so berichteten die damaligen Teilnehmer später, am Anfang vor allem ein Ziel: Sie sollten den Überlebenden nach Jahren des Alleinseins und des Schweigens die Möglichkeit bieten, miteinander zu reden, zu trauern und Hoffnung für die Zukunft zu schöpfen.

Die Militärbehörden veröffentlichten 1946 erste Statistiken. Danach lebten im Gebiet des heutigen Nordrhein-Westfalens 2.494 Juden, unter ihnen 53 Kinder unter 16 Jahren. Fast alle Überlebenden waren deutsche Juden, deren Heimat vor der Shoa im Rheinland oder in Westfalen gewesen war.

Neben den ehemals deutschen Juden befanden sich in Deutschland nach Kriegsende etwa 200.000 aus den Vernichtungslagern befreite Juden. Sie waren aus den Ländern Osteuropas verschleppt worden, vor allem aus Polen, Ungarn und der Tschechoslowakei. Weitere Überlebende aus Osteuropa kamen in den Jahren 1948 bis 1950 hinzu. Denn besonders in Polen, aber auch in anderen Staaten des Ostblocks, war der alte Antisemitismus wieder aufgeflammt und hatte sich bereits in ersten Pogromen entladen. Diese heimatlos gewordenen Menschen aus Osteuropa hielten sich in neu geschaffenen Lagern vor allem in der amerikanischen Besatzungszone auf. Sie waren „Displaced Persons" (DPs), denn sie konnten und wollten nicht mehr in ihre alte Heimat zurückkehren. Die meisten von ihnen wanderten in der Folgezeit aus, vor allem nach Palästina oder in die USA. Die übrigen blieben in der amerikanischen Besatzungszone, vor allem in Bayern, und bauten dort die zerstörten Jüdischen Gemeinden wieder auf. Das hatte zur Folge, dass in den bayerischen Gemeinden nicht mehr „deutsche" Juden, sondern vor allem Juden aus Polen mit ihren Traditionen das religiöse und kulturelle Leben bestimmten.

Anders war die Situation im Rheinland und in Westfalen. Hier lebten weniger als 10.000 jüdische und nichtjüdische DPs in Notlagern, die von den Briten errichtet worden waren. Die Gruppe der jüdischen DPs war damit in der Minderheit gegenüber den ursprünglich deutschen Juden, die überlebt hatten und in ihre ehemaligen Wohnorte zurückgekehrt waren. Die „deutschen" Juden stellten in Nordrhein-Westfalen etwa 70% der jüdischen Bevölkerung. Im Gegensatz zu den DPs waren sie „zu Hause". Und zumindest für die Übergangszeit, in der sie sich für ihre Zukunft außerhalb Deutschlands vorbereiten wollten, gründeten sie ihre Gemeinden wieder, richteten Synagogen und Beträume ein und gaben ihrem religiösen Leben einen halbwegs „normalen" Rahmen. So begingen im September 1945 die wieder gegründeten Gemeinden in Köln, Düsseldorf, Aachen, Dortmund und Oberhausen die ersten Rosch-Ha-Schana-Gottesdienste (Neujahr).

1950 ergab eine aktuelle Statistik, dass in den Jahren 1945 bis 1950 rund 195.000 Juden, vor allem aus den DP-Lagern, ausgewandert waren, vor allem nach Israel, in die USA und nach Kanada. Etwa 15.000 Gemeindemitglieder waren in Deutschland geblieben. Sie begründeten ihre Entscheidungen unterschiedlich. Fast alle gaben an, dass auch sie Deutschland demnächst verlassen würden. Zuvor aber wollten sie ihre Krankheiten auskurieren und die Ansprüche auf Rückerstattung ihres ehemaligen Eigentums wahrnehmen. Auch hofften sie auf materielle Entschädigung für ihre Leiden, da die geplante so genannte Wiedergutmachung nach dem Willen der Bundesregierung Juden in Deutschland eine Chance für einen Neuanfang bieten sollte.

In den Jüdischen Gemeinden außerhalb Deutschlands stießen die wiedergegründeten Jüdischen Gemeinden in Deutschland zumindest auf Unverständnis, meist sogar auf strikte Ablehnung.

Verstärkt wurden diese Vorbehalte durch Berichte über neue antisemitische Vorfälle. So wurden in Düsseldorf mit einem Hakenkreuz versehene antijüdische Flugblätter öffentlich verteilt. Und es kam 1947 zu einer Reihe von Friedhofsschändungen, etwa auf dem Jüdischen Waldfriedhof in Düsseldorf, auf dem Grabsteine umgekippt und zerstört wurden. In keinem der Fälle gelang es der Polizei, die Täter zu finden.

Micha Guttmann

Heftige Kritik in jüdischen Kreisen löste auch die Verfahrensweise der Justiz im Umgang mit Tätern, Gehilfen, Mitläufern und Sympathisanten der NS-Verbrechen aus.

Es gab fast nur geringfügige Verurteilungen, meist sogar Freisprüche. So wurden etwa die am Pogrom des 9. November 1938 beteiligten Bürger von Bad Lippspringe freigesprochen, die sämtliche männliche Juden misshandelt , durch den Kurpark gezerrt und in voller Kleidung ins Wasser der Lippequelle getrieben hatten. Hier mussten die Opfer 20 Minuten im kalten Wasser ausharren. Die angeklagten Bürger behaupteten zu ihrer Verteidigung, die Juden seien freiwillig, sogar im „Hechtsprung", ins Wasser gesprungen. Die Richter begründeten ihren Freispruch mit der lapidaren Feststellung, nach fast elf Jahren sei der Sachverhalt nicht mehr aufzuklären.

1948 erklärten jüdische Organisationen in Israel und in den USA, dass „künftig kein Jude mehr deutschen Boden betreten werde". Mit der Auflösung der DP-Lager sollte die jüdische Präsenz in Deutschland ein für allemal Geschichte sein. In diesem Sinne fasste auch der Jüdische Weltkongress 1950 in Frankfurt am Main eine Resolution. Darin forderten die Repräsentanten der jüdischen Gemeinschaften aus aller Welt die in Deutschland verbliebenen Juden auf, das Land unverzüglich zu verlassen.

Während ein Großteil der jüdischen Überlebenden in Deutschland, auch der in Deutschland geborenen Juden, diese Auffassung inhaltlich teilten, wurde aber auch Widerspruch laut. Er fand Widerhall in der neu entstandenen jüdischen Presse, die eine breite Diskussion über die Zukunft jüdischen Lebens in Deutschland eröffnete. Besondere Verdienste erwarb sich dabei Karl Marx, der 1946 aus dem Exil in Großbritannien zurückgekehrt war und 1950 die „Allgemeine Wochenzeitung der Juden in Deutschland" in Düsseldorf gründete.

Diese Entwicklung, vor allem aber die ganz praktischen Probleme der wiedererstandenen Jüdischen Gemeinden und Verbände, die nur überregional gelöst werden konnten, führten zu Überlegungen, einen neuen Dachverband der jüdischen Gemeinschaft in Deutschland zu gründen. Eine solche Interessenvertretung war dringend notwendig geworden, denn noch sprachen die Jüdischen Gemeinden mit unterschiedlichen Stimmen. Zudem standen die existenziell wichtigen Probleme der Restitution und einer möglichen „Wiedergutmachungsgesetzgebung" an. Diese Verhandlungen wollte man nicht allein den weltweit tätigen jüdischen Organisationen überlassen.

Aus diesen Gründen berieten die Vertreter der landesfreien Gemeinden, der Landes- und der damals noch existierenden Zonenverbände über die Gründung eines Dachverbandes.

Am 19. Juli 1950 konstituierte sich in Frankfurt am Main die neuge-schaffene Institution unter dem Namen „Zentralrat der Juden in Deutsch-land" mit Sitz in Düsseldorf. Am 15. Oktober 1950 wählten die Delegier-ten Hendryk van Dam zum Generalsekretär, der dieses Amt ohne Unter-brechung 23 Jahre ausübte.

Die Gründung des Zentralrats war der vorläufige Abschluss der Auf-bauphase der wiedererstandenen jüdischen Gemeinschaft in Deutsch-land. Zwar hatte sich die offizielle Mehrheitsmeinung der in Deutschland lebenden Juden nicht geändert. Noch immer bezeichneten die meisten ihren Aufenthalt als „vorläufig". Doch die Gründung des Zentralrats setz-te bereits ein deutliches Zeichen in die andere Richtung. Es gab jetzt eine Interessenvertretung der in Deutschland lebenden Juden. Und dass die-ser Verband daran arbeiten würde, sich selbst abzuschaffen und das wie-der schwach leuchtende „jüdische Licht" in Deutschland auszuschalten, war eher unwahrscheinlich.

1951 bis 1967
„Wir sitzen auf gepackten Koffern"
(Norbert Wollheim, Zentralrat der Juden in Deutschland, Berlin, 1952)

Heftige Diskussionen löste ein Beitrag von Leopold Goldschmidt aus, der 1951 zu den Mitgliedern des Direktoriums des Zentralrats gehörte. Er schrieb in der „Allgemeinen Jüdischen Wochenzeitung": „Wenn auch der traurige Wahrheitsgehalt des oft zitierten Wortes von Leo Baeck im wesentlichen nicht angefochten werden kann, so dass wir uns also nur als einen Ausläufer einer einstmals bedeutsamen Erscheinung zu betrachten haben, so lebt und wirkt doch auch dieser Rest."

Die meisten Mitglieder des Direktoriums, des Exekutivgremiums des Zentralrats, distanzierten sich von der Meinung ihres Kollegen.

Denn trotz sichtbarer Erfolge wie des Baues von Synagogen und Gemeindezentren waren die Prognosen für die Zukunft negativ. Junge Juden waren ausgewandert. Die Mitgliedschaft in den Gemeinden war überaltert und nur wenige Kinder wurden geboren.

Unabhängig von diesem Trend konnte sich der Zentralrat bei den internationalen Verhandlungen zum Wiedergutmachungsabkommen trotz innerjüdischer Vorbehalte durchsetzen. Er vermochte es, die betei-ligten internationalen Jüdischen Organisationen von der Notwendigkeit seiner Arbeit in der Bundesrepublik zu überzeugen. Und es gelang ihm, erheblich mehr Vermögensentschädigung für die wiedererstandenen jüdi-schen Gemeinden in Deutschland zu bekommen, als zunächst vorgesehen war. Parallel hierzu verzichteten die anderen Organisationen auf eigene Ansprüche, obwohl diese Entscheidungen in den jüdischen Gemeinden weltweit und speziell in Israel auf heftige Kritik stießen.

1951 traten zum ersten Mal auch jüdische Studenten wieder an die Öffentlichkeit. Von insgesamt hundert jüdischen Studierenden in Deutschland lebten vierzig in Nordrhein-Westfalen. Der nordrhein-westfälische Landesverband der jüdischen Studenten beschrieb auf einer Tagung in Düsseldorf die schwierige Situation seiner Mitglieder. Mangel an Unterkünften in den Universitätsstädten, Schwierigkeiten bei der Beschaffung von Lehrmaterial, soziale Not und schlechter Gesundheitszustand waren die Hauptprobleme, unter denen jüdische Studenten litten. Viele dieser Probleme teilten sie wohl mit ihren nichtjüdischen Kommilitonen.

Die materielle und soziale Not verminderte sich im Laufe der 1950er Jahre erheblich. Damit veränderten sich auch die Probleme in den Gemeinden. Sie mussten sich jetzt, wie Hendryk van Dam 1957 formulierte, in einem „ideologischen Dreifrontenkampf" durchsetzen: gegen die öffentliche jüdische Meinung weltweit, die eine jüdische Gemeinschaft in Deutschland auch weiterhin nicht akzeptierte, gegen wieder öffentlich erkennbaren Antisemitismus, der sich vor allem in fortgesetzten Friedhofsschändungen zeigte und gegen eigene innere Zweifel. „Gehen oder bleiben" war die Frage, der die New York Times am 10. November 1952 einen umfangreichen Artikel widmete. Darin ließ die Zeitung zum ersten Mal auch einen Vertreter der in Deutschland lebenden Juden zu Wort kommen, der für das Weiterbestehen der jüdischen Gemeinschaft in Deutschland plädierte. Diese Meinung unterstützte 1954 van Dam in bisher nicht gewohnter Offenheit. In der „Jüdischen Allgemeinen" bekämpfte er den „spanischen Gedanken", dass wie in Spanien in den Jahrhunderten nach Verfolgung, Mord und Vertreibung von 1492 auch in Deutschland das Weiterbestehen jüdischen Lebens untragbar sei.

Neben dem politisch-moralischen Druck gab es in der Kritik von außen einen Aspekt, der allerdings tatsächlich zutraf: Die Jüdischen Gemeinden in Deutschland waren zur religiösen Betreuung ihrer Mitglieder nur unzureichend imstande. Es fehlten Rabbiner, Kantoren und Lehrer, die religiöses Leben in einer Gemeinde erst ermöglichen. Wie in den anderen Bundesländern litten in Nordrhein-Westfalen besonders die kleineren Gemeinden an diesem Mangel und an der dadurch bedingten Isolation. „Es gibt in Deutschland kein jüdisches gesellschaftliches Leben", schrieb Hans Lamm, der damalige Kulturreferent des Zentralrats der Juden in Deutschland, 1960 in einem Beitrag für die „Jüdische Allgemeine". Auch wenn die Zahl der Juden in Deutschland im Laufe der 1950er und 1960er Jahre auf 28.000 Gemeindemitglieder angestiegen war, machte allein schon die Aufsplitterung in rund 50 Gemeinden bundesweit ein soziales Miteinander unmöglich. Zudem blieb das Verhältnis zwischen den wenigen ursprünglich deutschen Juden und der Mehrheit der aus den DP-Lagern befreiten Juden aus Osteuropa weiterhin problematisch. Man lebte zwar in einer Einheitsgemeinde, blieb aber meist in eigenen Zirkeln unter sich.

Das Luxemburger Wiedergutmachungsabkommen vom 10. September 1952 und das 1953 verabschiedete Bundesentschädigungsgesetz ermöglichten endlich Entschädigungsleistungen an die in Deutschland lebenden Juden. Allerdings mussten die Opfer sehr häufig um ihre gesetzlich garantierten Ansprüche kämpfen. Denn sehr oft stand das Vorgehen der Behörden im Gegensatz zu dem vielfach mit feierlichen Worten erklärten Willen des deutschen Gesetzgebers. In den zuständigen Behörden und besonders in ihren ärztlichen Diensten, die die Antragsteller zu den Folgen der Verfolgungszeit oder der KZ-Haft begutachten mussten, gab es noch etliche Beamte des alten Nazi-Behördenapparates. Zudem fielen Antragsteller mit ihren Ansprüchen oft durch die Maschen des grob gestrickten Wiedergutmachungsgesetzes, sodass das Gesetz mehrmals geändert und der Kreis der Berechtigten erweitert werden musste – nicht zuletzt auch auf Druck der Alliierten.

Insgesamt verbesserte sich nach den Entschädigungszahlungen die materielle Lage der in Deutschland lebenden Juden. Auch das Verhältnis zur jüdischen Gemeinschaft weltweit entspannte sich. So erschütterten antisemitische Vorfälle in den Jahren 1959 und 1960 das neu gewachsene Vertrauen in das demokratische Deutschland besonders hart. Besonders in Nordrhein-Westfalen kam es zu einer Reihe von Vorfällen, wie es sie in dieser Häufigkeit seit 1945 nicht gegeben hatte. Die drei Eingangstüren der Düsseldorfer Synagoge und die Gedenktafel der jüdischen Gemeinde am Platz der alten Synagoge wurden mit Hakenkreuzfahnen aus weißer Lackfarbe beschmiert. Ebenfalls in Düsseldorf wurde in einem Lokal in der Altstadt der jüdische Inhaber öffentlich beleidigt und angegriffen. Weitere Vorfälle dieser Art führten im Bundestag zur Verabschiedung des „Gesetzes gegen Volksverhetzung", das durch die Justiz lange Zeit allerdings nur halbherzig angewendet wurde.

Trotz dieser antisemitischen Vorfälle zogen nur wenige Juden persönlich die Konsequenz, Deutschland zu verlassen. Die meisten vertrauten auf die sich abzeichnende Stabilität der Bundesrepublik, wobei vor allem das Verdienst von Presse und Rundfunk an dieser Vertrauensbildung nicht hoch genug eingeschätzt werden kann.

Micha Guttmann

Im Mittelpunkt des jüdischen Lebens der 1960er Jahre stand auch weiter die Sicherung der eigenen Lebensgrundlagen. In dieser Hinsicht ähnelte das Verhalten der in Deutschland lebenden Juden dem ihrer nichtjüdischen Umwelt, die allerdings das materielle „Nachkriegswunder" auf Kosten der Aufarbeitung der Vergangenheit und ihrer Verantwortung für diese Vergangenheit aufbaute.

Viele jüdische Eltern übertrugen ihr eigenes Schuldgefühl, trotz der Shoa in Deutschland zu leben, auf ihre Kinder. Diese sollten nach bestandenem Abitur nach Israel auswandern und damit jene Verpflichtung erfüllen, der ihre Eltern selbst nicht nachgekommen waren. So wuchs die erste jüdische Nach-Shoa-Generation in weiten Teilen mit der Perspektive auf, dass ihre persönliche Zukunft außerhalb Deutschlands liege. In Nordrhein-Westfalen spielte das besonders in den kleinen Gemeinden eine Rolle. Während in den Jugendclubs der mittelgroßen Gemeinden wie Köln oder Düsseldorf junge Leute untereinander Kontakt hatten und über ihre persönlichen Ziele diskutieren konnten, war das in den kleinen Gemeinden wegen der geringen Zahl der Jugendlichen kaum möglich. Junge Leute wuchsen hier oft ohne Kontakt zu jüdischen Gleichaltrigen auf. Eine Auseinandersetzung über jüdische Identität in Deutschland kam daher nur selten zustande.

Die Jüdischen Gemeinden der 1950er und 1960er Jahre blieben über Jahre hinweg Zwangsschicksalsgemeinschaften, die ihre Existenzprobleme zu lösen hatten. Sie fanden nicht die Kraft, sich zu lebendigen, zukunftsinteressierten Gemeinschaften zu entwickeln. Spannende Entwicklungen der unterschiedlichen Strömungen der jüdischen Religion, Kultur und Tradition spielten sich außerhalb Deutschlands ab. Auch deshalb hatten junge Leute nur mäßiges Interesse an den Aktivitäten ihrer Gemeinden.

Erst zum Ende der 1960er Jahre zeigten sich neue Entwicklungen. Die erste Nach-Shoa-Generation hatte ihre Schulzeit abgeschlossen. Sie mussten jetzt, da sie ihr Abitur oder ihr Lehrzeugnis in der Tasche hatten, Farbe bekennen. Die Alternativen waren: „Bleiben oder gehen". Eine wichtige Rolle bei diesen persönlichen Entscheidungen spielte die allgemeine gesellschaftliche und politische Situation in der Bundesrepublik. An den Hochschulen und Universitäten breitete sich nach den Jahren des Stillstands und der verdrängten Vergangenheitsbewältigung konstruktive Unruhe aus. Gerade jüdische Studenten waren für diese Entwicklung offen. Wenn sie auch in der Mehrheit den Forderungen der ideologisierten Studentenbewegung eher skeptisch gegenüberstanden, unterstützten sie mit großem Engagement die Abrechnung der nichtjüdischen Studenten mit der Nazi-Vergangenheit ihrer Elterngeneration.

Als sich allerdings die Mehrheit der aktiven Studentengruppen nach 1967 mit antiisraelischen Strömungen solidarisierte, kühlte das Engagement jüdischer Studenten sehr schnell ab. Das hatte zur Folge, dass die politisch Interessierten ihren Platz in den Gemeinden suchten und auch gegen Widerstände erkämpfen wollten. Zwar unterstützten die Gemeindefunktionäre, die ihre Ämter zumeist seit Gründung der Gemeinden bekleideten, in vielen Fällen die Ambitionen der jungen Leute. Aber ihrem politischen Engagement in den oft verkrusteten und teilweise auch undurchsichtigen Gemeindestrukturen standen sie eher misstrauisch gegenüber. Dennoch dauerte es nicht lange, bis die ersten Vertreter der Nach-Shoa-Generation in die verantwortlichen Gremien der jüdischen Gemeinschaft gewählt wurden. Dies war das sichtbarste Zeichen, dass die „gepackten Koffer" der Juden in Deutschland ausgepackt waren, wenn sie auch vorsichtshalber weiter im Keller aufbewahrt wurden.

1968–1990
„Juden in Deutschland sind Teil der weltweiten Jüdischen Gemeinschaft" (Edgar Bronfman, Präsident des Jüdischen Weltkongresses, Berlin, 1990)

Bei einer geschätzten Gesamtzahl von etwa 30.000 Juden im gesamten Bundesgebiet lebten in den 1970er und 1980er Jahren in Nordrhein etwa 3.000 Gemeindemitglieder, in Köln rund 1.000 und in Westfalen waren 800 Mitglieder verzeichnet. 1969 wurde in Nordrhein-Westfalen die Einziehung der Kultussteuer analog der Kirchensteuer über das Finanzamt eingeführt. Durch die regelmäßigen Einnahmen waren nun auch die finanziellen Voraussetzungen für den Bestand der Gemeinden geschaffen, die somit ihre wesentlichen Aufgaben erfüllen konnten. Zusätzlich erhielten Gemeinden und Landesverbände in Nordrhein-Westfalen zweckgebundene öffentliche Mittel, die für soziale und kulturelle Belange verwendet wurden. Dies war auch dringend notwendig, da wegen der ungünstigen Altersstruktur Abgaben und Spenden alleine nicht ausreichten, die Existenz der Gemeinden zu sichern.

Das wachsende Interesse der Jugend am innerjüdischen Geschehen belebte das Gemeindeleben ungemein. Viele Studenten warfen den Gemeindevorständen vor, sie hätten sich zu einer Repräsentanz entwickelt, die „sich zu sehr anbiedernd" mit dem „politischen Establishment" zusammenarbeite. Kritik an gesellschaftlichen Entwicklungen in Deutschland sei dagegen zu oft nur dezent zu vernehmen. Diese Vorhaltungen waren zu großen Teilen berechtigt. Jüdische Politik in den ersten

Micha Guttmann

Jahrzehnten beschränkte sich im Innern auf das Verwalten des Bestehenden und nach außen auf reine Repräsentation. Das allgemeine Motto hieß: „Nur nicht auffallen". Nur wenige Repräsentanten entwickelten Vorstellungen und Visionen für die Zukunft. Zu diesen Ausnahmen gehörten vor allem zwei Persönlichkeiten, die sich damals ohne Rücksicht auf Parteienpräferenzen oder parlamentarische Mehrheiten im Bund oder in den Bundesländern immer wieder ins politische Tagesgeschäft einmischten: Heinz Galinski, langjähriger und streitbarer Vorsitzender der Jüdischen Gemeinde zu Berlin, und Max Willner, nachdenklicher und eher auf Ausgleich bedachter Vorsitzender des Landesverbandes der Jüdischen Gemeinden in Hessen. Diese Repräsentanten, beide Überlebende des Konzentrationslagers Auschwitz, beriefen sich bei ihrem Engagement stets darauf, dass ihre Rettung vor der Vernichtung sie verpflichte, öffentlich Unrecht, Willkür und Verletzung von Menschenrechten anzuprangern.

1968 trafen sich Vertreter der einzelnen jüdischen Studentenorganisationen in Schmitten/Taunus. Auf dieser Tagung legten sie den Grundstein für einen Dachverband, der alle jüdischen Studenten in der Bundesrepublik vertreten sollte. Sie gründeten den „Bundesverband Jüdischer Studenten in Deutschland" (BJSD). Als Ziele wurden unter anderem formuliert: „Bekämpfung jeder Art kollektiven Vorurteils, jeder Form rassischer, religiöser oder politischer Diskriminierung, Förderung demokratischer Überzeugungen in Deutschland und in Israel". Wichtigste Gründungsmitglieder waren die aktiven Studentenorganisationen aus Berlin, Frankfurt am Main und Nordrhein-Westfalen. Hier hatten sich zuvor vor allem in Köln, Aachen und Düsseldorf besonders aktive Studentenvereine gegründet. Gemeinsam mit dem 1975 konstituierten „Bundesverband Jüdischer Jugend", der seinen Sitz in Essen hatte, strebte die erste Nach-Shoa-Generation zwei Ziele an: Eine offen und ehrlich geführte Identitätsdiskussion über jüdisches Leben in Deutschland sowie die Demokratisierung der Gemeindestrukturen, die in den Jahrzehnten davor erstarrt waren.

So bereiteten die Studenten- und Jugendverbände in Zusammenarbeit mit einer vom Zentralrat eingesetzten „Initiativgruppe für Jugendfragen" die erste Jugend- und Kulturtagung vor, die im März 1977 in Würzburg stattfand. Dieses erste überregionale Treffen junger Juden, 52 Jahre nach der letzten Tagung ähnlicher Art in Deutschland, war ein voller Erfolg. Über 100 junge Menschen aus allen Gemeinden arbeiteten in Workshops und Arbeitsgruppen Ideen und Vorschläge zur Zukunft der Gemeinden aus. Die Ergebnisse der Konferenz machten vor allem eines deutlich, wie der Journalist Heiner Lichtenstein im „Aufbau" schrieb, einer in New York in deutscher Sprache erscheinenden jüdischen Wochenzeitung: „Die Zeit der Unsicherheit ist vorbei". Dafür seien vor allem zwei Gründe entscheidend. Zum einen hätten die Wahlergebnisse der Nachkriegszeit bewiesen, dass der Extremismus im demokratischen Deutschland keine Chance mehr habe. „Zum anderen ist in der deutschen jüdischen Gemeinschaft eine neue Generation herangewachsen, die in die Verantwortung hineingenommen zu werden wünscht. Die jungen Juden streben Integration an, ohne damit freilich Assimilierung zu meinen. Sie wollen Juden in Deutschland sein".

Diese erste Jugend- und Kulturtagung begründete eine Tradition. Seit 1977 gibt es jährliche Konferenzen, die sich in vielen Varianten dem für die Gemeinden existenziellen Thema der Identifikation und des innerjüdischen Engagements junger Juden widmen. Diese Tagungen sollten im weiteren Verlauf noch eine besonders wichtige Aufgabe bekommen: die Integration junger Juden, die nach 1989 aus den osteuropäischen Staaten nach Deutschland einwanderten.

Die Kritik am fehlenden religiösen Leben in den Gemeinden führte 1979 zur Gründung der „Hochschule für Jüdische Studien" in Heidelberg unter Trägerschaft des Zentralrats. Sie sollte, so die Hoffnungen, Religionslehrer, Kultusmitarbeiter und Sozialarbeiter ausbilden, die in den Gemeinden dringend benötigt wurden. Doch diese Hoffnung erfüllte sich nicht, da bis heute nur wenige jüdische Studenten ihre berufliche Zukunft in den Gemeinden sehen.

Die 1980er Jahre waren insgesamt für die jüdische Gemeinschaft in Deutschland eine Zeit der Konsolidierung, aber auch der zaghaften Öffnung nach außen. Öffentliche Demonstrationen jüdischer Studenten in Bonn gegen die Begegnung von Bundeskanzler Helmut Kohl mit dem amerikanischen Präsidenten Ronald Reagan auf dem Militärfriedhof Bitburg und die damit verbundene Ehrung gefallener SS-Mitglieder zeigten ein wachsendes Selbstbewusstsein der ersten und bereits zweiten jüdischen Nach-Shoa-Generation. Auch die heftigen Proteste in Frankfurt am Main gegen die Aufführung des mit antisemitischen Tönen arbeitenden Stückes von Rainer Werner Fassbinder „Die Stadt, der Müll und der Tod", die letztlich zur Absetzung des Stückes vom Spielplan führten, zeigte eine neue Bereitschaft großer Teile der jüdischen Gemeinschaft, sich mit moralischen Bedenken auch öffentlich zu Wort zu melden.

Umso heftiger reagierten die Gemeindemitglieder, als ein Skandal enthüllt wurde, der die jüdische Gemeinschaft in Deutschland erschütterte. Nach dem Tod Werner Nachmanns, des langjährigen Vorsitzenden des Direktoriums des Zentralrats, im Januar 1988 kam bei internen Revisionen zutage, dass der angesehene Spitzenfunktionär rund 30 Millionen

Mark veruntreut hatte, die als Zinsen den Überlebenden der Shoa zugestanden hätten. Erleichtert hatten ihm diese kriminelle Tat die Mitglieder des Verwaltungsrates, die ihrer Aufsichtspflicht nicht genügend nachgekommen waren, sowie sein ihm verbundener Generalsekretär Alexander Ginsburg. Der Verbleib der unterschlagenen Gelder konnte trotz
intensiver Suche nie aufgeklärt werden. Nur dem Bemühen des neuge-
wählten Zentralratsvorsitzenden Heinz Galinski, der ohne Einschrän-
kung Umstände und Hintergründe der Tat öffentlich aufdeckte, war es zu
verdanken, dass die moralische Integrität des Zentralrats erhalten blieb.
Im Verlauf der Untersuchungen trat Alexander Ginsburg zurück. Das
Direktorium wählte mich danach zum Generalsekretär. Dieses Amt übte
ich bis zum Dezember 1992 aus – vier spannende und für die Zukunft der
jüdischen Gemeinschaft in Deutschland entscheidende Jahre.

Es gelang Heinz Galinski schnell, die Irritationen um die Affäre Nach-
mann beizulegen. Wir konnten die Arbeit des Zentralrats strukturell und
inhaltlich neu gestalten. Das war auch dringend notwendig, denn die politische Wende im Ost-West-Konflikt, von der auch die jüdische Gemeinschaft in Deutschland betroffen sein sollte, kündigte sich bereits an.

Im Mai 1988 erhielt Heinz Galinski eine Einladung des DDR-Staats-
ratsvorsitzenden Erich Honecker zu einem offiziellen Treffen, das am 6.
Juni in Ost-Berlin stattfand. Bei dieser Unterredung wurde ein enger
Kontakt zwischen den Jüdischen Gemeinden in Ost- und West-Berlin
vereinbart. Darüber hinaus ließ Erich Honecker sein Interesse deutlich
werden, das Verhältnis zu Israel zu verbessern. Er kündigte außerdem die
Bereitschaft der DDR an, „Zahlungen von etwa 100 Millionen Dollar an
Opfer des Holocaust zu leisten, bei gleichzeitiger Verbesserung der Wirt-
schaftsbeziehungen zwischen Ost-Berlin und Washington". Dieses Angebot wiederholte er anschließend bei Kontakten mit dem Jüdischen Weltkongress, der seinen Sitz in New York hat. Die Motive der DDR-Führung
waren leicht zu erraten: Erich Honecker wollte über die Verbindungen
zur jüdischen Gemeinschaft die Beziehungen der DDR zu den USA auf-
werten und intensivieren.

Heinz Galinski begrüßte den Wechsel der Einstellung der DDR zur
deutschen Vergangenheit, ohne die eigennützigen Motive Ost-Berlins zu
verkennen. Auch der Jüdische Weltkongress äußerte seine Genugtuung.
Erste Gespräche fanden statt, bei denen auch der Zentralrat beteiligt war.
Sie führten allerdings zu keinen Ergebnissen.

Konkrete Verhandlungen kamen erst nach der Wende zustande. Die
erste frei gewählte Volkskammer der DDR äußerte sich im April 1990 in
einer Resolution zur Verantwortung für die NS-Vergangenheit. Darin hieß
es: „Das erste frei gewählte Parlament der DDR bekennt sich im Namen

der Bürgerinnen und Bürger dieses Landes zur Mitverantwortung für Demütigung, Vertreibung und Ermordung jüdischer Frauen, Männer und Kinder. Wir empfinden Trauer und Scham und bekennen uns zu dieser Last der deutschen Geschichte. Wir bitten die Juden in aller Welt um Verzeihung. Wir bitten das Volk in Israel um Verzeihung für Heuchelei und Feindseligkeit der offiziellen DDR-Politik gegenüber dem Staat Israel und für die Verfolgung und Entwürdigung jüdischer Mitbürger auch nach 1945 in unserem Lande. Wir erklären, alles uns Mögliche zur Heilung der seelischen und körperlichen Leiden der Überlebenden beitragen zu wollen und für eine gerechte Entschädigung materieller Verluste einzutreten".

Die für die jüdische Gemeinschaft in Deutschland folgenreichste Rede hielt DDR-Ministerpräsident Lothar de Maizière. Am 8. Mai 1990, 45 Jahre nach der Befreiung von nationalsozialistischer Gewaltherrschaft, empfing er eine Delegation des Zentralrats der Juden in Deutschland und des Jüdischen Weltkongresses im damaligen „Palast-Hotel" am Berliner Dom. In seiner Ansprache bezog sich de Maizière auf die Erklärung der Volkskammer zur deutschen Geschichte und zur Shoa und fügte hinzu: „Ein künftiges Deutschland soll ein gastliches Land für Ausländer sein. Denn es gehört auf die Haben-Seite unserer Geschichte, dass deutsche Länder auch in der Vergangenheit durchaus offen waren für Ausländer, für Asylanten und Flüchtlinge".

Dass Lothar de Maizière die Aufnahme von Flüchtlingen ankündigte, war nicht nur ein allgemeines Bekenntnis zur Menschlichkeit. Die DDR-Führung bereitete bereits zu diesem Zeitpunkt eine Regelung vor, die als konkrete Wiedergutmachungsgeste den Zuzug jüdischer Flüchtlinge aus der Sowjetunion in die DDR ermöglichen und legalisieren sollte. Vorausgegangen waren Beratungen, an denen neben den jüdischen Gemeindevertretern der DDR auch die Führung des Zentralrats beteiligt war. Seit den 1970er Jahren waren jüdische Flüchtlinge aus der Sowjetunion in die Bundesrepublik und vor allem nach West-Berlin gekommen. Ihre Zahl war allerdings so gering, dass es für die Gemeinden unproblematisch war, mit den jeweiligen Landesregierungen ein Bleiberecht für die Betroffenen zu vereinbaren. In den 1980er Jahren erhöhte sich die Zahl der Zuwanderer, die mit Touristenvisa eingereist waren und sich nach Ablauf der Gültigkeit ohne Rechtsgrundlage in Deutschland aufhielten, dramatisch. Viele lebten bei Verwandten und Freunden, erhielten keine staatliche Unterstützung und waren jederzeit von Abschiebung bedroht. Nicht selten schaltete sich Heinz Galinski persönlich ein, um den Betroffenen zu helfen.

Nach der Wende in der DDR waren zahlreiche jüdische Flüchtlinge aus der Sowjetunion nach Ost-Berlin gekommen, die sich hier sichere

Micha Guttmann

Zuflucht erhofften. Es war das Verdienst Lothar de Maizières und des so genannten „Runden Tisches" der gesellschaftlichen Organisationen, der in der Umbruchzeit neue Wege für die DDR diskutierte, die Zuwanderer willkommen zu heißen und ihnen das Bleiberecht zu verschaffen. Außerdem erklärten die DDR-Repräsentanten öffentlich ihre Bereitschaft, weitere Juden aus Osteuropa aufzunehmen, um so „jüdisches Leben in Deutschland zu stärken".

Diese Erklärung nahm die Bundesregierung nicht gerade begeistert auf. Die Führungsspitze des Zentralrats der Juden in Deutschland forderte obendrein Bundesregierung und Parlament auf, dem Aufruf der DDR-Regierung auch in der Bundesrepublik zu folgen. Die Bundesregierung wies die Aufforderung zwar nicht zurück, sah jedoch bei der Verwirklichung Schwierigkeiten auf die Bundesrepublik zukommen. So verliefen die ersten Gespräche zwischen dem Bundesinnenministerium und der Vertretung des Zentralrats zwar in freundlicher Atmosphäre, aber einem generellen Zuwanderungsrecht für Juden aus der Sowjetunion wollte Bonn zunächst nicht zustimmen. Auch einer Legalisierung derjenigen sowjetischen Juden, die sich nach deutschem Recht illegal im Lande aufhielten, stellte die Bundesregierung erhebliche Bedenken gegenüber. Allerdings sagte sie zu – und die Bundesländer schlossen sich der Zusage an – die Betroffenen nicht abzuschieben. Das war eine Geste gegenüber dem Zentralrat, die allerdings auch durchaus eigennützig war. Denn in der Vorphase der Vereinigung der beiden deutschen Staaten wäre die internationale Empörung groß gewesen, wenn die Bundesrepublik jüdische Flüchtlinge abgeschoben hätte. Insoweit war der Verhandlungsgruppe des Zentralrats, der neben Heinz Galinski seine beiden Stellvertreter, Max Willner und Dr. Robert Guttmann, und ich angehörten, klar, dass die internationale Lage und die Interessen der Bundesregierung unsere Position erheblich begünstigten. Eine Hürde blieb allerdings die Haltung Israels. Benjamin Navon, der damalige Botschafter, übermittelte Bonn die Stellungnahme der israelischen Regierung, dass jüdische Flüchtlinge aus der Sowjetunion in Israel Zuflucht finden könnten. Daher sei es „gegen die Interessen" Jerusalems, wenn Deutschland zu einem Anlaufpunkt für diese Flüchtlingsgruppe werde.

Diese Haltung der israelischen Regierung war zwar verständlich, denn Israel definiert sich seit Gründung des Staates als „Heimstatt" für alle Juden, denen nach der Verfassung Israels auch ein Rechtsanspruch auf Einbürgerung zusteht. Realistisch oder in irgendeiner Weise hilfreich war diese Intervention allerdings nicht. Denn die Zahl der Zuwanderer nach Deutschland hatte sich von Juni bis Dezember 1990 erheblich erhöht. In der DDR lebten etwa 1.500 Flüchtlinge, weitere 2.000 Menschen hielten sich in West-Berlin, Nordrhein-Westfalen, Niedersachsen und Hessen auf.

Die Jüdischen Gemeinden leisteten soziale und religiöse Betreuung, ohne dass der Rechtsstatus der Betroffenen geklärt war. Heinz Galinski fasste bei den Verhandlungen mit der Bundesregierung den Standpunkt des Zentralrats zusammen: „Wir haben die Zuwanderer aus der Sowjetunion nicht veranlasst, zu uns zu kommen. Wenn sie aber diesen beschwerlichen Weg gewählt haben, werden wir alles tun, um ihnen in unseren Gemeinden ein neues Leben zu ermöglichen".

Die Bundesregierung spielte auf Zeit. „Ziel ist es, in Absprache zwischen beiden Regierungen und den Ländern zu einem einvernehmlichen Verfahren der Festlegung einer Aufnahmequote zu gelangen", ließ Bundesinnenminister Wolfgang Schäuble verlauten.

Im November 1990 befasste sich auch der Deutsche Bundestag mit der Situation der jüdischen Flüchtlinge. Die Debatte zeigte, dass alle politischen Parteien im Parlament die Zuwanderung ausdrücklich begrüßten. Wenn auch im Einzelnen unterschiedliche Verfahren diskutiert wurden, so war doch deutlich: Der Bundestag forderte eine „großzügige Regelung". Obwohl bereits Ende 1990 die Grundzüge der Vereinbarung feststanden, sollte es erst 1991 nach monatelangen Verhandlungen zur offiziellen Einigung zwischen der Bundesregierung und dem Zentralrat kommen. Die Zuwanderer erhielten den Status von Kontingentflüchtlingen. Dies bedeutete, dass sie einen Rechtsanspruch bekamen, bei den deutschen Vertretungen in der Sowjetunion einen Antrag auf Einreise nach Deutschland zu stellen. Nach Prüfung der Unterlagen durch das Bundesverwaltungsamt in Köln erhielten sie dann die Genehmigung, in die Bundesrepublik einzureisen. Ihr Rechtsstatus verschaffte ihnen hier einen Anspruch auf Aufenthalt, Arbeitsgenehmigung und staatliche Eingliederungshilfen.

Außerdem erklärten sich die Bundesregierung und alle Länderregierungen bereit, den Aufenthalt der bereits in Deutschland lebenden jüdischen Zuwanderer zu legalisieren.

Diese Vereinbarung zwischen Bundesregierung und Zentralrat schuf die Grundlage für die Zuwanderung bis heute. Wir alle, die wir mit großem Engagement an dieser Vereinbarung gearbeitet hatten, wussten, dass diese Entwicklung die Situation der Jüdischen Gemeinden in Deutschland dramatisch verändern würde. Die über Jahrzehnte konstant um die 30.000 Mitglieder zählenden Gemeinden hatten nun die konkrete Aussicht auf zahlenmäßiges Wachstum. Dies bedeutete aber auch, dass sich die Strukturen der Jüdischen Gemeinden erheblich verändern mussten. Der Angst vor dieser Veränderung standen enorme Chancen gegenüber, jüdisches Leben in Deutschland zu aktivieren. Es sprach für die Mehrheit der in Deutschland lebenden Juden, dass sie nicht zögerten, diese Chance zu ergreifen. Allerdings gab es auch andere Stimmen. So schrieb der Historiker Michael Wolffsohn im Dezember 1990 im Rheinischen Merkur, es sei „erstaunlich, dass Galinski seine Glaubensgenossen" nach Deutschland holen wolle, wo doch Galinski behaupte, „seit der deutschen Einigung sei kein Tag ohne Angriffe gegen Juden vergangen".

Doch die Ratsversammlung, das höchste Gremium des Zentralrats, beschloss bereits im Dezember 1990 in Köln eine Resolution zur Unterstützung der jüdischen Zuwanderer: „Die Ratstagung des Zentralrats der Juden in Deutschland erklärt, dass es die Pflicht des deutschen Volkes ist, die jüdischen Flüchtlinge aus der Sowjetunion aufzunehmen, zumal die Zahl der Juden durch deutsche Schuld in der Zeit des Holocaust so sehr dezimiert worden ist. Das ist nur ein Akt der Gerechtigkeit. Der Zentralrat wendet sich gegen jeglichen Akt der Auswahl und der Quotierung der aufzunehmenden Flüchtlinge. Der Zentralrat fordert Bund und Länder auf, den Flüchtlingen unbürokratisch beizustehen."

Es zeigt sich, dass die damaligen Anstrengungen zum gewünschten Erfolg geführt haben. Die jüdische Gemeinschaft in Deutschland zählt heute weit über 100.000 Mitglieder und früher mittelgroße Gemeinden in Nordrhein-Westfalen wie etwa Köln, Düsseldorf oder Aachen sind heute Großgemeinden mit 5.000 und mehr Mitgliedern geworden. Vielleicht haben wir damals die Probleme unterschätzt, die die Integration so vieler Zuwanderer und Zuwanderinnen mit sich bringt. Und viele Zuwanderer haben hier trotz Hilfen auch nicht die erhofften Berufs- und Lebenschancen gefunden. Die junge Generation der Zuwanderer allerdings nimmt ihre Chancen wahr. Sie haben sich in weiten Teilen in den Gemeinden integriert. Und sie werden in naher Zukunft auch die Verantwortung in den Gemeinden übernehmen.

Auch hinsichtlich der deutsch-deutschen Vereinigung war die Linie der Führung des Zentralrats klar und deutlich.

Von Anfang an setzte sich der Zentralrat für die Wiedervereinigung der beiden deutschen Staaten ein und trat damit dem Jüdischen Weltkongress entgegen, der sich noch im Mai 1990 für ein Weiterbestehen der DDR aussprach.

Mit der zeitgleichen Vereinigung der Jüdischen Gemeinden der Bundesrepublik und der DDR unter dem Dach des Zentralrats im September 1990 schuf die jüdische Gemeinschaft die Voraussetzungen für die Arbeit im vereinigten Deutschland.

„Ich bin deutscher Staatsbürger jüdischen Glaubens" (Ignatz Bubis,
Präsident des Zentralrats der Juden in Deutschland, Berlin, 1998)

Ignatz Bubis, der dem 1992 verstorbenen Heinz Galinski als Präsident des
Zentralrats nachfolgte, gelang es, den Zentralrat als Gesprächs- und Ver-
handlungspartner in der deutschen Gesellschaft weiter zu etablieren.
Mehr als sein Vorgänger nutzte er öffentliche Auftritte in kleinen und
großen Kreisen, um für Interesse und Verständnis für jüdische Belange zu
werben. Dabei, so schrieb er 1996, setze er andere Schwerpunkte als Galinski. Er konzentriere sich mehr auf die Gegenwart und die Zukunft als
auf die Vergangenheit.

Vor allem aber engagierte sich Bubis nach einer Reihe von fremden-
feindlichen Ausschreitungen öffentlich gegen Gleichgültigkeit und
Gewalt. Als Verteidiger von Menschenrechten und somit auch Ankläger
gegen Menschenverachtung und Intoleranz wurde Bubis zu einer moralischen Instanz in Deutschland. Er übernahm damit eine Rolle, die er
eigentlich überhaupt nicht spielen wollte. Und kurz vor seinem Tod im
August 1999 zog er eine eher negative Bilanz seiner Arbeit. Er habe, so

39 Die Neue Bergische Synagoge in Wuppertal-Barmen wurde am 8. Dezember 2002
eingeweiht. Unter den Festgästen: Bundespräsident Johannes Rau und Israels
Staatspräsident Moshe Katzav

Micha Guttmann

meinte er in einem Interview der Zeitschrift Stern, von dem, was er sich bei Amtsantritt vorgenommen hatte, fast nichts verwirklicht. Zwar habe er bei der veröffentlichten Meinung viel bewirkt, doch jüdische und nicht-jüdische Deutsche seien einander fremd geblieben.

Der im Januar 2000 als Nachfolger gewählte und 2003 wiedergewählte derzeitige Präsident des Zentralrats, Paul Spiegel, hat die öffentliche Präsenz des Zentralrats zunächst vermindert. Er setzte seine Schwerpunkte zu Beginn seiner Amtszeit vor allem in der inneren Entwicklung der jüdischen Gemeinschaft. Und dies war auch dringend nötig. Seit dem Beginn des Zuzugs aus der ehemaligen Sowjetunion hatte sich die Zahl der in Deutschland lebenden Juden bereits verdreifacht. Die Gemeinden und die Landesverbände schafften es trotz erheblicher Anstrengungen nicht, die damit verbundenen Probleme wie Integration, Hilfe bei Arbeits- und Wohnungssuche und Vermittlung religiösen Wissens zu lösen. Sie waren dringend auf die Hilfe des Zentralrats angewiesen. Paul Spiegel hat diese schwierige und gewiss nicht öffentlichkeitswirksame Aufgabe entschlossen übernommen und damit in den Gemeinden Anerkennung und Vertrauen erworben. Seine unprätentiöse und ausgleichende Art zu reden und zu handeln hat ihm aber auch in der nichtjüdischen Öffentlichkeit hohes Ansehen verschafft.

Als die Verstrickung des ehemaligen Vizepräsidenten des Zentralrats, Michel Friedman, in Kokain- und Prostituiertenaffären bekannt wurde, war es Paul Spiegel, der sich persönlich vor ihn stellte, aber dennoch auf Konsequenzen bestand. Nicht zuletzt ihm ist es zu verdanken, dass der Friedman-Skandal die Arbeit des Zentralrats weder intern noch von außen beeinträchtigte.

Der wichtigste sichtbare Erfolg Spiegels war bisher der Abschluss des Staatsvertrags zwischen der Bundesrepublik und dem Zentralrat der Juden in Deutschland am 27. Januar 2003.

Zwar gab es bereits eine Reihe von Staatsverträgen mit der jüdischen Gemeinschaft auf Landesebene. Doch diese regeln lediglich die Beziehungen der Landesverbände mit den jeweiligen Bundesländern. Der Staatsvertrag mit der Bundesrepublik regelt die kulturelle, soziale und integrationspolitische Zusammenarbeit auf Bundesebene. So heißt es in der Präambel, der Vertrag werde „im Bewusstsein der besonderen geschichtlichen Verantwortung des deutschen Volkes für das jüdische Leben in Deutschland geschlossen". Er sei von dem Wunsch geleitet, „den Wiederaufbau jüdischen Lebens in Deutschland zu fördern und das freundschaftliche Verhältnis zu der jüdischen Glaubensgemeinschaft zu verfestigen und zu vertiefen". Die Bundesregierung verpflichtet sich im Staatsvertrag, zur Erhaltung und Pflege des deutsch-jüdischen Kulturer-

bes, zum Aufbau einer jüdischen Gemeinschaft und zu den integrations-
politischen und sozialen Aufgaben des Zentralrats beizutragen. Dazu
bringt die Bundesregierung einen Betrag in Höhe von 3 Millionen Euro
pro Jahr auf. Nach jeweils fünf Jahren soll überprüft werden, ob die Förderung noch angemessen ist.

Der Staatsvertrag schafft damit materielle Voraussetzungen, jüdische
Existenz in Deutschland zu sichern.

Er ersetzt aber nicht die Verantwortung des Zentralrats und der regionalen und kommunalen jüdischen Gremien, diese Existenz zu definieren
und zukunftsorientiert zu gestalten.

2004
Der Blick in die Zukunft

Zur Zeit steht die jüdische Gemeinschaft in Deutschland wieder einmal
vor einer Reihe grundlegender Richtungsentscheidungen – wie schon so
oft zuvor.

Hinsichtlich der Integration in die nichtjüdische Umwelt haben in den
vergangenen Monaten antijüdische und antizionistische Vorfälle und
Gewalttaten die Gemeinden aufgeschreckt. Viele Gemeindemitglieder
haben Angst vor weiterer Eskalation. Diese Angst ist verständlich. Sie darf
aber nicht dazu führen, aus den Gemeinden heraus jüdische Existenz in
Deutschland erneut in Frage zu stellen. Der deutsche Staat und die
Gesellschaft haben Vertrauen verdient.

Die einzelnen Gemeinden leiden zur Zeit unter erheblichen Finanz-
problemen, da weiterhin vor allem die Integration der Zuwanderer erhebliche Kosten verursacht. Dennoch sind die Chancen, jüdisches Leben in
Deutschland in kultureller und religiöser Vielfalt lebendig zu machen und
weiter zu entwickeln, besser als jemals zuvor. Allerdings fehlt es noch an
Mut, Ideen und Visionen, öffentlich zu diskutieren: Wie soll die jüdische
Gemeinschaft in den nächsten Jahrzehnten in Deutschland verfasst sein?

In einer zahlenmäßig weiter wachsenden Gemeinschaft kann die
Zukunft jüdischen Lebens in Deutschland auf eine Formel gebracht werden: Vielfalt in der Einheit. Zentralrat und Gemeinden stehen vor der
wichtigen Aufgabe, die verschiedenen religiösen Strömungen im Judentum zu integrieren und so die Gemeinden zu einem lebendigen Zentrum
jüdischer Religion und Kultur weiter auszubauen. Der Zentralrat stößt
dabei auf erhebliche innere Widerstände. Viele junge Juden kritisieren
heute das Prinzip der Einheitsgemeinden, in denen Juden aller religiösen
Strömungen bisher zusammengefasst sind. Sie wollen, so wie übrigens in

Micha Guttmann

vielen anderen Staaten auch, unterschiedliche Gemeinden, je nach religiöser Identität – orthodox, konservativ oder liberal. Damit würde der Zentralrat allerdings nur noch eine Institution unter mehreren sein. So wenden sich die Vertreter des bisherigen Prinzips der Einheitsgemeinden gegen diese Vorstellungen. Sie sehen in einer Zersplitterung der Kräfte eine erhebliche Schwächung jüdischer Interessenvertretung. Paul Spiegel und dem Zentralrat stehen also schwierige Entscheidungsprozesse bevor. Zum einen müssen bisher bewährte Gemeinsamkeiten gewahrt bleiben, zum anderen darf der Zentralrat nicht die Augen davor verschließen, dass viele Gemeinden heute noch unwillig sind, notwendige Veränderungen oder Erweiterungen ihres religiösen Spektrums zu akzeptieren. Der Zentralrat muss dringend, auch mit den im Staatsvertrag vorgesehenen Hilfen, neue Ideen und Visionen entwickeln. Stillstand wäre ein für die jüdische Gemeinschaft in Deutschland gefährlicher Rückschritt.

Konstruktiver Streit ist also für die kommenden Jahre angesagt – und die Bereitschaft, nicht auf den ersten Schritt des anderen zu warten, sondern aufeinander zuzugehen, so wie es die bekannte jüdische Anekdote umschreibt: Yankele ist ein braver Jude. Zu allen Feiertagen geht er in die Synagoge. Am Rosch-Ha-Schana, am hohen Neujahrsfest, bittet er in seinen Gebeten regelmäßig um ein gutes neues Jahr, um Gesundheit, und vor allem auch darum, dass er in der Lotterie gewinnen möge. So betet er 20 Jahre lang, immer in gleicher Weise am Rosch-Ha-Schana. Nach 21 Jahren, am Neujahrsfest, verdunkelt sich plötzlich die Synagoge, eine weiße Wolke erscheint – und eine Stimme klingt von oben: „Yankele, Du bist ein braver Mensch, ich weiß es, aber tu mir einen Gefallen, gib mir endlich eine Chance, kauf dir ein Los!"

Anmerkung

* Der Essay basiert zum Teil auf Passagen meines Beitrags: *Jüdische Geschichte in Nordrhein-Westfalen*, in: Michael Zimmermann (Hg.), *Geschichte der Juden in Rheinland und in Westfalen*, Köln/Stuttgart/Berlin 1998, S. 260–310.

Jüdisches Leben im Rheinland

Eine Zeittafel

321	Der älteste schriftliche Beleg über jüdisches Leben im heutigen Deutschland stammt aus dem Rheinland – dem antiken Köln. Ob eine Kontinuität jüdischen Lebens von der Spätantike bis zum Frühmittelalter im Rheinland besteht, ist unbekannt, da Quellen aus diesem Zeitraum fehlen.
10./11. Jh.	Im 10. und 11. Jh. existieren blühende Gemeinden in Köln und in anderen rheinischen Bischofsstädten.
1096	Im Frühsommer 1096 zerstören plündernde und mordende Kreuzfahrer angesehene jüdische Gemeinden wie Speyer, Worms, Trier, Köln, Neuss und Xanten.
1250–1350	Im Nordwesten des Reichs wird in der ersten Hälfte des 14. Jhs. der Höchststand jüdischer Ansiedlung erreicht. Im Lauf von 250 Jahren hat sich ausgehend von Köln ein dichtes Siedlungsnetz von den Niederlanden bis nach Westfalen gebildet, das zugleich immer in wesentlichen Aspekten auf die rheinische Metropole bezogen bleibt.
1287–1289	Im Jahre 1287 wird Oberwesel zum Ausgangspunkt einer Verfolgungswelle, unter der im Verlauf von zwei Jahren Jüdinnen und Juden des Rhein-Moselgebiets zu leiden haben. Es wird behauptet, Juden hätten am Karfreitag den christlichen Knaben Werner ermordet. Sein Leichnam findet als „Guter Werner" eine bis ins 20. Jh. fortwährende kultische Verehrung. Hebräische Martyrologien nennen 428 Todesopfer in 19 Orten.
1348–1350	Als Mitte des 14. Jhs. die Pest in Europa grassiert, wird den Juden vorgeworfen, die Brunnen vergiftet zu haben. Aufgrund dieser Legende kommt es zu grausamen Pogromen. Viele der rheinischen Jüdinnen und Juden werden ermordet oder vertrieben.
1424	Der Rat der Stadt Köln beschließt aufgrund von Konflikten mit dem Kölner Erzbischof die Ausweisung aller Jüdinnen und Juden zum 1. Oktober 1424.
Seit dem 15. Jh.	Das jüdische Leben verlagert sich seit Mitte des 15. Jhs. immer mehr von der Stadt aufs Land. Ursachen dafür sind die spätmittelalterlichen Vertreibungen aus den Städten, aber auch die wirtschaftlichen Interessen geistlicher und weltlicher Landesherren, die die Ansiedlung von Juden in ihren Territorien fördern.
1592/1599	Kurfürst Ernst von Bayern (Reg. 1583–1612) erlässt die ersten beiden „Judenordnungen" des Kölner Erzstifts, weitere folgen 1614 und 1686. Die im Jahr 1700 von Kurfürst Joseph Clemens erlassene *Erneuerte Chur- und Ertzstiffts-Cöllnische Juden-Ordnung* bleibt bis zur Auflösung des Kurstaats gültig.
1598	Kurfürst Ernst von Bayern setzt 1598 den Juden „Levi zu Poppelstorff" als „Uffseher" über die erzstiftischen Juden ein. Damit ist Levi faktisch der erste kurkölnische Hofjude. Dieser Titel selbst erscheint allerdings erst am Ende des 17. Jhs. in kurkölnischen Quellen.

1794/1801	Mit der Eroberung der linksrheinischen Gebiete durch die Franzosen erlangte die liberale Gesetzgebung des revolutionären Frankreich auch im Rheinland Gültigkeit. 1798 lässt sich in Köln ein jüdisches Ehepaar nieder. Infolge der Einführung der Französischen Verfassung erhalten die rheinischen Juden in diesen Gebieten 1802 die rechtliche Gleichstellung.
1808	Im März 1808 schränkt das *Schändliche Dekret* (*décret infâme*) die gerade gewonnenen Freiheiten und Erwerbsmöglichkeiten teilweise wieder ein. Im Juli 1808 werden die Juden verpflichtet, feste Vor- und Familiennamen anzunehmen.
1815	Die Gebiete der späteren Rheinprovinz kommen 1815 unter preußische Herrschaft. Die auf die Juden bezogenen französischen Gesetze behalten bis 1847 weitgehend Geltung.
1843	Wichtiger Motor der Judenemanzipation ist der Rheinische Provinziallandtag. Er votiert im Juli 1843 für die volle Gleichstellung der Juden.
1845	Erst mit der Gewerbeordnung vom 17. Januar 1845 entfällt für die Juden im linksrheinischen Preußen das seit 1808 geltende jährliche Ausstellungsverfahren für Handelspatente. Im Zuge der Neuregelung des Militärwesens am 31. Dezember 1845 unterliegen Juden von nun an der allgemeinen Wehrpflicht.
1847/1850	Das am 23. Juli 1847 verabschiedete Gesetz „die Verhältnisse der Juden betreffend" vereinheitlicht die Gesetzgebung in Preußen. Es gewährt den Juden Freizügigkeit sowie das passive Wahlrecht. Auch die preußische Verfassung von 1850 führt noch nicht zur vollständigen Emanzipation.
1869/1871	Die Vollendung der rechtlichen Gleichstellung der Juden bringen 1869 die Bestimmungen der Verfassung des Norddeutschen Bundes, die 1871 auf das ganze Deutsche Reich übertragen werden. Ausdruck des neuen Selbstbewusstseins der jüdischen Bürgerinnen und Bürger sind im Rheinland des ausgehenden 19. Jhs. zahlreiche Synagogenneubauten.
1873/78	Mit der ökonomischen Krise ab 1873 und dem Ende der liberalen Ära gewinnt die stets latent vorhandene Judenfeindschaft eine neue Dimension. Der traditionelle christliche Antijudaismus wird mehr und mehr durch einen wissenschaftlich verbrämten biologistisch-rassistischen Antisemitismus abgelöst.
1875	In Bonn erscheinen die ersten jüdischen Presseorgane rheinischer Provenienz, z. B. die liberale Zeitschrift *Die Reform* und der konservative *Israelitische (Reichs-)Bote*. Typisch für die Periodika dieser Zeit ist, dass sie einer religiösen Richtung verpflichtet sind, also (religiös) liberal, konservativ oder orthodox.
1891	Der Xantener Metzger Adolf Buschhoff wird eines „Ritualmordes" bezichtigt. Die antijüdische Presse nimmt den Prozess zum Anlass für Hetzkampagnen gegen die jüdische Minderheit und ihre Gleichstellung. Der Prozess endet mit dem Freispruch Buschhoffs. Doch die Enttäuschung der Antisemiten über den Ausgang des Verfahrens entlädt sich im Rheinland in antijüdischen Ausschreitungen.

Um 1900	Bis in die zweite Hälfte des 19. Jhs. lebt die Mehrzahl der Jüdinnen und Juden im Rheinland in Kleinstädten und Dörfern. Ende des 19. Jhs. ziehen mehr und mehr Juden in die schnell wachsenden Großstädte. Viele ländliche Gemeinden lösen sich auf.
19./20. Jh.	Trotz des unterschwelligen Antisemitismus spielen jüdische Rheinländerinnen und Rheinländer, wie z. B. die Bankiersfamilie Oppenheim, die Musikerfamilie Offenbach und Else Lasker-Schüler, eine wichtige Rolle in vielen Bereichen des gesellschaftlichen und kulturellen Lebens.
1896/97	Die Anfänge des deutschen Zionismus sind eng mit dem Rheinland, speziell mit Köln, verbunden. Die „National-Jüdische Vereinigung Köln" formuliert die so genannten „Kölner Thesen", die mit kleinen Änderungen vom ersten zionistischen Weltkongress in Basel 1897 angenommen werden. Nach Herzls Tod wird der Kölner David Wolffsohn 1905 zum Präsidenten der Zionistischen Weltorganisation gewählt (bis 1911). Während seiner Präsidentschaft erscheint auch *Die Welt*, das Zentralorgan der zionistischen Bewegung, in Köln.
1914–1918	Im Krieg zeigen die meisten deutschen Juden hohe Einsatzbereitschaft für ihr Vaterland. Von den ca. 100.000 jüdischen Soldaten fallen 12.000. Dennoch wird auf antisemitischen Druck hin im Herbst 1916 die so genannte „Judenzählung" durchgeführt. Dass dieser statistischen Erhebung antisemitische Motive zugrunde liegen, geht nicht nur aus der Tatsache hervor, dass ausschließlich jüdische Soldaten erfasst, sondern auch daraus, dass ihre Ergebnisse nicht veröffentlicht werden.
1919–1925	Zwischen 1919 und 1925 werden in Köln fünf jüdische Zeitungen gegründet, darunter der *Jüdische Beobachter* und das *Kölner Jüdische Wochenblatt*. Köln ist damit für einige Jahre der Sammlungsort einer überwiegend lokal oder regional ausgerichteten jüdischen Presse.
1925/26	Mit zwei großen Ausstellungen treten jüdische Rheinländerinnen und Rheinländer mit ihren Leistungen und kulturellen Traditionen in die Öffentlichkeit: die *Jüdische Sonderschau* während der „Jahrtausendausstellung" der Rheinlande in Köln und die Ausstellung *Hygiene der Juden* im Rahmen der Düsseldorfer Messe „Gesundheitspflege, soziale Fürsorge und Leibesübungen".
1928	Bei der Internationalen Presse-Ausstellung „Pressa" in Köln wird die Jüdische Sonderschau in einem von dem Kölner Architekten Robert Stern erbauten Pavillon präsentiert.
1933	Unter dem NS-Regime wird der latente Antisemitismus zum staatlich diktierten Terror. Als Antwort auf die Ausgrenzung durch die nichtjüdische Gesellschaft werden zahlreiche jüdische Selbsthilfeorganisationen gegründet, z. B. der *Jüdische Kulturbund Rhein-Ruhr*, der arbeitslosen Künstlern Auftrittsmöglichkeiten schafft.
1935	Mit den „Nürnberger Gesetzen" werden die deutschen Jüdinnen und Juden endgültig zu Bürgern zweiter Klasse gestempelt. U. a. werden Eheschließungen und außereheliche Beziehungen zwischen Juden und „Deutschblütigen" verboten und alle Staatsbürger „nichtdeutschen oder artverwandten Blutes" von der Reichsbürgerschaft ausgeschlossen.

1938	Während des Novemberpogroms werden im heutigen Nordrhein-Westfalen 278 Synagogen und Betstuben zerstört, viele Menschen verhaftet und misshandelt. Mit dem Novemberpogrom beginnt die letzte Phase der Verfolgung, die Vorstufe des Massenmords.
1941	Seit dem Frühjahr werden Jüdinnen und Juden in so genannten „Judenhäusern" ghettoisiert. Im Herbst beginnen die Deportationen in die Ghettos und Vernichtungslager im Osten.
1945	Im heutigen Nordrhein-Westfalen überleben nur etwa 2.500 Jüdinnen und Juden in der Illegalität. Schon kurz nach der Befreiung werden die ersten Gemeinden wiedergegründet. In Köln geschieht dies am 29. April 1945 mit einem Gottesdienst in den Trümmern der Synagoge Roonstraße.
1946	Seit 1946 erscheint in Düsseldorf das *Jüdische Gemeindeblatt für die Nord-Rheinprovinz und Westfalen,* aus dem die überregionale *Allgemeine Jüdische Wochenzeitung* hervorgeht.
1950	Am 19. Juli 1950 wird mit dem „Zentralrat der Juden in Deutschland" eine Dachorganisation für die in Deutschland lebenden Juden gegründet.
1953–1965	Nach Abschluss der deutsch-israelischen Wiedergutmachungsverhandlungen wird in Köln eine israelische Einkaufsorganisation, die „Israel-Mission", eingerichtet.
1958	Am 7. September 1958 wird die neue Düsseldorfer Synagoge in Anwesenheit von Ministerpräsident Franz Meyers eingeweiht.
1959	Am 20. September 1959 wird die wieder errichtete Synagoge Roonstraße in Köln eingeweiht. Unter den Gästen ist auch Bundeskanzler Konrad Adenauer.
	Schon wenige Wochen später, am 24./25. Dezember wird die Synagoge von zwei jungen Männern durch Schmierereien geschändet. Diese Schändung bildet den Auftakt einer Vielzahl antisemitischer Vorfälle in der Bundesrepublik und im Ausland um den Jahreswechsel 1959/60.
1959	Die „Germania Judaica. Kölner Bibliothek zur Geschichte des deutschen Judentums" wird auf Initiative Kölner Bürger gegründet. Heute besitzt sie mit 65.000 Bänden zur Geschichte und Kultur des deutschsprachigen Judentums seit der Zeit der Aufklärung die größte Sammlung auf diesem Gebiet in Europa.
1963/64	Vom 15. Oktober 1963 bis zum 15. März 1964 wird im Kölnischen Stadtmuseum die Ausstellung „Monumenta Judaica. 2000 Jahre Geschichte und Kultur der Juden am Rhein" gezeigt.
1965	Israel und die Bundesrepublik Deutschland nehmen diplomatische Beziehungen auf. Die erste israelische Botschaft wird am 24. August 1965 in Köln eröffnet, erst später zieht sie nach Bonn um.
1990–2004	Seit Anfang der 1990er Jahre hat sich die Zahl der Mitglieder in den 19 jüdischen Gemeinden Nordrhein-Westfalens vor allem durch die Einwanderung von Jüdinnen und Juden aus der ehemaligen Sowjetunion auf knapp 30.000 mehr als verfünffacht.
	Viele Gemeinden entschließen sich daher zum Bau bzw. Neubau einer Synagoge mit Gemeindezentrum, wie z. B. in Aachen (Alfred

Jacoby, 1995), Recklinghausen (Hans Stumpfl/Nathan Schächter, 1997), Duisburg (Zvi Hecker, 1999) und Wuppertal (Hans Christoph Goedeking, 2002). In Köln wird das ehemalige „Israelitische Asyl" von den Architekten Ulrich Coersmeier und Alfred Jacoby für eine Nutzung als „Jüdisches Wohlfahrtszentrum" saniert und erweitert (2003/2004). In Gelsenkirchen wird am 9. November 2004 der Grundstein für eine neue Synagoge gelegt.

1992   Das Land Nordrhein-Westfalen schließt mit den beiden Landesverbänden der jüdischen Gemeinden und der Synagogen-Gemeinde Köln einen Staatsvertrag, in dem die gegenseitigen Beziehungen erstmals auf eine rechtliche Grundlage gestellt werden.

2000   Im Oktober 2000 wird ein Anschlag auf das Gemeindezentrum der Jüdischen Gemeinde Düsseldorf verübt. Durch das beherzte Eingreifen einer Passantin entsteht nur Sachschaden. Bundeskanzler Gerhard Schröder ruft bei einem Besuch des Gemeindezentrums zu einem „Aufstand der Anständigen" auf.

2001   Am 25. April 2001 unterzeichnen der nordrhein-westfälische Ministerpräsident Wolfgang Clement und Vertreter der jüdischen Gemeinden einen neuen Staatsvertrag, um den Bedingungen der wachsenden jüdischen Gemeinden Rechnung zu tragen.

2003   Am 27. Januar 2003 unterzeichnen Bundeskanzler Gerhard Schröder für die Bundesregierung und Paul Spiegel, der Präsident des Zentralrates der Juden in Deutschland, einen Staatsvertrag, in dem erstmals die kulturelle, soziale und integrationspolitische Zusammenarbeit auf Bundesebene geregelt wird.

Am 2. Juli 2003 verabschieden die Abgeordneten aller Parteien im Landtag von Nordrhein-Westfalen einstimmig den Entschließungsantrag „Mehr Wissen voneinander schafft mehr Vertrauen". Darin wird gefordert: „Das Wissen voneinander zu fördern, um die Integration der jüdischen Zuwanderer zu erleichtern und das Zusammenleben zu stärken".

Siglenverzeichnis

Zeitschriften

AHVN	Annalen des historischen Vereins für den Niederrhein
BoGbll	Bonner Geschichtsblätter
DA	Deutsches Archiv
DüssJb	Düsseldorfer Jahrbuch
GG	Geschichte und Gesellschaft
GiK	Geschichte in Köln
GWU	Geschichte in Wissenschaft und Unterricht
HJb	Historisches Jahrbuch der Görres-Gesellschaft
HZ	Historische Zeitschrift
JbKGV	Jahrbuch des Kölnischen Geschichtsvereins
JbWLg	Jahrbuch für westdeutsche Landesgeschichte
LBIYB	Leo Baeck Institute Yearbook
RhVjbll	Rheinische Vierteljahrsblätter
RhJbV	Rheinisches Jahrbuch für Volkskunde
RWZV	Rheinisch-Westfälische Zeitschrift für Volkskunde
VSWG	Vierteljahrsschrift für Sozial- und Wirtschaftsgeschichte
WF	Westfälische Forschungen
ZAGV	Zeitschrift des Aachener Geschichtsvereins
ZBGV	Zeitschrift des Bergischen Geschichtsvereins
ZHF	Zeitschrift für Historische Forschung
ZKG	Zeitschrift für Kirchengeschichte

Archive

AEK	Historisches Archiv des Erzbistums Köln
CAHJP	The Central Archives for the History of the Jewish People, Jerusalem
CJA	Neue Synagoge Berlin – Centrum Judaicum – Archiv
GSTA PK	Geheimes Staatsarchiv Preußischer Kulturbesitz, Berlin
HAStK	Historisches Archiv der Stadt Köln
HStAD	Landesarchiv NRW, Hauptstaatsarchiv Düsseldorf
LBI	Leo Baeck Institute, New York
LHAK	Landeshauptarchiv Koblenz
ZA	Zentralarchiv zur Erforschung der Geschichte der Juden in Deutschland, Heidelberg

Bildnachweis

Herausgeber, Autoren und Verlag haben sich bemüht, alle Rechteinhaber ausfindig zu machen. In Fällen, wo dies nicht gelungen ist, bitten wir um Mitteilung.

Abb. 1–4: © Christoph Cluse; Abb. 5: Rheinisches Bildarchiv Köln (RBA 52918); Abb. 6: Hermann Keussen, Topographie der Stadt Köln im Mittelalter, Köln 1910 (Nachdruck 1986), Bd. 1, S. 184; Abb. 7: Aus: Matthias Schmandt, Judei, cives et incole: Studien zur jüdischen Geschichte Kölns im Mittelalter, Hannover 2002, S. 270; Abb. 8: Rheinisches Bildarchiv Köln (RBA L4 220/25); Abb. 9: Aus: Hubert Glaser (Hg.), Um Glauben und Reich. Kurfürst Maximilian I., München/Zürich 1980 (Wittelsbach und Bayern, Bd. 2/1), Tafel 17, Abb. 37; Abb. 10 und 11: Aus: Michael Brocke/Dan Bondy, Der alte jüdische Friedhof in Bonn-Schwarzrheindorf 1623-1956, Köln 1998 (Arbeitshefte der rheinischen Denkmalpflege, Bd. 50), S. 43 und S. 71; Abb. 12: Aus: Georg Mölich/Joachim Oepen/Wolfgang Rosen (Hg.), Klosterkultur und Säkularisation im Rheinland, Essen 2002, S. 26, Karthografie: Esther Weiss, Landschaftsverband Rheinland, Amt für rheinische Landeskunde, Bonn; Abb. 13: Aus: Lebenslust und Frömmigkeit. Kurfürst Carl Theodor (1724–1799) zwischen Barock und Aufklärung. Handbuch und Ausstellungskatalog, Bd. 2 (Publikation des Reiss-Museums Mannheim, Bd. 1.2.), Regensburg o. J. [1999], S. 190, Katalognr. 4.01.; Abb. 14: Aus: Vollständige Sammlung deren die Verfassung des Hohen Erzstifts Colln betreffender Stucken, mit denen benachbarten Hohen Landes-Herrschaften geschlossener Concordaten und Verträgen, dan in Regal- und Cameral-Sachen, in Justitz-, Policey- und Militair-Weesen vor- und nach ergangener Verordnungen, und Edicten, Bd. 1, Köln 1772, Nr. 262; Abb. 15: Aus: Elfi Pracht-Jörns, Jüdisches Kulturerbe in NRW, Teil 2, Köln 2000, S. 7; Abb. 16: © Dieter Kastner; Abb. 17: © LVR; Abb. 18: © Sabine Simon; Abb. 19: © Stadt Grevenbroich; Abb. 20: © F.-W. Botterbusch; Abb. 21, 22, 24, 25: Aus: Bernhard Keuck/Gerd Halmanns (Hg.), Juden in der Geschichte des Gelderlandes, Geldern 2002, S. 69, 75, 231, 73; Abb. 23: Aus: Heinz Bosch, Illustrierte Geschichte der Stadt Geldern 1848–1969, Bd. 1, Geldern 1994, S. 158; Abb. 26: Aus: Björn Windmann, Ostjüdisches Leben in Köln, 1880-1938. Schriftliche Hausarbeit im Rahmen der Magisterprüfung an der Phil.Fak. der Universität zu Köln, Köln 2004, S. 18f.; Abb. 27: Rheinisches Bildarchiv Köln (RBA 143700); Abb. 28: Rheinisches Bildarchiv Köln (RBA 108815); Abb. 29: Aus: Jahrbuch der Synagogengemeinde Köln 1934, S. 38; Abb. 30: Rheinisches Bildarchiv Köln (RBA 9754); Abb. 31: Rheinisches Bildarchiv Köln (RBA 9760); Abb. 32–33: Günther Bernd Ginzel, Privatarchiv, Köln; Abb. 34–36: Archiv Boike Jacobs; Abb. 37: Stadtarchiv Dortmund, Bestand 502/35, ZU 768–117; Abb. 38: © Herbert Sachs, Aus: Hier und jetzt. Bilder und Texte vom jüdischen Leben in Köln, Köln 1999, unpaginiert; Abb. 39: Aus: Arbeitskreis „Runder Tisch Wuppertal" (Hg.), Kalender aus Wuppertal. Glaube schafft Gemeinschaft 2004. Jüdisch – christlich – muslimisch. Mit Genehmigung der Jüdischen Kultusgemeinde Wuppertal.

Autorinnen und Autoren

Dr. Tobias Arand, Westfälische Wilhelms-Universität Münster, Zentrum für Lehrerbildung

Dr. Britta Bopf, Haus der Geschichte der Bundesrepublik Deutschland, Bonn

Dr. Christoph Cluse, Universität Trier, Fachbereich III: Arye Maimon-Institut für Geschichte der Juden

Prof. Dr. Manfred Groten, Rheinische Friedrich-Wilhelms-Universität Bonn, Institut für geschichtliche Landeskunde der Rheinlande

Monika Grübel, M.A., Landschaftsverband Rheinland, Kulturamt, Köln

Micha Guttmann, Journalist und Publizist, WDR, Köln

Dr. Birgit E. Klein, Heinrich-Heine-Universität Düsseldorf, Institut für Jüdische Studien

Dr. Stephan Laux, Heinrich-Heine-Universität Düsseldorf, Historisches Seminar

Georg Mölich, Landschaftsverband Rheinland, Fachstelle für Regional- und Heimatgeschichte, Köln

Prof. Dr. Christoph Nonn, Heinrich-Heine-Universität Düsseldorf, Historisches Seminar

Dr. Donate Strathmann, freie Historikerin, Heidelberg

Dr. Nicola Wenge, NS-Dokumentationszentrum der Stadt Köln

Dr. Jürgen Zieher, Friedrich-Ebert-Stiftung, Magdeburg

Dr. Suzanne Zittartz-Weber, Deutsche Forschungsgemeinschaft, Bonn

Rheingold

Menschen und Mentalitäten im Rheinland.

Eine Landeskunde

Hrsg. für den Rheinischen Verein für Denkmalpflege und Landschaftsschutz von Jörg Engelbrecht, Norbert Kühn, Georg Mölich, Thomas Otten und Karl Peter Wiemer

Aus ungewöhnlichem Blickwinkel nähert sich diese Landeskunde den Menschen des Rheinlands und ihren Eigenarten. Ausgehend von verschiedenen Leitmotiven – den Städten, dem Wirtschaftsraum, den Symbolen und Mythen, dem Glauben und nicht zuletzt dem Rhein selbst – erkundet der Band die Besonderheiten der rheinischen Mentalität. Dabei steht vor allem das Zusammenspiel von Mensch und Landschaft, aber auch das genuin Rheinische in den Institutionen und den strukturellen Rahmenbedingungen im Mittelpunkt.

Der großzügig bebilderte Band versteht sich weniger als Handbuch zur rheinischen Geschichte. Es ist vielmehr ein Lesebuch, das einen sehr anschaulichen und lebensnahen Zugang zum Rheinland und zu den Rheinländern ermöglicht. Dabei werden auch altbekannte Klischees und Mythen auf ihren Realitätsgehalt hin befragt, so daß ein facettenreiches und objektives Bild des modernen Rheinlands entsteht.

2003. VII, 320 S. 99 s/w-Abb. und 21 farb. Abb. Gebunden.

€ 24,90/SFr 42,–

ISBN 3-412-03099-6

KÖLN WEIMAR

URSULAPLATZ 1, D-50668 KÖLN, TELEFON (0 2 2 1) 91 39 00, FAX 91 39 011